KB199778

독학사
스피드 단기완성

1단계 교양과정

현대사회와 윤리

시대에듀

머리말 INTRO

학위를 얻는 데 시간과 장소는 더 이상 제약이 되지 않습니다. 대입 전형을 거치지 않아도 '학점은행제'를 통해 학사학위를 취득할 수 있기 때문입니다. 그중 독학학위제도는 고등학교 졸업자이거나 이와 동등 이상의 학력을 가지고 있는 사람들에게 효율적인 학점 인정 및 학사학위 취득의 기회를 줍니다.

학습을 통한 개인의 자아실현 도구이자 자신의 실력을 인정받을 수 있는 스펙인 독학사는 짧은 기간 안에 학사학위를 취득할 수 있는 가장 빠른 지름길로써 많은 수험생들의 선택을 받고 있습니다.

이 책은 독학사 시험을 준비하는 수험생분들이 단기간에 효과적인 학습을 할 수 있도록 다음과 같이 구성하였습니다.

---

01 '핵심이론' 중 시험장에 꼭 알고 들어가야 하는 부분을 요약한 '필수 암기 키워드'를 수록하여 시험 직전에 공부한 내용을 확인할 수 있도록 하였습니다.
※ 필수 암기 키워드 특강 : www.sdedu.co.kr → 독학사 → 학습자료실 → 무료특강

02 '2024~2022 기출복원문제'를 수록하여 최근 출제 경향을 파악하고 이에 맞춰 학습할 수 있도록 하였습니다.
※ 최신기출문제 특강 : www.sdedu.co.kr → 독학사 → 학습자료실 → 무료특강

03 시험에 출제될 수 있는 내용을 '핵심포인트'로 수록하였으며, '체크 포인트'와 '연습문제'를 통해 내용 이해에 부족함이 없도록 하였습니다.

04 출제 경향을 철저히 분석하여 구성한 '적중모의고사 10회분'을 통해 본인의 실력을 점검할 수 있도록 하였습니다.

시간 대비 학습의 효율성을 높이기 위해 방대한 학습 분량을 최대한 압축하여 정리하였으며, 출제 유형을 반영한 문제들로 구성하도록 노력하였습니다. 이 책으로 학위취득의 꿈을 이루고자 하는 수험생분들의 합격을 응원합니다.

편저자 드림

◯ 독학학위제란?

「독학에 의한 학위취득에 관한 법률」에 의거하여 국가에서 시행하는 시험에 합격한 사람에게 학사학위를 수여하는 제도

- ✅ 고등학교 졸업 이상의 학력을 가진 사람이면 누구나 응시 가능
- ✅ 대학교를 다니지 않아도 스스로 공부해서 학위취득 가능
- ✅ 일과 학습의 병행이 가능하여 시간과 비용 최소화
- ✅ 언제, 어디서나 학습이 가능한 평생학습시대의 자아실현을 위한 제도
- ✅ 학위취득시험은 4개의 과정(교양, 전공기초, 전공심화, 학위취득 종합시험)으로 이루어져 있으며 각 과정별 시험을 모두 거쳐 학위취득 종합시험에 합격하면 학사학위 취득

◯ 독학학위제 전공 분야 (11개 전공)

국어국문학 / 영어영문학 / 심리학 / 경영학 / 컴퓨터공학 / 간호학
법학 / 행정학 / 가정학 / 유아교육학 / 정보통신학

※ 유아교육학 및 정보통신학 전공 : 3, 4과정만 개설
  (정보통신학의 경우 3과정은 2025년까지, 4과정은 2026년까지만 응시 가능하며, 이후 폐지)
※ 간호학 전공 : 4과정만 개설
※ 중어중문학, 수학, 농학 전공 : 폐지 전공으로, 기존에 해당 전공 학적 보유자에 한하여 2025년까지 응시 가능

※ 시대에듀는 현재 4개 학과(심리학과, 경영학과, 컴퓨터공학과, 간호학과) 개설 완료
※ 2개 학과(국어국문학과, 영어영문학과) 개설 중

독학학위제 시험안내 INFORMATION

과정별 응시자격

단계	과정	응시자격	과정(과목) 시험 면제 요건
1	교양	고등학교 졸업 이상 학력 소지자	• 대학(교)에서 각 학년 수료 및 일정 학점 취득 • 학점은행제 일정 학점 인정 • 국가기술자격법에 따른 자격 취득 • 교육부령에 따른 각종 시험 합격 • 면제지정기관 이수 등
2	전공기초		
3	전공심화		
4	학위취득	• 1~3과정 합격 및 면제 • 대학에서 동일 전공으로 3년 이상 수료 (3년제의 경우 졸업) 또는 105학점 이상 취득 • 학점은행제 동일 전공 105학점 이상 인정 (전공 28학점 포함) • 외국에서 15년 이상의 학교교육과정 수료	없음(반드시 응시)

응시방법 및 응시료

- 접수방법 : 온라인으로만 가능
- 제출서류 : 응시자격 증빙서류 등 자세한 내용은 홈페이지 참조
- 응시료 : 20,700원

독학학위제 시험 범위

- 시험 과목별 평가영역 범위에서 대학 전공자에게 요구되는 수준으로 출제
- 독학학위제 홈페이지(bdes.nile.or.kr) ➜ 학습정보 ➜ 과목별 평가영역에서 확인

문항 수 및 배점

과정	일반 과목			예외 과목		
	객관식	주관식	합계	객관식	주관식	합계
교양, 전공기초 (1~2과정)	40문항×2.5점 =100점	–	40문항 100점	25문항×4점 =100점	–	25문항 100점
전공심화, 학위취득 (3~4과정)	24문항×2.5점 =60점	4문항×10점 =40점	28문항 100점	15문항×4점 =60점	5문항×8점 =40점	20문항 100점

※ 2017년도부터 교양과정 인정시험 및 전공기초과정 인정시험은 객관식 문항으로만 출제

○ 합격 기준

■ 1～3과정(교양, 전공기초, 전공심화) 시험

단계	과정	합격 기준	유의 사항
1	교양	매 과목 60점 이상 득점을 합격으로 하고, 과목 합격 인정(합격 여부만 결정)	5과목 합격
2	전공기초		6과목 이상 합격
3	전공심화		

■ 4과정(학위취득) 시험 : 총점 합격제 또는 과목별 합격제 선택

구분	합격 기준	유의 사항
총점 합격제	• 총점(600점)의 60% 이상 득점(360점) • 과목 낙제 없음	• 6과목 모두 신규 응시 • 기존 합격 과목 불인정
과목별 합격제	• 매 과목 100점 만점으로 하여 전 과목(교양 2, 전공 4) 60점 이상 득점	• 기존 합격 과목 재응시 불가 • 1과목이라도 60점 미만 득점하면 불합격

○ 시험 일정

| 1단계 2월 중 | 2단계 5월 중 | 3단계 8월 중 | 4단계 10월 중 |

■ 1단계 시험 과목 및 시간표

구분(교시별)	시간	시험 과목명
1교시	09:00～10:40(100분)	국어, 국사(필수)
2교시	11:10～12:00(50분)	외국어(필수) : 영어, 독일어, 프랑스어, 중국어, 일본어 중 택 1과목
중식 12:00～12:50(50분)		
3교시	13:10～14:50(100분)	현대사회와 윤리, 문학개론, 철학의 이해, 문화사, 한문, 법학개론, 경제학개론, 경영학개론, 사회학개론, 심리학개론, 교육학개론, 자연과학의 이해, 일반수학, 기초통계학, 컴퓨터의 이해 중 택 2과목

※ 시험 일정 및 세부사항은 반드시 독학학위제 홈페이지(bdes.nile.or.kr)를 통해 확인하시기 바랍니다.
※ 시대에듀에서 개설된 과목은 빨간색으로 표시하였습니다.

⬡ 총평

2024년 현대사회와 윤리의 출제 경향은 작년과 비슷한 분포를 보이면서도, 일부 영역에서 약간의 변화가 있었습니다. '인간과 윤리' 영역의 출제 비중이 증가하였으며, '동양 윤리와 한국 윤리 사상'의 출제 비중은 작년과 동일했습니다. '서양 윤리 사상' 영역의 출제 비중은 작년에 비해 감소하였고, '사회 사상'의 출제 비중은 증가하였습니다.

올해에도 직접적인 내용을 묻는 문제보다는 제시문의 내용을 파악해야 하는 문제가 주를 이루었습니다. 내용을 어느 정도 숙지하고 있다면 선지를 비교해 보며 힌트를 얻을 수 있는 문제도 꽤 있었기에 난도는 그리 높지 않았던 것으로 보입니다.

⬡ 학습 방법

현대사회와 윤리는 공부할 분량이 적지 않은 과목입니다. 다양한 학자와 이론이 등장하며, 고득점을 위해서라면 그와 관련된 배경지식이 필요한 경우도 있습니다.

우선적으로 기본 개념을 숙지하는 것이 가장 중요합니다. 기본 개념을 이해하고 기출 경향을 파악하는 것은 시험을 대비하는 가장 핵심적인 방법입니다.

기본 개념을 제대로 이해하고 파악했다면, 다소 낯선 내용이 문제로 출제되더라도 그 안에서 키워드를 통해 정답을 추론해 낼 수 있습니다. 객관식 문제 유형에서는 주어진 선지들을 비교하며 소거법을 통해 답을 찾아낼 수도 있으니, 문제가 어렵게 느껴지더라도 절대 포기하지 마시기 바랍니다.

현대사회와 윤리에서는 특히 학자와 이론을 묻는 문제가 자주 출제되므로, 개념 학습 시 학자별로 그 관련 내용을 정리해 보는 것이 좋습니다. 또한 각 장의 내용들은 서로 연관되는 부분이 많으므로, 전체적인 학습을 통해 유기적으로 파악해 보는 것을 추천합니다.

⬡ 출제 영역 분석

출제 영역	문항 수		
	2022년	2023년	2024년
인간과 윤리	14	14	15
동양 윤리와 한국 윤리 사상	12	10	10
서양 윤리 사상	5	10	8
사회 사상	9	6	7
총합	40	40	40

독학사 시험을 처음 준비하면서 학습 계획을 세우려고 경험 삼아 시험을 보러 갔을 때, 시험장에서 사람들이 무슨 책을 가지고 공부하는지 살펴볼 수 있었는데, 그때 알게 된 것이 시대에듀입니다. 시대에듀에서 출간한 문제집을 구매한 후 동영상 강의가 있다는 것도 알게 되었고, 혼자서는 막막했던 공부를 보다 수월하게 준비할 수 있었습니다. 잘 정리된 이론과 문제풀이 해설은 효율적인 학습을 하는 데 도움이 되었고, 상세한 설명이 포함된 동영상 강의는 과목에 대한 전반적인 이해도를 높여주었습니다.

독학사 시험은 워낙 공부할 내용이 방대하다 보니 이론 학습과 문제풀이 연습을 최대한 단기간에 끝내고 싶었습니다. 서점에서 여러 도서들을 비교해 보다가 시대에듀에서 출간한 교재로 공부를 시작했고, 나중에는 '1단계 5과목 벼락치기' 교재도 구입했습니다. 제가 선택한 5과목이 한 권에 다 수록되어 있어서 보다 간편하게 마무리 점검용으로 활용할 수 있었습니다. 문제를 풀어 보고도 잘 이해되지 않는 부분은 동영상 강의의 도움을 받는 편인데, 기출문제 무료 강의가 제공되니 유용하게 활용할 수 있었습니다. 필수 암기 키워드는 처음 학습하면서 주요 내용이 무엇인지 파악하는 데 많은 도움이 됐습니다.

독학사 시험에 합격하겠다는 목표는 잡았는데, 공부를 어떻게 해야 하는지 몰라서 감을 못 잡고 헤매고 있었습니다. 그러다가 인터넷 검색을 통해 시대에듀 교재를 선택하게 됐는데, 교재가 체계적으로 구성되어 있어 개념을 잡는 데 많은 도움이 되었습니다. 최신기출문제를 통해 출제 경향을 파악할 수 있었고, 출제 경향이 반영된 실전예상문제와 최종모의고사로 공부한 내용을 확실하게 점검할 수 있었습니다. 교재 앞부분에 수록된 필수 암기 키워드를 반복해서 봤는데, 주요 개념을 체크할 수 있어서 좋았습니다.

독학사는 시험을 주관하는 국가평생교육진흥원에서 관련 교재를 출간하지 않고, 기출문제도 공개하지 않아 교재를 선택하는 데 많은 어려움이 있었습니다. 여러 후기들을 비교하여 선택한 시대에듀의 독학사 기본서 시리즈는 탁월한 선택이었던 것 같습니다. 출제 경향을 반영한 핵심이론과 문제들로 기초를 탄탄하게 세울 수 있었습니다. 특히 도움이 되었던 것은 무료로 제공되는 필수 암기 키워드 특강이었습니다. 이 강의를 통해 개념 체계를 잘 세울 수 있었고, 시험 직전에 마무리 점검을 할 때에도 도움이 되었습니다.

01 필수 암기 키워드

핵심이론 중 반드시 알아야 할 중요 내용을 요약한 '필수 암기 키워드'로 개념을 정리해 보세요.

02 최신기출문제

'2024~2022년 기출복원문제'를 풀어 보면서 출제 경향을 파악해 보세요.

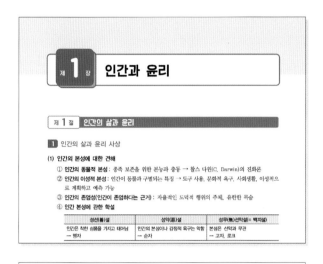

03 핵심포인트

핵심만 간추려 정리한 '핵심포인트'로 주요 내용을 빠르게 학습해 보세요.

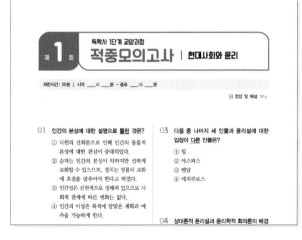

04 적중모의고사

학습한 내용을 바탕으로 '적중모의고사'를 풀어 보면서 문제를 해결하는 능력을 길러 보세요.

+ P / L / U / S +

1단계 시험을 핵심자료로 보강하자!

국어/영어/국사 <핵심자료집 PDF> 제공

1단계 시험을 준비하는 수험생을 위해 교양필수과목인 국어/영어/국사 핵심 요약집을 PDF로 제공하고 있어요. 국어는 고전문학/현대문학, 영어는 중요 영단어/숙어/동의어, 국사는 표/사료로 정리했어요.

※ 경로 : www.sdedu.co.kr → 독학사 → 학습자료실 → 강의자료실

목차 CONTENTS

PART 4   적중모의고사

PART 5   정답 및 해설

행운이란 100%의 노력 뒤에 남는 것이다.

- 랭스턴 콜먼 -

현대사회와
윤리

최신기출문제

출/ 제/ 유/ 형/ 완/ 벽/ 파/ 악/

홀륭한 가정만한 학교가 없고, 덕이 있는 부모만한 스승은 없다.

– 마하트마 간디 –

2024년 기출복원문제

※ 기출문제를 복원한 것으로 실제 시험과 일부 차이가 있으며, 저작권은 시대에듀에 있습니다.

01 윤리적 존재로서의 인간의 특성으로 옳지 <u>않은</u> 것은?

① 생물적 본능에 따라 보편 규범을 만든다.
② 자율적 성향에 따라 옳은 것을 결정한다.
③ 이성적 사고를 바탕으로 욕망의 지배를 받는다.
④ 다양한 정신적 창조 활동을 한다.

01 유희적 존재로서의 인간의 특성에 대한 설명이다.

윤리적 존재
- 윤리는 인간을 인간답게 하는 핵심적 특성으로 인간의 본질 중에서 가장 중요한 것이다.
- 오직 인간만이 윤리적 관점에서 자신의 삶과 행위를 반성하고 바람직한 인간 상태로서의 인간다움을 추구할 수 있다.
- 인간은 스스로 가치 있다고 생각하는 것을 기준으로 자신의 삶을 개선할 수 있다.

02 다음 중 윤리에 대한 설명으로 옳지 <u>않은</u> 것은?

① 법률, 관습과 같은 사회적인 규범을 말한다.
② 사람과 사람 간의 올바른 도리를 의미한다.
③ 종교인이 따르는 교리가 해당된다.
④ 자유의지에 따른 도덕적 책임을 말한다.

02 종교인이 따르는 교리는 윤리가 아니다. 교리와 윤리는 그 근거가 다르다. 교리의 근거는 절대적 존재이고, 윤리의 근거는 인간의 이성과 양심이다. 종교적 존재로서의 인간은 절대적 존재에 대한 믿음을 가지고 사는 존재이고, 윤리적 존재로서의 인간은 도덕적 주체로서 스스로 가치 있다고 생각하는 것을 행할 수 있는 존재이다.

정답 01 ④ 02 ③

03 ③은 사회 규범 중 '윤리'의 예시이고, ①·②·④는 사회 규범 중 '관습'의 예시이다. 관습은 '사회적 삶의 반복을 통해 형성된 관념이나 행태'를 의미하고, 윤리는 '인간이 살아가면서 지켜야 할 도덕적 행동의 기준이나 규범'을 의미한다.

03 사회 규범의 예시 중 그 성격이 <u>다른</u> 하나는?

① 설날에 어른에게 절을 하면 세뱃돈을 받는다.
② 설날에는 한복을 입는다.
③ 설날에는 여자와 남자를 차별해서는 안 된다.
④ 설날에는 어른을 먼저 찾아뵙고 인사를 해야 한다.

04 ① 규범 윤리학 : 인간이 어떻게 행동하여야 할 것인가에 관한 보편적 원리를 연구하는 학문이다.
② 응용 윤리학 : 삶의 실천적인 것에서 발생하는 도덕적 문제를 이해하고 해결하려 하는 윤리학으로, 실천적 윤리학이라고도 한다. 생명 윤리, 성 윤리, 정보 윤리, 환경 윤리 등이 있다.
④ 기술 윤리학 : 도덕과 관련된 양상과 문제를 객관적으로 서술함으로써 그 양상 및 문제의 원인과 결과를 설명하려 하는 윤리학으로, 도덕적 관습이나 풍습 등을 경험적으로 조사·기술한다.

04 다음 내용에서 괄호 안에 공통으로 들어갈 용어로 옳은 것은?

( )은 분석 철학이 등장한 이후, 윤리학에 분석 철학의 기법을 적용함으로써 대두되었다. 윤리학적 개념의 명확화를 통해서 윤리학의 학문적 근거를 제시하려 하는 것이 특징이다. 도덕적 언어의 의미 분석을 윤리학적 탐구의 본질로 간주함에 따라 도덕적 언어 및 개념의 의미를 분석하는 데 주력하며, 도덕적 명제를 언어분석의 방법으로 분석한다. 도덕적 물음과 그 입증방법이 주요 탐구과제이며, 도덕 추론의 논증 가능성과 논리적 타당성을 규명한다. ( )에서는 "어째서 선행을 해야 하는가?", "어째서 악행을 해서는 안 되는가?", "선행이란 무엇이며, 궁극적으로 선이란 무엇인가?", "악행이란 무엇이며, 궁극적으로 악이란 무엇인가?", "어째서 살인을 해서는 안 되는가?"와 같은 질문에 답변하고자 한다.

① 규범 윤리학
② 응용 윤리학
③ 메타 윤리학
④ 기술 윤리학

정답 03 ③ 04 ③

05 절대론적 윤리설에 대한 설명으로 옳지 **않은** 것은?

① 시대와 장소를 초월하는 윤리적 기준이 있다.

② 시간이 지나도 변하지 않는 속성을 갖는다.

③ 목적론적 윤리설과 법칙론적 윤리설로 나뉜다.

④ 대부분에게 적용되어야 하나 경우에 따라 예외를 인정하기도 한다.

06 사회 윤리학의 등장 배경으로 가장 적절한 것은?

① 산업사회가 발달하면서 사회 구조가 단순화되었다.

② 도덕을 판단하는 뇌의 작동영역을 연구하는 뇌과학이 발달하였다.

③ 사회가 규정한 개인 윤리에 대한 관심이 높아졌다.

④ 사회구조적 악을 개인의 도덕의식만으로 해결할 수 없다는 인식이 생겼다.

07 생명과학의 발달에 따라 생명윤리가 중요해지기 시작한 이유로 옳지 **않은** 것은?

① 생명과학이 발달함에 따라 인간의 존엄성을 해칠 가능성이 커졌다.

② 생명과학이 삶에 끼치는 영향력이 증가했다.

③ 생명과학에 대한 신중한 사회적 합의의 필요성이 커졌다.

④ 생명윤리의 목표는 생명과학의 연구 자체를 금지하는 것이다.

05 절대론적 윤리설은 어떠한 예외도 인정하지 않는다. 따라서 역사성과 시대성에 따른 가치 변화의 적응 즉, 시대 변화에 적응하기 힘들다.

06 ① 산업사회가 발달하면서 사회구조가 복잡해짐에 따라 개인의 사회적 책임과 역할의 중요성이 대두되면서 사회 윤리학이 등장하게 되었다.
② 신경 윤리학에 대한 설명이다. 뇌과학의 발달에 따라 인간의 감정과 이성이 뇌의 어떤 부분을 자극하면서 일어나는지에 대한 연구를 진행하는 과정에서 발달한 윤리학적 시도이다.
③ 개인 윤리를 보완하는 사회 윤리의 필요성이 대두되었다.

07 생명윤리의 목표는 생명의 존엄성 실현이며, 신성한 생명을 함부로 조작·훼손해서는 안 된다는 것이다.
생명과학과 생명윤리의 관계
• 상호 보완적 관계 : 생명과학의 지식이 부족한 생명윤리는 현실성을 잃을 수 있고, 생명윤리를 경시하는 생명과학은 위험해질 수 있다.
• 생명과학과 생명윤리의 지향점 : 생명의 존엄성 실현을 목적으로 하는 공통점을 가진다.

정답 05 ④ 06 ④ 07 ④

08 성적 지향 및 성 정체성과 관련된 소수자에는 동성애자, 양성애자, 트랜스젠더, 무성애자 등이 있다. 성적 소수자는 범죄인이나 정신질환자로 취급받기도 하며, 언어적으로나 신체적으로 폭력에 노출되기 쉽고 사회적 제도에서도 소외되기도 하는데, 모든 사람의 인권은 존중되어야 하므로 성적 소수자들을 차별하지 않는 사회적 노력이 필요하다. 이에 따라 세계인권선언 및 국가인권위원회에서는 성적 소수자에 대한 차별을 바로 잡기 위해 그러한 내용을 문서화하였다.

09 양성평등은 선천적 격차(②)나 기질적 차이(③)로 인한 제도적 차별(①) 등의 성차별 극복 방안으로, '사람이 살아가는 영역에서 남자와 여자 양쪽을 성별에 따른 차별 없이 동등하게 대우하는 것'이라는 개념이다. 성차별은 인간 존엄성 훼손, 사회적 갈등 발생, 능력 개발의 장애 요소로 작용, 국가적 인력 낭비, 개인의 자아실현 방해 등의 문제를 일으킨다. 양성평등은 이러한 문제를 극복하고 자신의 능력을 자유롭게 하여 동등한 기회를 부여하며, 양성의 차이와 다양성을 존중하고 상호 보완하여 하나로 화합된 사회 형성을 위해 필요하다.

정답 08 ③   09 ④

---

08 바람직한 성 윤리에 대한 설명으로 옳지 <u>않은</u> 것은?

① 바람직한 성 윤리는 모든 사람에게 중요하다.
② 다른 사람과 성적 취향이 다르다고 차별해서는 안 된다.
③ 종교 교리가 금지하는 성 정체성은 존중할 필요가 없다.
④ 인간의 성을 이용하여 이윤을 창출하는 성 상품화는 비도덕적인 행위이다.

09 다음 설명에 해당하는 개념으로 가장 적절한 것은?

- 여성 혹은 남성이라는 이유만으로 정당한 근거 없이 차별 대우하지 않으며, 모든 분야에 평등하게 진출할 수 있도록 하는 것
- 법적·제도적 노력, 의식의 전환, 문화 개선의 노력이 필요함
- 여성 공천 할당제, 남녀고용평등법 등의 제도가 있음

① 제도적 차별
② 선천적 격차
③ 기질적 차이
④ 양성평등

10 다음 내용에서 언급한 네 가지 자유에 포함되지 **않는** 것은?

> 유엔개발계획(UNDP)은 1990년 이래 매년 인간개발보고서 (Human Development Report)를 발간하고 있다. 여기에는 인간의 자유로운 선택의 확장에 초점을 맞춘 인간개발지수(Human Development Index, HDI)가 포함된다. 1994년에는 인간안보의 개념을 체계적으로 정립하면서 <u>네 가지 자유</u>를 제시하였다.

① 적절한 수준의 삶을 영위할 자유
② 사회적 통제가 제거된 자유
③ 잠재력을 마음껏 발휘하고 실현할 수 있는 자유
④ 생명을 위협하는 공포로부터의 자유

11 다음 내용에서 괄호 안에 들어갈 용어로 가장 적절한 것은?

> (　　　)는 소득과 재산 등에 일정한 기준을 제시하여 그 자격에 맞게 분배해야 한다는 기존의 주장을 거부하고, 과정의 합리성을 중시하는 이론이다. '정의로운' 또는 '공정한' 과정을 통해 발생한 결과는 공정하다는 원리로, 과정의 투명성과 공정성을 강조한 정의 개념이다. 게임이나 스포츠 경기의 법칙이 이에 해당한다. 대표적인 사상가는 롤스이며, 그는 사회 구성원들이 사회적 상황이나 개인적인 성향에 영향을 받지 않는다고 보았다.

① 교정적 정의
② 절차적 정의
③ 교환적 정의
④ 결과적 정의

10 1994년 인간개발보고서에서는 인간 안보의 개념을 체계적으로 정립하면서 인간의 기본적인 자유의 증진이라는 개념을 사용하여 다음과 같은 네 가지 자유를 제시하였다.
• 생명을 위협하는 공포로부터의 자유
• 적절한 수준의 삶을 영위할 자유
• 굴욕을 벗어날 수 자유
• 잠재력을 마음껏 발휘하고 실현할 수 있는 자유

11 ① 교정적 정의 : 인간으로서 동일한 가치를 가지고 있으므로, 타인에게 해를 끼치거나 이익을 끼친 경우 같은 정도로 주거나 받는 것을 말하는 정의로, 응보적 정의라고도 한다. 법규를 위반하거나 다른 이의 권리를 침해하는 등 범죄를 일으킨 사람에 대해 처벌을 가함으로써 사회적인 정의를 실현하는 형벌 제도는 교정적 정의에 해당한다.
③ 교환적 정의 : 물건의 교환 상황에서 적용되는 정의이다.
④ 결과적 정의 : 최종적 결과에 초점을 맞추어 분배하는 원리로 능력과 성과, 노력, 사회적 효용, 필요 등을 기준으로 삼는다.

정답 (10 ② 11 ②)

12 ①·④ 용광로(동화주의) 모델 : 여러 민족의 고유한 문화들이 그 사회의 지배적인 문화 안에서 변화를 일으키고 영향을 주어서 새로운 문화를 만들어나간다고 하는 모델이다. 여러 고유문화를 섞으면 새로운 문화가 탄생하게 되고, 이민자가 출신국의 언어·문화·사회적 특성 등을 포기하고 주류 사회의 일원이 되게 하는 정책을 펼치며, 소수 문화를 주류 문화로 편입하여 통합하게 되는 모델이다.

③ 차별 배제 모델 : 경제특구나 수출자유지역과 같은 특정 지역이나 특정 직업에서만 외국이나 이민자의 유입을 받아들이고, 원치 않는 외국인의 정착을 원천적으로 차단하는 배타적인 외국인 이민 정책이 도출되는 모델이다.

12 다음 내용에서 괄호 안에 공통으로 들어갈 용어로 가장 적절한 것은?

( )은 민족 각자의 정체성을 유지하고, 여러 문화와의 평등한 조화를 추구해야 한다고 보는 모델이다. 국가라는 큰 그릇 안에서 여러 민족의 문화가 하나의 새로운 문화를 만들어 가는 것을 의미하며, 정책의 목표를 '공존'에 두고 이민자가 그들만의 문화를 지키는 것을 인정한다. 즉, 각각의 문화가 대등한 자격으로 각각의 정체성과 고유문화를 유지·보존하면서 조화롭게 공존해야 한다는 시각이다. ( )은 주류 문화와 비주류 문화를 구분하지 않으며 다양한 문화의 대등한 공존이 강조된다.

① 용광로 모델
② 샐러드 볼 모델
③ 차별 배제 모델
④ 동화주의 모델

13 갈퉁(J. Galtung)은 『평화적 수단에 의한 평화』라는 책에서 평화를 소극적인 평화와 적극적인 평화로 구분하였다. 소극적인 평화는 범죄, 테러, 전쟁 등과 같은 직접적인 폭력이 사라진 상태를 의미하며, 적극적인 평화는 직접적 폭력뿐만 아니라 구조적 폭력과 문화적 폭력 등의 간접적 폭력까지 제거된 것으로, 모든 사람이 인간다운 삶을 누릴 수 있는 상태를 의미한다고 보았다.

13 다음 내용에서 괄호 안에 들어갈 용어로 가장 적절한 것은?

폭력에는 직접적 폭력과 간접적 폭력이 있다. 직접적 폭력에는 언어적 폭력과 신체적 폭력이 있다. 간접적 폭력은 사회 구조 자체에서 일어난다. 외적으로 일어나는 구조적 폭력의 두 가지 주요한 형태는 정치와 경제에서 잘 알려진 억압과 착취이다. 그 이면에는 문화적 폭력이 존재한다. 문화적 폭력의 기능은 직접적 폭력과 구조적 폭력을 정당화하는 것이다. ( )는 인권과 정의를 보장하고, 직접적 폭력뿐만 아니라 구조적 폭력과 문화적 폭력 등의 간접적 폭력까지 제거된 것으로, 모든 사람이 인간다운 삶을 누릴 수 있는 상태를 의미한다.

① 소극적 평화
② 적극적 평화
③ 균형적 평화
④ 공존적 평화

정답 12 ② 13 ②

14 다음 내용에서 괄호 안에 공통으로 들어갈 윤리이론으로 적절한 것은?

> (   )은(는) 무생물을 포함한 자연 전체, 모든 생명체를 그 자체로 도덕적 고려의 대상으로 본다. 또한 인간은 자연의 일부라고 하면서, 모든 생명체는 동등하며, 윤리적 인간에게 모든 생명은 거룩한 것이라고 본다. (   )의 대표적인 이론가인 슈바이처는 인간은 자기를 도와주는 모든 생명을 도와줄 필요성을 느끼고, 살아 있는 어떤 것에게도 해를 끼치는 것을 두려워할 때만 비로소 진정으로 윤리적이라고 주장하였다.

① 대지 윤리
② 동물 해방론
③ 인간 중심 사상
④ 생명 외경 사상

15 다음 내용에서 주장하는 바와 가장 일치하는 것은?

> 과학적 사실이나 기술 그 자체는 철저히 중립적인 것으로서 다른 의미나 아무런 가치를 지니지 않는다. 기술은 그 자체로 선도 악도 아니며, 다만 '그 기술로 무엇을 만드느냐', '그 기술을 어떻게 활용하느냐'가 문제가 된다. 또한 과학적 지식의 객관성을 보장하기 위해서 사실과 가치판단을 엄격히 구별해야 한다.

① 과학기술에 주관적 가치의 개입은 가능하다.
② 과학기술의 발전에 도덕적 기준을 적용해서는 안 된다.
③ 과학기술과 가치판단을 항상 구분할 수 있는 것은 아니다.
④ 위 내용을 주장한 대표적인 학자로는 하이데거(M. Heidegger)가 있다.

14 ① 대지 윤리 : 생물과 무생물이 어우러져 있는 대지에도 도덕적 지위를 부여하였고, 도덕 공동체의 범위를 대지까지 확대하였으며, 인간은 대지의 지배자가 아닌 같은 구성원이라고 주장하는 이론이다.
② 동물 해방론 : 공리주의 철학을 기반으로 제시된 이론으로, 동물에게 도덕적 지위를 부여하고 동물을 고통으로부터 해방시켜야 한다는 이론이다.
③ 인간 중심 사상 : 인간만이 윤리적 동물이며, 자연은 인간의 도구라고 주장하는 이론이다.

15 제시문은 '과학기술의 가치 중립성'을 긍정하는 측면의 주장이다.
① 제시문의 견해에 따르면, 과학기술은 객관적 관찰과 실험으로 지식을 획득하므로, 주관적 가치의 개입은 불가능하다.
③ 제시문의 견해에 따르면, 사실을 다루는 과학기술과 가치판단은 엄격히 구분되기 때문에, 과학기술은 윤리적 평가와 사회적 비판이나 책임에서 자유로운 영역이다.
④ 하이데거(M. Heidegger)는 과학기술의 가치 중립성을 부정하면서 "과학기술을 가치 중립적인 것으로 고찰할 때, 우리는 무방비 상태로 과학기술에 내맡겨진다."라고 주장하였다. 과학기술의 가치 중립성을 인정한 대표적인 학자로는 야스퍼스(K. Jaspers)가 있다.

정답 14 ④ 15 ②

16 ① 분단 비용 : 통일 전 비용이며, 분단 상태의 현상 유지를 위한 소모적 비용, 즉 남북한 사이의 대결과 갈등으로 발생하는 유·무형의 지출성 비용이다. (예 군사비, 안보비, 외교 행정비, 이산가족의 고통, 이념적 갈등과 대립 등)
③ 통일 비용 : 통일 후 비용이며, 통일 이후 남북 간의 격차를 해소하고 이질적인 요소를 통합하는 데 필요한 정치·경제·사회·문화적 비용 등이다. 통일 이후 일자리 창출에 들어가는 비용이 이에 속한다. (예 북한 경제 재건 비용, 통일 후 위기 관리 유지 비용 등)
④ 투자 비용 : 남북 경제 협력과 대북 지원 등에 쓰이는 평화 비용, 통일 이후 위기 관리 비용, 경제 재건 비용 등을 포함한다.

16 다음 내용에서 괄호 안에 공통으로 들어갈 용어로 가장 적절한 것은?

> (　　)은 통일 전 비용이며, 한반도 전쟁 위기를 억제하고 안보 불안을 해소하기 위해 직·간접적으로 지출하는 모든 형태의 비용을 가리킨다. 또한 (　　)은 통일 편익에 투자하는 비용으로 보는데, 분단 이후의 평화적인 통합을 위한 투자 비용이라 할 수 있다. 예를 들면, 북한에 식량 등을 원조하는 대북 지원 비용, 북한에 제공하는 유무상 차관 등이 포함될 수 있다.

① 분단 비용
② 평화 비용
③ 통일 비용
④ 투자 비용

17 ① 동도서기 : 고유한 제도와 사상인 도(道)를 지켜나가면서 근대 서양의 기술인 기(器)를 받아들이는 것을 말한다.
② 위정척사 : 19세기 주자학을 지키고 가톨릭을 배척하기 위해 주장한 사상이자 국난 극복을 위한 노력으로 등장한 윤리 사상이다.
③ 원불교 : 불교의 대중화·생활화·현대화를 주장하여 개개인이 직업을 가지고 교화 사업을 하는 종교이다.

17 다음 내용과 가장 관련 있는 것은?

> 유교, 불교, 도교의 사상을 통합하여 만들어진 조선 후기 종교로, '인간은 곧 하늘[인내천(人乃天)]', '하늘의 마음이 곧 인간의 마음[천심즉인심(天心卽人心)]'이라는 사상을 설파한다. 이는 하늘과 사람과 자연은 하나이며, 모든 사람은 평등하기 때문에 근본적으로 귀천이 있을 수 없다는 의미이다.

① 동도서기
② 위정척사
③ 원불교
④ 동학

정답 16 ② 17 ④

18 다음 내용에서 괄호 안에 들어갈 용어로 가장 적절한 것은?

> 단군 신화는 건국 신화이며 시조 신화로, 주체적 역사의식의 표상이며 기층적 민족의식의 원형이다. 환웅과 웅녀의 만남을 통해 자연과 인간의 조화를 강조함으로써 대립보다 어울림을 추구하는 민족성 형성에 기여하였다. 천신 환웅[天]과 땅의 웅녀[地] 사이에서 단군[人]이 태어났다는 것, 자연[天]으로서 하늘과 땅이 인간과 합하여 하나가 되었다는 것, 자연과의 친화적 경향이 극대화된 형태로 표현된 것 등은 (   ) 사상을 드러낸 것으로 볼 수 있다.

① 홍익인간
② 재세이화
③ 천인합일
④ 경천

19 다음 내용에서 괄호 안에 공통으로 들어갈 용어로 가장 적절한 것은?

> (   )은(는) 공자가 제시한 개념으로 유교 사상에서 바라본 사랑, 즉 시비선악의 분별에 따른 사랑의 실천을 의미한다. 공자는 인간의 도덕적 타락을 사회 혼란의 원인으로 보아 극기복례(克己復禮), 즉 실천을 통한 (   )의 회복을 강조하였다.

① 효제(孝悌)
② 인(仁)
③ 예(禮)
④ 충서(忠恕)

18 ① 홍익인간 : 단군 신화의 사상 중 하나로, "사람이 사는 세상인 사회를 크게 이롭게 한다."라는 의미이다. 여기서 '인간'이란 단순히 '사람'이 아니라, '사람이 사는 세상'이나 '인간의 사회'를 가리킨다.
② 재세이화 : 단군 신화의 사상 중 하나이며, 고조선의 건국 이념 중 하나로, "세상에 있으면서 다스려 교화한다."라는 의미이다.
④ 경천 : 단군 신화의 사상 중 하나로, "하늘에 정성껏 기도를 올린다, 하늘을 공경한다."라는 의미이다.

19 ① 효제(孝悌) : 공자가 인(仁)을 실천하는 가장 기본적인 덕목으로 든 것으로, 부모를 잘 섬기는 효(孝)와 형제간의 우애[悌]를 의미한다.
③ 예(禮) : 외면적인 사회 규범이며 인(仁)의 외면적 표출이다. 인은 예를 통해 실현되고 예의 바탕은 인이다.
④ 충서(忠恕) : 효제를 바탕으로 삼으며, 충(忠)은 진실하고 거짓 없는 마음씨와 태도로 타인에 대해 자신의 책임을 다하는 것이고, 서(恕)는 자기 마음을 미루어 남의 마음을 헤아리는 것을 뜻한다. 이는 소위 '역지사지'의 행위를 말한다.

정답 18 ③ 19 ②

20
② 백성의 이익과 국가의 이익을 똑같이 우선하였다.
③ 타인과 타국, 자신과 자국에 대한 사랑을 모두 강조한다.
④ 통치자들이 예의와 격식에 얽매이지 않고 유능한 사람을 등용해야 한다고 주장했다.

20 다음 중 묵자의 사상으로 가장 적절한 것은?

① 전쟁은 불의한 폭력이다.
② 백성의 이익보다는 국가의 이익을 우선해야 한다.
③ 타인과 타국보다는 자신과 자국에 대한 사랑을 강조한다.
④ 손해를 보더라도 예의와 격식을 중시해야 한다.

21
• 정명사상 : 공자가 제시한 사상으로, "사회 구성원들이 신분과 지위에 따라 맡은 바 역할을 다하는 것"을 의미한다.
• 선공후사 : 공적인 일을 먼저하고 사적인 일을 나중에 한다는 의미이다.
• 소국과민 : '작은 나라에 적은 백성'을 의미하며, 백성들의 평화로운 삶을 중시한다는 뜻으로, 춘추 전국 시대의 노자가 주장한 정치사상이다.
• 대동사회 : 인과 예를 통하여 올바른 도덕을 확립하고 바람직한 사회질서를 회복함으로써 모든 사람이 더불어 잘 살 수 있는 사회이자 모든 백성들이 크게 하나되어 어우러지는 사회로, 사람이 천지 만물과 서로 융합되어 한 덩어리가 된다는 의미이다.

21 다음 내용에서 괄호 안에 들어갈 용어가 순서대로 옳게 짝지어진 것은?

> 맹자의 (㉠)은(는) 통치자의 책무와 자세를 이르는 것으로, 군주는 백성의 뜻을 하늘의 뜻으로 알고 백성을 다스려야 함을 뜻한다. 이는 공자의 (㉡)을(를) 발전시킨 사상이다. 공자는 강제적인 법률이나 형벌보다는 도덕과 예로 백성들을 교화시키는 정치를 강조하였고, 맹자는 백성을 나라의 근본으로 하여 인의(仁義)의 덕으로 다스려야 함을 피력하였다.

	㉠	㉡
①	정명사상	선공후사
②	선공후사	왕도정치
③	왕도정치	덕치주의
④	소국과민	대동사회

22
① 이론보다 경험을 중시하였다.
② 형이하학적 탐구에 치중하였다.
③ 동양의 정신보다 서양 문물에 더 집중하였다.

22 다음 중 실학에 대한 설명으로 가장 적절한 것은?

① 경험을 배척하고 이론적 내용을 중시하였다.
② 형이상학적 탐구에 치중하였다.
③ 서양 문물보다 동양의 정신에 더 집중하였다.
④ 실사구시의 태도를 강조하였다.

정답 20 ① 21 ③ 22 ④

23 다음 내용을 주장한 학자는 누구인가?

> 인간의 성(性)은 선을 좋아하고 악을 싫어하는 경향성, 즉 기호로 이해하여야 한다. 인간의 마음에는 선악을 선택할 수 있는 자유의지[自主之權]가 있다. 또한 인의예지(仁義禮智)의 덕은 일상적인 행위 속에서 실천하면서 형성된다.

① 이이
② 이황
③ 박지원
④ 정약용

24 다음 내용에서 괄호 안에 공통으로 들어갈 용어로 가장 적절한 것은?

> (   )은(는) 만물이 불가분의 끈으로 상호 연결되어 있다는 연기를 깨달을 때 나타나는 포괄적이고 보편적인 사랑을 의미한다. 연기란 우주 만물이나 타인들과의 불가피한 인과관계로 맺어져 있다는 상호 의존성을 말하며, 연기의 법칙을 깨달으면 (   )이(가) 스스로 생겨난다. (   )은(는) 평온함을 주고 괴로움을 없애주려는 마음이다.

① 해탈
② 자비
③ 사성제
④ 팔정도

23 제시문은 정약용이 제시한 성기호설(性嗜好說)에 관한 내용이다.
① 이이는 경(敬)의 실천으로 성(誠)에 이름을 강조하는 수양론을 제시하였다.
② 이황은 '기'에 내재한 선의 요소를 '이'의 순선(純善)으로 수렴하기 위해 '경'을 중시해야 한다고 하였다.
③ 박지원은 토지 소유의 상한을 정하고 토지 소유의 불균등을 해소하기 위해 한전론을 주장한 실학자이다.

24 불교의 '자비'란 '나와 남은 둘이 아니다'라는 자타불이(自他不二)의 무조건적 사랑을 말하며, 인간뿐만 아니라 살아있는 모든 생명체, 즉 미물(微物)에까지 미치는 포괄적 사랑을 의미한다.
① 해탈 : 번뇌와 미혹과 같은 괴로움에서 탈피한다는 의미로, 열반과 같이 불교의 중요한 실천 목적이다.
③ 사성제 : 인간이 달성해야 할 목표와 올바른 삶의 방법을 총체적으로 제시하는 고집멸도(苦集滅道)의 네 가지 진리를 말한다.
④ 팔정도 : 열반에 도달하기 위한 8가지의 올바른 수행의 길을 의미한다. 정어(바른말), 정업(바른 행동), 정명(바른 생활), 정정진(바른 노력), 정념(바른 관찰), 정정(바른 명상), 정견(바른 견해), 정사유(바른 생각)로 구성되어 있다.

정답 23 ④ 24 ②

25 ① 무아 : 만물에는 고정·불변하는 실체로서의 나[實我]가 없다는 의미이다.
② 오온 : 불교 용어로, 인간을 구성하는 다섯 요소를 의미한다.
④ 만행 : '온갖 행위'를 뜻하는 용어로, 무상보리(부처의 깨달음)를 구하기 위해 하는 모든 행위를 가리킨다.

25 다음 내용에서 괄호 안에 들어갈 용어로 가장 적절한 것은?

> 원효는 신라 시대의 승려로, 이론불교를 민중 생활 속의 실천불교로 전환하여 불교의 대중화에 기여하였다. 그는 각 종파의 다른 이론을 인정하면서도 이들을 좀 더 높은 차원에서 서로 통합할 수 있다는 이론인 화쟁 사상을 제시하였다. 또한 깨끗함과 더러움, 참과 거짓, 나와 너 등 일체의 이원적 대립에서 벗어나, 존재의 원천이며 모든 존재·모든 종파·모든 경론의 근원이자 부처의 마음인 (   )(으)로 돌아가자고 주장했다.

① 무아(無我)
② 오온(五蘊)
③ 일심(一心)
④ 만행(萬行)

26 도교의 인간관
• 자연적 인간관 : 규범적 측면이 아닌 대자연의 흐름에 따라 인간다움을 찾는다.
• 무위(無爲)의 자연스러움 : 인간의 본래 모습은 무위(無爲)의 자연스러움으로, 대자연과 하나가 되어 살아가는 것이 이상적인 삶이다.
• 이상적인 인간상 : 지인(至人), 신인(神人), 천인(天人), 진인(眞人)

26 다음 내용에서 괄호 안에 들어갈 용어로 가장 적절한 것은?

> 도가 사상에서는 인간이 본래 소박하고 순수한 자연의 덕을 지니고 있다고 보았으며, 자연의 흐름에 따라 사는 것을 이상적으로 보았다. (   )은(는) 장자가 제시한 도가의 이상적인 인간상으로, 물아일체의 경지에 이른 인간을 의미한다. 물아일체란 일체의 감각이나 사유 활동을 정지한 채, 사물의 변화에 임하면 절대 평등의 경지에 있는 도(道)가 그 빈 마음속에 모이게 되는 경지가 되는 것을 말한다.

① 선비
② 진인
③ 부처
④ 군자

정답 25 ③   26 ②

27 다음 내용에서 괄호 안에 들어갈 용어가 순서대로 옳게 짝지어진 것은?

> 서양 윤리의 등장 배경으로 제시되는 사조는 두 가지이다. (㉠)은 폴리스 중심의 공동체적 생활양식이 점차 개인주의적 생활양식으로 전환됨에 따라 자유와 평등 및 개인을 중시하였다. (㉡)은 신에 대한 믿음과 사랑을 바탕으로 정립된 사조로, 신을 중심으로 생각하고 행동함으로써 현 세계에 부정적·비판적인 자세를 취한다.

	㉠	㉡
①	칼뱅이즘	스토이시즘
②	휴머니즘	헬레니즘
③	헬레니즘	헤브라이즘
④	글로컬리즘	헤브라이즘

28 다음 내용과 가장 가까운 소크라테스의 주장은?

> 참된 앎은 덕이고 덕은 행복이므로, 참된 앎과 덕이 있는 사람은 진정한 행복을 누릴 수 있다. 불행은 무지로 인한 것이다. 알아야 실천할 수 있고 그래야 행복에 이를 수 있다. 아는 것이 적으면 행하기 어렵고, 무지로 인한 잘못된 실천은 불행을 불러온다. 선한 것과 악한 것을 구별하게 해 줄 수 있는 지식이 있으면 건전하게 살아갈 수 있다. 그러므로 바른 지식을 쌓아야 한다. 무지를 자각하고 참된 앎을 통해 덕을 쌓아갈 때 사람은 행복을 누릴 수 있다.

① 지행합일설
② 주지주의
③ 무지의 자각
④ 지덕복합일설

27
- 칼뱅이즘 : 성경의 권위에 기초하지 않는 어떠한 교리도 용납해서는 안 된다고 주장하였으며, 개인적 믿음을 통한 구원을 강조하였다.
- 스토이시즘 : 로마의 만민법과 근대 자연법 사상의 이론적 근거가 된 사조이다.
- 휴머니즘 : 신 중심에서 벗어나 인간 현실에 바탕을 둔 진리를 추구하는 사조
- 글로컬리즘 : 지역의 고유문화와 전통을 소중히 여기면서도 세계 시민 의식을 바탕으로 인류의 공존과 화합을 도모하는 것을 말한다.

28
① 지행합일설 : 보편적 진리와 지식을 발견하고 반드시 실천해야 한다고 주장하는 이론이다.
② 주지주의 : 지식을 주요한 기반으로 삼는 것이 행복에 이르는 길로서 옳다는 태도나 경향으로, 지행합일설과 지덕복합일설이 이에 속한다.
③ 무지의 자각 : "너 자신을 알라."라는 말로 대변되는 주장으로, 참다운 지식(眞知)을 배우라는 적극적 의미가 포함되어 있다.

정답 27 ③ 28 ④

29 플라톤은 지혜, 용기, 절제, 정의의 네 가지를 덕으로 제시하였다.

29 다음 내용에서 괄호 안에 공통으로 들어갈 용어로 가장 적절한 것은?

> (   )은(는) 아리스토텔레스가 주장한 개념이다. 지나치게 많지도, 지나치게 부족하지도 않은 상태를 가리키며, 극단에 치우치지 않으려는 의지를 말한다. 또한 선 의지, 도덕적 실천 의지의 함양을 위한 덕이며, 이성에 의하여 충동이나 정욕 또는 감정을 억제함으로써 한쪽으로 치우치지 않으려는 의지를 습관화한 덕(실천적인 덕)을 말한다. 행복은 지나치지도, 모자라지도 않는 '(   )의 덕'에 의해 달성될 수 있다.

① 지혜
② 용기
③ 절제
④ 중용

30 행복을 증진하기 위한 행위를 도덕적 행위로 보는 사상은 공리주의이다. 공리주의적 윤리론에서는 행위를 결정하는 판단 기준으로 쾌락과 고통을 들고, 행위의 결과가 가져다주는 쾌락이나 행복에 따라 행위의 옳고 그름이 판단된다고 본다.

30 다음 중 칸트의 윤리사상에 따른 도덕적 행위에 해당하지 않는 것은?

① 의무 의식에서 나오는 행위
② 정언명령에 따른 행위
③ 선의지의 지배를 받는 행위
④ 행복을 증진하기 위한 행위

정답 (29 ④ 30 ④)

31 다음 내용에서 괄호 안에 들어갈 용어로 옳은 것은?

> ( )의 대표적인 사상가인 벤담은 쾌락이 있고 고통이 없는 상태를 행복으로 보았다. 그리고 개인의 행복을 가장 크게 만드는 것보다 더 많은 사람을 행복하게 만드는 것이 더 좋다는 유용성의 원리에 기반하여, 최대 다수의 최대 행복을 추구하는 것을 도덕과 입법의 원리로 제시하였다. 그는 모든 쾌락에는 질적 차이가 없고 양적 차이만 있으며, 쾌락의 양을 계산할 수 있다고 보았는데, 이때 고려해야 할 기준은 '강도, 지속성, 확실성, 근접성, 생산성, 순수성, 범위'의 일곱 가지라고 주장하였다.

① 정의의 원칙
② 취득의 원칙
③ 공리의 원칙
④ 선행의 원칙

32 다음 내용과 가장 관련 있는 사상가는 누구인가?

> 프랑스의 계몽사상가로서, 저서인 『사회계약론』에서 "일반의지는 늘 옳다."라고 주장하며, 일반의지에 기초한 입법을 강조하였다. 여기서 일반의지란 모든 사람의 의지를 종합하고 통일한 의지, 즉 개개인의 의지를 모두 합친 의지를 말한다. 그런 의미에서 전체의지와 유사하다. 그러나 일반의지는 또한 공공의 이익과 공동체의 복지를 최우선으로 생각하는 의지를 의미하므로, 전체의지가 곧 일반의지라고 볼 수는 없다.

① 홉스
② 로크
③ 루소
④ 토크빌

---

31 벤담의 쾌락 기준은 다음과 같다.
- 강도 : 조건이 같을 경우 강한 쾌락 선호
- 지속성 : 오래 지속되는 쾌락을 선호
- 확실성 : 쾌락이 생겨날 가능성이 확실할수록 선호
- 근접성 : 보다 가까운 시간 내에 누릴 수 있는 쾌락 선호
- 생산성 : 다른 쾌락을 동반하는 쾌락을 선호
- 순수성 : 고통을 동반하지 않는 쾌락을 선호
- (파급) 범위 : 쾌락의 범위가 넓을수록 선호

32 ① 홉스 : 인간은 악한 본성을 지닌 이기적인 존재로, 국가가 생기기 이전에는 '만인이 만인에 대해 투쟁하는 상태'였는데, 이러한 불안한 삶에서 벗어나기 위해 계약을 맺어 비로소 국가를 만들게 되었다고 주장하였다.
② 로크 : 국가보다는 국민의 자유·생명·재산을 더 중시하는 자유주의 사상을 강조하였고, 자연권의 일부 양도설과 국가에 대한 국민의 혁명권(저항권)을 인정하면서 몽테스키외의 삼권분립에 영향을 주었으며 미국의 독립선언서 작성에도 영향을 끼쳤다.
④ 토크빌 : 프랑스의 정치철학자이며 역사가로, 저서인 『미국 민주주의』에서 개인의 진보한 삶의 기준과 사회 환경을 분석하였다.

정답 31 ③ 32 ③

33 제시문은 배려 윤리를 주장한 길리
건에 대한 설명이다. 길리건은 여성
이 공감이나 타인의 감정을 생각하
는 것 등을 통해 도덕 문제를 해결한
다고 주장하였다.
① 칸트의 의무론에 대한 설명이다.
② 롤스의 정의론에 대한 설명이다.
③ 콜버그의 도덕성 발달 이론에 대
한 설명이다.

33 다음 내용과 가장 관련 있는 인물의 주장으로 가장 적절한 것은?

> 배려 윤리는 남성 중심의 가치관을 반영하고 있는 근대 윤
> 리 및 정의 윤리에 대한 한계를 비판하며 등장하였다.
> (   )은 배려 윤리를 주장한 대표적인 사상가로서, 여성
> 과 남성의 도덕적 지향성이 동일하지 않다고 주장하였다.
> 또한 여성의 삶에 주목하여 맥락적・서사적 사고로 문제를
> 이해하는 것을 중요하게 생각하였다. 정의 윤리가 여성의
> '다른 목소리'를 간과함으로써 여성을 열등한 존재로 규정
> 하였다고 주장하였는데, '다른 목소리'의 특징은 책임과 인
> 간관계라는 맥락에서 나타나는 존중, 동정심, 관계성, 보살
> 핌 등이다. 배려 윤리는 윤리적 의사 결정을 할 때 관계 및
> 맥락에 대한 고려를 강조한다. 따라서 정의 중심의 추상적
> 도덕 원리로 해결할 수 없는 윤리 문제를 해결하는 데 도움
> 을 준다.

① 인간이 지켜야 할 보편적 도덕 법칙이 있다.
② 원초적 입장에서 정의의 원칙을 추론한다.
③ 도덕성은 도덕적 추론 또는 판단 능력이다.
④ 공감을 통해 도덕 문제를 해결한다.

정답 33 ④

34 다음 내용에서 괄호 안에 공통으로 들어갈 용어로 가장 적절한 것은?

> ( )은 도덕적 제약을 전제로 하며, 무고한 사람의 인권을 보호하고 적국의 침입을 방어하기 위한 목적의 전쟁은 제한적으로 허용할 수 있다는 이론이다. 즉, 정당한 목적을 가진 전쟁은 허용될 수 있으며, 이는 윤리적 기반에 따라 도덕적으로 정당화할 수 있다는 것이다. ( )의 대표적인 사상가로는 아우구스티누스, 아퀴나스, 왈처 등이 있다. 특히 아퀴나스는 불의를 바로잡아 선을 증진하는 것은 도덕적으로 정당하다고 하였다. 단, 정당한 원인과 의도를 가지고 합법적인 권위를 가진 군주가 수행해야 한다고 하였다.

① 현실주의론
② 영구평화론
③ 정의전쟁론
④ 세계정부론

34 ① 현실주의론 : 힘과 힘의 대결이 나타나고 무정부 상태인 국제정치로 인해 전쟁이 일어나기 쉽다는 주장이다.
② 영구평화론 : 칸트는 영구평화론을 통해 전쟁과 평화의 근원적 문제는 국가 간 신뢰가 정착되어 있느냐가 중요하다고 강조하고, 평화를 유지하기 위해 모든 국가가 자유로운 국가 간 연맹에 참여할 것을 주장하였다. 그는 연맹에 참여한 국가의 국민들은 자유와 평화를 보장받을 수 있고, 평화를 요구하는 시민들에 의해 국가 지도자가 쉽게 전쟁을 일으킬 수 없게 된다고 보았다. 그는 영구평화론에서 3개의 확정조항과 6개의 예비조항을 주장하였다.
④ 세계정부론 : 세계 모든 인류 공동의 정부, 즉 세계의 전 국가가 주권 및 군비를 없애고 그 바탕 위에 만들어지는 공동 정부를 의미한다.

35 다음 중 사상가와 그가 주장한 이상사회가 <u>잘못</u> 연결된 것은?
① 공자 – 대동사회
② 노자 – 소국과민
③ 모어 – 유토피아
④ 플라톤 – 공산사회

35 공산사회를 주장한 사상가는 마르크스이다. 플라톤은 완전한 사물의 본질인 이데아(Idea)의 세계를 모방해야 한다고 하였다.

정답 (34 ③ 35 ④)

36 롤스의 정의의 원칙은 크게 제1원칙(평등한 자유의 원칙)과 제2원칙(공정한 기회균등의 원칙과 차등의 원칙)으로 구분된다. 제1원칙은 모든 사람은 평등한 기본적 자유를 최대한 누려야 한다는 것이다. 제2원칙은 '차등의 원칙'과 '공정한 기회균등의 원칙'으로 나누어지는데, '차등의 원칙'은 사회적 혹은 경제적 불평등은 최소 수혜자에게 최대의 이익이 되도록 편성될 때 정당화될 수 있다는 것이고, '공정한 기회균등의 원칙'은 사회적 혹은 경제적 불평등의 계기가 되는 직위와 직책은 모든 사람에게 열려 있어야 한다는 것이다.

37 제시문은 공동체주의에 대한 설명이다.
① 언제나 공동선을 중시한다.
② 사회적으로 구성된 자아개념을 중시한다.
④ 개인주의와 자유주의의 문제점을 개선하고자 등장하였다. 특히 자유주의 인간관을 '무연고적 자아'라고 비판하였다.

36 다음 내용과 가장 관련 있는 것은 무엇인가?

롤스의 정의론에 따르면, 최소 수혜자에게 이익이 되지 않는 한 소득은 평등하게 분배되어야 한다. 사회적 혹은 경제적 불평등은 최소 수혜자에게 최대의 이익이 되도록 편성될 때 정당화될 수 있다. 즉, 최소 수혜자의 최대 이익을 보장하기 위해서라면 불평등을 허용한다.

① 원초적 입장
② 무지의 베일
③ 차등의 원칙
④ 평등한 자유의 원칙

37 다음 내용과 가장 관련 있는 설명으로 옳은 것은?

인간 삶에 영향을 끼치는 공동체의 중요성을 강조하는 사상으로, 개인보다 공동체를 우선시한다. 다양한 사람들과 관계를 맺고 영향을 받는 것을 중시하며, 개인과 공동체의 유기적 관계 속에서 개인과 사회의 행복을 추구해야 한다고 본다. 사회와 자연과의 연대적 고리를 차단하고 무시하여 자아실현에만 몰두하는 것은 잘못이며, 역사·자연·의무 등을 중시한 후 개인의 정체성 확립이 가능하다고 주장한다. 또한 구성원 간 사회적 유대감과 책임감, 공동체 구성원에 대한 배려와 사랑 등 공동체 유지와 발전을 위해 필수적인 가치를 강조한다.

① 언제나 개인선을 중시한다.
② 개인의 자아를 중시한다.
③ 공동체와 개인은 상호 보완적 관계에 있다.
④ 전체주의의 문제점을 개선하고자 등장하였다.

정답 36 ③ 37 ③

38 다음 내용과 가장 관련 있는 이론은?

> 시민이 동의한 국가의 권위는 올바르고 마땅하며, 시민은 이에 동의하였으므로 자발적 약속에 따라 국가의 명령에 복종해야 한다. 또한 시민과 국가의 상호 계약을 전제로 국가의 명령이 가능하다. 시민은 자신의 생명과 재산을 지키기 위해 국가의 권위에 동의한 것이므로, 만일 자신의 권리가 침해되면 계약에 의해 성립된 국가가 제재권을 행사함으로써 자신의 자연권의 완전실현을 도모한다. 만일 정당하지 못한 권력이 출현하면 시민에게는 그러한 권력에 맞설 수 있는 정당한 권리가 있다.

① 동의론
② 혜택론
③ 인간본성론
④ 자연적 의무론

39 다음 내용에서 밑줄 친 부분의 요건에 해당하는 것은?

> 우리는 먼저 인간이어야 하고, 그 다음에 국민이어야 한다고 나는 생각한다. 우리의 유일한 의무는 옳다고 생각하는 것을 실천하는 것이며, 불의한 법은 어겨야 한다. 법률이 기본권을 침해하거나 부당하다고 판단이 될 때 법을 변화시키기 위하여 고의로 법률을 위반하여 저항하여야 한다. 우리는 합법적인 민주주의 체제하에서 민주적 헌법 질서를 위반하거나 깨트리는 것을 막고자 능동적으로 <u>이러한 행위</u>를 하여야 한다.

① 불의한 법은 개정 전까지는 따라야 한다.
② 가벼운 폭력은 사용할 수 있다.
③ 사회에 충분히 기여한 시민이 선택해야 한다.
④ 다른 개선 노력을 시도한 후에 선택한 최후의 수단이어야 한다.

38 제시문은 로크가 주장한 동의론에 대한 내용이다.
② 혜택론 : 국가는 시민에게 여러 혜택을 줌으로써 그 권위와 정당성이 인정된다고 보는 이론이다.
③ 인간본성론 : 시민은 인간 본성에 따라 정치적 의무를 이행한다.
④ 자연적 의무론 : 인간이 당연히 따라야 하고 자발성과 관계없이 적용되는 의무를 말한다.

39 제시문은 헨리 데이비드 소로가 주장한 시민불복종에 대한 내용이다.
① 불의한 법은 어겨야 한다.
② 비폭력을 지향해야 한다.
③ 시민불복종은 시민이 인권을 침해당했을 때 가질 수 있는 본질적인 권리이기 때문에 '사회에의 기여 여부'와는 무관하다.

정답 38 ① 39 ④

40 인권은 박탈당하지 않고 영구히 보장되어야 한다.

인권의 특징

- 보편성 : 인종, 피부색, 성, 언어, 종교에 관계없이 모든 사람이 누려야 한다.
- 천부성 : 인권은 태어날 때부터 가지는 권리이다.
- 불가침성 : 어떠한 경우에도 절대로 침해할 수 없다.
- 항구성 : 인권은 박탈당하지 않고 영구히 보장되어야 한다.

40 **다음 중 인권의 보편적 특성에 대한 설명으로 옳지 않은 것은?**

① 누구에게도 침범될 수 없다.

② 태어나면서부터 부여받은 것이다.

③ 영구적으로 보존되는 것은 아니다.

④ 국적이나 지위 등과는 상관없다.

정답 40 ③

01 다음 중 상대주의 윤리설에 대한 설명으로 가장 적절한 것은?

① 윤리는 사회 현상이자 문화적 산물이다.

② 예전에 중요했던 윤리는 앞으로도 영원히 중요할 것이다.

③ 한 나라의 윤리는 모두에게 동일하게 적용된다.

④ 사회마다 가치관은 달라도 윤리는 동일하다.

01 상대주의적 윤리설은 가치 판단 기준이 상대적·주관적·특수적이라고 말한다. 즉, 상대주의 윤리설에서는 '절대적인 선'은 없으며, 어떤 결과를 가져오는가에 따라 '올바름'이나 '그릇됨'의 기준이 바뀔 수 있다고 본다. 주의해야 하는 것은 '도둑질'이나 '범죄'가 옳다고 보는 것이 아니라, 어떠한 결과를 가져오는가에 따라 평가가 바뀔 수 있다고 생각한다는 것이다.

②·③·④는 모두 절대주의 윤리설에 해당하는 표현들이다. 절대주의 윤리설은 '절대적인 선' 또는 '절대적인 진리'가 실재한다고 생각한다. 따라서 한번 정해진 윤리적 판단 기준은 시간과 공간에 관계없이 영원히 지속되며, 모두에게 동일하게 적용되는 것이 가능하다고 본다.

정답 01 ①

02 제시문은 실천 윤리학에 해당하는 내용이다. 실천 윤리학은 삶의 구체적인 상황에서 발생하는 윤리 문제의 원인을 분석하고, 이에 대한 해결책을 찾고자 하며, 다양한 영역에서 제기되는 문제와 과학기술의 발달로 발생하는 새로운 문제를 다룬다. 또한, 윤리 문제의 해결을 위해 이론 윤리학의 연구 성과를 적극 활용한다. 그리고 현실적인 도덕 문제를 해결하기 위해서 '의학, 법학, 과학, 종교' 등 다양한 학문 분야의 전문지식과 기술을 활용하는 학제적 접근을 중시한다는 특징이 있다.

02 다음 설명에 해당하는 것은 무엇인가?

우리는 매일 현실적인 윤리적 문제들과 마주친다. 기후 변화로 인한 위기도 그중 하나이다. 오염의 경우에 종종 적용되는 하나의 원칙은 "망가뜨린 자가 고친다."이며, 이는 "오염시킨 자가 비용을 지불한다."로도 알려져 있다. 이 원칙을 하나의 사례에 적용해 보자면, 만약 화학 공장이 강물을 오염시켰으면 공장의 주인에게 강물을 정화할 책임이 있게 된다. 그렇다면 이 원칙을 각 나라들이 배출한 이산화탄소로 인한 기후 변화에 적용해 보았을 때, 이산화탄소 배출로 인한 기후 변화에 대한 책임을 누구에게 물어야 할까? 윤리학자는 이와 같이 현실에서 발생하는 윤리 문제에 대한 구체적인 해결책을 모색하는 데 주된 관심을 가져야 하며, 현시대를 살아가고 있는 사람들이라면 누구나 이 문제에 대해 숙고하여 해결 대안을 내놓아야 한다.

① 메타 윤리학
② 실천 윤리학
③ 규범 윤리학
④ 기술 윤리학

정답 02 ②

03 다음 중 사회 윤리학의 등장 배경으로 가장 적절한 것은?

① 사회 윤리 문제의 원인을 보는 시각이 개인 중심에서 집단 중심으로 이동하면서 생겼다.

② 철학적인 탐구가 필요한 개인 윤리의 필요성이 사라지게 되었다.

③ 개인 철학적 윤리보다는 사회 과학적 윤리가 더 우월하다는 사회적 분위기가 팽배해졌다.

④ 사회구조적 악을 개인의 도덕의식만으로 해결할 수 없다는 인식이 생겼다.

04 다음 중 인간 복제의 반대 근거로 옳지 <u>않은</u> 것은?

① 인간을 도구화한다.

② 자연적인 출산 과정을 위배한다.

③ 인간의 고유성을 위해 금지해야 한다.

④ 불임 부부의 요구를 충족한다.

---

03 20C 초반까지 유럽의 대부분의 윤리학자들은 '사회 문제'의 발생 원인을 개인의 윤리의식 결여로 보았다. 그래서 개인이 지켜야 하는 보편적인 도덕 원리(양심, 윤리의식 등)를 설정하고, 개인의 도덕성을 강조하는 모습을 보였다. 하지만 20C 중반이 되면서 한나 아렌트가 『예루살렘의 아이히만』이라는 책에서 '이웃에게 친절하고 가족을 사랑하는 평범한 개인이 전체주의적인 국가의 시스템 속에서 수백만 명을 죽이는 유태인 수용소의 소장으로 독가스 버튼을 눌렀다'는 사실을 통해 '악의 평범성'이라는 개념을 처음으로 언급하면서, 평범하고 선한 개인이라고 하더라도 '집단의 이익'을 위해 악한 일을 행할 수 있다는 사실을 인식하게 되었다. 더불어 니부어는 '도덕적인 개인이 비도덕적인 사회에서 존재할 수 있음'을 언급하면서, "사회구조적인 악을 개인의 도덕의식만으로 해결할 수 없다."라는 인식을 통해 개인 윤리를 보완하는 사회 윤리의 필요성을 언급하였다.

04 불임 및 난임 부부의 고통을 덜어 줄 수 있다는 것은 인간 복제의 찬성 근거이다.

인간 복제의 반대 근거
- 인간을 도구화하여 인간의 존엄성을 훼손한다.
- 자연스러운 출산의 과정에서 어긋나 인간 정체성의 혼란을 가져올 수 있다.
- 인간을 치료하기 위해 복제인간을 이용하는 수단화가 가능하다.
- 인간의 고유성과 개성을 침해할 수 있다.

정답 (03 ④   04 ④)

05 온정적 간섭주의는 개인이 자신의 이익이나 공익에 부합하지 않는 선택을 할 경우, 바람직한 선택을 하도록 국가가 개인의 의사결정에 강제로 개입할 수 있다는 것을 의미한다. [문제 하단의 표 참고]

05 환자 본인이 동의한 안락사를 반대하는 근거로 옳은 것은?

① 자율성의 원리
② 존엄한 죽음
③ 온정적 간섭주의 원리
④ 생명에 대한 자기결정권

[안락사 찬성론 · 반대론의 근거]

안락사 찬성론의 근거 (환자의 자율성과 삶의 질에 관심)	안락사 반대론의 근거
• 인간의 자율성 존중 : 자기 자신의 생명, 죽음에 대한 권리를 가지고 있음 • 치료를 거부할 권리와 고통에서 벗어날 권리가 있음 • 죽음의 동기가 환자에게 최대한의 이익 • 환자 가족의 경제적 · 정신적 · 심리적 고통을 경감시켜 주어야 함 • 인간다운 존엄한 죽음을 맞이함 • 제한된 의료 자원을 효율적으로 사용(사회 전체 이익에 부합)	• 인간의 존엄성 중시 : 절대적 존엄성을 지닌 인간의 생명을 보전하기 위해서 어떠한 치료 중지도 정당화될 수 없음 • 생명 경시 풍조 우려 : 안락사가 찬성될 경우, 쉽게 생명을 포기하려는 생명 경시의 유행이 일어날 수 있음 • 온정적 간섭주의 : 개인이 자신의 이익이나 공익에 부합하지 않는 선택을 할 경우, 바람직한 선택을 하도록 국가가 개인의 의사결정에 강제로 개입할 수 있음 • 살인 반대 : 안락사는 촉탁, 승낙에 의한 살인죄임 • 안락사 허용 시 '남용' 등의 범죄가 등장할 수 있음

정답 05 ③

06 다음 중 사형 폐지 논거로 가장 적절하지 <u>않은</u> 것은?

① 오판의 가능성이 있다.

② 국가가 살인자가 되는 것은 비도덕적이다.

③ 교화와 갱생을 포기한 것으로, 정당성이 없다.

④ 사형 집행에 비용이 많이 든다.

>>>◯

[사형 제도에 대한 찬성 논거와 반대 논거]

찬성 논거(존치론)	반대 논거(폐지론)
• 응보적 관점 : 사람을 살해하는 자는 자기의 생명을 박탈당할 수도 있음 • 범죄 예방적 관점 : 흉악범 등 중대 범죄에 대하여 이를 위협하지 않으면 법익보호의 목적을 달성할 수 없음(사형 제도 = 필요악) • 사회 방위론의 관점 : 사회 방위를 위해서는 극히 유해한 범죄인을 사회로부터 완전히 격리시킬 필요가 있음 • 시기상조론의 관점 : 사형 제도의 부당성을 인정하면서도, 공동선이 개인의 권리보다 우선하기 때문에 사회 상황 등을 고려하여 그 폐지를 유보하는 견해	• 인도주의적 관점(반인권적 형벌) : 사형은 잔혹한 형벌로 생명권과 인간 존엄성을 침해함 • 응보적 관점 비판 : 피해자를 대신한 응보의 성격을 가질 뿐이고 형벌의 합리적 목표인 교화나 개선과는 무관함. 응보 욕구는 적극적으로 선이 악을 이김으로써 충족되도록 해야 함. 사형은 피해자에게 어떠한 이익도 줄 수 없음 • 범죄 억제 효과 미미 : 사형 제도가 범죄를 억제하는 효과가 미미함 • 정치적 악용의 수단 : 정치적 반대 세력이나 소수 민족 및 소외 집단에 대한 탄압도구로 악용될 수 있음 • 오판 가능성 : 오판 가능성이 있고, 오판으로 사형이 집행되면 원상회복이 불가능 • 사회구조와 관련된 범죄는 사회에도 책임이 있음 • 사형은 생명 경시 풍토를 조장함

06 사형 집행 비용은 사형을 찬성하는 논거로서도, 반대하는 논거로서도 고려의 대상이 아니다.
[문제 하단의 표 참고]

정답 06 ④

07 [문제 하단의 표 참고]

07 다음 내용에서 괄호 안에 들어갈 말로 옳은 것은?

> 인간은 이중적인 본성을 가지고 있다. 즉, 인간은 전적으로 이기적인 존재도 아니고, 전적으로 이타적인 존재도 아니다. 그리고 사회적 자원과 재화는 유한하다. 다시 말해, 인간의 욕구는 무한하지만 그 욕구를 충족시켜 주는 재화나 자원은 부족할 수밖에 없다. 이 때문에 인간이 사는 세상이 무너지지 않기 위해서는 필연적으로 '올바른 재화나 자원의 분배'가 필요하다. 그럼 어떻게 분배하는 것이 올바를까? …(중략)… 분배의 기준은 다양하다. (㉠)에 따른 분배는 약자를 보호할 수 있으나 경제적 효율이 낮고, (㉡)에 따른 분배는 객관적인 측정이 가능하고 효율이 높으나, 양과 질을 평가하거나 사회적 약자를 보호하기에는 어렵다.

	㉠	㉡
①	필요	업적
②	업적	필요
③	업적	절대적 평등
④	능력	절대적 평등

[공정한 분배의 기준]

구분	의미	장점	단점
절대적 평등	개인 간의 차이를 고려하지 않고 모두에게 똑같이 분배하는 것	사회 구성원 모두가 기회와 혜택을 균등하게 누릴 수 있음	• 생산 의욕 저하 • 개인의 자유와 효율성 감소
업적	업적이나 기여가 큰 사람에게 더 많이 분배하는 것(성과급 제도)	• 객관적 평가와 측정이 용이 • 공헌도에 따라 자신의 몫을 가짐 → 생산성을 높이는 동기 부여	• 서로 다른 종류의 업적 평가 불가능 • 사회적 약자 배려 불가능 • 과열 경쟁으로 사회적 갈등 초래

정답 07 ①

능력	능력이 뛰어난 사람에게 더 많이 분배하는 것	개인의 능력에 따라 충분한 대우와 보상을 받을 수 있음	• 우연적 · 선천적 영향을 배제하기 어려움 • 평가 기준 마련이 어려움
필요	사람들의 필요에 따라 분배하는 것	약자를 보호하는 도덕의식에 부합	• 경제적 효율성 감소 • 필요에 대한 사회 전체의 예측이 어려움 → 한정된 재화로 모든 사람의 필요를 충족시킬 수 없음

08 다음 내용에서 괄호 안에 들어갈 말로 가장 적절한 것은?

> 로크는 '다른 사람의 취득을 방해하지 않는다면 그 사람이 노동으로 얻은 것은 그 사람의 것'이라고 주장하였다. 노직은 이것이 오늘날에 그대로 적용하기에는 어려움이 있다는 점을 지적하면서 다음과 같은 사례를 들어서 비판하였다. "내가 소유한 바를 내가 소유하지 않은 바와 섞음은, 내가 소유하지 않은 바를 얻는다기보다는 내가 소유한 바의 상실이 아닌가? 만약 내가 한 통의 토마토 주스를 소유하고 있어 이를 바다에 부어 그 입자들이 바다 전체에 골고루 퍼지게 부었다면, 나는 이 행위를 통해 바다를 소유하게 되는가? 아니면 바보같이 나의 토마토 주스를 낭비한 것인가?"라고 하며 로크의 (   )을 비판했다.

① 취득의 원칙
② 양도의 원칙
③ 교정의 원칙
④ 공감의 원칙

08 노직은 '타인의 취득을 방해하지 않는다면 그 사람이 노동으로 얻은 것은 그 사람의 것'이라고 하는 로크의 주장을 비판하며, 다음과 같이 수정할 것을 주장하였다. "타인에게 해를 끼치지 않는다면 그 사람이 노동을 통해 무언가를 개선시킨 그것은 그 사람의 소유이다."라고 수정하고, 이를 취득의 원칙의 근거로 제시하였다.

정답 (08 ①)

09 베카리아는 사형 제도에 반대하는 학자이다. 그는 사회계약설 측면과 공리주의 측면에서 사형 제도를 반대하였는데, 사회계약설 측면에서는 모든 개인 의견의 합인 '일반의사'는 오류와 오판의 가능성이 존재하므로 개인의 가장 중요한 생명권을 사회계약에 양도할 수 없다는 입장을 보인다. 그리고 그는 사형은 형벌의 강도는 높으나 지속성이 낮아서, '범죄자 교화'의 효과가 떨어진다고 생각했다. 차라리 '종신 노역형'이 상당히 높은 강도와 지속성을 가지기 때문에 '최대 다수의 최대 행복'이라는 공리주의의 입장에 맞는다고 생각하였다.

① 칸트는 '죄의 무게 = 형벌의 무게'라는 '동등성의 원리'에 입각하여, 살인이라는 죄악을 저질렀다면, 사형으로 형벌을 받는 것이 정언명령에 부합하다고 생각하였다.

② 벤담은 공리주의 철학자로 '형벌 = 필요악'이라고 생각하였다. 제시문은 사형 제도를 반대하는 논점의 글인데, 공리주의는 사형 제도를 찬성하는 '일반예방주의'와 사형 제도를 반대하는 '특수예방주의'로 나누어지기 때문에 제시문과는 맞지 않다.

③ 루소는 사회계약설의 측면에서 '살인자 = 합의된 계약의 위반자'로 보았다. 사회계약은 모두의 생명을 보호하기 위해서 만들어진 것인데, 누군가를 살해했다는 것은 그 계약을 지킬 의지가 없는 것으로 판단한 것이다. 따라서 그는 계약 밖에 있는 범죄자의 죽음을 방치하는 것은 사회계약의 위반이 아니라고 보았다.

---

09 **다음 설명에 해당하는 사상가는 누구인가?**

> 법은 각 사람의 개인적 자유 중 최소한의 몫을 모은 것 이외의 어떤 것도 아니다. 법은 개개인의 특수의사의 총체인 일반의사를 대표한다. 그런데 자신의 생명을 빼앗을 권능을 타인에게 기꺼이 양도할 자가 세상에 있겠는가? 각각의 사람이 자유 가운데 최소한의 몫의 희생 속에서 어떻게 모든 가치 중 최대한의 것인 생명 그 자체가 포함된다고 해석할 수 있을까? 만일 이 같은 점을 수긍할 수 있다면, 그 원칙이 자살을 금지하는 다른 원칙과 어떻게 조화될 수 있을 것인가? 인간이 자신을 죽일 권리가 없는 이상, 그 권리를 타인이나 일반 사회에 양도하는 것 역시 불가능한 것이다. …(중략)… 형벌이 정당화되려면, 그 형벌은 타인들의 범죄를 억제시키기에 충분한 정도의 강도(強度)만을 가져야 한다. 아무리 범죄의 이득이 크다 해도 자신의 자유를 완전히 그리고 영구적으로 상실하기를 택할 자는 없다. …(중략)… 사형을 대체할 종신 노역형만으로도 가장 완강한 자의 마음을 억제시키기에 충분한 정도의 엄격성을 지니고 있다. 종신 노역형은 사형 이상의 확실한 효과를 가져 온다.

① 칸트

② 벤담

③ 루소

④ 베카리아

10 다음 내용에서 괄호 안에 공통으로 들어갈 말로 옳은 것은?

> 칸트는 (　　)을 통해 전쟁과 평화의 근원적 문제는 국가 간 신뢰가 정착되어 있느냐가 중요하다고 강조하고, 평화를 유지하기 위해 모든 국가가 자유로운 국가들 간의 연맹에 참여할 것을 주장하였다. 그는 연맹에 참여한 국가의 국민들은 자유와 평화를 보장 받을 수 있고, 평화를 요구하는 시민들에 의해 국가 지도자가 쉽게 전쟁을 일으킬 수 없게 된다고 보았다. 그는 (　　)에서 3개의 확정조항과 6개의 예비조항을 주장하였다.

① 정언명령론
② 영구평화론
③ 대동사회론
④ 존비친소론

[확정조항과 예비조항]

확정조항	예비조항
① 모든 국가의 시민적 정치 체제는 공화정체여야 한다. ② 국제법은 자유로운 국가들의 연방 체제에 기초해야 한다. ③ 세계 시민법은 보편적 우호의 조건들에 국한되어야 한다.	① 장차 전쟁의 화근이 될 수 있는 내용을 암암리에 유보한 채 맺은 어떠한 평화 조약도 결코 평화 조약으로 간주되어서는 안 된다. ② 어떠한 독립 국가도 상속, 교환, 매매 혹은 증여에 의해 다른 국가의 소유로 전락할 수 없다. ③ 상비군은 조만간 완전히 폐지되어야 한다. ④ 국가 간의 대외적인 분쟁과 관련하여 어떠한 국채도 발행되어서는 안 된다. ⑤ 어떠한 국가도 다른 국가의 체제와 통치에 폭력으로 간섭해서는 안 된다. ⑥ 어떠한 국가도 다른 나라와의 전쟁 동안에 장래의 평화 시기에 상호 신뢰를 불가능하게 할 것이 틀림없는 다음과 같은 적대 행위, 예컨대 암살자나 독살자의 고용, 항복 조약의 파기, 적국에서의 반역 선동 등을 해서는 안 된다.

10 칸트는 1795년 발간된 「영구평화론」(Zum ewigen Frieden)이라는 논문을 통해 영구평화론을 체계적으로 정리하였다. 그는 되풀이되는 전쟁은 악이며 인류를 멸망의 길로 이끌 것이라고 경고하면서, 전쟁이 없는 진정한 영구평화만이 정치상의 최고선이라고 주장했다. 그리고 그는 영구평화야말로 인류가 이성에 근거하여 지속적으로 추구해야 할 도덕적 실천 과제라고 보았고, 이를 실현하기 위한 가상의 평화조약안을 제시했다.
[문제 하단의 표 참고]

정답 10 ②

11 [문제 하단의 표 참고]

11 다음 내용에서 괄호 안에 들어갈 말로 가장 적절한 것은?

- (㉠)는 홉스적 전통에서 보았듯이 인간의 본능은 힘과 권력을 원하게 되어 있는데, 이 욕망을 제어할 국제적 체제가 존재하지 않는다는 것을 인식해야 한다고 주장한다. 한 국가의 대외 정책에 대해 도덕적으로 좋은 정책, 나쁜 정책이라는 구분은 의미가 없고, 오직 국익에 도움이 되는지 아닌지가 그것을 판별하는 기준이 된다고 본다. 그러면 이들은 어떻게 국제 평화와 생존을 보장할 수 있다고 생각할까? 그들은 국가 간의 세력 균형을 내세운다. 세력 균형 이론은 서로의 힘이 균등할 때 서로가 서로에게 공격을 자제한다고 본다. 다시 말해, 세력 균형이 무너져, 즉 한쪽의 힘이 무너질 때 다른 한쪽은 공격하고 싶은 유혹을 느낀다는 것이다. 그것은 결국 전쟁으로 이어지고 국제 평화를 깬다는 것이다. 이러한 세력 균형은 자국의 힘을 키움으로써 이룰 수 있으며, 다른 국가와 동맹을 맺음으로써 다른 세력과 힘의 균형을 이룰 수도 있다.
- (㉡)는 인간의 상호협력이 가능하다고 본다. 그리고 인간의 나쁜 행동은 인간의 주어진 악한 본성에서 나오는 것이 아니라, 인간을 이기적으로 만들고 다른 이에게 피해를 주게 만드는 국제 정치상의 구조와 제도의 문제라고 주장한다. 그러한 잘못된 제도나 구조는 국제사회라고 하는 공동체 속에서 구성된 국가들의 행동을 규제할 수 있는 기구를 통해 국제문제를 해결할 수 있다고 본다. 그래서 국제법이나 국제규범 등은 국제사회에서 매우 중요한 역할을 맡게 된다.

	㉠	㉡
①	이상주의	현실주의
②	현실주의	구성주의
③	이상주의	구성주의
④	현실주의	이상주의

>>>🔍 [국제 관계를 바라보는 관점 – 이상주의 vs 현실주의]

구분	이상주의(자유주의)	현실주의
인간관	인간은 이성적 존재 (= 선한 존재)	인간은 이기적 존재

내용	도덕규범, 국제법, 국제기구 등이 큰 영향력을 행사함	국제관계가 권력이나 현실적인 힘에 의해 결정됨
행위주체	국가, 국제기구의 역할 강조	국가만이 행위 주체
분쟁의 원인	• 불완전한 국제제도 • 타국에 대한 상호 오해	• 국가의 이기적 속성 • 힘의 불균형
문제 해결	• 국제법, 국제기구를 통한 합의 • 집단 안보	• 세력 균형 • 군사 동맹
한계	인간과 국가의 본성에 대한 지나친 낙관	협력이 존재하는 현실에 대한 설명 부족

12 다음 설명에 해당하는 것으로 가장 적절한 것은?

집단 학살, 테러, 마약·무기류 거래, 납치, 인종 혐오 범죄 등과 같이 국제사회의 안녕과 질서를 해치는 반인도적 범죄 행위를 처벌하는 것을 말한다. 이를 실현하기 위한 실현 방안으로 '국제 형사 재판소, 국제 형사 경찰 기구' 등을 설치하여 직접 범죄를 처벌하고 있다.

① 절차적 정의
② 형사적 정의
③ 분배적 정의
④ 교환적 정의

12 형사적 정의는 칸트의 응보주의에 영향을 받아, '죄'를 지었다면 그에 대한 대가 즉, 형벌을 받아야 한다는 의미의 정의관이다. 특히, 개인의 자유를 침해하거나 인권을 침해하는 반인도적 행위에 대하여 그 행위를 가한 사람을 처벌하는 것을 형사적 정의라고 한다.
① 절차적 정의는 공정한 절차를 통해 발생한 결과는 정당하다고 보는 정의관이다. 기존의 분배의 정의는 능력, 필요, 업적 등 분배의 기준을 제시하고, 그에 따른 분배가 정의롭다고 보았으나, 그러한 분배의 기준들은 보편적으로 적용하기 어렵고, 서로 충돌한다는 한계가 있다. 절차적 정의는 분배 기준 자체보다는 공정한 분배를 위한 절차를 강조하여, 분배의 절차와 과정이 합리적인가를 중시한다.
③ 분배적 정의는 각자에게 각자의 정당한 몫을 돌려줌으로써 아무도 불만을 제기하지 않는 방식으로 공정하게 분배하는 것을 말한다.
④ 교환적 정의는 사람들 간의 거래에 관련된 물건의 교환 상황에서의 정의를 말한다. 동일한 가치를 지닌 두 물건이 교환되면 그 교환은 정당하다고 보는 입장이다.

정답 12 ②

13 제시문은 생태중심주의 학자인 레오폴드가 주장한 내용이다.

13 다음 내용과 관련 있는 자연을 바라보는 관점으로 적절한 것은?

> • 인간과 자연을 모두 포괄하는 유기체[생태 공동체(하나의 그물망)] 안에서 개체인 인간에게 전체 공동체의 건강한 유지를 위해 도덕적 책임과 의무가 부과된다.
> • 생명 공동체의 범위를 '식물, 동물, 토양, 물'을 포함하는 대지로 확장 또는 확대하는 것은 진화론적으로 가능한 일이며, 생태학적으로는 필연적이다.
> • 어떤 것이 생명 공동체의 온전성, 안정성, 아름다움의 보존에 이바지한다면 그것은 옳고, 그렇지 않다면 그것은 그르다.

① 인간중심주의
② 동물중심주의
③ 생명중심주의
④ 생태중심주의

14 ② 군사력과 무기 유지에 들어가는 비용은 분단 비용이다.
③ 통일 이후 일자리 창출에 들어가는 비용은 통일 비용이다.
④ 북한과의 동해안 철도를 건설하는 것은 평화 비용이다.
[문제 하단의 표 참고]

14 다음 중 평화적 통일의 감당 비용에 대한 설명으로 가장 적절한 것은?

① 북한에 식량을 원조하는 것은 평화 비용이다.
② 군사력과 무기 유지에 투자하는 것은 통일 비용이다.
③ 통일 이후 일자리 창출에 들어가는 비용은 평화 비용이다.
④ 북한과의 동해안 철도를 건설하는 것은 분단 비용이다.

≫Q [분단 비용 vs 평화 비용 vs 통일 비용]

분단 비용	통일 전 비용이며, 분단 상태의 현상유지를 위한 소모적 비용
평화 비용	통일 전 비용이며, 분단 이후의 평화적인 통합을 위해 드는 투자 비용
통일 비용	통일 후 비용이며, 통일 이후 남북 간의 격차를 해소하고 이질적인 요소를 통합하는 데 필요한 비용 → 통일 후 발생하는 투자 비용

정답 13 ④ 14 ①

15 다음 내용에서 괄호 안에 들어갈 말로 가장 적절한 것은?

> 공자는 생활 속에서 자신이 맡은 직분에 충실해야 한다는 정신을 강조하였다. 그는 이 정신을 (　　)(이)라고 하였는데, 이는 명분에 상응하여 실질을 바르게 하는 것으로, '임금은 임금답게, 신하는 신하답게, 부모는 부모답게, 자식은 자식답게'를 주장하여 자신이 맡은 직분에 충실할 것을 강조하였다. 그래서 각 직분에 따른 덕을 실현하면 공동선이 실현된다고 보았다.

① 예치(禮治)
② 정명(正名)
③ 무위(無爲)
④ 왕도(王道)

16 다음 내용과 가장 관련 깊은 것은?

> • 사람은 누구나 남의 불행을 차마 보고만 있지 못하는 마음이 있다. 그 마음을 그가 보고 있는 모든 일에 미치도록 하는 것이 인(仁)이다.
> • 튀르키예에 대규모 지진이 일어났을 때, 내 일이 아니지만 돕고 싶고, 일이 손에 잡히지 않아서 구호단체에 성금을 냈다.

① 측은지심(惻隱之心)
② 수오지심(羞惡之心)
③ 사양지심(辭讓之心)
④ 시비지심(是非之心)

15 ① 예치(禮治) : 예(禮)에 따르는 정치는 순자가 강조한 개념이다.
③ 무위(無爲) : 노자가 강조한 개념이다.
④ 왕도(王道) : 맹자가 강조한 개념이다.

16 맹자는 인간의 본성이 '선(善)'하다고 보았다. 사람은 누구나 남에게 차마 어찌하지 못하는 마음인 불인인지심(不忍人之心) 또는 사덕(四德)의 단서인 사단(四端)을 가지고 태어난다는 것이다. 사단은 선천적으로 가지고 태어난 도덕적 마음의 네 가지 단(端)이다.
• 측은지심(惻隱之心) : 남을 사랑하여 측은히 여기는 마음으로, 인(仁)의 단서이다.
• 수오지심(羞惡之心) : 불의를 부끄러워하고 미워하는 마음으로, 의(義)의 단서이다.
• 사양지심(辭讓之心) : 공경하고 양보하는 마음으로, 예(禮)의 단서이다.
• 시비지심(是非之心) : 옳고 그름을 분별하는 마음으로, 지(智)의 단서이다.

정답　15 ②　16 ①

17 성즉리는 주자가 성리학에서 주장한 심성(心性)론의 내용이다.

② 치양지 : 왕수인은 사람은 누구나 천리(天理)로서의 양지를 지니고 있고, 이 양지를 자각하고 실천할 수 있다고 보았다. 사욕을 극복하고 양지를 적극적이고 구체적으로 발휘하면[치양지(致良知)], 이론적 학습 과정을 거치지 않아도 누구나 성인(聖人)이 될 수 있다고 보았다.

③ 심즉리 : 왕수인은 사람의 마음[心]이 곧 하늘의 이치[理]라고 주장하였다. 이에 따라 마음 밖에는 이치가 없고, 마음 밖에는 사물도 없다고 생각하였다.

④ 소요유 : 도가 사상가인 장자가 언급한 개념으로, '세속을 초월하여 무엇에도 얽매이지 않는 정신적 자유의 경지, 일체의 분별과 차별을 없앰으로써 도달하게 되는 경지'를 말한다.

17 다음 설명에서 괄호 안에 들어갈 말로 가장 적절한 것은?

> • 이(理)는 만물을 생성하는 근본이며, 기(氣)는 만물을 생성하는 도구이다. 이를 품부 받은 후에야 성(性)이 생기고, 기를 품부 받은 후에야 형체가 생긴다.
> • 성은 마음의 본체[體]이며, 정(情)은 마음의 작용[用]이다. 성과 정은 모두 마음에서 나오니, 마음이 이들을 제어할 수 있다.
> • 인간의 본성은 하늘이 부여한 이치이며, 이를 (   )라고 한다.

① 성즉리(性卽理)

② 치양지(致良知)

③ 심즉리(心卽理)

④ 소요유(逍遙遊)

정답 17 ①

18 다음 내용과 가장 관련 깊은 정약용의 사상으로 옳은 것은?

> • 천자는 사람들이 추대해서 된 것이다. 무릇 사람들이 추대해서 되었으니, 또한 사람들이 추대하지 않으면 되지 않는다. 그러므로 5가가 화합하지 못하면 5가에서 의논하여 인장을 교체하고, 5린이 화합하지 못하면 25가에서 의논하여 이장을 교체한다. 제후들이 화합하지 못하면 제후들이 의논하여 천자를 교체한다. 제후들이 천자를 교체하는 것은 다섯 집에서 인장으로 교체하고 25집에서 이장을 교체하는 것과 같은데, 누가 감히 "신하가 임금을 쳤다."라고 말할 수 있는가?
>
> – 「탕론」 –
>
> • 장횡거가 '서명'(西銘)에 이르기를 "홀아비, 과부, 고아, 늙고 자식 없는 사람, 곱사등이 사람, 병자들은 모두 나의 형제 가운데서도 어려운 처지에 있으면서 하소연할 곳이 없는 사람들이다."라고 하였으니, 사람들이 진심으로 장횡거의 마음을 자기 마음으로 삼는다면 떠돌며 구걸하는 백성을 차갑게 대하지는 못할 것이다.
>
> – 『목민심서』 –
>
> • 백성을 위하여 목(牧)(행정구역)이 존재하는가, 백성이 목(牧)을 위해 태어났는가? 백성들은 곡식과 피륙을 내어 목(牧)을 섬기고, 수레와 말을 내어 목을 영송(迎送)하며, 고혈(膏血)을 다하여 목(牧)을 살찌게 하니 백성들이 목(牧)을 위해서 태어난 것인가?
>
> – 「원목」 –
>
> *목(牧) : 백성을 맡아 다스리는 자의 총칭

① 민주주의
② 민본주의
③ 실용주의
④ 성기호설

18 정약용은 백성이 통치자를 추대한다는 '민본주의적 발상'을 하였다. 즉, 백성이 통치자를 추대하는 것이므로 통치자는 백성을 위해 존재하는 것이고, 그 목적을 달성하지 못했을 때는 백성에 의해 교체될 수 있다는 것이 정약용의 논리였다. 이러한 논리는 하늘의 명령에 의해 군주의 권위가 확보되고, 그 군주가 제후나 관리를 임명하여 백성을 통치하게 한다는 '유교적 천명사상'이 주장하는 논리와 상반된다.

정답 18 ②

19 물아일체는 도가 사상가인 장자가
언급한 '만물과 내가 하나가 되는 경
지'를 의미한다. '장자와 나비'의 비
유를 통해서 잘 설명되고 있다.
삼법인(三法印)은 자연과 우주의 참
모습에 대한 가르침으로, 인생과 세
상의 실상이 무상(無常), 무아(無我),
고(苦)임을 나타낸다. 여기에 '열반
적정'을 더하여 '사법인설'(四法印
說)이라고 부르기도 한다.
[문제 하단의 표 참고]

19 다음 중 불교의 삼법인에 해당하지 않는 것은?

① 제행무상(諸行無常)
② 제법무아(諸法無我)
③ 열반적정(涅槃寂靜)
④ 물아일체(物我一體)

≫🔍 [삼법인(三法印)]

제행무상 (諸行無常)	이 세상의 모든 것은 고정된 것이 아니라, 끊임없이 생멸·변화한다.
제법무아 (諸法無我)	모든 존재는 인연의 화합으로 이루어진 것이며, 독립적이고 불변하는 자아는 존재하지 않는다. → '나'라고 주장할 만한 고정된 실체는 존재하지 않는다.
일체개고 (一切皆苦)	현실 세계의 모든 것이 고통이다.
열반적정 (涅槃寂靜)	깨달음을 통해 이르게 되는 열반만이 모든 무상(無常)과 고통에서 벗어난 고요한 경지이다.

정답 19 ④

20 다음 내용에서 괄호 안에 들어갈 말로 가장 적절한 것은?

> 대승(大乘)의 진리에는 오직 한마음[一心]만 있다. 한마음 외에 다른 진리는 없다. 단지 무명(無明)의 어리석음으로 인해 이 한마음을 모르고 방황하는 탓에 여러 가지 파랑을 일으켜 온갖 윤회의 세상이 생겨나게 되는 것이다. 그러나 비록 윤회의 파도가 일지라도 그 파도는 한마음의 바다를 떠나는 게 아니다. 한마음으로 말미암아 온갖 세상 윤회의 파도가 일어나므로 널리 중생을 구원하겠다는 서원을 세우게 된다. 또한 윤회의 파도는 한마음을 떠나지 않으므로 한 몸이라는 큰 자비[同體大悲]를 실천할 수 있는 것이다. 이렇듯 대승 불교는 대중 친화적, 대중적 측면을 강조한다. 또한 이상적 인간을 (   )(으)로 보는데, 이는 위로는 깨달음을 구하고 아래로는 중생을 구제하는 존재이다.

① 보살
② 대인
③ 군자
④ 지인

20 보살은 대승 불교에서 생각하는 이상적인 인간상으로, '자신의 해탈과 중생 계도에 힘쓰는 사람'이다. 불법에 대한 온전한 깨달음을 얻어 수행 정진하지만, 중생에 대한 측은함이 있어 그들의 계도에 힘쓰는 사람을 의미한다.
②·③ 대인, 군자는 유교에서 생각하는 이상적인 인간상이다.
④ 지인(至人), 진인(眞人) 등은 도가에서 생각하는 이상적인 인간상이다. 이들은 자연과 하나가 되는 물아일체의 경지에 도달한 사람을 의미한다.

정답 **20 ①**

21 화쟁사상은 원효의 십문화쟁론(十門和諍論)이란 책에서 나온 말로, "부처님은 보는 사람의 관점에 따라 다르게 느껴지며 많은 종파가 만들어질 수 있다. 그러나 부처님의 뜻은 자비(慈悲) 하나이다. 그러므로 종파는 통합되어야 한다."라고 주장하였다. 고려시대 의천은 원효의 화쟁사상의 영향을 받아 천태종을 창시하였다.

② 선교일원(禪敎一元)은 '선(禪)은 부처의 마음이고, 교(敎)는 부처의 말씀이니, 선종과 교종은 본래 하나임'을 말하는 지눌 대사의 표현이다[≒ 선교일치(禪敎一致)]. 지눌은 원효의 원융회통의 전통을 계승하여 선종을 중심으로 교종과의 조화를 추구하였다.

③ 정혜쌍수(定慧雙修)는 마음이 고요하고 자취도 없는 본체인 정(定, 선정)과 깊은 지성의 작용인 혜(慧, 지혜)를 함께 수행해야 한다는 의미로, 지눌 대사가 말한 내용이다.

④ 숭유억불(崇儒抑佛)은 유교를 건국이념이자 통치사상으로 숭상한 조선왕조에서 전대 왕조인 고려의 국교였던 불교를 억압한 정책을 말한다.

21 **다음 내용에서 괄호 안에 들어갈 말로 가장 적절한 것은?**

> 그는 당시 중관파, 유식파 등 대립·갈등하는 여러 불교 종파의 주장들을 높은 차원에서 하나로 아우르려는 사상을 선보였다. 또한 그는 '부처의 말씀은 여러 가지이지만, 부처의 마음은 하나'라는 일심(一心)사상을 주장하였다. 일심사상을 통해 대립하는 여러 불교 종파들의 특수성을 인정하나 이들을 높은 차원에서 통합하여 종파 사이의 다툼을 화해시키려 하였다. 후대에 이러한 그의 사상을 (   )(이)라 부른다.

① 화쟁사상
② 선교일원
③ 정혜쌍수
④ 숭유억불

정답 21 ①

22 다음 내용과 가장 관련 깊은 것은?

> • 최상의 선은 물과 같다. 물은 만물을 이롭게 하면서도 다투지 않고, 모든 사람이 싫어하는 곳에 머문다. 그러므로 도(道)에 가깝다.
>
> • 세상에 규제가 많을수록 백성은 더욱 가난해지고, 백성에게 날카로운 도구가 많을수록 나라는 더욱 혼란에 빠지며, 사람들이 기교를 부리면 부릴수록 기이한 물건이 더욱 많아지고, 법령이 선포되면 될수록 도둑이 더욱 들끓는다. 그러므로 성인은 다음과 같이 말한다. 내가 무위(無爲)하니 백성은 저절로 감화되고, 내가 고요히 있는 것을 좋아하니 백성이 저절로 바르게 되며, 내가 일을 도모하지 않으니 백성은 저절로 부유해지고, 내가 욕심을 내지 않으니 백성은 저절로 다듬지 않은 통나무처럼 순박하게 된다.
>
> — 『도덕경』 —

① 정혜쌍수(定慧雙修)

② 만물제동(萬物齊同)

③ 상선약수(上善若水)

④ 무위지치(無爲之治)

22 상선약수는 노자가 주장한 것으로, 노자는 최고의 선은 물과 같다고 보았다. 물은 낮은 곳에 머물면서 만물을 이롭게 하고, 남과 다투지 않기 때문에 도(道)에 가깝다는 것이다. 물이 지닌 겸허(謙虛), 이만물(利萬物), 부쟁(不爭)의 덕이 무위자연을 나타낸다고 보았다.

② 만물제동은 장자의 주장으로, 도(道)의 관점에서 본다면 만물은 모두 같다는 사상이다. 우리가 모기를 해롭다고 하고 꿀벌은 이롭다고 하지만 그것은 인간의 관점일 뿐이며, 도(道)의 관점에서 모기는 모기의 할 일을, 꿀벌은 꿀벌의 할 일을 할 뿐이다. 이러한 관점에서, 신분의 귀천이나 현실 사회의 예법도 인간의 관점에서 귀하고 지켜야 할 것일 뿐, 도(道)의 관점에서 본다면 무의미한 것이라고 생각하였다.

④ 무위지치는 노자의 주장으로, 인위적인 다스림이 없는 정치를 뜻한다. 통치자의 인위적인 조작이 없으면 백성은 스스로 자신의 일을 해 나갈 수 있다고 보았다. 부국강병(富國强兵)과 인위적인 강제를 부정하였다.

정답 22 ③

23 ① 겸허(謙虛)는 물이 높은 곳에서 낮은 곳으로 흐르듯, 자신을 낮추는 것을 의미한다.
② 부쟁(不爭)은 물은 바위와 다투지 않음을 의미하는 것으로, 노자는 상선약수(上善若水)를 주장하면서 '물'을 최고의 선을 갖춘 존재로 보았다. 물이 최고의 선을 갖게 되는 이유는 겸허와 부쟁의 덕을 가지고 있기 때문이라고 보았다.
③ 장자는 이상적인 인간상으로 '지인, 신인, 성인, 진인' 등을 제시하였다. 그리고 이러한 이상적인 인간이 되기 위한 수양 방법으로 자기를 구속하는 일체의 것을 잊어버리는 좌망(坐忘)과 마음을 비워 깨끗이 하는 심재(心齋)를 제시하였다.

23 다음 내용에서 괄호 안에 공통으로 들어갈 말로 가장 적절한 것은?

소요(逍遙)란 어떠한 외물(外物)에도 얽매이지 않고 자유롭게 살아가는 것이다. 도(道)의 관점에서 만물을 봄으로써 일체의 분별과 차별을 없애는 (   )의 방법을 통해 도달하게 되는 절대자유의 경지를 의미한다. 여기서 (   )(이)란 만물을 평등하게 바라보는 것을 의미하는데, 이를 통해 나와 너의 대립이 해소되고, 모든 사건이나 사물에 대한 분별과 차별이 사라진 정신적 자유의 경지에 도달한다.

① 겸허
② 부쟁
③ 좌망
④ 제물

24 만물제동(萬物齊同)은 도의 관점에서 보면 만물은 그 어떤 차별도 없이 똑같이 평등하고 소중하다는 것을 뜻한다. 이것을 '학의 다리와 오리의 다리', '용(用)과 불용(不用)'에 비유하여 설명하기도 한다.
③ 물아일체(物我一體)는 세속의 모든 구속에서 해방되어 자연의 섭리에 자신을 맡기고, 자연과 자신이 하나가 되는 경지를 의미한다.
④ 소국과민(小國寡民)은 노자가 말하는 이상적인 사회의 모습으로, '나라가 작고 인구가 적은 나라', '인위적 문명의 발달이 없는 무위와 무욕의 사회'를 의미한다.

24 다음 내용에 해당하는 도교의 가르침은?

"오리 다리는 비록 짧지만 길게 이어주면 걱정이 될 것이며, 학 다리는 비록 길지만 짧게 자라주면 슬퍼하게 될 것이다. 그러므로 본성이 길면 잘라주지 않아도 되고, 본성이 짧으면 이어주지 않아도 된다. 아무것도 걱정할 것이 없는 것이다. 인의(仁義)가 사람들의 본래적 특성일 수 있겠는가? 인(仁)을 갖춘 사람들, 얼마나 괴로움이 많겠는가?"

① 무위지치(無爲之治)
② 만물제동(萬物齊同)
③ 물아일체(物我一體)
④ 소국과민(小國寡民)

정답 23 ④   24 ②

25 다음 내용에서 괄호 안에 들어갈 말로 가장 적절한 것은?

> 절제 있는 사람은 중간의 방식으로 관계한다. 그는 건강에 기여하는 모든 것이나 좋은 상태를 위해 진정 즐거움을 주는 것들을 적절하게, 또 마땅히 그래야 할 방식으로 욕구하며, 이런 것들에 진정 방해가 되지 않는 다른 즐거운 것들, 혹은 고귀함을 벗어나지 않거나 자신의 힘을 넘지 않는 즐거운 것들을 원한다. 이러한 조건을 무시하는 사람은 즐거움이 갖는 가치 이상으로 그 즐거움을 좋아하는 사람이다. 절제 있는 사람은 이런 사람이 아니라 (좋아하되) 올바른 이성이 규정하는 대로 그것들을 좋아하는 사람이다. 그는 (㉠)을(를) 덕을 갖추고 품성을 갖춘 사람이 상황과 조건에 따라 최선의 선택을 하는 것이라고 생각했다. (㉠)을(를) 갖기 위해서는 덕 있는 이의 일상에서 지성적인 덕과 품성적인 덕을 가지고 항상 올바른 일을 (㉡)이 되도록 실천하는 것이 필요하다.

	㉠	㉡
①	절제	신념
②	절제	습관
③	중용	신념
④	중용	습관

25 아리스토텔레스는 목적론적인 세계관에 근거하여 모든 존재는 각각 고유의 목적이 있다고 생각하였다. 인간의 목적은 '행복'이며, 이를 얻기 위해서는 지속적인 노력을 통해 '덕'을 얻어야 한다고 생각했다. 덕은 지성적인 덕과 품성적인 덕으로 나눌 수 있다. 인간은 이를 끊임없이 습관적으로 실천하여, '의식하지 않고 행동을 하더라도, 항상 최선의 행동을 할 수 있는 상태'가 되어야 한다고 생각하였다. 아리스토텔레스는 이러한 상태를 '중용'의 상태로 보았다.

정답 25 ④

26 선의지는 오직 어떤 행위가 옳다는 이유만으로 그 행위를 실천하려는 의지이며, 도덕 법칙을 따르려는 의지를 말한다.

① 칸트는 인간의 본성이 쾌락을 추구하고 고통을 피하려는 행복 추구의 성향을 가졌다는 것은 인정하지만, 그것이 삶의 목적이 될 수 없다고 주장하였다. 삶의 목적이 될 수 있는 것은 오직 도덕뿐이며, 도덕은 다른 어떤 것의 수단이 될 수 없다고 생각하였다. 즉, '올바름'을 실천하는 것과 쾌락이 서로 부딪친다면, 칸트는 '올바름'을 실천하는 것이 우선임을 주장하였다.

③ 실천이성은 도덕적인 실천의지를 규정하는 이성을 의미한다. 여기서 실천의지란 도덕 법칙을 알고 자율적으로 실천하는 능력을 의미한다. 칸트는 실천이성의 명령(= 정언명령)에 따르는 행위가 도덕적 행위라고 생각하였다.

④ 실천적 지혜는 아리스토텔레스가 말한 개념으로, 인간에게 좋은 것과 나쁜 것이 무엇인지, 구체적 상황에서 중용이 무엇인지 알게 해주는 지성적인 덕을 의미한다. 품성적인 덕을 갖추기 위해 반드시 필요한 덕이다.

26 **다음 칸트의 주장에서 괄호 안에 공통으로 들어갈 말은?**

- 이 세상 안에서뿐만 아니라 이 세상 밖에서도 무제한적으로 선하다고 할 수 있는 것은 오직 (   )뿐이다.
- (   )은(는) 그것이 실현하거나 성취한 것 때문에, 또는 이미 주어진 어떤 목적을 달성하는 데 쓸모가 있기 때문에 선한 것이 아니라, 오로지 그렇게 하기로 마음먹는 그 자체로 선한 것이다.

① 행복
② 선의지
③ 실천이성
④ 실천적 지혜

정답 26 ②

27 다음 중 벤담의 쾌락 측정 척도에 해당하지 <u>않는</u> 것은?

① 지속성
② 확실성
③ 생산성
④ 교환성

28 다음 내용을 주장한 사상가의 윤리 이론은?

> • 어떤 종류의 쾌락이 다른 종류의 쾌락보다 더 바람직하고 더 가치 있다는 사실을 인정하는 것은 공리의 원리와 양립할 수 있다. 다른 모든 것을 평가할 때는 양뿐만 아니라 질도 고려하면서, 쾌락을 평가할 때에는 양에만 의존하는 것은 불합리하다.
> • 두 가지 쾌락을 경험한 모든 사람들 또는 거의 모든 사람들이 그 둘 중 특정한 쾌락을 선호해야 한다는 도덕적 의무감과 상관없이 어느 한 쾌락을 확실히 선호한다면 그 쾌락이 더 바람직한 쾌락이다.
> • 만족한 돼지보다 불만족한 인간이 되는 편이 낫고, 만족한 바보보다 불만족한 소크라테스가 되는 편이 낫다.

① 질적 공리주의
② 양적 공리주의
③ 규칙 공리주의
④ 선호 공리주의

27 벤담은 모든 쾌락은 질적으로 동일하고, 오직 양적 차이만 있으며, 양적인 계산이 가능하다고 보았다. 그는 쾌락의 계산 기준으로 '강도, 지속성, 확실성, 근접성, 생산성, 순수성, 범위'의 7가지를 제시하였다.

벤담의 쾌락 측정 척도
• 강도 : 조건이 같을 경우 강한 쾌락 선호
• 지속성 : 오래 지속되는 쾌락 선호
• 확실성 : 쾌락이 생겨날 가능성이 확실할수록 선호
• 근접성 : 보다 가까운 시간 내에 누릴 수 있는 쾌락 선호
• 생산성 : 다른 쾌락을 동반하는 쾌락 선호
• 순수성 : 고통을 동반하지 않는 쾌락 선호
• 범위 : 쾌락의 범위가 넓을수록 선호

28 제시문은 밀(J. S. Mill)이 주장한 질적 공리주의에 대한 내용이다. 밀은 벤담과 달리 쾌락에는 질적인 차이가 있으며, 쾌락의 양만이 아니라 질적인 차이도 고려해야 한다는 질적 공리주의를 제시하였다. 밀은 여러 가지 쾌락을 경험한 사람이 선호하는 쾌락이 보다 바람직한 쾌락이라고 보았으며, 정상적인 사람이라면 누구나 질적으로 높고 고상한 쾌락을 선호할 것이라고 주장하였다.

정답 27 ④ 28 ①

29 홉스는 성악설 관점에서 인간의 본성을 파악하였다. 즉, 인간을 이기심과 공포에 의해 좌우되는 존재라고 본 것이다. 성악설을 제시한 홉스의 세계관에서 권력을 빼앗기는 인간을 동정하지는 않는다.

①·②·④ 홉스는 자연 상태에서 인간의 본성은 이기적이며, 자기 자신의 보존만을 추구하는 존재라고 보았다. 따라서 자연 상태를 '만인의 만인에 대한 투쟁 상태'라고 생각하였다. 타인은 각각 자신의 이기적인 욕망을 추구하기 때문에 언제라도 나를 배신할 수 있고, 자신의 이익을 위해서라면 짐승처럼 달려들 수 있다고 보았다. 홉스의 저서인 『리바이어던』에서 리바이어던은 구약성서 욥기 41장에 나오는 바다 괴물의 이름으로, 인간의 힘을 넘는 매우 강한 동물을 뜻한다. 홉스는 국가라는 거대한 창조물을 이 동물에 비유한 것이다.

30 제시문과 같은 주장을 한 학자는 요나스로, 그는 인간이 자연을 지배해야 한다고 주장하는 베이컨식의 전통적인 윤리관으로는 과학기술 시대에 발생하는 문제를 해결하는 데 한계가 있다고 보았다. 특히 과학기술은 인간에게 미치는 영향이 크고 강제적인데, 이러한 과학기술의 발달을 따라가지 못하는 윤리적 규범을 두고 '윤리적 공백'이라는 표현을 하였다.

---

29 홉스의 사회계약론에 대한 설명과 가장 거리가 먼 것은?

① 인간의 본성은 이기적이다.

② 짐승처럼 달려드는 자연 상태를 전제하였다.

③ 강압에 의해 권력을 뺏기는 인간을 동정하였다.

④ 개인에게 권력을 양도받은 국가를 리바이어던에 비유하였다.

30 다음 내용을 주장한 사상가는 누구인가?

- 현대 과학기술 발전을 통해 인간은 자연을 통째로 파괴할 수 있는 힘을 가지게 되었다. 그리고 과학기술은 지구 전체와 미래 세대에게까지 막대한 영향을 미치기 때문에 과학기술의 파급력을 고려하여 현 세대의 행위를 성찰해야 한다.
- 과학기술의 발달 속도는 빠르나, 이를 따라가지 못하는 기존 윤리와의 간극은 윤리적 공백을 불러일으키게 되었다.
- 현 세대는 미래 세대와 자연에 대해 일방적인 책임을 가져야 한다.

① 노직

② 나딩스

③ 요나스

④ 마르크스

정답 29 ③ 30 ③

31 다음 중 길리건의 배려 윤리학에 대한 설명으로 옳은 것은?

① 관계성과 보살핌, 구체적 맥락 등이 중요하다.
② 여성과 남성의 도덕적 지향성은 같다.
③ 여성은 정의를 지향한다.
④ 남성은 공감을 지향한다.

>>>🔍
[정의 윤리와 배려 윤리]

구분	정의 윤리	배려 윤리
성격	남성적 윤리	여성적 윤리
도덕적 지향점	권리, 의무, 정의, 이성, 공정성, 보편성 → 객관적이고 보편적인 정의 추구	배려, 공감, 관계, 유대감, 보살핌 → 동정심, 구체적 상황, 인간관계의 맥락 중시
도덕 판단	보편적인 도덕 원리 중시	특수한 상황과 구체적 관계, 사회적 관계에 따른 판단 중시
도덕 교육	정의와 공정성을 가르침	배려와 동정심을 가르침
이상적 관계	정의 윤리와 배려 윤리가 상호보완적으로 이루어야 함을 강조	

32 다음 내용과 가장 관련 깊은 학자는?

> 우리는 신이 우리 모두에게 우리 삶의 모든 행위를 할 때 그의 부르심에 주목할 것을 명령하고 계시다는 점을 기억해야 한다. 신은 여러 가지 삶의 계층과 삶의 양식들을 구분해 놓음으로써 각 사람이 해야 할 일의 순서를 정해두었다. 신은 그 같은 삶의 양식들을 소명이라고 명하였다. 그러므로 각 사람은 자기 자신의 위치를 신께서 정해주신다고 생각해야 한다.

① 루소
② 칼뱅
③ 루터
④ 플라톤

31 배려 윤리는 그동안의 근대 윤리가 너무 이성적 측면의 '정의'의 문제에 집중하였음을 비판하고, 이성적 측면과 상반되는 감성적 측면의 '배려·공감'을 주요한 가치로 삼는 윤리 사상이다. 남성적 도덕성과 구별되는 여성적 특성으로서의 '구체적 관계에서의 배려'를 강조한다. 특히 길리건은 남성적 윤리인 '정의' 윤리와 여성적 윤리인 '배려' 윤리를 구분하여, 남성적 윤리와 여성적 윤리의 상호보완적인 측면을 강조하였다.
[문제 하단의 표 참고]

32 칼뱅은 직업을 신의 부르심, 즉 소명(召命)이라고 보았다. 그는 인간의 구원 여부는 신에 의해 예정되어 있다고 보며, 근면·성실하고 검소한 생활을 통한 직업적 성공을 긍정하는 모습을 보였다.

정답 31 ① 32 ②

33 롤스의 정의의 원칙은 크게 제1원칙(평등한 자유의 원칙)과 제2원칙(공정한 기회균등의 원칙과 차등의 원칙)으로 구분되는데, 이 두 가지 원칙은 서로 충돌할 수 있다. 하지만 만약 두 가지 원칙이 충돌할 경우, '기본적 자유'를 주장하는, 즉 모든 사람에게 적용되는 자유의 원칙인 제1원칙(평등한 자유의 원칙)이 해당 인원에게만 적용되는 제2원칙보다 넓은 범위에 적용되는 원칙이므로, 제1원칙이 제2원칙보다 우선한다. 예를 들어, 사회적 약자를 보호하기 위해 개인의 기본적 자유를 침해할 수 없다.

33 롤스의 정의의 원칙에 대한 설명으로 적절하지 않은 것은?

① 제1원칙이 제2원칙보다 우선한다.

② 제1원칙과 제2원칙은 절대 충돌하지 않는다.

③ 제1원칙은 모든 인간은 평등하게 자유를 누려야 한다는 것이다.

④ 제2원칙은 불평등이 정당화되기 위한 조건은 최소 수혜자가 최대 이익을 받을 때뿐이라는 것이다.

34 왈처는 공동체주의자로서 '정의' 특히 '분배적 정의'를 결정함에 있어 모든 사람에게 적용되는 일반적인 원칙을 강조하기보다는 각 사회가 개별적으로 가지는 특수하고 다원적인 분배 원칙을 중요하게 여겼다. 즉, 각 '가치 다원성'의 인정을 전제로 다양한 영역에서 각기 다른 공정한 기준을 통해 사회적 가치를 분배하는 것으로 사회 정의를 실현할 수 있다고 생각했다. 왈처는 "정의의 원칙들은 다원주의적이며, 상이한 사회적 가치들은 각기 다른 근거들에 따라 그 절차에 맞도록 각기 다른 주체에 의해 분배되어야 한다."라고 생각하였다.

34 다음 내용에서 괄호 안에 공통으로 들어갈 인물로 가장 적절한 것은?

> (　　)은(는) 개인들의 고유한 상황을 고려하지 않고 가상적 상황에서 도출된 롤스의 단일한 정의의 원칙이 공동체 속에서 살아야 하는 대부분 사람들의 삶에서 실현되기 어렵다고 비판하면서, 소속된 공동체의 문화적 특수성에 맞는 가치 분배 기준과 절차가 필요하다고 보았다. 이에 따라 (　　)은(는) 사회적 가치들이 자신의 고유한 영역 안에서 복합평등이 실현될 때 정의로운 사회가 될 수 있다는 '복합평등으로서의 정의'를 제시하였다. 다시 말하자면, 부(富)는 경제 영역에, 권력은 정치 영역에 머물러야 하며, 부를 지닌 사람이 자신의 부를 수단으로 하여 정치권력을 장악하는 것은 정의롭지 않다고 보았다.

① 롤스

② 노직

③ 왈처

④ 마르크스

정답　33 ②　34 ③

35 다음 내용과 가장 관련 깊은 개념은?

> • 민족의 주체성을 유지하면서 동시에 다른 민족의 문화와 삶의 양식을 포용하는 민족주의를 의미한다.
> • 배타적이지 않으면서도 자민족의 정체성을 지켜낸다는 특징이 있다.

① 닫힌 민족주의
② 열린 민족주의
③ 자민족 중심주의
④ 문화 사대주의

36 다음 내용에서 괄호 안에 들어갈 말로 가장 적절한 민주주의의 기본원리는?

> 국가 작용을 입법·사법·행정이라는 3개의 다른 작용으로 나누고, 각 작용을 각기 다른 구성을 가진 독립 기관이 담당하게 하여, 기관 상호 간의 견제와 균형을 유지하도록 함으로써 국가 권력의 집중과 남용을 막고, 국민의 자유를 보호하기 위한 자유주의적인 정치 조직 원리이다. "절대 권력은 절대적으로 부패한다."라는 말이 있듯이, 권력에 대한 인간의 욕망은 자칫하면 남용되기 쉬워서 권력 담당자의 자제에 일임하기에는 너무나도 많은 위험성이 도사리고 있다. 이와 같은 위험성을 방지하기 위해서 국가의 힘을 나누고 상호 견제시켜 국민의 자유와 인권을 보장하는 것이 (   )의 의의이다.

① 대의정치
② 국민주권
③ 법치주의
④ 권력분립

35 ① 닫힌 민족주의는 자민족의 이익과 발전을 위해서는 다른 민족의 희생도 당연하다는 폐쇄적 민족주의이다. 타국과의 긴장과 대립을 통해 국민을 하나로 묶고자 하는 성격을 가지고 있다.
③ 자민족 중심주의는 자기 민족과 문화의 모든 것(가치관, 도덕성, 정치 체제, 경제 제도, 생활 방식 등)이 옳고, 합리적이며 윤리적이라고 생각하고, 다른 민족의 문화를 배척 또는 경멸하는 태도를 의미한다. 자민족 중심주의는 자기 민족의 모든 것이 우월하므로 다른 민족의 종교, 가치관, 생활 방식, 여러 사회 제도, 나아가서는 생물학적인 특성까지도 배척하거나 말살하고, 자기 민족의 모든 것을 따르도록 강요하는 문화 제국주의로 확대될 수 있다.
④ 문화 사대주의는 자국 문화를 비하하고 다른 사회의 문화를 맹목적으로 추종하는 태도를 의미한다.

36 권력분립은 국가 작용(입법·사법·행정)을 각기 다른 구성을 가진 독립 기관이 담당하게 하여, 기관 상호 간 견제와 균형을 유지하도록 하는 제도이다. 국가 권력의 집중과 남용을 방지함으로써 국민의 자유와 인권을 보장하는 것에 그 목적이 있다.

정답 35 ② 36 ④

37 벌린은 자유를 '소극적(Negative) 자유'와 '적극적(Positive) 자유'라는 두 가지 개념으로 구분하였다. 소극적 자유는 내가 누군가에게 행동을 통제받지 않는 것, 즉 간섭의 부재를 의미한다. 반면, 적극적 자유는 자기 지배(self-mastery)를 의미한다. 예를 들어, 마약 중독자의 약물 투약을 아무도 방해하지 않는다면 소극적 의미에서 그는 자유롭다. 아무도 그의 투약 행위를 간섭하지 않기 때문이다. 그러나 그가 적극적인 자유를 가졌다고 보기에는 어렵다. 적극적인 자유를 누리기 위해서는 자신의 정신과 신체를 완벽하게 자기 지배(self-mastery)해야 하는데, 중독은 자기 자신을 통제할 수 없는 경우가 대부분이기 때문이다. 따라서 이런 중독에서 벗어나 자기 자신을 통제하기 위해서는 스스로 자신의 자유(마약을 하고 싶은 것)를 임시로 제한해야 한다거나, 타인의 도움이 필요하게 된다. 즉, 마약을 하지 않을 자유를 얻기 위해서는 자신에게 어떠한 '간섭'이 필요하게 되는데, 이는 자신의 소극적 자유를 희생하는 것을 의미한다. 따라서 소극적 자유를 희생하고 얻을 수 있는 자유를 적극적 자유라고 하는 것이다.

③ 벌린은 소극적 자유와 적극적 자유를 단순히 자유에 대한 두 가지 다른 개념이 아니라, 서로 양립 불가능한 경쟁적 개념으로 보았다. 적극적 자유는 소극적 자유를 희생해야만 얻을 수 있다고 보았다.

37 벌린의 자유론에 대한 설명으로 가장 적절하지 <u>않은</u> 것은?

① 소극적 자유는 사적 영역의 보장을 중요하게 여긴다.

② 적극적 자유는 국가 개입이 필요한 자유를 포함한다.

③ 적극적 자유 보장 후 소극적 자유를 주장하는 것이 자연스럽다.

④ 소극적 자유와 적극적 자유 모두 개인의 자유로운 선택이 전제된다.

정답 37 ③

38 다음 설명에 해당하는 국가관은 무엇인가?

> • 사회 구성원의 복지 증진을 국가의 가장 중요한 임무로 규정하고, 이를 위하여 국가의 자원을 사용하는 국가를 말한다.
> • 국가가 민간 경제 질서에 적극적으로 개입함으로써 경제적 이해의 대립을 조화롭게 만들고, 국민 생존의 실질적 보장을 추구한다.
> • 복지국가에서는 국민들이 국가의 복지 정책에 의존하여 경제 활동을 게을리하게 되는 문제가 발생하기도 한다.

① 최소 국가관
② 야경 국가관
③ 적극적 국가관
④ 소극적 국가관

39 다음 내용에서 괄호 안에 들어갈 말로 옳게 짝지어진 것은?

> 사회계약론을 주장한 (㉠)는 인간의 본성에 대해 (㉡)의 입장을 취한다. 그의 주장에 따르면, 자연 상태의 인간은 자유롭고 평등하나 사유재산이 생기면서 예속되고 불평등해졌다. 기존에 국가 또는 권력자와 맺는 계약은 이 불평등을 심화시킬 뿐이다. 그래서 (㉠)는 사회를 향해 항상 올바른 결정을 행하는 의지체인 '일반 의지'와의 계약을 추구하였다. 자연 상태의 사람들은 자신의 생명과 안전을 확보하기 위해 자발적으로 계약을 맺어 국가를 형성한다고 생각하였는데, 그는 이러한 자발적 상호 계약을 근거로 타인의 생명을 희생시킨 사람은 자신의 생명도 희생해야 한다고 보았다.

	㉠	㉡
①	로크	성악설
②	로크	성선설
③	루소	성선설
④	루소	성악설

38 최소 국가관, 야경 국가관, 소극적 국가관은 비슷한 의미의 국가관이다. 국가의 임무를 대외적인 국방과 대내적인 치안 유지의 확보 및 최소한의 공공사업에 국한하고, 나머지는 개인의 자유에 방임하라는 소극적 의미의 자유주의적 국가관을 말한다.

39 제시문은 루소에 대한 내용이다. 루소는 인간의 본성 즉, 자연 상태를 선한 상태로 보았다.
① · ② 로크는 인간의 본성을 '백지 상태'로 보았다. 성악설적인 관점에서 인간의 본성을 바라본 사람은 홉스이다.

정답 38 ③ 39 ③

40 시민불복종은 시민이 인권을 침해당했을 때 가질 수 있는 본질적인 권리이기 때문에 '사회에의 기여 여부'와는 무관하다.
[문제 하단의 표 참고]

40 다음 중 국가의 부당한 권력이나 명령에 대한 시민의 불복종이 정당화될 수 있는 조건이 <u>아닌</u> 것은?

① 비폭력을 지향해야 한다.
② 위법에 대한 처벌을 감수해야 한다.
③ 사회에 충분히 기여한 시민이 선택해야 한다.
④ 다른 개선 노력을 시도한 후에 선택한 최후의 수단이어야 한다.

[시민불복종의 정당화 조건]

공공성	특정한 집단의 목적을 달성하기 위한 것이 아닌, 정의·자유·인권 등 보편가치를 추구해야 한다.
공개성	시민불복종은 공개적으로 진행되어야 한다.
처벌의 감수	시민불복종은 법을 위반하는 행위이지만 기본적으로 법을 존중하고 정당한 법 체계를 세우려는 운동이므로, 법 위반에 대한 처벌을 감수해야 한다.
비폭력성	폭력적 수단의 사용을 배제함으로써 진정한 의도가 왜곡되지 않도록 노력해야 한다.
최후의 수단	합법적인 수단을 꾸준하게 시도했지만 효과가 없을 때 이루어져야 한다.

정답 40 ③

※ 기출문제를 복원한 것으로 실제 시험과 일부 차이가 있으며, 저작권은 시대에듀에 있습니다.

01 다음 내용과 관련 있는 인간 특성은 무엇인가?

> 국가(Polis)는 자연의 산물이며, 인간은 본성적으로 국가
> 공동체를 구성하는 동물임이 분명하다. 어떤 우연이 아니
> 라 본성으로 인하여 국가가 없는 자는 인간 이하의 존재이
> 거나 인간 이상의 존재이다. 그런 자를 호메로스는 '친족도
> 없고 법률도 없으며 가정도 없는 자'라고 비난했다. 본성상
> 국가 안에서 살 수 없는 자는 전쟁광이며, 장기판에서 홀로
> 앞서 나간 말과 같다. 인간은 국가 안에 있을 때는 가장 훌
> 륭한 동물이지만, 법과 정의가 없으면 가장 나쁜 동물로 전
> 락하게 된다.

① 이성적 존재
② 도구적 존재
③ 사회적 존재
④ 유희적 존재

01 제시문은 아리스토텔레스의 『정치학』에 나오는 지문이다. 아리스토텔레스는 인간은 사회적 존재로서 '사회 안에서 다른 사람들과 더불어 살아가는 존재'임을 주장하였다. 때문에 아리스토텔레스는 사회 속에서 '공동선의 실현'을 인간의 가장 중요한 목표로 보았다.
① 이성적 존재 : 이성을 통해 자신과 세계를 이해하는 능력을 발휘한다. → 인간의 가장 기본적 특성
② 도구적 존재 : 여러 가지 도구나 연장을 만들어 사용할 수 있는 존재이다.
④ 유희적 존재 : 삶에 활력과 재미를 주는 다양한 놀이를 향유(享有)한다.
※ 유희(play)의 의미 : 생계 활동 이외의 정신적 창조 활동이다.

정답 01 ③

02 제시문은 정실주의에 대한 설명이다. 정실주의(情實主義)는 1688년 명예혁명 이후 싹터 1870년까지 영국에서 성행하였던 공무원 임용의 관행으로, 영국의 특수한 정치 발전의 과정에서 생겨난 제도이다. 의원내각제에서 정권이 교체되면 공직의 전면 교체가 단행되면서 발생한 '공무의 연속성' 문제가 발생하게 되는데, 이것을 해결하기 위해서 정권이 교체되더라도 대폭적인 인사 경질은 없었고, 일단 임용된 관료에게는 신분이 보장되는 제도를 만들게 되었다. 때문에 당시 영국의 공직은 종신적(終身的) 성격을 띠었다. 하지만 이러한 제도는 필요 이상의 공무원 수 증대를 가져오게 되면서 예산의 낭비, 무능한 공무원의 배출과 행정능률의 저하 등 갖가지 폐단이 생겨나게 되었다.

02 다음 내용에서 괄호 안에 들어갈 현대 사회의 윤리 문제는 무엇인가?

> (   )는 실적(實績)을 고려하지 않고 정치성·혈연·지연(地緣)·개인적 친분 등에 의하여 공직의 임용을 행하는 인사 관행을 말한다. 영국 절대군주제 확립 당시의 국왕은 자신의 정치세력을 확대하거나 반대세력을 회유하기 위하여 개인적으로 신임할 수 있는 의원들에게 고위 관직이나 고액의 연금을 선택적으로 부여하였으며, 장관들도 하급 관리의 임명권을 이권화(利權化)함으로써 실적과 무관한 임용, 선발 등의 문제가 확산되었다.

① 개인주의
② 정실주의
③ 이기주의
④ 물질만능주의

03 메타 윤리학은 도덕적 용어 개념을 분석하고 도덕적 판단의 타당성을 입증하며 정당화와 관련된 탐구를 한다. 또한 윤리학적 개념의 명확화를 통해서 윤리학의 학문적 근거를 제시하려는 특징을 가진다.
① 응용(실천) 윤리학은 도덕 원리를 응용하여 구체적 상황에서 발생하는 현실문제를 해결하는 것이 목표인 학문이다.
② 규범 윤리학은 도덕적 행위의 옳고 그름을 다루는 윤리학이며, 이론 규범 윤리학과 실천 규범 윤리학으로 구분된다.
③ 신경 윤리학은 뇌과학의 발달에 따라 인간의 감정과 이성이 뇌의 어떤 부분을 자극하면서 일어나는지에 대한 연구를 진행하는 과정에서 발달한 윤리학적 시도이다. 즉, 과학적 내용을 윤리학의 토대로 삼으려는 시도에서 시작되었다.

03 다음 내용에 해당하는 윤리는 무엇인가?

> • 도덕적 언어의 의미 분석을 윤리학적 탐구의 본질로 간주한다.
> • 윤리학 학문으로서 성립 가능성을 모색한다.
> • 도덕 추론의 논증 가능성과 논리적 타당성을 규명한다.

① 응용 윤리
② 규범 윤리
③ 신경 윤리
④ 메타 윤리

정답 (02 ② 03 ④)

04 다음 내용에서 괄호 안에 들어갈 용어는?

( )은(는) 인간이 자신의 성적 행동을 스스로 결정할 수 있는 권리를 의미한다. 다시 말해 외부의 부당한 압력이나 타인의 강요 없이 스스로의 의지와 판단에 따라 자신의 성적 행동을 결정하는 것을 의미한다.

① 성차별
② 성적 자기결정권
③ 성 상품화
④ 성의 생산적 가치

05 다음 내용과 관련이 깊은 것은?

- 부모로부터 받은 자신의 신체를 훼손하지 않는 것[不敢毀傷]은 효(孝)의 시작이다.
- 불살생(不殺生)의 계율에 따라 모든 생명을 소중히 여기고 존중해야 한다.

① 자살의 비도덕성
② 죽음을 통한 자아회복
③ 깨달음을 통한 죽음의 초월
④ 불안 현존재 자각

---

04 ① 성차별은 남녀 간의 차이를 잘못 이해하여 발생하는 차별을 의미한다. 주로 남자다움과 여자다움을 사회적·문화적으로 규정한 후 이를 따르게 할 때 발생하는 것이다.
③ 성 상품화는 성 자체를 상품처럼 사고팔거나, 다른 상품을 얻기 위한 수단으로 성을 이용하는 행위를 말한다(예 성매매나 성적 이미지를 제품과 연결하여 성을 도구화하는 것 등).

05 **자살에 대한 다양한 견해**
- 유교 : 신체를 훼손하지 않는 것이 효의 시작
- 불교 : 불살생(不殺生)의 계율에 근거하여 생명을 해치는 것을 금함
- 그리스도교 : 신으로부터 선물 받은 목숨을 끊어서는 안 됨
- 자연법 윤리(아퀴나스) : 인간은 자기 보존의 의무가 있음, 자살은 자기 보존의 의무인 자연법에 어긋나며 자살자가 속한 공동체에 상처를 줌
- 칸트 : 자살은 인간을 '고통 완화의 수단'으로 간주하는 것
- 쇼펜하우어 : 자살은 문제를 해결하는 것이 아니라 회피하는 것
- 요나스 : 인간이 존재해야 한다는 것은 정언명령임. 따라서 자살해서는 안 됨
- 아리스토텔레스 : 자살은 올바른 이치에 어긋나는 행위이며 공동체에 대한 부정의한 행위임

정답 04 ② 05 ①

06 인권은 특정 사회계층에 부여된 권리가 아닌 '인간'이기 때문에, 오직 '인간'이라는 이유로 지위, 성별, 인종, 종교 등과 무관하게 모든 사람에게 부여된 권리이다.

06 다음 중 인권에 대한 설명으로 옳지 않은 것은?

① 특정 사회계층에 부여된 권리이다.

② 인간이 되게 하는 특성에 근거한 권리이다.

③ 헌법, 법률에 보장된 권리이다.

④ 인간이라면 마땅히 누려야 하는 도덕적 권리이다.

07 ① 동화주의는 주류 문화에 소수의 비주류 문화를 편입시켜야 한다는 관점이다. 문화의 다양성을 인정하지 않는 태도로, 우월한 주류 문화로 열등한 비주류 문화를 통합시켜야 한다는 관점이다.

③ 샐러드볼 모형은 각각의 문화가 대등한 자격으로 각각의 정체성과 고유문화를 유지 · 보존하면서 조화롭게 공존해야 한다는 시각이다. 이 모형에서는 주류 문화와 비주류 문화를 구분하지 않으며 다양한 문화의 대등한 공존이 강조된다.

④ 차별 배제 모델은 과거의 독일, 스위스, 오스트리아 등의 국가 유형으로 이민자들을 자기 나라 국민으로 받아들일 의지가 없고 단순 노동력으로만 취급하는 것을 의미한다. 이런 경우 일정한 기간 외국인 노동자들을 수입해서 쓰고 기간이 지나면 내보내게 된다. 우리나라의 경우 외국인 노동자 정책이 차별 배제 모델에 해당한다.

07 다음 내용과 관련이 깊은 것은?

- 국수와 국물이라는 '주류'와 고명이라는 '비주류'의 문화가 공존해야 한다고 보는 관점이다.
- 주류 문화와 비주류 문화를 구별하고, 주류 문화의 우선순위를 인정하는 가운데 비주류 문화 역시 고유성을 잃지 않고 공존할 수 있도록 존중해야 한다는 이론이다.
- 주류 문화와 비주류 문화를 구분하는 사회적 기준 마련이 어려울 수 있다는 비판과, 공존을 내세우지만 비주류 문화가 주류 문화에 동화되는 결과를 초래할 수 있다는 비판이 있다.

① 동화주의

② 국수 대접 모형

③ 샐러드볼 모형

④ 차별 배제 모델

정답 06 ① 07 ②

08 다음과 같은 사형제도에 대한 입장과 관련 있는 것은?

> • 형벌은 그 자체가 목적이 아니라 사회의 행복과 이익 증진의 수단이다.
> • 처벌은 사람들이 처벌에 대한 두려움을 가짐으로써 범죄를 예방하고, 범죄자를 교화할 수 있기 때문에 사회 전체의 행복을 증진시킬 수 있다.

① 응보주의
② 다원주의
③ 공리주의
④ 과잉금지의 원칙

08 공리주의는 형벌의 본질을 사회적 이익을 증진하기 위한 수단으로 보고, 범죄를 예방하기 위한 목적으로 형벌이 존재해야 한다고 생각하였다. 또한 육체에 고통을 가하는 형벌은 기본적으로 '악'하지만, 사회 전체의 행복증진을 위해 필요한 '필요악'으로서 기능하기 때문에 필요하다고 보았다.
① 응보주의는 형벌의 본질을 '범죄행위에 비례한 처벌', 즉 '되갚음'으로 생각한다. 타인에게 해를 끼친 사람은 본인 역시 그 피해를 돌려받아야 마땅하다고 생각하기 때문이다. 따라서 응보주의 입장에서 형벌은 공동체의 '정의'를 실현하기 위한 수단이다. 응보주의 사상을 대표하는 사상가인 '칸트'는 "인간은 자유롭게 자신의 행위를 결정할 수 있는 이성적 존재로서 자신의 행동에 책임을 져야 하므로, 자신이 스스로 저지른 범죄에 대한 대가로 처벌을 받는 것은 당연하다."라고 말했다.
④ 과잉금지의 원칙은 '비례 원칙'을 설명하는 표현으로, 형벌은 법 위반이나 피해의 정도에 비례해야 한다는 것을 의미한다. 예를 들어 편의점에서 1,000원짜리 물건을 훔친 범죄자에게 사형을 선고한다면 과잉금지의 원칙에 어긋난 판결이 된다.

정답 08 ③

09 제시문은 갈퉁의 『평화적 수단에 의한 평화』라는 책에서 발췌한 것이다. 그는 평화를 소극적인 평화와 적극적인 평화로 구분하였다. 소극적인 평화는 범죄, 테러, 전쟁 등과 같은 직접적인 폭력이 사라진 상태를 의미하며, 적극적인 평화는 직접적 폭력뿐만 아니라 구조적 폭력과 문화적 폭력 등의 간접적 폭력까지 제거된 것으로, 모든 사람이 인간다운 삶을 누릴 수 있는 상태를 의미한다고 보았다.

09 다음 내용과 관련 있는 평화 이론은 무엇인가?

> 직접적 폭력은 언어적 폭력과 신체적 폭력으로 나눌 수 있다. …(중략)… 간접적 폭력은 사회 구조 자체에서 일어난다. 외적으로 일어나는 구조적 폭력의 두 가지 주요한 형태는 정치와 경제에서 잘 알려진 억압과 착취이다. 이 두 가지 형태의 폭력은 몸과 마음에 작용하지만, 반드시 의도된 것은 아니다. 이러한 모든 것의 이면에는 문화적 폭력이 존재한다. 이는 모두 상징적인 것으로 종교와 사상, 언어와 예술, 과학과 법, 대중 매체와 교육의 내부에 존재하는 것이다. 이러한 문화적 폭력의 기능은 직접적 폭력과 구조적 폭력을 정당화하는 것이다.

① 적극적 평화
② 소극적 평화
③ 방어적 평화
④ 사회적 평화

정답 09 ①

10 자연을 보는 관점에 대한 다음 설명에서 괄호 안에 들어갈 용어는?

> 우리가 ( ) 관점을 받아들일 때, 그리고 우리가 그 관점에서 자연계와 생명을 볼 때, 우리는 각 생명체의 존재를 매순간 예리하고 명확하게 인식한다. 특정 유기체에 주의를 집중하면 우리가 개체로서 그 유기체와 공유하는 어떤 특징이 드러난다. 우리 자신과 마찬가지로 다른 생명체도 목적론적 삶의 중심이다. 그들의 행동과 내적 과정은 그들의 선의 실현을 중심으로 어떤 경향성을 끊임없이 형성한다. 우리의 선의 내용과 우리가 선을 추구하는 수단이 그들과 다르더라도, 우리의 삶과 그들의 삶에서 실증되는 목적론적 질서는 우리 모두에게 공통되는 근본적인 현실을 의미한다.

① 인간중심 철학
② 생명중심 철학
③ 동물중심 철학
④ 생태중심 철학

10 생명중심 철학은 모든 생명체는 그 자체로서 가치를 지니므로 도덕적 고려의 범위를 모든 생명체로 확대해야 한다고 보는 시각이다. 생명중심 철학은 도덕적 지위를 가지는 기준은 생명이며, 인간과 동물뿐만 아니라 식물을 포함한 모든 생명체는 생명이라는 점에서 내재적 가치를 지닌다고 보았다.

정답 10 ②

11 확증 편향이란 자신의 견해 또는 주장에 도움이 되는 정보만(그것의 사실 여부를 떠나) 선택적으로 취하고, 자신이 믿고 싶지 않은 정보는 의도적으로 외면하는 성향을 말한다. 다른 말로 자기중심적 왜곡(myside bias)이라 부르기도 한다. 한마디로 '믿고 싶은 것만 믿는 것'을 의미한다.

② 자기고양적 편향(self-serving bias)은 어떤 개인이 단체의 성공은 자신으로 인한 것으로 여기는 반면, 단체의 실패는 다른 구성원의 탓으로 돌리는 경향을 말한다. 일반적으로 자기고양적 편견은 공동체 사회에서 성공을 자신의 입신양명을 위해 가로채려는 반면, 실패의 책임을 회피하려는 모양으로 자주 발견할 수 있다. 유쾌한 정서와 결합되면 이러한 편견은 더욱 증가한다.

③ 근접 편향은 물리적 · 심리적으로 자신에게 친숙하고 가까울수록 그것에 호의적인 정보만을 찾으려 하는 것을 의미한다.

④ 사후확신 편향은 이미 일어난 일에 대해 "나는 원래 모두 알고 있었다."라고 말하거나 생각하는 경향을 의미한다. 이러한 편향은 후에 일어날 사건을 이미 예측하고 있었다는 것을 과시하기 위해 사용되기도 한다.

11 다음 내용에 해당하는 편향의 종류로 적절한 것은?

> 자신의 견해 또는 주장에 도움이 되는 정보만(그것의 사실 여부를 떠나) 선택적으로 취하고, 자신이 믿고 싶지 않은 정보는 의도적으로 외면하는 성향을 말한다. 예를 들어, 한 당의 정책을 지지하는 유권자가 그 정책을 지지하는 연구결과, 신문기사 칼럼 등을 읽으면 당연히 그러하다고 느끼는 반면, 그 정책을 비판하는 연구결과나 기사 등을 읽을 때에는 불쾌감을 느끼거나 심지어 그 연구결과 등이 올바른 연구방식과 근거에 기초해 나온 결과라고 하더라도, 덮어놓고 '잘못된 것'이라고 치부해 버리게 된다. 따라서 이러한 성향은 열린 사고에 방해가 된다.

① 확증 편향
② 자기고양적 편향
③ 근접 편향
④ 사후확신 편향

정답 11 ①

12 다음 내용에서 괄호 안에 들어갈 용어로 적절한 것은?

> 요나스는 기존의 전통적인 윤리적 세계가 동시대인들로 구성되어 있으며, 이 세계의 미래에 대한 전망은 예견될 수 있는 삶의 기간으로 제한되어 있다고 지적하였다. 그는 현대 과학기술이 산출한 행위들의 규모가 너무나 새롭고 이로 인하여 새로운 윤리 문제들이 발생하고 있기 때문에 기존의 전통 윤리로는 이러한 부분을 해결할 수 없다고 보고, 자연과 미래 세대를 포함하는 새로운 (   )의 필요성을 제기하였다.

① 담론 윤리
② 책임 윤리
③ 생명 윤리
④ 직업 윤리

13 다음 내용과 가장 관련 깊은 것은?

> • 통일로 인해서 얻게 되는 경제적 · 비경제적 보상과 혜택이 크다.
> • 통일 이후 지속적으로 발생하는 혜택이다.

① 분단 비용
② 통일 비용
③ 통일 편익
④ 통일 효과

---

12 요나스는 현대 과학기술이 ⊙ 결과 예측의 어려움, ⓒ 전지구적 영향성, ⓒ 새로운 과학기술의 등장에 적응하기 싫은 사람도 강제로 적응시킴 등의 특징이 있다고 보았다. 때문에 기존의 전통적인 윤리 체계에서는 '윤리적 공백'이 발생할 수밖에 없으며, 이를 극복하기 위해 생태학적 정언명령에 근거하고, 미래의 결과를 예측하는 새로운 '책임 윤리'가 필요하다고 보았다.
① 담론 윤리는 하버마스가 '의사소통의 합리성(communicative rationality)'에 근거하여 주장한 윤리학의 한 분야이다.

13 ① 분단 비용은 분단으로 인해 남북한이 부담하는 유무형의 모든 비용을 의미한다(예 국방비, 외교적 경쟁 비용, 이산가족의 고통 등). 이는 분단이 지속되는 동안 영구적으로 발생하는 비용으로, 남북한 민족 구성원 모두의 손해로 이어지는 소모적인 성격을 가진다.
② 통일 비용은 통일 과정과 이후 남북한 간 격차를 해소하고 이질적인 요소를 통합하는 데 부담해야 하는 비용을 말한다(예 화폐 통합 비용, 생산 시설 구축 비용, 실업 등 초기 사회 문제 처리 비용). 이 비용은 통일 이후 일정 기간 동안 한시적으로 발생하는 비용이며, 통일 한국의 번영을 위한 투자적인 성격의 생산적 비용이다.

정답 12 ② 13 ③

14 ② 홍익인간(弘益人間)은 "널리 인간을 이롭게 한다."라는 의미이다.
③ 재세이화(在世理化)는 "세상을 이치로 다스린다."라는 의미이다.

15 서(恕)는 '같을 여(如) + 마음 심(心)'으로 나누어 볼 수 있으며 이것은 "자신을 미루어 다른 사람의 마음을 헤아린다."라는 의미가 된다. 즉, "내가 욕을 먹기 싫다면, 나도 남을 욕하지 말라." 정도의 의미이다. → 추기급인(推己及人 : 내 마음을 미루어 남에게 베풀어 줌)

16 제(悌)는 친구 사이의 우애가 아니라 형제간의 우애이다.

14 다음 내용에서 괄호 안에 공통으로 들어갈 용어로 적절한 것은?

- 한국 윤리사상은 (   ) 사상을 기초로 하고 있다.
- 원시신앙에서 하늘을 숭배하는 (   ) 사상은 단군신화에서 인간존중 사상으로 연결되었다.

① 인의
② 홍익인간(弘益人間)
③ 재세이화(在世理化)
④ 경천(敬天)

15 공자의 윤리사상에 대한 다음 내용에서 괄호 안에 들어갈 용어로 적절한 것은?

자기에게 성실한 것은 충(忠)이고, 자기가 하고 싶지 않은 것을 남에게 강요하지 않는 것은 (   )이며, 인(仁)을 실천하는 것이다.

① 지(志)　　② 서(恕)
③ 사(思)　　④ 의(義)

16 유교 사상과 관련된 개념과 설명의 연결이 옳지 <u>않은</u> 것은?
① 인(仁) : 다른 사람을 사랑하는 마음
② 효(孝) : 자식이 어버이를 섬김
③ 제(悌) : 친구 사이의 우애가 깊은 감정
④ 충(忠) : 진실하고 거짓됨 없는 마음씨와 태도로 타인에 대해 자신의 책임을 다하는 것

17 다음 내용에서 괄호 안에 들어갈 용어로 옳은 것은?

> 왕수인은 "지(知)는 행(行)의 시작이고 행(行)은 지(知)의 완성이다. 지(知)의 진절독실(眞切篤實, 진지하고 독실함)한 면이 바로 행(行)이고, 행(行)의 명각정찰(明覺精察, 밝게 깨닫고 정밀하게 살핌)한 면이 바로 지(知)이다."라고 주장하며, (   )을(를) 강조하였다.

① 지행합일
② 존양성찰
③ 실사구시
④ 본연지성

18 다음 중 맹자의 사단(四端)에 해당하지 <u>않는</u> 것은?

① 수오지심
② 사양지심
③ 양지양능
④ 시비지심

>>>🔍
[사단]

측은지심 (惻隱之心)	남을 사랑하여 측은히 여기는 마음이다. ← 인(仁)의 단서임
수오지심 (羞惡之心)	불의를 부끄러워하고 미워하는 마음이다. ← 의(義)의 단서임
사양지심 (辭讓之心)	공경하고 양보하는 마음이다. ← 예(禮)의 단서임
시비지심 (是非之心)	옳고 그름을 분별하는 마음이다. ← 지(智)의 단서임

---

17 왕수인이 성리학을 비판하고 유학 경전을 새롭게 재해석하면서 '양명학'이 새로운 유교 학문으로 등장하였다. 제시문은 왕수인의 『전습록』에서 언급한 지행합일(知行合一)에 대한 구절이다.
② 존양성찰(存養省察)은 양심을 보존하고 본성을 함양하여 반성하고 살핀다는 '성리학'의 핵심개념이다.
③ 실사구시(實事求是)는 우리나라 조선 후기에 등장한 실학의 핵심개념으로 "현실 문제의 해결에 도움을 줄 수 있는 학문을 해야 한다."라는 개념이다.
④ 본연지성(本然之性)은 마음의 본체를 담고 있는 하늘의 이치를 가리키는 개념이며 성리학의 핵심개념이다.

18 양지양능은 맹자의 사상으로, 양지(良知)는 '생각하지 않고도 알 수 있는 것'이며, 이것은 '선천적인 도덕 자각 능력'을 의미한다. 후에 왕수인의 치양지(致良知)설로 이어진다. 또한 양능(良能)은 '배우지 않고도 할 수 있는 것'이며, 이것은 '선천적인 도덕 실천 능력'을 의미한다. [문제 하단의 표 참고]

정답 17 ① 18 ③

19 한국의 유교사상은 국가의 통치이념으로 자리 잡았고, 개인의 도덕적 완성과 이상 사회의 실현을 위한 실천적인 방안을 제공한다는 의미가 있다.

19 **한국 유교사상의 특징으로 옳지 않은 것은?**

① 개인의 도덕적 완성을 탐구하지 않는다.
② 삼국 시대에 정치생활의 원리였다.
③ 조선 시대에 국가통치의 이념이었다.
④ 고려 시대 말 정치개혁 세력의 이념적 기초였다.

20 밑줄 친 부분은 "이가 움직이면 기가 따라서 생기며, 기가 움직이면 이가 따라서 드러난다."라는 이기호발설(理氣互發說)로, 퇴계 이황의 사상이다.

20 **다음 내용에서 밑줄 친 부분과 관련이 있는 것은?**

> 사람의 몸은 이와 기가 합하여 생겨난 까닭에 두 가지가 서로 발하여 작용하고, 발할 적에 서로 소용되는 것이다. 서로 발하는 것이고 보면 각각 주가 되는 바가 있음을 알 수 있고, 서로 소용되는 것이고 보면 서로 그 속에 있는 것을 알 수 있다. 서로 그 속에 있으므로 실로 혼합하여 말할 수도 있고, 각각 주가 되는 바가 있으므로 분별하여 말해도 안 될 것이 없다.

① 이귀기천(理貴氣賤)
② 이통기국(理通氣局)
③ 기발이승(氣發理乘)
④ 이기호발(理氣互發)

정답 19① 20④

21 다음 내용과 관련이 깊은 불교 용어는?

> • "이것이 있기 때문에 저것이 있고, 이것이 생기기 때문에 저것이 생긴다. 이것이 없기 때문에 저것이 없고, 이것이 사라지기 때문에 저것이 사라진다."
>
> • 비유하면, 세 개의 갈대가 아무것도 없는 땅 위에 서려고 할 때 서로 의지해야 설 수 있는 것과 같다. 만일 그 가운데 한 개를 제거해 버리면 두 개의 갈대는 서지 못하고, 그 가운데 두 개의 갈대를 제거해 버리면 나머지 한 개도 역시 서지 못한다. 그 세계의 갈대는 서로 의지해야[相依] 설 수 있는 것이다.   ─『잡아함경』─

① 삼법인설
② 연기설
③ 사성제
④ 팔정도

>>>🔍

사물에 대한 통찰	• 정견(正見 : 불교의 근본 사상에 대한 이해) • 정사유(正思惟 : 행위에 앞선 올바른 생각)
마음의 통일과 평화	• 정념(正念 : 올바른 신념) • 정정(正定 : 마음을 고르게 평정하는 것) • 정정진(正精進 : 올바른 노력)
도덕적 행위와 삶	• 정어(正語 : 올바른 언어적 행위) • 정업(正業 : 올바른 신체적 행위) • 정명(正命 : 올바른 생활)

21 연기(緣起)란 인연생기(因緣生起)의 줄임말로, 모든 현상은 무수한 원인[因]과 조건[緣]에 의해 서로 관련되어 생겨나며, 원인과 조건이 없어지면 결과[果]도 사라지게 된다는 사상이다.
① 삼법인설은 석가모니가 처음 설법한 '자연과 우주의 참모습에 대한 가르침'으로 인생과 세상의 실상이 무상(無常), 무아(無我), 고(苦)임을 나타낸다.
③ 사성제는 석가모니가 깨달은 '네 가지의 성스러운 진리'로서 고제, 집제, 멸제, 도제를 말한다.
④ 팔정도는 깨달음을 얻기 위해 실천해야 할 여덟 가지 수행 방법으로 다음과 같다.
[문제 하단의 표 참고]

정답 21 ②

22 공(空) 사상은 모든 사물은 인연에 따라 끊임없이 나타나고 없어지기 때문에 다른 것과 혼동되지 않으며, 변하지 않는 독자적인 속성이 없이 비어있다[空]고 보는 것이다.
① 탐(貪)은 탐욕(貪慾)의 줄임말로 욕심을 의미한다. 욕심은 지혜를 어둡게 하고 악의 근원이 되기 때문에 이 번뇌가 중생을 해롭게 하는 것이 마치 독약과 같다고 석가모니는 말하였다.
④ 고(苦)는 고통을 의미한다. 석가모니는 생로병사(生老病死)라는 인생의 모든 과정이 고통의 연속임을 말하였고, '인생은 고통의 바다[苦海]'라고 칭하였다.

22 다음 내용에서 괄호 안에 들어갈 용어로 적절한 것은?

> 대승 불교는 초기 불교의 연기설에 근거하여 ( ) 사상을 제시하면서 모든 것이 일시적으로 존재한다고 본다. 때문에 자아(自我)나 사물(事物)에 대한 집착에서 벗어날 것을 강조하고 있다.

① 탐(貪)
② 허(虛)
③ 공(空)
④ 고(苦)

23 일심(一心)은 깨끗함과 더러움, 참과 거짓, 나와 너 등 일체의 이원적 대립을 초월하는 절대불이(絕對不二)한 것이다. 인간답게 사는 길은 존재의 원천인 일심으로 돌아가는 것이다. → 모든 존재, 모든 종파, 모든 경론의 근원이자 부처의 마음인 일심(一心)으로 돌아갈 것을 강조하였다.
① 공(空) 사상은 모든 것에는 불변의 고정된 실체가 없다는 사상으로, 자아(自我)나 사물(事物)에 대한 집착에서 벗어날 것을 강조하였다.
③ 화엄(華嚴) 사상은 신라시대 의상대사가 중국에서 들여온 불교의 종파로, 『화엄경』을 주요 경전으로 삼는 경전 중심의 '교종'이다.
④ 중도(中道) 사상은 고통에서 벗어나기 위해서는 쾌락이나 고행과 같은 양 극단에 치우치지 말고 가장 올바른 길인 중도를 따라야 한다는 사상이다. → 중도는 양극단의 적절한 균형(산술적 중간)을 지향하는 것이 아니라, 최선의 길을 추구하는 것이다.

23 원효가 주장한 다음 내용에서 괄호 안에 들어갈 용어로 알맞은 것은?

> "바람 때문에 고요한 바다에 파도가 일어나지만 파도와 고요한 바다는 둘이 아니다."
> ( )(이)란 무엇인가? 깨끗함과 더러움은 그 성품이 다르지 않고, 참과 거짓 또한 서로 다르지 않다. 그러므로 하나라고 한다. 둘이 없는 곳에서 모든 진리가 가장 참되고 헛되지 않아 스스로 아는 성품이 있으니 마음이라고 한다. 그러나 둘이 없는데 어찌 하나가 있으며, 하나가 없는데 무엇을 마음이라고 하는가? 이 마음은 언어와 생각을 초월했으니, 무엇이라고 할 수 없어 억지로 이름하여 볼 따름이다.

① 공(空)
② 일심(一心)
③ 화엄(華嚴)
④ 중도(中道)

정답 22 ③ 23 ②

24 다음 내용과 관련이 깊은 수행법은?

> 단박에 깨치고 단박에 닦는 사람도 이미 여러 생(生)에 걸쳐 깨달음에 의지해 점진적으로 닦아 오다가, 이번 생에 이르러 듣는 즉시 깨달아 한 번에 모두 마친 것일 뿐이다. 때문에 단번에 진리를 깨친 뒤에도 나쁜 습기(習氣)를 차차 소멸해 나가는 수행이 필요하다.

① 일체개고(一切皆苦)
② 내외겸전(內外兼全)
③ 돈오점수(頓悟漸修)
④ 교관겸수(敎觀兼修)

25 다음 내용과 관련이 깊은 장자의 사상은?

> • 사람은 가축의 고기를 좋아하고 사슴은 풀을 좋아하고 지네는 뱀을 좋아하고 까마귀는 쥐의 고기를 좋아한다. 이 넷 가운데 누가 제대로 된 음식을 먹는 것인가? 여희는 모든 사람이 인정하는 미녀이다. 그런데 물고기가 그녀를 보면 물속으로 들어가 버리고, 새가 그녀를 보면 멀리 날아가 버린다. 사슴이 그녀를 보면 재빠르게 도망간다. 누가 진정한 아름다움을 아는 것인가?
> • 오리의 다리가 짧다고 하여 길게 늘여 주어도 괴로움이 따르고, 학의 다리가 길다고 하여 짧게 잘라 주어도 아픔이 따른다. 그러므로 본래 긴 것은 자를 것이 아니며, 본래 짧은 것은 늘일 것이 아니다. 두려워하거나 괴로워할 일이 없다. 인의(仁義)가 사람들의 본래적 특성일 수 있겠는가? 인(仁)을 갖춘 사람들, 얼마나 괴로움이 많겠는가?

① 제물(濟物)
② 심재(心齋)
③ 좌망(坐忘)
④ 소요유(逍遙遊)

24 제시문은 고려 후기 지눌대사의 돈오점수(頓悟漸修)에 대한 설명이다.
① 일체개고(一切皆苦)는 '삼법인'설 즉, 석가모니 부처가 처음으로 깨달음을 얻고 설법하신 3가지 진리 중 하나로 인생과 세상이 모두 고통스러움을 나타내는 표현이다.
② · ④ 대각국사 '의천'이 이야기한 사상이다.

25 제시문은 '도'의 관점에서 만물을 평등하게 인식해야 한다고 주장하는 장자의 제물(濟物)론의 일부이다. 그는 도의 관점에서 사물을 보면 옳고 그름[善惡], 아름답고 더러움[美醜], 나와 남, 빈부의 분별은 상대적인 것에 불과하며 그런 모든 차별이 의미 없다고 말하고 있다.

정답 24 ③ 25 ①

26 중용은 지나침과 모자람의 중간 상태로 산술적인 중간이 아니라 각각의 상황에서 가장 적절한 상태라고 볼 수 있다. 물론, 그 자체로 나쁜 감정이나 행동인 질투나 도둑질 등에는 중용이 없다고 보았다. 중용은 실천적 지혜를 통해서 파악할 수 있고, 중용을 반복해서 실천할 때 품성적 덕을 갖출 수 있다고 보았다.

26 다음 내용에서 괄호 안에 공통으로 들어갈 용어로 알맞은 것은?

> 품성적 덕은 감정과 행동에 관계하고, 이 감정과 행동 속에 과도와 부족 및 (   )이 있다. 예를 들어 두려움과 대담함, 분노나 연민, 쾌락과 고통을 느끼는 일을 너무 많이 또는 너무 적게 할 수 있는데, 양쪽 모두 잘하는 것이 아니다. 반면, 이것들을 마땅한 때에, 마땅한 일에 대해, 마땅한 사람들에 대해, 마땅히 추구해야 할 목적을 위해, 그리고 마땅한 방식으로 느끼는 것이 바로 (   )이자 최선이고, 이것이 덕의 특징이다.
>
> – 『니코마코스 윤리학』 –

① 지성적인 덕
② 공동선
③ 행복
④ 중용

27 제시문은 소크라테스의 '주지주의'에 대한 설명이다.
② 지행합일설 : 소크라테스는 "선(善)이 무엇인지 알면서 고의로 악을 행하는 사람은 없다."라고 말했다. 그는 또한 "어느 누구도 자발적으로 나쁜 일 또는 자신이 나쁘다고 믿는 바를 행하지는 않을 것이다."라고 말하면서 참된 선을 안다면 악한 행동을 할 수 없다고 본다.
③ 윤리적 상대주의는 선악(善惡)의 판단을 '결과'에 따라 할 수 있다는 사상이다. 때문에 쾌락 추구를 중시하는 소피스트, 에피쿠로스, 근대의 공리주의 등이 윤리적 상대주의의 흐름을 가지고 있다.
④ 이데아론은 '플라톤'의 사상이다.

27 다음 내용과 가장 관련이 깊은 소크라테스의 사상은?

> • 덕이 무엇인지 알아야 덕이 있는 행동을 할 수 있으며, 참된 앎이 곧 덕이다.
> • 참된 앎에 이르기 위한 무지의 자각을 강조한다.
> • "너 자신을 알라."라는 말을 "너 자신의 무지를 자각하라."라는 의미로 이해할 수 있다.

① 주지주의
② 지행합일설
③ 윤리적 상대주의
④ 이데아론

정답 (26 ④ 27 ①)

28 다음 주장에서 강조하는 내용으로 가장 적절한 것은?

> 행위의 결과와 관계없이 행위 자체가 선(善)이기 때문에 무조건적으로 수행해야 하는 도덕적 명령을 도덕 법칙이라고 할 수 있다. 준칙은 도덕 법칙과 구별되는 개인의 행위 규칙으로 '격률'이라고도 한다. 그렇다면 준칙은 도덕 법칙이 될 수 있는가? 준칙이 '보편성 정식'과 '인격성 정식'이라는 두 가지 기준을 통과해야 한다. 이 기준을 통과한 준칙에 한해서만 '준칙 = 도덕 법칙'이라고 할 수 있다.

① 가언명령
② 목적의식
③ 선의지
④ 정언명령

29 사회계약론의 자연상태에 대한 설명으로 옳은 것은?

① 홉스는 인간의 본성이 이타적이며 이익추구 성향을 가지고 있다고 본다.
② 로크는 자연상태의 인간은 '자유롭지만 불평등한 존재'라고 본다.
③ 루소는 자연상태를 "악덕을 모르는 깨끗한 사람들로서 자기 보존의 관심과 함께 '공감의 정'을 자연적인 감정으로 갖고 있는 상태"로 정의한다.
④ 로크는 자연상태를 '이성에 의해 서로 신체나 재산을 존중하지만 항상 긴장하는 상태'라고 본다.

28 제시문은 칸트의 도덕 법칙인 '정언명령'을 설명하고 있다. 정언명령이란 '행위의 결과와 관계없이 행위 자체가 선(善)이기 때문에 무조건적으로 수행해야 하는 도덕적 명령'이라고 볼 수 있다.
① 가언명령은 어떤 결과를 달성하기 위해 수단으로서 사용되는 행위 법칙을 의미한다. 칸트는 이 가언명령을 '도덕 법칙'으로 보지 않았다. '도덕 법칙'은 결과를 달성하기 위해서 존재하는 것이 아니라 그 자체가 선(善)이기 때문에 '무조건 따라야 하는 당위의 법칙'이기 때문이다.
③ 실천이성이 '선(善)'이라고 판단하고, '보편성 정식'과 '인격성 정식'이라는 두 기준을 통과한 '정언명령'을 인간의 자유의지로 따르겠다고 마음먹었을 때 그 의지를 선의지라고 한다.

29 ① 홉스는 인간을 이기적이며, 이익추구 성향을 가진 존재로 보았다. 때문에 자기 보존의 권리(자연권)를 무제한으로 행사하여 전쟁 상태(= 만인의 만인에 대한 투쟁)에 있다고 본다.
② 로크는 자연상태의 인간은 '자유롭고 평등한 존재'라고 본다. 자연상태의 인간이 '자유롭고 평등한 상태'라는 것은 홉스, 로크, 루소 등 모든 사회계약설을 언급한 학자의 공통된 주장이다.
④ 로크는 자연상태를 '이성에 의해서 서로 신체나 재산을 존중하며 평화로이 공존하고 있는 상태'라고 본다.

정답 28 ④ 29 ③

※ 다음 내용을 읽고 물음에 답하시오. (30 ~ 31)

> 갑 : 행복은 하나의 목적으로서 유일하게 바람직한 것이며, 최대 행복의 원리는 도덕의 기초가 된다. 당사자에게 두 종류의 쾌락 가운데 어느 것이 더 질(質) 높은 가치가 있는지를 고려하는 것은 결코 최대 행복의 원리에 어긋나지 않는다.
>
> 을 : 행복은 언제나 쾌적함과 관계된 것으로 자신에 대한 최고의 만족 상태이고, 도덕 법칙은 자유의 법칙으로서 자연과 자연적 경향성에 전적으로 독립해 있다. 도덕 법칙 안에서 도덕성과 인간의 행복 사이에 필연적인 연관은 없다.

30 '을'의 입장에 해당하는 글이다.

30 다음 중 갑의 입장으로 옳지 <u>않은</u> 것은?

① 행위의 동기는 도덕성을 판단하는 근거가 아니다.
② 삶의 궁극적 목적은 가능한 한 고통이 없는 최대 행복이다.
③ 실천이성은 의무를 명령할 때 행복의 모든 요구를 수용한다.
④ 개별 행위의 도덕성을 판별하는 보편적인 원리가 있다.

31 제시문에서 갑은 공리주의, 을은 칸트의 입장이다. 을의 입장(칸트)에서 갑(공리주의)에게 할 수 있는 비판은 다음과 같다.
  • 도덕은 행복이나 다른 무엇을 실현하기 위한 수단이 아니라 그 자체가 목적이다.
  • 쾌락을 추구하는 경향성이나 동정심은 옳고 그름을 판단하는 도덕의 기반이 될 수 없다.
  • 행위의 선악을 결정하는 것은 행위의 결과가 아니라 행위의 의지이다.
  • 선한 행동은 그 행동을 했을 때 '행복'하기 때문에 하는 것이 아니라, 그 행동을 해야 하기 때문에 즉, '의무'이기 때문에 하는 행동이다.

31 을이 갑에게 제기할 비판으로 가장 적절한 것은?

① 도덕은 다른 무엇을 실현하기 위한 수단이 아님을 모르고 있다.
② 행위의 결과가 옳고 그름의 판단 기준임을 모르고 있다.
③ 모든 이성적 존재는 행복을 필연적으로 원한다는 것을 모르고 있다.
④ 개인의 행복과 사회의 행복이 조화되어야 한다는 것을 모르고 있다.

정답 (30 ③ 31 ①)

32 다음 내용과 가장 관련이 깊은 사상가는 누구인가?

> 사람들이 천성적으로 자유를 사랑하고 타인을 지배하기 좋아한다고 생각하였다. 또한 자연상태의 인간은 '이기적'이며 상호 간 신뢰가 존재하지 않는다. 때문에 이러한 '만인의 만인에 대한 투쟁' 상태에서 자신의 생명과 안전을 지키고 질서를 유지하기 위해서 '상호계약'의 형태로 국가를 건설해야 한다고 생각하였다.

① 홉스
② 로크
③ 루소
④ 헤겔

32 제시문은 '홉스'에 대한 설명이다. 홉스는 인간의 자연상태를 성악설로 파악하고, 모든 타인을 나에게 해를 끼칠 수 있는 잠재적인 적으로 보았으며, '만인의 만인에 대한 투쟁'이라고 표현하였다. 이러한 상태에서 사회적인 약자들은 자신의 생명과 안전을 위협받을 수밖에 없기 때문에 '강자'와의 계약을 통해서 자신의 안전을 보호받게 되고, 이것을 '사회계약'이라고 하였다.

33 다음과 같이 주장한 사상가와 이론을 연결한 것으로 옳은 것은?

> (㉠)은(는) 개인이 속한 공동체의 문화적 특수성에 맞는 가치 분배의 기준과 절차에 따라야 한다고 보았다. (㉠)은(는) 사회적 가치들이 자신의 고유한 영역 안에 머무름으로써 (㉡)이(가) 실현될 때 정의로운 사회가 될 수 있다고 한다.

	㉠	㉡
①	롤스	정의의 원칙
②	노직	자유지상주의
③	왈처	복합평등
④	아리스토텔레스	일반적 정의

33 제시문은 왈처의 '복합평등'에 대한 설명이다. 왈처는 개인들의 고유한 상황을 고려하지 않고 가상적 상황(무지의 베일)에서 도출된 롤스의 단일한 정의의 원칙은 실제 삶에서 실현될 가능성이 적다고 비판하며, 개인이 속한 공동체의 문화적 특수성에 맞는 가치 분배의 기준과 절차에 따라야 한다고 보았다. 그는 사회적 가치들이 자신의 고유한 영역 안에 머무름으로써 복합평등이 실현될 때 정의로운 사회가 될 수 있다는 '복합평등으로서의 정의'를 제시하였다. 즉, 부(富)는 경제 영역에, 권력은 정치 영역에 머물러야 하며 부를 지녔다는 이유로 정치 권력까지 장악하는 것은 정의롭지 않다고 본 것이다.

정답 32 ① 33 ③

34 제시문은 하버마스의 담론 윤리의 핵심 개념인 '공론장'에 대한 설명이다. 하버마스는 현대사회에서 공적 의사결정의 과정이 자본과 권력에 의해 왜곡되었다고 보고, 이를 해결하기 위해서 '소통을 위한 합리성'과 '절차의 필요성'을 주장하였다. 그리고 하버마스는 '의사소통의 합리성'이 제대로 발휘되기 위해서는 모든 사람이 평등하게 대화 상황에 참여하고 자유롭게 의견을 제시할 수 있는 '공론장'이 필요하다고 보았다. 특히 담론 윤리는 토론을 통해 서로를 이해하는 '합의의 과정'을 중시하였고 이 과정을 통해 행위 규범의 정당성을 도출하고자 하는 사상이다.

34 다음 내용은 하버마스의 담론 윤리 중 일부이다. 괄호 안에 들어갈 용어로 적절한 것은?

> 사회의 갈등을 해결하고 행정 및 경제 체계와 생활 세계가 균형을 이루기 위해서는 (　　)에서 이성적인 담론과 소통을 활성화해야 한다. 이를 위해 누구나 자유롭게 대화에 참여할 수 있어야 하며, 자신의 주장은 물론 개인적 바람이나 욕구도 자유롭게 표현할 수 있어야 한다. 또한 타인의 주장이나 공적인 문제에 대해서 의문을 제기할 권리가 보장되어야 하고, 이러한 권리를 행사할 때 어떤 강요도 존재하지 않아야 한다.

① 공론장
② 토론
③ 다수결의 원리
④ 공적 문제

35 롤스는 시민불복종을 합법적인 민주주의 체제하에서 '민주적 헌법 질서를 위반하거나 깨트리는 것을 막고자 하는 행위'로 정의하였다. 때문에 기본적으로 시민불복종은 '법 체제에 대한 존중감을 바탕으로 이루어지는 시민들의 능동적 행위'이다.

35 다음 내용에서 괄호 안에 공통으로 들어갈 용어로 적절한 것은?

> 어떤 학자는 (　　)을(를) "법이나 정부의 정책에 변화를 가져올 목적으로 행해지는 공공적이고 비폭력적이며, 양심적이기는 하지만 법에 반하는 비협조적 정치 행위"라고 설명한다. 즉, (　　)은(는) 부정의한 법이나 정책에 대해 양심적이고 공개적으로 수행되는, 불법적이지만 비폭력적인 항의라고 할 수 있다.

① 시민불복종
② 폭력혁명론
③ 참여민주주의
④ 민주사회주의

정답 34 ① 35 ①

36 다음 주장에 해당하는 롤스의 정의의 원칙은?

> 이 원칙은 천부적으로나 사회적으로 가장 혜택을 받지 못한 계층을 비롯한 모든 사람에게 인간다운 생활을 위한 최소한의 조건이 보장되어야 한다는 것과, 일단 그 조건이 충족된 다음에는 각자의 능력이나 업적에 따른 차등 분배가 이루어져야 한다는 것을 천명한 것이다.

① 평등한 자유의 원칙
② 기회 균등의 원칙
③ 취득의 원칙
④ 차등의 원칙

>>>○

제1원칙	평등한 자유의 원칙	모든 사람은 평등한 기본적 자유를 최대한 누려야 한다.
제2원칙		• 차등의 원칙 : 사회적 혹은 경제적 불평등은 최소 수혜자에게 최대의 이익이 되도록 편성될 때 정당화될 수 있다. • 공정한 기회 균등의 원칙 : 사회적 혹은 경제적 불평등의 계기가 되는 직위와 직책은 모든 사람에게 열려 있어야 한다.

37 정약용이 강조하는 지방관리의 윤리적 책무로 가장 적절한 것은?

① 평등
② 애민
③ 준법
④ 정의

36 제시문은 '차등의 원칙'을 설명한 글이다. 롤스의 정의의 원칙은 다음과 같다.
[문제 하단의 표 참고]
③ 취득의 원칙은 노직이 '소유권으로서의 정의'를 언급할 때 등장하는 원칙으로, "노동을 통해 정당하게 획득한 재화, 즉 노동의 산물이면서도 그 산물이 타인들이 누려 왔던 혜택을 침해하지 않는 재화는 취득한 사람에게 소유 권리가 있다."라는 원칙이다.

37 정약용은 『목민심서』에서 "못 배우고 무식한 사람이 한 고을을 얻으면 건방져지고 사치스럽게 되어 절약하지 않고 재물을 함부로 써서 빚이 날로 불어나면 반드시 욕심을 부리게 된다. 욕심을 부리면 아전들과 짜고 일을 꾸며 이익을 나눠 먹게 되고, 이익을 나눠 먹다 보면 백성들의 고혈을 짜게 된다. 그러므로 절약은 백성을 사랑하는 데 있어 가장 먼저 지켜야 할 일이다."라고 언급하면서 애민(愛民) 정신을 지방관의 윤리적 책무로 강조하였다.

정답 36 ④ 37 ②

38 제시문은 심의민주의 혹은 숙의민
주주의(Deliberative Democracy)를
설명하는 글이다.
민주주의에 대한 논의는 시민혁명
시대에 왕을 대신해 국민의 의사를
반영하는 대표를 뽑기 위한 '대의민
주주의'에서 시민들의 직접적인 정
치과정 참여를 강조하는 '참여민주
주의'로 중심축이 변화되었다. 하지
만 민주주의에 '심의'가 강조된 것은
민주정치에서의 참여가 시민들의 삶
에 직접적이고 신속한 효과를 줄 수
없다는 것이 드러난 다음부터이다.
즉, 단순히 다수결을 통해서 이해관
계 충돌을 조절하기보다는 정치적
안건을 깊은 수준의 토의를 거치면
서 그 속에서 서로의 선호를 이해하
고 절충할 점은 절충함으로써 이해
의 조정을 도모하자는 의도에서 등
장한 새로운 민주주의의 형식이다.

38 다음 내용에서 괄호 안에 공통으로 들어갈 용어로 적절한 것은?

( )민주주의는 공공 의제에 관한 토론 과정에 시민들이
직접 참여하여 합의에 도달하는 민주적 절차를 의미한다.
( )민주주의는 시민이 직접 참여한다는 특성상 작은 공
동체에 적합한 소규모 민주주의로 여겨지기도 한다. 전문가
가 중심이 되는 공개 토론과 달리 이 토론은 일반 시민이
중심이 된다. 공개 토론이 서로 다른 견해를 비교하기 수월
하지만 합의점을 찾기 힘든 방식이라면, 이 토론은 참가자
들이 공통 지점을 찾아가는 과정에 가깝다. ( )민주주의
이론가들은 여러 대안에 대한 사람들의 견해를 살펴보고 지
식과 경험을 공유하는 숙의 과정을 통해 시민성을 기를 수
있다고 주장한다.

① 복지
② 간접
③ 수정
④ 심의

39 제시문에 언급된 '사회권'은 '인간다
운 삶'을 지키기 위해 국가가 국민의
자유를 적극적으로 나서서 보장해
주어야 한다는 '적극적 자유'의 개념
이 반영된 권리이다. 시민혁명에서
시작된 국가가 개인의 삶에 간섭하
지 않는 '소극적 자유'의 개념에서 조
금 더 나아간 개념이다.

39 다음 내용과 가장 관련이 깊은 것은?

독일의 바이마르 헌법은 제1차 세계대전이 끝나고 혁명으
로 군주정이 붕괴된 후, 민주적으로 선출된 의회가 1919년
8월 11일 공포한 헌법이다. 바이마르 헌법과 기존 헌법의
가장 큰 차이점은 모든 국민이 인간다운 생활을 누릴 수
있도록 사회권을 명시한 점이다. 사회 불평등이 심화되어
사회적 약자의 인간다운 삶이 어려운 상황에서 최초의 사
회권을 규정함으로써 인간다운 삶이 기본적 인권임을 명시
하였으며, 이는 이후 여러 복지 국가의 헌법 제정에 영향을
주었다.

① 비지배 자유
② 정치적 자유
③ 소극적 자유
④ 적극적 자유

정답 38 ④ 39 ④

40 다음 내용과 가장 관련이 깊은 분배의 정의는?

> • 이 분배 기준은 사회적 약자를 보호해야 한다는 도덕 의식에 부합된다는 장점이 있다.
> • 하지만 모든 사람이 원하는 바에 대한 사회전체의 예측이 어렵다는 점과 한정된 재화로 모든 사람이 원하는 것을 충족시킬 수 없다는 점. 그리고 성취동기를 약화시켜 사회 전체의 경제적 효율성이 감소한다는 단점을 가지고 있다.

① 업적
② 능력
③ 필요
④ 절대적 평등

>>>🔍

구분	의미	장점	단점
절대적 평등	개인 간의 차이를 고려하지 않고 모두에게 똑같이 분배하는 것	사회 구성원 모두가 기회와 혜택을 균등하게 누릴 수 있음	• 생산 의욕 저하 • 개인의 자유와 효율성 감소
업적	업적이나 기여가 큰 사람에게 더 많이 분배하는 것(성과급 제도)	• 객관적 평가와 측정이 용이 • 공헌도에 따라 자신의 몫을 가짐 → 생산성을 높이는 동기 부여	• 서로 다른 종류의 업적 평가 불가능 • 사회적 약자 배려 불가능 • 과열 경쟁으로 사회적 갈등 초래
능력	능력이 뛰어난 사람에게 더 많이 분배하는 것	개인의 능력에 따라 충분한 대우와 보상을 받을 수 있음	• 우연적, 선천적 영향을 배제하기 어려움 • 평가 기준 마련이 어려움
필요	사람들의 필요에 따라 분배하는 것	약자를 보호하는 도덕 의식에 부합	• 경제적 효율성 감소 • 필요에 대한 사회 전체의 예측이 어려움 → 한정된 재화로 모든 사람의 필요를 충족시킬 수 없음

40 제시문은 '필요'라는 기준의 분배적 정의에 대한 설명이다.
[문제 하단의 표 참고]

40 ③

교육은 우리 자신의 무지를 점차 발견해 가는 과정이다.

– 윌 듀란트 –

제 1 편

핵심포인트

교육은 우리 자신의 무지를 점차 발견해 가는 과정이다.

− 윌 듀란트 −

제 1 장   인간과 윤리

제 1 절   인간의 삶과 윤리

1 인간의 삶과 윤리 사상

(1) 인간의 본성에 대한 견해

① **인간의 동물적 본성** : 종족 보존을 위한 본능과 충동 → 찰스 다윈(C. Darwin)의 진화론
② **인간의 이성적 본성** : 인간이 동물과 구별되는 특징 → 도구 사용, 문화적 욕구, 사회생활, 이성적으로 계획하고 예측 가능
③ **인간의 존엄성(인간이 존엄하다는 근거)** : 자율적인 도덕적 행위의 주체, 유한한 목숨
④ **인간 본성에 관한 학설**

성선(善)설	성악(惡)설	성무(無)선악설(= 백지설)
인간은 착한 성품을 가지고 태어남 → 맹자	인간의 본성이나 감정적 욕구는 악함 → 순자	본성은 선악과 무관 → 고자, 로크

(2) 인간의 본질과 특성 24, 22, 20 기출

① **도구적 존재** : 여러 가지 도구를 만들어 사용하는 존재
② **유희적 존재** : 생활상의 이해관계를 떠나 삶의 재미를 추구하는 존재
③ **문화적 존재** : 상징체계를 바탕으로 문화를 계승・창조하는 존재
④ **사회적 존재** : 사회화 과정을 거쳐야 온전한 인간으로 성장하게 되는 존재
⑤ **이성적 존재** : 이성적인 사고 능력을 가지고 있는 존재
⑥ **정치적 존재** : 국가를 이루며 정치 활동을 하는 존재
⑦ **종교적 존재** : 절대적 존재에 대한 믿음을 가지고 사는 존재
⑧ **윤리적 존재** : 도덕적 주체로서 스스로 가치 있다고 생각하는 것을 행할 수 있는 존재
⑨ **예술적 존재** : 예술 활동을 통해 아름다움을 추구하는 존재

연습 문제

인간의 특성 중 도덕적 주체로서 스스로 가치 있는 것을 행할 수 있는 존재를 가리키는 말은?

① 문화적 존재   ② 사회적 존재
③ 정치적 존재   ④ 윤리적 존재

해설 ① 문화적 존재는 상징체계를 바탕으로 문화를 계승·창조하는 인간의 특성을 말한다.
② 사회적 존재는 사회화 과정을 거쳐야 온전한 인간으로 성장하게 되는 것을 말한다.
③ 정치적 존재는 국가활동을 이루며 정치 활동을 하는 인간의 특성을 말한다.
정답 ④

(3) 인간 행위에 대한 다양한 윤리적 해석

① **윤리**: 인간이 마땅히 지켜야 하는 삶의 도리 → 인간다움의 핵심
② **윤리적 삶에 대한 다양한 견해**
    ㉠ 불교: 자비를 행하는 삶
    ㉡ 유교: 인의예지신(仁義禮智信)으로 표현되는 인간의 도리를 지키는 삶
    ㉢ 소크라테스, 플라톤, 아리스토텔레스: 정신(영혼)의 덕을 갖춘 삶
    ㉣ 그리스도교 사상: 모든 인간에 대한 조건 없는 사랑을 실천하는 삶
③ **다양한 견해의 공통점**: 인간의 존엄성을 윤리적 삶의 궁극적 토대로 생각함 → 윤리는 인간의 존엄성 실현을 목적으로 하고 있다고 봄

(4) 윤리 사상의 필요성

① **사회적 삶의 유지와 발전에 반드시 필요함**: 이기적인 행위를 통제하고 이타적인 행위를 권장(하지만 윤리가 법처럼 강제력이 있는 것은 아니고 스스로 통제하게 함)
② 개인의 자아실현과 행복을 위해서 필요함
③ **윤리적 인간**: 다양한 도덕규범 준수, 도덕규범에 대한 반성적 사고

2 인간의 삶과 사회 사상

(1) 인간의 사회적 삶

인간은 사회생활을 통해 인간다운 삶을 영위함

(2) 사회 사상의 의미와 필요성

① **사회 사상의 의미** : 인간의 삶에서 나타나는 현상에 대한 해석과 인간이 바람직하다고 생각하는 사회 모습 및 그것의 구현에 관한 체계적인 사유

② **사회 사상의 필요성**

    ㉠ 인간의 삶에서 일관되고 체계적인 이해 제공

    ㉡ 우리 사회가 나아가야 할 방향을 모색

    ㉢ 이상적인 사회라는 대안을 제시

    ㉣ 바람직한 공동체를 만들기 위해 구성원이 해야 할 의무와 역할에 대한 이해 제공

    ㉤ 사회 현상을 좀 더 깊이 이해

    ㉥ 현 사회에 대한 반성과 성찰의 기회 제공

(3) 윤리 사상과 사회 사상의 관계

공통점	인간과 사회에 대해 탐구하고 인간 존엄성의 존중과 실현을 추구		
차이점	윤리 사상은 바람직한 인간의 모습을 제시하고, 사회 사상은 이상 사회를 추구하여 바람직한 사회의 모습을 제시함		
상호 의존성	• 인간과 사회에 대한 탐구를 통해 인간다움과 행복을 실현하고자 함 • 윤리 사상과 사회 사상은 탐구 대상이 중첩됨 • 실천적인 관점에서 윤리 사상과 사회 사상은 서로 깊이 관련되어 있음 • 인간과 사회 및 국가의 정체성 측면에서도 상호 의존적임 • 윤리 사상과 사회 사상의 상호 의존적인 관계를 보여 주는 동서양의 사상가		
	플라톤	이상적 인간과 이상적 국가의 모습은 서로 닮았다고 함	
	아리스토텔레스	덕을 갖추면 정의로운 국가가 형성된다고 주장	
	공자, 맹자	인(仁)과 예(禮)로 다스리는 덕치를 통해 바람직한 국가가 형성된다고 주장	
	조선의 성리학자들	인간의 인격적 완성과 이상적인 국가는 분리될 수 없음을 주장	

3 이상 사회 구현

(1) 동양의 이상 사회

① 유교의 대동 사회(大同社會)

② 도교의 소국과민 사회

③ 불교의 정토와 미륵세상

(2) 서양의 이상 사회

① **플라톤의 이상 국가** : 현명한 통치자들이 다스리는 사회 → '좋음의 이데아' 사회

② **유토피아** : 모든 사람이 소유와 생산에 있어서 평등하고, 경제적으로 풍요로우며, 도덕적으로 타락하지 않은 사회

③ **베이컨의 뉴아틀란티스** : 계급제와 신분제는 존재하지만, 과학기술의 발전을 통해 빈곤이 해결되고, 인간의 건강, 행복, 능력이 증진되는 과학적 유토피아 사회

④ **루소의 민주적 이상 사회** : 빈부의 차이가 없는 정치 공동체, 직접 민주주의 사회

⑤ **마르크스의 공산 사회** : 사유 재산과 계급이 소멸한 사회

⑥ **바쿠닌의 무정부 사회** : 국가의 강제력이 없는 사회

☑ 연습 문제

다음 글과 관련된 사회는 무엇인가?

> 과학기술의 발전을 통해 빈곤이 해결되고 인간의 건강, 행복, 능력이 증진되는 과학적 유토피아 사회

① 유토피아   ② 뉴아틀란티스

③ 대동 사회   ④ 무정부 사회

해설 제시문의 내용은 베이컨이 주장한 이상 사회인 뉴아틀란티스로, 계급제와 신분제는 존재하나 과학기술의 발전을 통해 인간의 건강, 행복, 능력이 증진되는 과학적 유토피아 사회이다.

정답 ②

---

(3) 이상 사회가 갖추어야 할 조건

① **정치적 측면** : 민주주의를 토대로 하며, 인간의 기본적 권리를 존중하고 자유와 평등의 가치를 실현하기 위해 노력

② **경제적 측면** : 공정한 경제 제도를 바탕으로 정의로운 분배가 이루어지는 사회

③ **사회·문화적 측면** : 다양한 삶의 양식을 수용하고, 관용과 다원성의 가치를 존중

④ **자연적인 측면** : 환경오염이나 자연 파괴가 없도록 자연을 사랑하는 마음을 가지려고 노력

(4) 이상 사회의 과제

① 국제적 차원의 협조

② 생태계 파괴의 위협에 대한 대처

③ 분단의 극복을 통한 통일

제 2 절 윤리학의 기본 원리

1 윤리의 개념과 특징

(1) 윤리란 무엇인가 24 기출

① **사회 규범**

㉠ 관습 : 사회적 삶의 반복을 통해 형성된 관념이나 행태 例 관혼상제, 의식주, 가족 및 친족 관계 등 → 에토스(Ethos, 통찰과 숙고에 따라 행위가 성격이나 성품으로 내면화됨, 습관·풍습·관습을 의미함)

㉡ 윤리 : 합리적으로 수정된 관습의 일반화된 모습으로 가장 근본적인 규범

㉢ 법 : 최소한의 윤리로 강제적인 성격을 지님

② **법과 도덕의 차이점**

㉠ 도덕은 법의 기초이며 근본임

㉡ 법은 타율적인 데 반해, 도덕은 자율적임

(2) 윤리설

① 상대론적 윤리설과 절대론적 윤리설 24, 23 기출

구분	상대론적 윤리설	절대론적 윤리설
근거	심리적 가치론, 문화적 상대주의	형이상학적, 종교적 세계관
윤리 행위	인간관계를 정의롭고 평화롭게 만들며 자아를 성취할 수 있게 하는 행위	윤리 규범의 필요성을 구속적·당위적 입장에서 수용하는 행위
참된 행위	한 사회의 목표나 성원들의 욕구 충족에 도움을 주는 행위로 인정받는 행위	이상적 도덕사회 건설을 위해 언제, 누구에게나 보편타당한 절대적 행위
행동원리	행복, 쾌락 등과 같은 결과를 중시함	의무, 당위 등과 같은 동기를 중요하게 여김
행동기준	상대적·주관적	절대적·객관적
대표적 학자	소피스트, 에피쿠로스, 홉스, 벤담, 듀이	소크라테스, 플라톤, 스피노자, 아리스토텔레스, 칸트, 헤겔
장점	급변하는 세계에 적용이 유리	가치판단이 명확하여 방황하지 않음
단점	가치판단 기준이 애매함	역사성과 시대성에 따른 가치 변화의 적응이 어려움

② 목적론적 윤리설과 의무론적 윤리설

목적론적 윤리설	법칙(의무)론적 윤리설
인간에게는 누구나 실현해야 하는 목적이 있다.	인간에게는 누구나 지켜야 하는 법칙이 있다.
결과주의	동기주의
아리스토텔레스	칸트

☑ 연습 문제

다음 중 절대론적 윤리설을 주장한 학자가 <u>아닌</u> 것은?

① 플라톤 ② 아리스토텔레스
③ 듀이 ④ 헤겔

해설 듀이는 실용주의 철학자로, 절대적으로 옳은 것은 존재하지 않는다는 상대주의적 가치관을 가졌다. 실용주의는 17세기 영국 경험론과 19세기 공리주의를 계승하였으며 일상생활에 도움이 되는 가치를 바람직한 가치로 여긴다.

정답 ③

2 윤리학의 구분

(1) 실천을 위한 학문으로서의 윤리학

① **도덕** : 사회의 구성원들이 양심, 관습, 사회적 여론 따위에 비추어 스스로 마땅히 지켜야 할 행동 준칙이나 규범의 총체
② **윤리학** : 도덕의 본질·기원·발달 등을 다루고, 구체적인 규범을 연구하는 학문

(2) 이론 윤리와 응용 윤리의 관계(상호 보완적 관계)

이론 윤리	응용 윤리
• 도덕적 행위에 대한 이론적 분석과 정당화 • 윤리적 판단의 이론적 근거 제공 • 현실 문제 해결을 토대로 함	• 이론 윤리를 바탕으로 구체적 상황에서 윤리적 판단을 결론 내림 • 현실을 반영할 수 있는 실천적 규범과 원칙을 연구 • 삶에서 오는 다양한 윤리 문제 해결

(3) 윤리학의 일반적 구분 20 기출

① **규범 윤리학** : 인간이 어떻게 행동하여야 할 것인가에 관한 보편적 원리를 연구하는 학문으로, 이론 윤리학과 응용 윤리학으로 구분 → 아리스토텔레스, 벤담(공리주의), 칸트
② **메타 윤리학** : 규범 윤리학에서 제시하는 규범들을 탐구 대상으로 하는 학문 → 무어의 자연론적 오류, 에이어의 이모티비즘(현대 메타 윤리학의 조류로 윤리 인식 부정론의 입장) 24, 22 기출
③ **기술(記述) 윤리학** : 도덕적 관습이나 풍습 등을 경험적으로 조사하여 기술

(4) 이론 윤리학(이론 규범 윤리학)

① **의무론적 윤리론** : 행위에 대한 도덕 판단은 행위의 결과와 무관하게 의무 이행 여부에 따라 이루어져야 한다고 봄
② **공리주의적 윤리론** : 행위를 결정하는 판단 기준으로 쾌락과 고통을 들고, 행위의 결과가 가져다주는 쾌락이나 행복에 따라 행위의 옳고 그름이 판단된다고 봄
③ **덕 윤리론** : 행위자에 초점을 두어 도덕적 행동이 행위자의 유덕한 성품에 따라 결정된다고 봄

(5) 응용 윤리학(실천 규범 윤리학) 21 기출

① 도덕 이론을 현대 사회에서 나타나는 윤리적 문제들에 적용하여 해결하고자 함
② 응용 윤리학 역시 어떤 도덕 이론들이 타당한 것인지를 밝혀내는 데 관심을 가짐 → 이론적 윤리학의 관점을 따름

3 윤리 문제의 탐구와 실천

(1) 윤리적 탐구의 의미와 특징

① **윤리적 탐구** : 도덕규범이나 윤리적 사고를 통해 도덕적 의미를 올바르게 내리고 새롭게 구성하는 도덕적 행위의 지적 활동

② **윤리적 탐구의 특징** : 도덕적 딜레마를 활용한 도덕적 추론으로 이루어짐

③ **행위 정당화의 근거** : 어떤 행위에 대하여 도덕 판단을 할 때, 그 행위를 정당화하는 근거

(2) 윤리적 탐구 방법

① **도덕적 추론의 정의** : 도덕적 판단을 내릴 때 그것을 지시하는 이유 또는 근거를 대면서 그 판단이 옳다고 주장하는 과정

② **도덕적 추론의 형식** : 도덕 원리 + 사실 판단 = 도덕 판단

③ **도덕적 추론의 과정** : 도덕 원리 → 사실 판단(소전제) → 도덕 판단(결론)

④ **올바른 도덕 판단의 조건** : 제시된 도덕 원리는 누구나 인정할 수 있는 것이며 제시된 사실은 참이어야 함, 도덕 원리는 도덕적 가치를 바탕으로 함

(3) 윤리 문제 해결에 필요한 다양한 윤리 이론

① **공리주의** : 시비선악 판단의 기준을 인간의 이익과 행복 증진에 두고 문제를 해결

② **의무론** : 도덕의 근본 원리를 도덕 법칙에 따르는 의무에 두고 문제를 해결

③ **덕 윤리** : 덕을 함양하여 인격자가 됨으로써 도덕 문제를 해결하는 능력을 기름

④ **배려 윤리** : 정서적으로 돌보고 보살피는 배려에 의해 도덕 문제를 해결

⑤ **책임 윤리** : 행위가 미칠 영향과 결과에 대한 책임에 기초해서 도덕 문제를 해결

⑥ **담론 윤리** : 의사소통을 하여 상호 이해와 정당화된 도덕규범으로 도덕 문제를 해결 `21` `기출`

제 3 절 실천윤리

1 생명과 성

(1) 생명에 대한 윤리

① 생명 과학과 생명 윤리의 관계
  ㉠ 생명 과학 : 생명과 관련한 순수한 자연의 발견과 탐구를 주목적으로 연구하는 학문
  ㉡ 생명 윤리 : 생명에 관련된 윤리, 도덕의 문제를 다루는 학문으로, 생물학과 의학 분야의 기술적 발전에 따라 기존의 도덕적 관념과 배치될 수 있는 이슈에 관해 다루고 있음
  ㉢ 생명 과학과 생명 윤리의 지향점 : 생명의 존엄성 실현을 목적으로 하는 공통점을 가지고 있음
  ㉣ 생명 의료 윤리 원칙 : 자율성 존중의 원칙, 악행 금지의 원칙, 선행의 원칙, 정의의 원칙 21 기출

② 장기 이식의 윤리적 쟁점
  ㉠ 장기 이식 : 어떠한 질병이나 사고로 인해 손상이 생겨 기능이 떨어지거나 소실된 장기를 대신하기 위해서, 신체 내의 장기를 다른 부위로 옮기거나 타인에게서 받은 장기를 병든 장기 대신 옮겨 넣는 일련의 과정
  ㉡ 장기 이식의 종류
    • 자가 이식 : 자신의 장기 혹은 조직의 일부를 떼어 내어 자신의 다른 부위에 이식을 하는 방법
    • 동계 이식 : 유전적으로 동일한 사람 사이에 이루어지는 장기 이식
    • 동종 이식 : 유전적으로 동일하지 않은 사람으로부터 장기를 이식받는 것
    • 이종 이식 : 사람이 아닌 다른 종의 장기를 이식하는 것
  ㉢ 장기 이식의 윤리적 문제
    • 장기 분배의 문제 : 효율성과 공정성의 원칙에 따라 → 장기 분배의 원칙
    • 기회균등의 문제 : 비슷한 정도의 절박함과 성공 가능성을 가진 젊은 환자와 노인 환자 중 어느 쪽을 선택할 것인가의 문제
    • 불법 장기 매매 문제 : 제공 가능한 장기가 부족하여 장기 매매와 같은 불법적 방법이 등장
    • 장기 확보의 문제 : 기증자의 자율성 보장, 죽음에 대한 판정 기준
    • 보상의 문제 : 보상의 적절성에 대한 검토 필요, 과도할 경우 장기 매매로 갈 수 있음

③ 인체 실험과 동물 실험의 윤리적 쟁점
  ㉠ 인체 실험 : 살아 있는 사람을 직접 실험과 연구의 대상으로 삼는 일
  ㉡ 인체 실험의 윤리적 원칙 : 뉘른베르크 강령, 헬싱키 선언 등 → 피험자의 자발적 동의가 필요함을 강조
  ㉢ 동물 실험 : 인체 실험 대상자를 구하기 힘든 현실에서의 대안 → 동물을 실험 대상으로 삼음
  ㉣ 동물 실험에 대한 윤리적 쟁점
    • 찬성 : 인간과 동물의 지위는 다름, 인간의 생명과 건강 보호, 다른 대안이 없음
    • 반대 : 인간과 동물의 지위는 같음, 인간의 편리를 위해 고통을 느끼는 생명체를 희생하면 안 됨
  ㉤ 동물 실험에 대한 3R 원칙 : 대체(Replacement), 감소(Reduction), 정교화(Refinement)

④ **생명 복제의 윤리적 쟁점** 23 기출

 ㉠ 생명 복제 : 같은 유전 형질을 가진 생명체를 만드는 기술

 ㉡ 동물 복제에 대한 찬반의 근거

  • 동물 복제 찬성 : 인위적인 복제로나마 멸종을 막을 수 있어 생태계의 다양성이 유지됨

  • 동물 복제 반대 : 자칫 잘못하면 생태계가 교란될 수 있어 종의 다양성을 해침

 ㉢ 인간배아 복제의 논쟁점 : 치료 목적의 유전자 조작 및 복제 허용 여부, 생명 과학 존재 자체에 대한 위험 인식 확산, 유전자를 조작하거나 출생을 막을 가능성이 있음

 ㉣ 인간 복제에 대한 구분

  • 배아 복제 : 수정된 배아의 초기 상태에서 인위적으로 세포를 분리시켜 유전적으로 동일한 개체를 발생시키는 것 → 배아는 완전한 인간이 아님과 배아 역시 초기 인간의 생명임을 놓고 찬반 논쟁

  • 개체 복제 : 복제로 인해 새로운 인간 개체를 만들어 내는 것 → 생명이 탄생하는 데 있어 질서가 파괴되고 생명을 경시하는 풍조가 만연해짐. 또한 생명의 도구화가 발생하여 결국 인간의 존엄성을 훼손할 우려가 있음

⑤ **유전자 조작의 윤리적 쟁점**

 ㉠ 유전자 조작 : 생명 공학 기술을 이용하여 특정 동식물의 유용한 유전자를 다른 동식물에 삽입하여 유전자를 재조합하는 것

 ㉡ 유전자 조작에 대한 찬성과 반대

  • 찬성 : 식량 부족 해결, 경제적 이윤 창출(사회적 행복 증진)

  • 반대 : 유전자 변형 농산물의 안전성을 담보하기 어렵고, 인체의 면역 체계에 부정적인 영향을 끼침, 생태계의 순환과 생물의 상호 의존성 파괴, 생물의 다양성 등을 파괴

✏ **연습 문제**

다음에서 설명하는 장기 이식의 종류로 올바른 것은?

> 유전적으로 동일하지 않은 사람으로부터 장기를 이식받는 것

① 자가 이식   ② 동계 이식

③ 동종 이식   ④ 이종 이식

해설 ① 자가 이식 : 자신의 장기 혹은 조직의 일부를 떼어 내어 자신의 다른 부위에 이식하는 방법

   ② 동계 이식 : 유전적으로 동일한 사람 사이에 이루어지는 장기 이식

   ④ 이종 이식 : 사람이 아닌 다른 종의 장기를 이식하는 것

정답 ③

(2) 성·사랑에 관한 윤리

① 성·사랑의 가치 24 기출

ㄱ 성의 개념
- 생물학적 성 : 생식 본능 및 생물학적 신체 특성
- 사회·문화적 성 : 사회적으로 정의된 성 역할
- 성적 지향 : 성적 관심이나 성적 활동 등 성적 욕망

ㄴ 성의 가치 : 사랑은 인간의 근원적 정서, 인간 사이에 인격적인 교감이 이루어짐

ㄷ 사랑의 요소
- 프롬(E. Fromm) : 사랑은 보호, 책임, 존경, 이해의 4요소를 다 포함해야 함
- 스턴버그(R. Sternberg) : 열정, 친밀감, 책임감 세 가지 요소를 다 갖출 때 완전한 사랑이 됨

ㄹ 성과 관련된 윤리적 문제
- 인간의 존엄성을 훼손하는 문제가 생길 수 있음
- 성에 따르는 책임의식의 약화 문제를 들 수 있음

② 성차별

ㄱ 성차별 문제 24 기출
- 성차별의 의미 : 여성이라는 이유, 혹은 남성이라는 이유로 정당한 근거 없이 차별적으로 대우하는 것
- 양성평등의 의미 : 사람이 살아가는 영역에서 남자와 여자 양쪽을 성별에 따른 차별 없이 동등하게 대우하는 것

ㄴ 성적 소수자와 성적 자기결정권 22, 20 기출
- 성적 소수자 : 동성애자, 양성애자, 트랜스젠더, 무성애자 등 성적 지향과 성 정체성과 관련된 소수자를 일컬음
- 성적 자기결정권 : 한 개인이 자기 자신의 성과 연관된 문제들에 관하여 자유롭게 선택하고 결정할 수 있는 권리

ㄷ 성 상품화의 윤리적 문제
- 성 상품화의 의미 : 인간의 성을 직접 또는 간접적으로 이용하여 이윤을 추구하는 것(성매매, 성적인 상물 판매, 소비자를 성적으로 자극하는 것)
- 윤리적 문제 : 인간의 성이 지닌 본래의 가치와 의미를 변질시킴, 여성의 성적 매력 부각

ㄹ 성 상품화에 대한 찬반 논거 20 기출
- 찬성 논거 : 성적 자기결정권과 성적 매력을 표현하는 것은 개인의 자유임, 이윤 극대화를 추구하는 자본주의 논리에 부합(성 상품은 소비자의 선호를 반영)
- 반대 논거 : 성의 본질적 가치와 의미를 변질, 외모 지상주의 조장(과도한 성형이나 다이어트 유도), 인격존중 무시(칸트의 입장)

2 소수자와 인권

(1) 소수자 보호

① **소수자의 의미** : 하나의 커다란 사회 안에서 문화, 종교, 신체 등이 다수를 차지하는 사람들과 구별되는 특징을 가지고 있어서 소외되기 쉬운 사람 → 장애인, 동성애자, 이주노동자 등

② **소수자 집단의 조건** : 타 집단과 구별, 권력의 열세, 사회적인 차별, 집합적 정체성

③ **소수자 차별의 원인**
　㉠ 기능론 : 급격한 사회 변동에 따른 사회 제도의 일시적 기능 장애 상태
　㉡ 갈등론 : 기득권층의 소수자에 대한 일방적인 착취

④ **소수자를 보호해야 하는 이유** : 당연히 누려야 하는 존엄성과 인권을 침해당할 수 있음

⑤ **소수자 우대에 대한 찬성 논리** : 보상의 논리, 재분배의 논리, 공리주의 논리

⑥ **소수자 보호를 위한 노력** : 소수자의 마음 공감하기, 소수자에 대한 인식의 변화, 경제적 자립 지원, 소수자 보호를 위한 정책 형성, 소수자 배려를 위한 환경 조성

(2) 역차별 제도

① **차별** : 둘 이상의 대상을 각각 등급이나 수준 따위의 차이를 두어서 구별함

② **역차별** : 부당한 차별을 받는 쪽을 보호하기 위하여 마련한 제도나 장치가 너무 강하여 오히려 반대편이 차별받는 것

③ **역차별 제도의 특징** : 실질적인 평등권 실현이 목적, 잠정적인 성격

④ **역차별 제도의 문제점** : 지나칠 경우 공평한 기회의 평등을 저해할 수 있음

⑤ **역차별 제도의 정당화 요건** : 대상이 사회 제도나 관습에 의해 부당한 차별을 받아왔다는 사실이 명확해야 함, 차별의 시정이 기대한 만큼 효과가 있는지 명확해야 함

3 삶과 죽음

(1) 출생과 죽음의 윤리적 의미

① **출생의 윤리적 의미** : 개인 존재의 출발점과 인간의 종족 보존, 영원불변에 대한 소망, 사회 구성원으로서의 삶의 시작

② **죽음의 윤리적 의미** : 인간의 삶이 유한하다는 것을 알고 삶의 소중함을 깨달음 → 한번 죽으면 다시 살아나지 못하며 죽음은 누구에게나 다가오는 것으로 빈부나 귀천의 차별이 없음

③ **죽음에 대한 다양한 관점**
　㉠ 유교 : 삶도 모르는데 어찌 죽음을 알 수 있느냐는 생각으로 현실의 삶에 대한 충실을 강조
　㉡ 불교 : 윤회를 반복하면서 전생과 금생 그리고 내생의 삶을 반복함 → 죽음은 그 자체로 또 다른 삶
　㉢ 장자 : 삶과 죽음은 필연적이고 자연적이므로 죽음에 대하여는 초연해야 함
　㉣ 플라톤 : 죽음은 육체로부터 혼이 자유로워지는 것으로 현실에서 이성적 지혜를 중요시함

   ⑫ 에피쿠로스 : 죽음은 경험에서 오는 것이 아니기 때문에 인간은 죽음에 대하여 두려워 할 필요가 없어야 함

   ⑭ 하이데거 : 인간은 동물과 달리 죽음을 알기 때문에 삶을 의미 있고 가치 있게 살아가야 함

(2) 생명의 윤리학

 ① **의미** : 뇌사, 인공유산, 안락사, 장기 이식 등 주로 의학 및 생물과학과 관련된 윤리문제를 다루는 학문 분야

 ② **부각 배경** : 의학 및 생명과학의 지식 증가와 의료 기술의 발달로 예전에는 없었던 새로운 윤리적 문제가 대두

 ③ **주요 논점** : 동물 복제 허용, 뇌사를 죽음으로 인정, 안락사 허용

(3) 생식 보조술

 ① **종류와 윤리적 문제**

  ㉠ 시험관 아기 : 생식세포의 매매 가능성, 난자 추출과정의 안정성, 남은 수정란의 이용·보관·폐기 등의 문제가 있음

  ㉡ 대리모 출산 : 체외에서 수정된 수정란을 난자 제공자가 아닌 대리모의 자궁에 착상시키는 것으로, 돈을 목적으로 한 대리모 고용의 문제, 생명에 대한 정체성 모호, 가족 관계에 대한 모호성 문제 등이 있음

  ㉢ 비배우자 인공수정 : 정자와 난자의 매매 문제, 부모와 유전적으로 무관한 자녀가 출생하는 문제가 있음

 ② **찬성과 반대**

찬성	난임 부부의 고통을 덜어 주고 행복을 증진시킴, 출산율을 높여 사회를 존속시키는 데 기여함
반대	자연법 윤리의 관점에서 생명체의 탄생 과정에 인위적으로 개입하는 것은 자연의 섭리에 어긋나며 도덕적으로 옳지 않음

(4) 인공임신중절(낙태)

 ① **의미** : 자연 분만기에 앞서서 자궁 내의 태아를 인위적으로 모체 밖으로 배출시켜 임신을 중단하는 행위

 ② **태아의 인공임신중절의 쟁점**

  ㉠ 보수주의자 : 도덕적으로 허용될 수 없으며 산모의 생명을 구해야 할 경우에만 허용

  ㉡ 자유주의자 : 태아 성장과 상관없이 항상 도덕적으로 허용

  ㉢ 공리주의자 : 때에 따라서 해야 할지 말아야 할지 여부의 결과를 사정하여 허용 여부를 결정

 ③ **자율성의 원리와 간섭주의의 원리**

  ㉠ 자율성의 원리 : 행위 당사자의 동의에 의해 결정되어야 함

  ㉡ 간섭주의의 원리 : 행위 당사자가 합리적 의사결정을 할 능력이 없거나 또는 있더라도 개인이 아니라 전체 복리를 위해 주변 사람들이나 공적 기관이 그 문제에 관한 의사결정에 참여할 수 있음

ⓒ 온정적 간섭주의 : "개인의 선택이 타인의 이익에 반하지 않는 한, 이를 최대한 존중해야 된다." 라는 자유주의의 기본 신념과는 배치 → 예 정부가 안전벨트 착용을 의무화하거나 공공장소에서 흡연을 금지하는 정책

④ 인공임신중절에 관한 논쟁

찬성(여성 선택권 옹호주의)	반대(생명 옹호주의)
• 소유권 논거 : 여성은 아기 몸에 대한 소유권을 지니며 태아는 여성 몸의 일부이기 때문에 태아에 대한 권리를 가짐 • 생산 논거 : 여성은 태아를 생산하므로 태아를 마음대로 할 수 있는 권리가 있음 • 자율권 논거 : 여성은 자신의 삶을 자율적으로 영위할 수 있기 때문에 낙태에 관해 자유롭게 결정할 권리를 가짐 • 평등권 논거 : 여성은 남성과 동등한 권리를 가져야 하는데, 이를 위해서는 낙태에 대한 결정이 자유로워야 함 • 정당방위 논거 : 여성은 자기방어와 정당방위의 권리가 있기 때문에 일정한 조건에서 낙태 권리가 있음 • 프라이버시 논거 : 낙태는 여성의 사생활 문제이므로 개인이 선택할 권리가 있음	• 존엄성 논거 : 모든 인간의 생명은 존엄하기 때문에 태아의 생명도 존엄함 • 무고한 인간의 신성불가침 논거 : 잘못이 없는 인간을 해치는 것은 부도덕함 • 잠재성 논거 : 태아는 임신 순간부터 성인으로 성장할 잠재성이 있기 때문에 인간으로서의 지위를 가짐

✓ 연습 문제

다음 중 인공임신중절에 대한 찬성 논거가 아닌 것은?

① 여성에게는 자기방어와 정당방어의 권리가 있다.
② 여성은 자신의 삶을 자율적으로 영위할 수 있다.
③ 모든 인간의 생명은 존엄하다.
④ 사생활 문제이므로 개인이 선택한다.

해설 생명 옹호주의로, 모든 인간의 생명은 존엄하기 때문에 태아의 생명도 존엄하다는 주장이다.
　　　①·②·④는 여성의 선택권을 존중하여 인공임신중절에 찬성하는 논거이다.

정답 ③

(5) 뇌사

① **뇌사의 의미** : 뇌 활동이 불가능하여 뇌 기능이 완전히 정지된 회복 불능의 상태, 즉 뇌의 죽음을 말함

② **뇌사에 대한 논쟁**

    ㉠ 뇌사를 죽음으로 인정 : 다른 많은 생명을 살릴 수 있는 기회 제공(실용적 관점), 인간의 인간다움은 뇌에서 비롯되기 때문임, 치료 연장은 가족의 경제적 고통을 가져옴, 의료 자원의 비효율성을 막을 수 있음

    ㉡ 심폐사를 죽음으로 인정 : 인간의 생명은 실용적 가치로 따질 수 없는 존엄함, 심장 자체는 뇌의 명령 없이도 자발적으로 박동되기 때문임, 뇌사 판정 과정에서 오류 가능성이 제기됨, 남용되거나 악용될 위험성이 있음

(6) 안락사 23 기출

① **안락사의 의미** : 극심한 고통을 받고 있는 불치의 환자에 대하여 본인이나 가족의 요구에 따라 고통이 적은 방법으로 생명을 단축하는 행위

② **안락사의 종류**

    ㉠ 환자의 동의 여부에 따른 구분 : 환자가 선택 능력이 있었을 때(자발적, 자율성의 원리 적용), 환자가 자발적·합리적 선택이나 동의할 능력이 없었을 때(비자발적, 간섭주의 원리 적용)

    ㉡ 죽음을 앞당기는 방법에 따른 구분 : 적극적 안락사(약물 주입), 소극적 안락사(존엄사)

③ **안락사에 대한 찬반 논쟁**

    ㉠ 찬성 : 인간은 자기 자신의 신체와 생명·죽음에 대한 권리를 가지고 있음, 환자는 치료를 거부할 권리와 고통에서 벗어날 권리가 있음, 환자 가족의 경제적·정신적·심리적 고통을 경감시켜 주어야 함

    ㉡ 반대 : 인간 생명은 절대적이며 존엄하여 임의로 단축할 수 없음, 안락사를 허용하면 다른 경우도 허용이 가능

(7) 자살 22 기출

① **자살** : 당사자가 자유의사에 의하여 자신의 목숨을 끊는 행위

② **자살의 유형** : 이기적 자살, 이타적 자살, 붕괴적 자살

③ **자살에 대한 논쟁**

    ㉠ 흄 : 인간이 고통스러운 삶에서 벗어나기 위해 자살을 할 수 있다고 봄

    ㉡ 쇼펜하우어 : 자살은 문제를 회피하는 것이기 때문에 옳지 않다고 봄

4 **분배와 정의**

(1) 정의의 의미와 기능

① **정의의 의미** : 사회 제도를 구성하고 운영함으로써 질서 유지의 역할을 하며 구성원과 사회관계를 원활하게 유지 → 정치와 정부의 가장 중요한 역할 중 하나

② **동서양의 정의**

  ㉠ 동양
  - 인간의 타고난 덕성 중 하나로 '의로움(義)', '옳음'을 의미
  - 모든 인간이 마땅히 따라야 할 올바른 행동의 기준
  - 하늘의 뜻에 따른 올바른 도리

  ㉡ 서양
  - 플라톤 : 생산자, 수호자, 통치자 등이 각각 타고난 본성에 따라 고유한 기능을 수행하여 전체적으로 조화를 이룬 상태
  - 울피아누스 : 각자에게 그의 몫을 돌려주려는 항구적 의지(재화의 분배)
  - 아리스토텔레스
    - 공익 실현을 목적으로 하는 법을 준수하는 일반적(보편적) 정의와 올바른 인간관계로 사회를 화합으로 이끄는 특수적(부분적) 정의로 구분
    - 특수적 정의는 다시 분배적 정의(기하학적 평등)와 교정적 정의(산술적 평등)로 구분

③ **정의의 기능** : 옳고 그름에 대한 사회적 기준을 제공, 재화 분배 과정에서 일어나는 갈등과 분쟁 조정, 사회 통합의 기능 제공

☑ 연습 문제

다음 중 서양에서의 정의의 개념이 <u>아닌</u> 것은?

① 질서나 법
② 생산자, 수호자, 통치자 등이 각각 타고난 본성에 따라 고유한 기능을 수행하여 전체적으로 조화를 이룬 상태
③ 각자에게 그의 몫을 돌려주려는 항구적 의지
④ 인간의 타고난 덕성 중 하나로 '의로움(義)', '옳음'을 의미

해설 ④는 동양에서 이야기하는 정의의 개념이며 ①은 고대 그리스, ②는 플라톤, ③은 울피아누스의 정의의 개념이다.

정답 ④

---

(2) 분배적 정의 23 기출

① **의미** : 이익과 부담을 공정하게 분배하는 것
② **필요성** : 개인의 권리를 존중하고 보장하기 위함, 사회의 갈등을 예방함
③ **공정한 분배의 기준** : 절대적 평등에 의한 분배, 필요에 따른 분배, 능력에 따른 분배, 업적에 따른 분배, 노동에 따른 분배
④ **불공정한 분배의 문제점** : 사회에 대한 불만이 늘어남, 공동체 발전에 부정적이며 유지를 어렵게 함, 각종 사회 문제 발생

5 다문화와 인종

(1) 문화와 다양성

① **문화의 의미** : 인간이 이루어 놓은 유형 또는 무형의 산물로 자연 상태에서 벗어나 사회 구성원에 의해 습득된 의식주, 언어, 종교, 예술, 규범, 제도 등을 포함한 인간 삶의 행동 양식
② **문화의 특징**
  ㉠ 보편성 : 인간의 공통적인 생활양식 → 의식주, 희로애락의 감정 표현 등
  ㉡ 특수성 : 지역이나 민족, 국가에 따라 독특하게 나타나는 생활양식
③ **문화 상대주의** : 인류의 보편적 가치를 바탕으로 문화의 다양성을 인정하고 각 문화를 그 사회의 독특한 환경과 역사적・사회적 상황에 비추어 이해하는 태도
④ **윤리 상대주의** : 보편적인 도덕 법칙은 존재하지 않는다는 태도로, 도덕적인 행위도 비도덕적인 행위가 될 수 있다는 관점

(2) 다문화 사회의 윤리 20 기출

① **다문화 사회의 의미** : 피부색이나 종교, 관습 등이 서로 다른 사람이 함께 모여 사는 사회
② **관용** : 반대나 간섭을 하지 않음(소극적 의미), 자유나 인권을 함께 누리려고 노력(적극적 의미), 타인의 인권과 자유를 침해하지 않는 범위, 사회 질서를 훼손하지 않는 범위
③ **관용의 역설** : 관용을 무제한으로 허용하여 관용 자체를 부정하는 사상이나 태도까지 허용 → 오히려 인권을 침해하고 사회 질서가 무너져 아무도 관용을 보장받을 수 없음
④ **다문화와 문화적 정체성** 24, 22 기출
  ㉠ 다문화를 대하는 태도와 정책 : 동화 모형(용광로 이론), 다문화 모형(샐러드볼 이론), 다원주의 모형(국수 대접 이론), 차별・배제 모형
  ㉡ 문화적 정체성 : 한 문화에 속하는 사람들이 공유하는 동질감, 자신의 문화에 대한 자긍심
  ㉢ 바람직한 문화적 정체성 : 타 문화의 주체적 수용[화이부동(和而不同)의 자세], 외부의 문화를 받아들여 우리의 것으로 재창조, 문화 사대주의 경계, 전통문화를 창조적으로 계승하여 발전

⑤ 문화적 정체성과 관련한 문제
  ㉠ 자문화 중심주의 : 자기 문화의 우월성에 빠져 다른 문화를 부정하는 태도 → 다른 문화에 대한 배타적 태도
  ㉡ 문화 사대주의 : 자문화를 비하하고 다른 사회의 문화를 맹목적으로 추종하는 태도 → 문화적 주체성의 상실

✎ 연습 문제

다음 내용을 가리키는 말로 알맞은 것은?

> 관용을 무제한으로 허용하여 관용 자체를 부정하는 사상이나 태도까지 허용한다면 오히려 인권을 침해하고 사회 질서가 무너져 아무도 관용을 보장받을 수 없다.

① 관용의 한계   ② 관용의 역설
③ 관용의 범위   ④ 불관용의 원칙

해설 관용의 역설
모든 문화에 대한 무조건적인 관용으로 관용 자체를 부정하는 사상이나 태도까지 허용한다면 오히려 인권을 침해하고 사회 질서가 무너져 아무도 관용을 보장받을 수 없다는 말이다. 따라서 관용은 타인의 인권과 자유를 침해하지 않고 사회 질서를 훼손하지 않는 범위 내에서 이루어져야 한다.

정답 ②

---

6 형벌과 사형 제도

(1) 교정적 정의와 형벌
① **교정적 정의의 의미** : 범죄를 일으킨 사람에 대해 형벌을 가함으로써 사회적 정의를 실현하며 공정성을 확보하는 것
② **교정적 정의의 처벌에 관한 관점**
  ㉠ 공리주의 관점(벤담) : 처벌은 장래의 범죄를 예방하며 사회의 이익을 위한 수단이지만 처벌이 목적 달성에 필요한 정도 이상으로 가해져서는 안 됨
  ㉡ 응보주의 관점(칸트) : 인간 존엄성을 훼손한 범죄는 사형을 통해 처벌하는 것이 정당
③ **공정한 처벌의 조건** : 죄형 법정주의, 비례성의 원칙(과잉 금지의 원칙)

(2) 사형 제도 20 기출

① **사형 제도의 의미** : 국가가 범죄자의 생명을 인위적으로 박탈하는 행위
② **사형 제도에 관한 여러 관점** 23, 22, 21 기출
  ㉠ 칸트 : 다른 사람의 생명을 빼앗은 중한 범죄이므로 그 당사자의 생명을 빼앗아야 하는 것은 정당
    하며 인간의 존엄성을 존중하는 행위
  ㉡ 공리주의(예방주의) : 사형 제도가 범죄를 예방하여 더 행복한 삶을 살게 한다면 정당함
  ㉢ 루소 : 계약자의 생명권을 보존해 주는 사회 계약설의 관점에 따라, 자신의 생명을 보전하기 위
    해 정당한 사회 구성원이 아닌 살인자에 대한 사형 동의
  ㉣ 베카리아 : 생명권 양도는 계약자의 생명권을 중요시하는 사회 계약의 내용이 아니므로 반대, 범
    죄 예방을 위해 사형보다 종신 노역형과 같이 지속적 효과를 가진 처벌 주장
③ **사형 제도를 둘러싼 쟁점** 23 기출
  ㉠ 사형 제도 존속 : 범죄 억제 효과 큼, 흉악범의 생명을 박탈하는 것은 정당, 종신형이 오히려 비
    인간적, 종신형에 대한 비용적인 부담
  ㉡ 사형 제도 폐지 : 범죄 억제 효과 미비, 교화와 개선 중요, 오판 가능성, 악용 가능성

7 전쟁과 평화

(1) 평화와 폭력

① **평화의 의미** : 국가나 민족 간에 전쟁이나 분쟁, 갈등 등이 없는 상태, 물리적인 폭력이 없을 뿐 아니
  라 인간의 기본적인 욕구가 충족되는 상태로 인간이 목표로 하는 가장 완전한 상태
② **폭력의 의미** : 신체적인 공격 행위 등 불법으로 직접적인 물리적 강제력을 행사하는 것
③ **요한 갈퉁(J. Galtung)의 폭력론과 평화론**
  ㉠ 폭력론
    • 직접적 폭력 : 폭행, 구타, 고문, 테러, 전쟁 등 폭력의 결과를 의도한 행위자(가해자)가 존재하
      는 의도적인 폭력
    • 구조적 폭력 : 사회 제도나 관습, 법률 등 사회 구조로부터 비롯되는 폭력
    • 문화적 폭력 : 종교나 사상, 언어, 예술, 과학 등 문화적 영역이 직접적·구조적 폭력을 정당화
      하는 기능을 수행하는 것
  ㉡ 평화론 24, 22 기출
    • 소극적 평화 : 전쟁, 테러와 같이 사람의 목숨과 신체에 위험을 가하는 직접적 폭력이 없는
      상태
    • 적극적 평화 : 직접적 폭력뿐만 아니라 빈곤, 정치적 억압, 인종 차별과 같은 간접적 폭력까지
      모두 없는 상태
    • 진정한 의미의 평화 : 직접적 폭력뿐만 아니라 간접적인 폭력까지 모두 제거된 적극적 평화

(2) 동서양의 평화 사상

① **동양의 평화 사상**

㉠ 유교 : 인(仁)과 의(義)의 실현, 화평(和平), 수제치평(修齊治平)

㉡ 불교 : 삼독(三毒), 연기설(緣起說), 불살생(不殺生)

㉢ 도가 : 무위자연(無爲自然), 소국과민(小國寡民)

㉣ 묵가 : 겸애(兼愛)와 비공(非攻)

② **서양의 평화 사상**

㉠ 에라스무스 : 전쟁은 평화를 추구하는 종교 정신에 위배되므로 도덕적이지 않음

㉡ 생피에르 : 공리적 관점에서 군주들이 조약을 맺고 국가 간 연합을 만들어 전쟁이라는 유해한 수단을 포기시키고 항구적인 평화를 실현한다는 시스템 구상

㉢ 칸트의 영구평화론 : 반복되는 전쟁이 인류를 멸망으로 이끌 것이라고 경고 → 전쟁을 막기 위해 각국이 주권의 일부를 양도하여 국제법 및 전쟁을 막는 국제조직(국제연맹)을 설치 → 영구평화의 실현에 장애가 되는 일을 금지한 예비조항(6항)과 영구평화를 실현하기 위한 조건을 논한 확정조항(3항) 제시 23 기출

㉣ 아우구스티누스·아퀴나스·왈처의 정의전쟁론 : 정당한 목적을 가진 전쟁은 허용될 수 있음 24, 20 기출

(3) 국제 평화에 대한 여러 가지 관점

① **현실주의와 이상주의** 23 기출

㉠ 현실주의 : 인간의 이기적 본성으로 갈등과 분쟁 발발, 국가 간 세력 균형을 통해 전쟁 방지

㉡ 이상주의 : 인간의 본성은 선하며 이성적 존재, 분쟁은 잘못된 제도로 발발, 국제기구나 국제법 등을 통해 잘못된 제도 교정

② **헌팅턴과 뮐러의 이론**

㉠ 헌팅턴의『문명의 충돌』: 종교와 전통, 문화적 차이에서 비롯한 문명 간의 충돌이 세계의 평화를 위협

㉡ 뮐러의『문명의 공존』: 헌팅턴의 입장을 비판하며, 문명의 공존은 낯선 상대를 이해하는 것에서 출발한다고 주장

(4) 국제 평화에 대한 책임과 기여

① **국제 정의의 필요성** : 세계화 속에서 지구촌 구성원 모두의 인간다운 삶을 위해 필요

② **국제 정의의 종류** 23 기출

㉠ 형사적 정의 : 전쟁이나 집단 학살, 테러, 인신 매매, 납치 등과 같은 반(反)인도주의적 범죄의 가해자를 정당하게 처벌

㉡ 분배적 정의 : 지구촌의 절대 빈곤을 해결하기 위해 재화를 공정하게 분배함

③ **해외 원조** : 인류의 존엄성 및 지구 평화를 위해, 국가 이미지 제고, 해외 자원 확보 등

④ **해외 원조에 대한 관점**

㉠ 칸트 : 선행의 실천은 도덕적인 의무임

    ⓒ 싱어 : 공리주의적 관점에서 해외 원조는 인류에게 주어진 의무이므로 누구나 차별 없이 도움을 받아야 함

    ⓒ 롤스 : 해외 원조는 정의 실현을 위한 의무로, 고통받는 사회가 질서 정연한 사회가 되도록 돕는 것 → 단, 차등의 원칙이 국제 사회에 적용되는 것은 반대 **21 기출**

    ⓔ 노직 : 의무가 아닌 선의를 베푸는 자선

✏ 연습 문제

다음의 내용과 관련 있는 사상가는?

> • 해외 원조는 정의 실현을 위한 의무로, 고통 받는 사회가 질서 정연한 사회가 되도록 돕는 것이다.
> • 하지만 해외 원조에 차등의 원칙을 적용해선 안 된다. 국가 간의 부와 복지 수준은 다양하므로 해외 원조가 부의 재분배나 복지의 향상을 의미하는 것은 아니기 때문이다.

① 롤스   ② 싱어
③ 노직   ④ 칸트

해설 제시문은 해외 원조에 대한 롤스의 관점이다.
    ② 싱어는 공리주의적 관점에서 지구촌 전체를 대상으로 원조해야 한다고 했다.
    ③ 노직은 해외 원조는 의무가 아닌 선의를 베푸는 자선이라고 하였다.

정답 ①

---

8 환경

(1) 인간과 자연의 관계

  ① **동양과 서양의 자연관**

    ⊙ 동양의 자연관
      • 유학 : 천인합일(天人合一)의 경지
      • 불교 : 연기(緣起)설
      • 도가 : 무위자연(無爲自然)을 추구

    ⓒ 서양의 자연관
      • 도구적 자연관 : 인간의 수단이나 도구로 자연을 사용하는 인간 중심주의적 논리, 인간만이 사고 능력(정신 능력)을 지녔기에 도덕적 지위를 지닌 유일한 존재라고 생각

- 사상적 근원
  - 아리스토텔레스 : 식물은 동물을 위하여, 동물은 인간을 위하여 존재
  - 아퀴나스 : 신의 섭리에 의해 동물은 자연의 과정에서 인간이 사용하도록 운명 지어져 있음
  - 데카르트 : 인간과 자연을 분리 → 모든 존재를 정신과 물질로 구분, 자연은 기계에 불과함
  - 베이컨 : '지식은 힘', 자연은 인간에게 순종해야 하고 정복되어야 하는 대상 → 인간의 자연 지배와 정복을 정당화, 자연 정복을 위한 도구로서의 지식 강조
  - 칸트 : 이성적 존재만이 자율적이고 도덕적 존재임 → 자연을 도덕적으로 고려해야 하는 이유는 도덕성 실현과 인간에 대한 의무에서 도출되는 간접적 의무로 규정

② **인간과 자연의 관계에 대한 윤리**
  - ㉠ 인간 중심주의 윤리
    - 인간만이 윤리적 동물이며 자연은 인간의 도구
    - 이성을 지닌 인간은 자연적 존재보다 우월하고 귀한 존재
    - 인간의 필요 충족을 위해 자연을 도구화, 자연에 대한 정복을 정당화함
    - 인간과 자연을 분리하는 이분법적 세계관
    - 인간의 필요로 자연을 훼손하고 남용하는 것을 허용
    - 현재 문제가 되고 있는 생태적 위기나 환경 문제의 주범으로 비판받고 있음
  - ㉡ 감정 중심주의 윤리
    - 동물도 쾌락과 고통을 감수하는 능력을 지닌 도덕적 대상으로 삼음
    - 사상적 근원
      - 벤담 : 중요한 것은 "그들이 이성을 가지는가?, 그들이 말을 하는가?"가 아니라 그들이 "고통을 느낄 수 있는가?"임
      - 싱어 : '이익의 평등한 고려 원칙'에 근거하여 인간과 동물을 동등하게 대해야 함
      - 레건 : 동물도 삶의 주체로서 자신의 삶을 누릴 권리가 있어 인간을 위한 수단으로 간주해서는 안 됨
    - 의의 : 동물까지 도덕적 범위를 넓혀 동물의 도덕적 지위를 강조
    - 윤리의 한계
      - 인간과 동물로 인한 충돌은 명확한 답을 내기가 어려움
      - 고통을 느끼는 동물 이외에는 생명을 고려하지 못함
  - ㉢ 생명 중심주의 윤리 **22** **기출**
    - 생명 중심 : 모든 생명체를 그 자체로 도덕적 고려의 대상으로 봄, 즉 동식물을 포함한 자연 전체를 도덕적 고려의 대상으로 봄 → 인간은 자연의 일부
    - 슈바이처 : 생명에 대한 외경을 도덕의 근본 원리라고 봄
    - 테일러 : 모든 생명체는 '목적론적 삶의 중심', 인간은 본질에서 다른 생명체보다 우월하지 않음

- 윤리의 한계
  - 개별 생명체의 가치를 존중하기 때문에 생태계 전체를 고려 못함
  - 생명과 자연에 대해 간섭하지 않는 것을 강조
  - 인간과 자연은 엄격하게 분리되기 어려움
ⓔ 생태 중심주의 윤리 23 기출
  - 생태 전체 중심 : 상호 의존성에 근본을 둔 생명 공동체 그 자체에 관심, 무생물을 포함한 생태계 전체를 도덕적 고려의 대상으로 여기는 입장
  - 레오폴드의 대지 윤리 : 생물과 무생물이 어우러져 있는 대지에도 도덕적 지위를 부여, 도덕 공동체의 범위를 대지까지 존중, 인간은 대지의 지배자가 아닌 같은 구성원
  - 네스의 심층 생태학 : 인간 중심적인 자아를 넘어 큰 자아실현, 인간이 자연과 함께 서로 관련을 맺고 있으며 상호 평등한 관계 속에서 더불어 사는 내재적 가치를 실현

☑ 연습 문제

다음 내용과 관련이 <u>없는</u> 사상가는?

> 쾌락과 고통을 감수하는 능력을 지닌 동물도 도덕적 대상으로 삼아, 과거의 인간 중심주의 윤리관에서 그 도덕적인 범위를 넓혀 동물의 도덕적 지위를 강조하였다.

① 벤담 ② 싱어
③ 레오폴드 ④ 레건

해설 제시문은 감정 중심주의 윤리관에 대한 설명이다. 레오폴드는 생물과 무생물이 어우러져 있는 대지에도 지위를 부여한 생태 중심주의 윤리를 주장하였다.
정답 ③

(2) 환경 문제에 대한 윤리적 접근

① 현대 환경 문제의 유형과 특징
ⓐ 환경 문제의 유형
  - 발생 원인 : 전 지구적 차원으로 인간의 과도한 자원 소비와 오염 물질 대량 배출로 인해 발생
  - 오염 : 대기 오염, 수질 오염, 토양 오염
  - 파괴 : 습지·산림·갯벌 등이 파괴, 자원 고갈, 동식물 멸종, 생물 종 다양성 감소 등
  - 변화 : 사막화, 지구 온난화, 해수면 상승 등
ⓑ 환경 문제의 특징 : 생태계 자정 능력 초과, 전 지구적 영향, 책임 소재 불분명

② **기술결정론과 사회결정론**
　㉠ 기술결정론
　　• 과학기술의 발달로 생긴 환경위기 해결책은 과학기술을 더 발달시킴으로써 해결할 수밖에 없
　　　다고 주장 → 과학기술의 미래에 대해 낙관
　　• 환경오염 방지를 위해 세심한 관리를 할 수만 있다면 자신의 목적에 알맞게 자연환경을 조절할
　　　수 있고 그 수단은 역시 과학기술밖에 없다는 주장
　　• 문제점 : 과학기술이 지금까지 환경을 크게 파괴하는 방향으로 발달해 왔는데 환경위기의 심각
　　　성이 널리 알려졌다고 해서 이제부터 환경을 보호하는 방향으로 발달하리라는 보장이 없으며,
　　　과학기술이 이 환경위기를 해결할 수 있다는 입장은 지나치게 낙관적임
　㉡ 사회결정론
　　• 이윤을 추구하는 자본주의 사회가 환경오염의 주범이라고 주장
　　• 이윤을 추구하는 과정에서 생태계와 자연이 파괴되었다고 주장, 자본주의 체제의 변화를 도모
　　　해야 한다고 주장
　　• 문제점 : 소련, 동독 등 사회주의 국가들의 붕괴 후 사회주의 사회에서 환경오염이 더 심각했다
　　　는 사실이 밝혀짐으로써 많은 비판을 받음
③ **기후 변화의 윤리적 문제**
　㉠ 기후 변화에 따른 문제 : 기후 변화로 지구 생태계 파괴, 기후 변화로 인간의 삶에 대한 위협,
　　선진국에 비해 후진국에 더 큰 피해
　㉡ 기후 변화에 따른 국제적 노력 : 리우 환경 회의(1992)에서 기후 변화 협약(온실가스 배출 억제
　　규정) 체결, 교토 의정서(1997)를 통한 온실가스 감축(탄소 배출권 거래제 실시)
④ **미래 세대에 대한 책임**
　㉠ 미래 세대에 대한 책임 : 미래에 미칠 영향을 고려하여 행동, 미래 세대에게 인간답게 살 수 있는
　　자연 환경을 물려줄 책임이 있음 → 미래 세대를 권리 주체로 여겨야 함
　㉡ 인류는 연속적 세대로 이루어진 도덕 공동체 : 전 인류가 건강하게 사는 것은 당위적・윤리적
　　의무임
　㉢ 책임 윤리와 배려 윤리 강조 : 요나스, 나딩스
⑤ **지속 가능한 발전을 위한 국제적 협약**
　㉠ 생물 다양성 보호 협약 : 지구상의 생물종과 이 생물종들이 서식하는 생태계, 생물이 지닌 유전
　　자를 포함한 지구상의 모든 생물종을 보호하기 위하여 마련된 국제협약으로 얻어지는 이익을 공
　　정・공평하게 분배하는 것을 목적으로 삼음
　㉡ 람사르 협약 : 물새 서식지로서 중요한 습지 보호에 관한 협약으로, 1971년 2월 물새 서식처인
　　이란의 카스피해 연안 람사르에서 체결, 간척과 매립으로 사라지고 있는 습지의 보존을 목적으
　　로 삼음
　㉢ 몬트리올 의정서 : 오존층 파괴 물질인 염화플루오린화탄소의 규제에 관한 국제협약
　㉣ 바젤 협약 : 지구 환경보호의 일환으로 유해폐기물의 국가 간 교역을 규제하는 내용의 국제 협약,
　　병원성 폐기물을 포함한 유해폐기물의 국가 간 이동 시, 교역국은 물론 경유국에까지 사전통보
　　등의 조치로 유해폐기물의 불법 이동을 줄이자는 취지

9 과학기술과 정보

(1) 과학기술의 발달과 윤리

① 과학기술의 의미

구분	과학	기술
어원	스키엔티아(Scientia)	테크네(Techne)
전통적 의미	정신 활동으로 간주하며 인간 정신의 일부로 봄	인간 정신이 외적인 것을 생산하기 위한 활동을 말함
현대적 의미	과학과 기술을 함께 봄(과학기술이라고 말함), 이상적으로 추구해야 할 바람직한 관념 체계로 확대됨	

② 과학기술의 가치 중립성 24 기출

㉠ 가치 중립성의 의미 : 과학적 사실이나 기술 그 자체는 철저히 중립적인 것으로서 다른 의미나 아무런 가치를 지니지 않는다는 것으로, 다양한 주장이나 가치관에 찬성하거나 반대하지 않으려는 무관심의 상태 또는 개입하기를 거부하는 상태

㉡ 입장의 차이

과학기술은 가치 중립적임	과학기술은 가치 중립적이지 않음
• 윤리적 평가와 사회적 비판이나 책임에서 자유로워야 하는 사실의 영역 • 과학 기술자의 학문적 목적 달성을 위하여 지적 호기심의 충족을 보장해야 하지만 결과에 대한 책임은 활용자의 몫임	• 연구 목적을 설정하고 연구 결과를 현실에 적용할 때에는 가치 판단이 개입하게 됨 • 과학 연구와 기술 개발에 대한 기업, 국가 등의 후원으로 인해 가치 중립성을 유지하기 어려움

• 과학의 가치 중립성에 대한 오해 : 과학기술이 가치 중립적이라는 생각은 과학기술의 '정당화 맥락'과 '발견 및 활용의 맥락'을 구분하지 않는 데서 비롯됨

㉢ 과학기술의 가치 중립성 논란

• 과학기술의 가치 중립성 주장 : 야스퍼스(K. Jaspers) → "기술은 그 자체로 선하지도 악하지도 않은 수단이다. 그것은 인간이 기술로부터 무엇을 만드느냐, 기술이 인간의 무엇을 위해 기여하느냐, 그리고 어떤 조건하에서 기술이 만들어지느냐에 달려 있다."

• 과학기술의 가치 중립성 부정 : 하이데거(M. Heidegger) → "과학기술을 가치 중립적인 것으로 고찰할 때, 우리는 무방비 상태로 과학기술에 내맡겨진다."

③ 과학기술의 성과와 윤리적 문제

㉠ 과학기술 발전의 긍정적 성과 : 인간의 물질적 풍요와 풍요로운 생활 가능, 생명 연장과 기아 문제 해결에 기여

㉡ 과학기술 발전의 부정적 성과

• 환경 윤리적 측면 : 자원 고갈, 생태계 오염 및 파괴, 기상 이변 등

• 생명 윤리적 측면 : 낙태, 안락사, 생명 복제 등 생명의 존엄성 훼손, 인간의 정체성 규정에 부정적 영향을 미치는 윤리적 문제 발생

- 정보 윤리적 측면 : 인격적 인간관계의 파괴, 개인 정보 유출 등 사생활 침해, 거대한 감시 체제 (Panopticon)의 운영에 대한 우려
- 경제 윤리적 측면 : 국가 간, 계층 간의 부(富)의 격차 심화 가능성 증대

✏ 연습 문제

다음 중 괄호 안에 들어갈 올바른 단어는?

> 영국의 공리주의 철학자 제러미 벤담(Jeremy Bentham)이 제안한 원형 모양의 감옥 건축 양식이다. 프랑스의 철학자 미셸 푸코가 1975년 그의 저서 『감시와 처벌(Discipline and Punish)』에서 현대의 컴퓨터 통신망과 데이터베이스가 마치 죄수들을 감시하는 (   )처럼 개인의 일거수일투족을 감시할 수 있다고 주장하였다.

① 디옵티콘　　　　　　　　② 판옵티콘
③ 시놉티콘　　　　　　　　④ 디셉티콘

해설 제시문은 미셸 푸코가 이야기한 '판옵티콘'에 관한 내용이다.
③ 시놉티콘은 판옵티콘의 반대 개념으로 다수의 대중이 소수의 권력자를 감시한다는 의미이다.

정답 ②

---

④ **과학기술의 윤리적 과제**
　㉠ 과학기술 탐구의 윤리적 과제
　　• 과학기술이 인간의 삶에 미치는 영향이 크므로 윤리적 책임이 확대됨
　　• 인격적인 인간관계 파괴, 사생활 침해 등의 문제 야기 → 판옵티콘(Panopticon)과 같은 거대 감시 체제가 등장할 수 있음
　㉡ 과학 기술자의 책임 한계와 관련된 견해
　　• 과학기술 자체에 대한 책임만 강조하는 견해 : 과학 기술자는 엄격한 자기 검열을 통해 연구에 거짓이나 속임이 없어야 하며, 연구 결과에 대해서는 책임이 없음
　　• 과학기술과 관련한 사회적 책임까지 강조하는 견해 : 과학 기술자는 자신의 연구 개발의 결과에 대해서도 책임을 져야 함
⑤ **과학기술에 대한 윤리적 책임**
　㉠ 개인적 차원의 노력 : 사회적 책임을 다하며 여러 가지 정보·자료를 날조하거나 표절해서는 안 됨, 과학적 지식의 발견이 윤리적이고 학문적이어야 함
　㉡ 사회 제도적 차원의 노력 : 과학기술의 연구·개발 과정과 결과를 평가·감시·통제할 수 있는 국가 또는 기관 단위의 윤리 위원회 활동

⑥ **과학기술의 활용을 위한 요나스의 책임 윤리의 필요성** 22 기출

ㄱ 과학기술의 발달과 그것을 따라가지 못하는 윤리의 차이를 '윤리적 공백'이라 부름

ㄴ 인류와 미래에 대한 책임의 한계 규정 : 생명이 살 수 있는 미래를 파괴하지 않도록 행위해야 함

ㄷ 책임의 범위 설정 문제 : 자연과 생태 문제를 다루는 데 있어 책임의 범위를 어떻게 설정하느냐에 따라 인류의 미래가 달라질 수 있음

ㄹ 연대적 존재 : 인간은 다른 생명체와 어울려 살 수밖에 없는 존재 → 자신을 포함한 다른 사람, 다른 존재에 대한 연대 책임이 있다고 봄

ㅁ 예견적 책임 강조 : 과학기술의 발전이 먼 미래를 파괴하지 않도록 생명에 대한 도덕적 책임을 져야 함

(2) 정보 사회의 윤리

① **정보 통신 기술의 발전과 윤리적 문제**

ㄱ 정보 통신 기술의 발전 : 반도체 기술의 발달, 광케이블의 이용, 유비쿼터스의 등장, 프로슈머(Prosumer)의 등장

ㄴ 정보화의 두 가지 측면
- 정보화의 긍정적인 측면 : 중앙 집중적·수직적 조직 원리를 분권적이고 유연한 조직 원리로 나아가게 촉진시킴, 가상공간의 공동체와 시민 사회의 영향력을 강화시킴, 새롭고 다양한 인간관계의 형성을 가능하게 함, 생산과 관리의 효율성 제고로 능률과 생산성을 향상시킴
- 정보화의 부정적인 측면 : 인간관계가 비인격적·피상적으로 변질될 수 있음, 익명성으로 인한 비윤리적 행위(컴퓨터 범죄)가 증가, 개인의 정보가 유출되어 부정하게 이용(개인의 사생활 침해), 선진국과 후진국 간의 정보 격차가 심화

ㄷ 정보 윤리의 필요성 : 정보 통신 기술의 발전에 따른 다양한 윤리 문제가 발생하므로 사이버 예절과 규범, 사이버 법률 등이 등장

ㄹ 정보 통신 기술 발달의 폐해 : 개인 정보 유출 및 사이버 인권 침해, 저작권 문제, 건전하지 않은 정보 유통 등

ㅁ 정보 사회의 윤리적 쟁점
- 정보 격차 문제로 정보 접근권 문제 발생 : 정보 통신 활용이나 정보 처리 능력에 따른 것
- 카피레프트와 카피라이트의 주장 대립
  - 카피레프트 : 더 많은 사람이 쉽게 사용할 수 있도록 무료로 정보 공유
  - 카피라이트 : 정보를 생산하는 데 있어 노력의 대가를 충분히 주어 정보의 질 향상 추구
- 사생활과 관련된 개인 정보 보호 문제 : 감시나 침해·남용으로부터 개인 정보를 보호(소극적), 자신의 정보 유통에 대해 결정하고 통제해야 함(적극적) → 정보의 자기 결정권이나 잊힐 권리로 확대
  - 정보의 자기 결정권 : 자신에 관한 정보를 보호받기 위하여 자율적으로 결정하고 관리할 수 있는 권리
  - 잊힐(잊혀질) 권리 : 정보 주체가 온라인상 자신과 관련된 모든 정보에 대한 삭제 및 확산 방지를 요구할 수 있는 자기 결정권 및 통제 권리를 뜻함

- 정보의 진실성이나 가치에 관한 윤리 쟁점
- 언론이나 포털 사이트에서 개개인의 의견 등을 조작하거나 왜곡할 가능성 우려

② **사이버 공간에서의 인간 심리와 자아 정체성**

　㉠ 사이버 공간의 특징
- 익명성 : 사이버 공간에서는 사람의 정체가 드러나지 않음, 이러한 익명성의 특성 때문에 사람들은 자신의 정체를 숨기고 더욱 솔직하게 의견을 주고받으며 활발한 활동을 할 수 있음
- 개방성 : 사이버 공간은 누구에게나 개방된 공간임, 시간적·공간적 제약이 없기 때문에 누구나 쉽게 접근하여 자유롭게 참여하고 의사소통할 수 있음
- 다양성 : 사이버 공간은 수많은 정보가 넘쳐 나는 공간임, 책을 찾아보지 않아도 검색만 하면 내가 원하는 다양한 정보를 쉽게 얻을 수 있음
- 자율성 : 사이버 공간에서는 누군가의 강요로 참여하는 것이 아니라 자발적으로 자신이 원하는 활동에 참여하여 다양한 지식과 정보를 공유함

✏ 연습 문제

다음 중 사이버 공간의 특징이 <u>아닌</u> 것은?

① 다양성　　　　　　　　　　② 자율성
③ 익명성　　　　　　　　　　④ 일회성

해설 사이버 공간의 특징으로는 익명성, 개방성, 다양성, 자율성 등이 있다.
정답 ④

　㉡ 사이버 공간이 인간 심리에 끼치는 영향
- 익명성 : 새로운 성격 창조, 다양한 자아 탐색 → 사람의 말과 행동이 급변할 수 있음
- 몰입의 체험 : 인터넷 채팅, 게임, 동호회 활동 → 몰입 체험을 통해 행복감을 느끼고 성장할 수 있음
- 집단행동의 논리 : 동호회 등 군중 속의 개인 → 자신의 언행에 대한 도덕적 심사숙고의 가능성이 적음
- 정서적 유대 : 자유로운 의사소통과 평등관계를 유지하여 정서적으로 유대감을 느낌
- 일회적 인간관계에 집착 : 충동적 행동 성향을 보이기 쉽고, 지속적인 인간관계가 어려움
- 현실 도피 가능성 : 사이버 공간의 자아로 끝까지 살고 싶어 함

　㉢ 사이버 공간에서의 자아 정체성
- 사이버 공간 : 자기 자신을 이상적 자아상으로 착각하며 삶의 환경을 쉽게 바꿀 수 있음
- 현실 세계 : 자신의 현실에 대해 대부분 만족하지 못하고 자신이 처한 환경을 바꾸기 어려움
- 사이버 공간에서의 자아 정체성 문제 : 현실의 자아와 사이버 공간에서의 자아 착각, '나'라는 동일성과 연속성을 유지하기 힘듦, 일회적 인간관계로 인한 충동적 행동 성향 표출

ⓔ 사이버 폭력의 유형
- 모욕 : 인터넷상에서 특정인에 대하여 모욕적인 언사나 욕설 등을 하는 행위
- 명예 훼손 : 비방을 목적으로 인터넷상에 구체적인 내용의 허위 또는 사실이 유포되어 피해를 입은 경우
- 성폭력 : 인터넷을 통해 성적 수치심이나 혐오감을 일으키는 말이나 음향, 글이나 사진·그림, 영상 등을 받은 경우
- 스토킹 : 공포심이나 불안감을 일으키게 하는 음성, 문자, 화상 등을 반복적으로 받아 피해를 입은 경우
- 사이버 불링(사이버 따돌림) : 사이버 폭력의 대표적 유형으로 인터넷에서 특정인을 괴롭히는 행동 또는 그러한 현상, 즉 소셜네트워크서비스(SNS)·카카오톡 등 스마트폰 메신저와 휴대전화 문자메시지 등을 이용해 상대를 지속적으로 괴롭히는 행위

ⓜ 사이버 폭력의 특징
- 가해행위의 집단성 : 사이버 공간은 '접근의 용이성과 비대면성, 익명성'의 속성을 가져 다수의 가해자가 손쉽게 폭력 행위에 가담
- 빠른 전파성 : 인터넷, SNS의 빠른 전파성과 무한 복제성으로 피해자를 공격하는 소문, 허위사실 등이 빠르게 확산되어 피해를 확대
- 시공간 제약 없는 가해 : 시공간 경계가 없는 사이버 공간의 특성으로 24시간 장소의 구애 없이 사이버 폭력에 노출
- 피해 기록의 속성 : 인터넷상에 노출된 사이버 폭력의 내용은 삭제가 어려워 평생 피해 기록에 대한 두려움에 시달림
- 은밀한 폭력 방식 : 현실의 대면 공간에서 발생하는 물리적 폭력 행위에 비해 비대면 사이버 공간에서의 사이버 폭력은 사적이고 은밀하게 발생

③ **정보 통신 윤리의 기본 원칙**
ⓐ 존중의 원칙 : 자신에 대한 존중과 타인에 대한 존중으로, 자신에 대한 존중이란 스스로를 본래적 가치를 지닌 것으로 대우하는 것이고 타인에 대한 존중은 타인의 인격과 사생활, 지적 재산권 등을 존중하는 것임
ⓑ 책임의 원칙 : 정보 제공자 및 이용자는 자신의 행동이 가져올 결과를 신중히 생각하고 책임 있게 행동해야 함
ⓒ 정의의 원칙 : 정보의 진실성과 공정성, 완전성을 추구하며 다른 사람의 기본적 자유와 권리를 침해하지 않아야 함
ⓓ 해악 금지의 원칙 : 사이버 상에서의 비도덕적 행동을 지양하고 타인에게 피해를 끼치지 않아야 함

④ **정보 사회에서의 매체 윤리**
ⓐ 국민의 알 권리와 인격권
- 알 권리 : 국민은 정보를 제한 없이 알 수 있는 알 권리가 있음 → 인간의 존엄성을 실현하고 헌법에 명시된 행복 추구권을 보장하기 위해 필요 → 시민 혼자 정보를 수집하는 것에는 한계가 있으므로, 언론에 객관적이고 공정한 정보 전달의 의무를 부여

- 인격권 : 인간의 존엄성에 바탕을 둔 사적 권리 → 국민의 알 권리 보장을 위한 매체의 보도가 개인의 인격권을 침해하면 안 됨
- 알 권리와 인격권의 관계 : 매체의 보도는 국민의 알 권리를 위해 필요하지만, 정보가 개인의 인격권을 침해하지 않도록 신중히 다루어야 함
- ⓒ 표현의 자유에 대한 한계 : 뉴 미디어는 다수에게 영향을 끼칠 수 있는 공적인 영역이므로, 표현의 자유는 타인의 권리를 침해하지 않고 공익을 해치지 않는 내에서 허용되어야 함
- ⓒ 매체에 대한 이용자의 자세 : 매체가 전달하는 정보를 비판적으로 수용하며, 능동적으로 참여할 수 있는 주체가 되어야 함

10 남북한 관계와 통일

(1) 남북한 통일의 의미와 필요성

① 조국 분단의 배경과 원인
  - ㉠ 국제적 요인
    - 한반도의 지정학적 위치의 중요성 : 강대국들의 세력 경쟁의 장(場)
    - 제2차 세계 대전의 전후 처리 : 북위 38도선을 경계로 미·소군이 진주하여 일본군 무장 해제 → 분단의 결정적 계기
  - ㉡ 국내적 요인
    - 자주 독립 역량과 통일 역량 부족
    - 독립운동을 위한 구심점과 통합된 세력 형성 미흡
    - 민족의 이념적 분열 : 민족 내부의 응집력·자주 독립 역량 약화로 강대국의 한반도 문제 개입 명분 제공 → 분단의 고착화 원인
② 조국 통일에 대한 찬반 견해
  - ㉠ 찬성 의견 : 이산가족의 고통 해소, 민족의 동질성을 회복하고 민족 공동체 실현, 군사비 감소, 전쟁 공포 해소, 경제적 번영 및 국가적 위상 제고
  - ㉡ 반대 의견 : 장기간 분단으로 인한 문화적 이질감, 북한의 군사 도발 등으로 인한 거부감, 조세 증가에 대한 거부감, 사회적 갈등 발생 우려
③ 조국 통일의 의미
  - ㉠ 민족의 동질성 회복
    - 외면상의 통합이 아닌 내면적인 민족 공동체의 형성
    - 이념과 사상, 제도와 생활양식, 사고방식 등 남북한 간의 이질성을 극복하는 사회·문화적 통합
  - ㉡ 민주적 체제로의 통합(2개의 체제를 하나로)
    - 통일은 단일 주권 국가가 되는 상태
    - 국민 통합이 이루어져 국민들이 동등한 권리를 지님
    - 생활공간의 통일과 법, 군대의 통일

④ **조국 통일의 당위성**
　㉠ 민족사적 요청
　　• 민족 문화의 전통 계승·발전, 민족적 자부심 회복
　　• 원하지 않는 상태에서 동족 간의 대립과 분쟁을 지속할 이유가 없어 비용 소멸
　㉡ 민족 동질성 회복의 요청
　　• 다른 이념과 사상 속에서 정치·경제·사회·문화의 다른 길 추구
　　• 전혀 상이한 문화 집단으로 변질될 우려
　㉢ 인도주의적 요청
　　• 동족상잔의 전쟁 재발에 대한 불안 제거
　　• 이산가족들의 생이별의 고통과 불행 해소
　㉣ 민족 발전의 요청 : 민족적 역량 낭비 방지 → 민족 번영의 기반 확립
　　• 남북한의 과다한 군사비 지출과 국제 무대에서의 경쟁으로 민족적 역량 낭비
　　• 민족적 역량을 민족 공동의 발전을 위해 활용
　㉤ 국제 정치적 요청
　　• 평화 통일은 민족의 자주적인 역량을 세계에 발휘하게 함
　　• 동북아시아와 세계 평화의 안정에 기여
　㉥ 경제 규모 확대·통합으로 새로운 성장 동력 확보
　㉦ 남북한 공간 통합으로 생활공간을 대륙으로 확장
　㉧ 금전적으로 추정할 수 없는 무형의 이익 생산

(2) 민족 통합의 윤리적 과제 21 기출
① **남북한 동질성 회복을 위한 민족 정체성의 형성**
　㉠ 민족 정체성의 의미와 중요성
　　• 민족 정체성 : 다른 민족과 구별되는 우리 민족만의 특징
　　• 민족 정체성의 중요성 : 민족 정체성이 형성되어 있어야 남북한의 갈등을 줄일 수 있고, 민족에 대한 소속감을 느끼면서 화합과 통합이 가능 → 민족 정체성으로 동질성을 회복
　㉡ 남북한의 동질성 회복을 위한 노력
　　• 사회·문화적 교류를 통한 동질성 회복 : 비정치적이고 친근한 스포츠 교류, 이산가족 교류와 같은 사회·문화적 교류를 통하여 한민족임을 확인하고 동질성을 회복
　　• 민족애의 함양 : 민족 구성원을 믿고 사랑하는 마음을 가지고 서로 어려운 환경에서는 도움을 줄 수 있도록 노력
　　• 교류와 협력의 단계적 추진 : 동질성 회복을 위한 과정에서 부작용과 저항을 최소한으로 줄이기 위해 남과 북의 비슷한 부분을 찾아서 쉽게 접근할 수 있는 분야부터 단계적으로 교류해야 함
② **남북한의 차이와 다름에 대한 이해**
　㉠ 다문화적인 사고방식
　　• 남한과 북한은 서로 다른 체제 아래 반세기가 넘도록 살고 있으므로 서로 다른 가치관과 생활 방식을 가지고 있는 것이 당연함

- 서로의 다름을 이해할 수 있도록 다문화적인 사고를 가져야 하며, 다양성을 통일과정의 장애물이 아니라 우리 사회와 문화를 더욱 가치 있게 만들어 주는 자산으로 인식해야 함
  - ⓛ 차이점을 '긍정적 다름'으로 인식
    - 남한과 북한의 이질적인 면은 서로를 돌아볼 수 있는 계기가 됨
    - 남북한의 차이를 부정적으로만 인식하지 말고 긍정적 효과를 불러오는 차이점으로 인식해야 함
- ③ 민족 공동체 형성을 위한 노력
  - ㉠ 민족 공동체 : 민족의식을 지니고 있는 구성원들이 민족의 발전과 존속을 함께하는 공동체 집단
  - ⓛ 민족 공동체 건설의 중요성
    - 소속감과 유대감을 제공해 주어 구성원이 상호 신뢰를 가질 수 있음
    - 민족 공동체는 민족의 발전과 성장의 밑거름이 됨
  - ㉢ 민족 공동체 건설을 위한 노력
    - 남한 내에서도 북한과 통일에 대하여 개인과 집단마다 가지고 있는 이념의 차이가 존재함
    - 남한 내 갈등을 민족 공동체 회복을 위한 필수적 과정으로 인식하고 국민의 민주적 합의를 존중하는 자세를 지녀야 함
    - 한민족 공동체가 형성될 때 남북통일에 도움이 되고 국제 사회에서의 위상 역시 달라질 수 있음

(3) 통일의 의미·필요성과 통일 정책

- ① 진정한 의미의 통일
  - ㉠ 기본적 의미

지리적 통일	국토가 하나로 통합되어 자유로운 왕래가 가능해지는 것
정치적 통일	대립되었던 제도를 같은 체제 속에 같은 정치 시스템으로 구축하는 것
경제적 통일	서로 다른 체제를 하나로 거듭나게 하는 것
문화적 통일	이질화된 문화를 하나로 다시 탄생시키는 것

  - ⓛ 궁극적 의미 : 사회적 통일을 이루는 것으로 한민족으로서의 동질성이 회복되어 민족 전체가 같은 민족으로 느끼면서 동질적인 삶의 양식과 정신문화를 공유하게 되는 것
  - ㉢ 어느 한쪽의 일방적인 흡수통일이 되어서는 안 됨
  - ㉣ 남북한 주민 모두가 행복해지는 통일이 되어야 함
- ② 통일 방법과 비용
  - ㉠ 통일 방법
    - 한반도 상황에 대한 정확한 이해 : 남한과 북한에 존재하는 두 체제에 대하여 정확히 이해하고 체제의 차이로 인해 발생한 공통점들과 차이점에 대하여 알고 있어야 통일이 되었을 때 서로를 이해할 수 있음
    - 정신적·제도적 준비 : 분단 상황이 고착화되면서 발생된 이념과 체제의 대립을 해소하여 남북한이 함께 살아가기 위한 정신적·제도적 준비가 이루어져야 함

- 내면적 동질성 회복을 위한 노력 : 통일이 된 후에 남북한 사람 모두의 마음이 하나가 될 수 있도록 지속적으로 교류와 협력을 통하여 내면적 동질성을 회복할 수 있어야 함
- 남북한의 상호 신뢰와 화해 : 남한과 북한 모두가 통일을 위해 적극적인 협력을 할 수 있도록 상호 신뢰를 회복해야 하며 상대방을 이해하고 존중하면서 대화의 상대로 인정해야 함
ⓒ 통일 관련 비용 **24, 23, 20** 기출
  - 분단 비용 : 분단으로 인해 소요되는 비용, 즉 남북한 사이의 대립과 갈등으로 발생하고 있는 유무형의 지출성 비용 예 군사비, 안보비, 외교 행정비, 이산가족의 고통, 이념적 갈등과 대립 등
  - 평화 비용 : 평화를 지키고 창출하기 위한 비용, 한반도 전쟁 위기를 억제하고 안보 불안을 해소하기 위해 직간접적으로 지출하는 모든 형태의 비용 예 대북 지원 비용, 남북의 이념적 대결로 인한 우리 사회의 민주주의의 후퇴 등
  - 통일 비용 : 통일에 따라 발생하게 되는 비용, 다시 말해 통일 과정 및 통일 이후 남북 간의 격차를 해소하고 이질적인 요소를 통합하는 데 소요되는 정치·경제·사회·문화적 비용 등 예 북한 경제 재건 비용, 통일 후 위기 관리 유지 비용 등
  - 투자 비용 : 남북 경제 협력과 대북 지원 등에 쓰이는 평화 비용, 통일 이후 위기 관리 비용, 경제 재건 비용
ⓒ 대북 지원
  - 의미 : 정부와 민간이 인도적 차원에서 다양한 방식으로 어려운 북한 주민의 생활을 개선시키기 위해 지원하는 것
  - 대북 지원에 대한 관점
    - 인도주의적 관점 : 대북 지원은 남북의 정치나 군사 등 여러 상황과 무관하게 이루어져야 함
    - 상호주의적 관점 : 대북 지원은 북한에 일정한 변화를 요구하면서 이루어져야 함
  - 통일을 이루기 위해 대북 지원의 방향에 대한 국민적 합의가 필요
③ **북한 이탈 주민의 정착에 따른 윤리적 문제**
  ㉠ 북한 이탈 주민이 겪는 어려움 : 경제적·심리적·문화적 어려움
  ㉡ 해결 방안 : 사회·국가적 차원에서 경제적 자립과 문화적 적응을 위한 지원, 개인적 차원에서 그들의 인격을 존중하고 배려하며 무시하거나 동정하지 않는 자세 필요

> **☑ 연습 문제**
>
> **통일에 따른 비용 중 다음 내용을 가리키는 것은 무엇인가?**
>
> - 분단으로 인해 소요되는 비용으로 남북한 사이의 대립과 갈등으로 발생하는 유무형의 지출성 비용을 가리킨다.
> - 대표적인 비용으로 군사비, 안보비, 외교 행정비 등이 있다.
>
> ① 평화 비용   ② 통일 비용
> ③ 분단 비용   ④ 투자 비용
>
> **해설** 제시문의 내용은 분단 비용을 가리킨다.
> **정답** ③

(4) 통일의 실현을 위한 우리의 대응

① 통일 국가 실현의 전제 조건

ㄱ 국가적 차원의 조건
- 대내적 통일 기반 구축 : 지방 자치제 등의 민주 제도 발전, 세계화 이념에 바탕을 둔 경제적 도약, 복지 국가 추구 등을 통해 통일 역량 신장
- 민족의 동질성 회복 : 남북한 간의 교류와 협력 기반 구축, 민족 교류와 의사소통이 이루어져 서로의 정보를 교환해야 함
- 주변 국가들의 통일 지원 분위기 조성 : 한반도의 통일이 아시아의 평화에 기여한다는 확신을 확산

ㄴ 국민적 차원의 조건
- 통일 의식의 강화 : 통일이 곧 나의 일이라는 인식 형성
- 정보의 확충 : 북한의 생활 의식에 대한 공감대를 형성하려는 각오
- 희생의 각오 : 통일을 위해 물질적·정신적 대가를 치를 각오
- 소통과 배려 : 북한의 생활 의식에 대한 공감대를 형성하려는 마음

② 통일 과정과 우리의 자세

ㄱ 예상되는 통일 과정
- 흡수 통일 배제 : 화해·협력 → 남북 연합 → 1민족 1국가의 완전한 통일 조국 이룩
- 점진적 해결 문제 : 이산가족 상봉 등 인도주의적 문제 → 사회·경제적 문제 → 정치 분야 문제 → 군사 문제 등의 순서로 해결
- 단일 민족 사회 형성 : 남북 연합 구성 → 통일 헌법에 따른 총선거 실시 → 통일 국회와 정부 구성 → 1민족 1국가의 단일 민족 국가
- 통일의 주체 : 민족 성원 전체
- 통일의 절차 : 민족 성원이 모두 참여하고 화합하는 순리적·민주적 절차

ⓛ 조국 통일을 위한 우리의 역할과 자세
- 국제 정세 변화의 지혜로운 활용 : 주변국들의 입장 적극 활용, 실리 외교 추구
- 분단 상황 및 북한에 대한 올바른 인식
- 자유 민주주의 체제의 지속적인 발전 추구
- 폐쇄된 북한 체제를 개방 체제로 유도

제 2 장

동양 윤리와 한국 윤리 사상

동양 및 한국 윤리 사상의 흐름

1 동양 윤리 사상의 흐름

(1) 유교 윤리 사상의 흐름

　① **춘추 전국 시대**

　　㉠ 공자 : 주(周)나라의 인문주의적 전통 계승 → 인(仁), 덕치(德治)와 예치(禮治) 강조

　　㉡ 맹자와 순자 : 인성론과 사회 사상 제시

　② **한(漢) 대** : 유교가 국학으로 자리 잡음 → 훈고학(유교 경전 연구) 발달

　③ **송(宋) 대의 성리학** : 주희가 집대성 → 세계와 인간에 대한 치밀한 탐구를 통해 실천적 수양 강조

　④ **명(明) 대의 양명학** : 왕수인이 체계화

　⑤ **청(淸) 대의 고증학** : 성리학과 양명학이 공허하다는 비판을 받음 → 현실에 바탕을 두고 사실을 밝히고자 한 고증학이 새롭게 나타남

(2) 도가 · 도교 윤리 사상의 흐름

　① **춘추 전국 시대** : 노자와 장자의 노장사상 → 무위자연 강조, 도(道) 중심의 사상 전개

　② **한(漢) 대** : 황로학(黃老學) 대두

　③ **후한(後漢) 대** : 신선 사상과 도가 사상을 수용한 오두미교(五斗米敎)가 체계를 갖춤

　④ **위 · 진(魏晉) 시대** : 일신의 안위를 도모하고 은둔 생활을 즐기는 청담(淸談) 사상 유행

　⑤ **동아시아 사회의 도교 수용** : 국가적인 의식으로 행해지기도 하였고, 민간의 풍속과 결합함

다음 중 시대와 해당 시대에 발호했던 도교 사상이 올바르게 연결되지 <u>않은</u> 것은?

① 춘추전국시대 - 노장사상

② 한(漢) 대 - 황로학

③ 후한(後漢) 대 - 오두미교

④ 위진(魏晉) 시대 - 태평도

해설 위진 남북조 시대에는 현학(玄學)이 유행하였다. 은둔 생활을 즐기는 청담(淸談) 사상과 죽림칠현(竹林七賢)으로 대표되는 현학은 노장사상을 숭상하고 경학(經學)에 반대하는 사상적 경향을 가지고 있으며 세속적 가치를 넘어서는 철학적·예술적 사유와 가치를 중시하였다.

정답 ④

(3) 불교 윤리 사상의 흐름

① **석가모니의 불교 사상**: 인도 전통 사상에 대한 비판적 수용을 통해 구체화됨

② **불교의 이론화**: 소승 불교 시대에 경전 체계가 구체화됨

③ **대승 불교의 등장**: 개인의 해탈, 대중 구제에 대한 관심과 실천이 체계화되고 공(空) 사상이 확립됨
22 기출

④ **불교의 중국 전래**: 후한(後漢) 시대 → 경전에 대한 재해석 과정을 거치면서 다양한 종파로 나뉘어 발전함

2 동양과 한국 윤리 사상의 특징

(1) 동양 윤리 사상의 특징 24, 21 기출

① **유기체적 세계관**: 인간과 자연이 하나로 연결되어 있는 하나의 유기체 → 인간과 자연의 조화 합일을 주장

② **이상 사회**: 유교 → 대동 사회(大同社會), 불교 → 불국 정토, 도가·도교 → 소국과민 사회(노자)

③ **이상적 인간상** 24, 23 기출

㉠ 유교의 인간관(윤리적): 이상적 인간으로서 군자(君子), 성인

㉡ 불교의 인간관(인생론적): 이상적 인간으로서의 보살(菩薩)

㉢ 도교의 인간관(자연적): 이상적인 인간상으로, 지인(至人), 신인(神人), 천인(天人), 진인(眞人)

(2) 우리나라의 인간관

① **홍익인간의 인간관** : 인간 존중, 이타주의, 평등사상, 천지조화 사상(묘합의 원리)

② **불교의 인간관** : 화쟁(和諍)과 오수(悟修)에 따른 조화를 중시함

③ **성리학의 인간관** : 선한 본성이 육체적 욕망 때문에 악의 유혹에 빠질 가능성이 있으므로 부단히 수행하여야 함{(극기복례(克己復禮)}

④ **실학의 인간관** : 우주의 기(氣)와 인간의 혈기를 구분한 기혈적 존재

⑤ **동학의 인간관** : 사람이 곧 하늘이라는 인내천(人乃天) 사상과 평등·인간 존중 사상

⑥ **한국 윤리 사상의 특징** : 동양 윤리 사상의 주체적 수용, 보편성과 독자성, 현세 지향적, 화합과 조화, 평화 애호, 인격 완성의 추구

(3) 한국 윤리 사상의 시대별 전개

① **통일 신라 이후 ~ 고려 시대**

㉠ 불교가 중심을 이루었지만, 유교 역시 국가 운영의 원리로서 기능함

㉡ 원효의 화쟁 사상을 계승하여 교종과 선종의 조화 노력 → 의천의 교관겸수, 지눌의 돈오점수와 정혜쌍수

② **조선 시대**

㉠ 성리학이 국가 운영의 중심 이념이자 개인과 사회의 윤리 사상으로 정착

㉡ 성리학에 대한 비판으로 실학 등장 → 당시 사회 문제를 해결하는 데 주목함

㉢ 19세기 국난 극복을 위한 노력으로 위정척사 사상, 개화사상 등이 등장함

③ **조선 시대 이후**

㉠ 다양한 사상들이 의병운동과 애국 계몽 운동으로 이어짐

㉡ 신흥 종교의 출현 : 유·불·도 사상을 융합해 백성들에게 새로운 이상을 제시함

㉢ 20세기에 이르러 서양 사상의 본격적 수용과 전통 윤리 사상에 대한 새로운 변화 모색

(4) 한국 윤리 사상의 특징

① **현세지향적 가치관** : 단군 신화, 유교, 호국 불교, 풍수 사상 등

② **화합과 조화 정신** : 단군 신화의 천인합일 사상, 원효의 화쟁 사상, 유·불·도 사상을 융합한 동학, 한국 유교의 사회 원리 등이 조화 정신을 보여 줌

③ **평화 애호 정신** : 역사적으로 평화와 선린 정신을 지켜 옴

④ **인격 완성의 추구** : 깨달음을 중시한 불교, 도덕적 인간을 목표로 한 유교 등에서 확인

제 2 절 고유 사상

1 신화와 무속

(1) 신화(神話)

① 역사 이전부터 전해 내려온 신에 대한 이야기
② 고대 조상들이 가지고 있던 가치관, 종교관, 세계관, 사회관 등을 볼 수 있음

(2) 단군 신화

① **특징** : 건국 신화이며 시조 신화, 기원이 없으며 현세적 신화
② **사상적 의의** : 기층적 민족의식의 원형이며, 윤리 의식의 바탕
③ **윤리적 의의** : 인본주의 사상, 천인합일 사상, 조화 정신 24 기출
④ **홍익인간의 이념** : "사람이 사는 세상인 사회를 크게 이롭게 한다.", 광명이세의 이념

🔆 **체크 포인트**

옛날에 환인(桓因)의 아들 환웅(桓雄)이 천하에 자주 뜻을 두어 인간세상을 구하고자 하였다. 아버지가 아들의 뜻을 알고 삼위태백(三危太伯)을 내려다보니 인간을 널리 이롭게(홍익인간[弘益人間])할 만한 지라, 이에 천부인(天符印) 3개를 주며 인간 세상에 내려가서 다스리게 하였다. 환웅이 무리 3천을 이끌고 태백산(太白山) 꼭대기 신단수(神壇樹) 밑에 내려와 여기를 신시(神市)*라고 하니 이로부터 환웅 천왕이라 불렀다.

– 일연, 『삼국유사』

*신시(神市) : 환웅이 세웠다고 전해지는 고조선 이전의 신화적인 도읍지 또는 국가이다.

🔆 **체크 포인트**

고조선의 건국이념 20 기출
• 홍익인간(弘益人間) : 널리 인간 세상을 이롭게 한다.
• 재세이화(在世理化) : 세상에 있으면서 다스려 교화시킨다.
• 이도여치(以道與治) : 도로써 세상을 다스린다.
• 광명이세(光明理世) : 밝은 빛으로 세상을 다스린다.

☑ 연습 문제

다음 중 단군 신화에 담긴 윤리적인 의의 중 잘못된 것은?

① 인본주의적 사상

② 천인합일(天人合一) 사상

③ 정명(正名) 사상

④ 조화정신

[해설] 정명 사상은 공자가 주장한 정치·윤리적 개념이다.
단군 사상은 인간을 중심으로 사고하는 인본주의적 사상을 가지고 있으며, 천신 환웅과 땅의 웅녀 사이에서 단군이 태어났다는 것을 보아 천인합일 사상을 가지고 있다. 또한 자연과 인간의 조화를 강조하였으며 한국 윤리 사상의 전개 과정에서 다양한 사상들을 조화롭게 수렴하였다.

[정답] ③

(3) 무속 신앙

① **정의** : 샤머니즘이라고도 하며 샤먼이 중심이 된 종교 신앙

② **무속 신앙의 가치관** : 현세적 성격, 무속의 미분화 현상, 공동체적 측면이 강함

③ **한국 사상에서의 무속의 흐름** : 신화(무속적 요소로 가장 오래된 것), 팔관회나 연등회(불교행사)

2 풍류도와 화랑도

(1) 풍류의 등장과 의미

① **풍류의 등장** : 최치원의 '난랑비서'에 처음 등장 → 난랑비서는 현재까지 전해지는 기록으로 가장 오래된 한국인의 풍류정신에 대해 정의하고 해석한 글

② 최치원은 풍류와 유불도 삼교의 사상을 연계하여 이해

③ 풍류도가 화랑도로 제도화된 것

(2) 화랑도 `20` `기출`

① **의미** : 청소년들의 자발적 민간수련 단체, 국선도라고도 함

② **목적** : 집단생활을 통해 몸과 마음을 단련하고 교양을 쌓아 사회의 중심인물이 되며, 전투원이 될 인재양성을 위해 설립

③ **최치원의 '난랑비 서문'** : 화랑도는 유교, 불교, 도교의 정신이 포용하여 조화된 것

④ **원광법사 '세속오계'** : 화랑이 지켜야 했던 다섯 가지 계율

제 3 절 유교 사상

1 유교 윤리 사상의 연원

(1) 공자(孔子)의 윤리 사상 24, 21 기출

① **핵심적인 사상** : 인, 예, 정명, 덕치, 재화의 고른 분배 등을 강조하고 군자와 대동 사회를 추구함

② **인(仁) 사상(내면적 도덕성)** : 맹목적·무조건적인 사랑이 아닌, 선행을 좋아하고 악을 미워하는 사람이 행하는 참된 사랑

③ **인(仁)의 실천 덕목**

ㄱ 효제(孝悌) : 가장 기본적인 덕목으로, 부모를 잘 섬기는 효[孝]와 형제간의 우애[悌] 22 기출

ㄴ 충서(忠恕) : 충(忠)은 진실하고 거짓 없는 마음씨와 태도로 타인에 대해 자신의 책임을 다하는 것이고, 서(恕)는 자기 마음을 미루어 남의 마음을 헤아리는 것을 뜻한다. → '역지사지'의 행위 22, 20 기출

ㄷ 정명(正名) : "임금은 임금답고, 신하는 신하다우며, 아비는 아비답고, 자식은 자식다워야 한다."라는 의미로 명(名)을 바로잡는다는 뜻, 주로 명실 관계에 대한 정치·윤리적 개념 23 기출

④ **사회·정치 사상** : 정명 사상, 덕치 사상, 이상 사회로서 대동 사회 20 기출

⑤ **예(禮) 사상** : 외면적 사회 규범

ㄱ 극기복례(克己復禮) : 자신의 사욕을 극복한 진정한 예를 회복하는 것

ㄴ 진정한 예는 인(仁)을 바탕으로 하며, 인과 예는 건전한 사회 질서 유지의 필수적 원리

ㄷ 군자(君子) : 인을 바탕으로 예를 실천하는 이상적 인간

(2) 맹자(孟子)의 윤리 사상 20 기출

① **성선설** : 인간이 본래부터 가지고 있는 착한 본성 → 사단(四端) : 남에게 차마 어찌하지 못하는 착한 마음씨(측은지심, 수오지심, 시비지심, 사양지심) 23, 22 기출

② **의(義) 사상** : 맹자가 강조한 덕목 → 옳고 그름을 분명하게 구분하는 사회적 정의

③ **이상적 인간상** : 대장부(또는 대인) → 호연지기를 갖춘 사람

④ **정치사상** : 왕도 사상, 민본주의적 혁명 사상

(3) 순자(荀子)의 윤리 사상 21, 20 기출

① **성악설** : 인간은 자신의 욕구 충족만을 추구하는 옳지 못한 성품을 가지고 태어난다고 주장

② **사회 혼란의 원인과 극복 방안** : 화성기위(化性起僞) → 인간의 본성을 변화시켜 선하게 만들려는 인위적(人爲的)인 노력 시도

2 유교 사상의 전개

(1) 한대(漢代)의 유학

① **우주론적 사상** : 음양오행설(陰陽五行說)을 중시
② **경학(經學)과 훈고학(訓詁學)** : 당나라 때까지 지속
③ 유교를 국학으로 여김

(2) 당대(唐代)의 유학

① **유학의 쇠퇴** : 노장 사상과 불교가 일반 백성들의 정신생활 주도
② **유학의 부흥** : 당나라 말기에 한유(韓愈)가 유학의 입장에서 도가와 불교를 비판하고 유학의 부흥을 꾀함

(3) 송대(宋代)의 주자학(朱子學)

① **이기론** : 우주 만물은 만물을 낳는 근본 원리인 이(理)와 만물을 생성하는 재료인 기(氣)로 이루어짐
② **심성론** : 인간의 본성은 본래의 선한 성품인 본연지성과 본성 중 기질의 영향을 받아 나타난 기질지성으로 이루어짐
③ **성즉리** : 인간과 우주 만물의 본성이 곧 하늘이 부여한 이치 23 기출
④ **거경궁리론** : 거경(존양성찰, 존천리거인욕), 궁리(격물치지, 선지후행)
⑤ **경세론** : 도덕을 통치 원리로 한 국가 운영을 추구

(4) 원대(元代)의 유학

① 주자학은 관학으로 크게 높아짐
② 고려 말기에는 우리나라에 전래되어 많은 영향을 줌

(5) 명대(明代)의 양명학(陽明學)

① **심즉리설(心卽理說)** : 본래 타고난 인간의 마음인 심(心)을 중심으로 삼음
② **지행합일설(知行合一說)** : 앎은 행함의 시작이요, 행함은 앎의 완성, 인식으로서의 지(知)와 실천으로서의 행(行)은 본래 하나 22 기출
③ **치양지설(致良知說)** : 인간이 본래부터 타고난 앎[良知]을 구체적이고 적극적으로 발휘하는 것
④ **주자학과 양명학의 비교**
　㉠ 주자학 : 도덕적 실천과 이론적 탐구로서 지식의 확충을 주장
　㉡ 양명학 : 사욕을 극복하고 순수한 본래성만을 유지한다면 누구나 지선(至善)의 경지에 이를 수 있음을 강조

연습 문제

다음과 같이 주장한 유학의 사상은?

- 본래 타고난 인간의 마음인 심(心)을 중심으로 삼는다.
- 인식으로서의 지(知)와 실천으로서의 행(行)은 본래 하나이다.

① 주자학 ② 양명학
③ 고증학 ④ 훈고학

해설 제시문은 왕수인에 의해 명대에 성립된 양명학의 심즉리설(心卽理設)과 지행합일설(知行合一設)의 내용
이다. 양명학의 핵심 사상으로는 심즉리설, 지행합일설, 치양지설(致良知設) 등이 있다.

정답 ②

---

(6) 청대(淸代)의 유학

① 송명 시대 학문에 대한 비판
② **경세치용과 실사구시의 사상 전개** : 한국 실학 발전에 영향

3 유교 사상의 특징

(1) 인본주의

① **현세적 삶 강조** : 현실에서 살아가는 현재 인간의 삶을 강조함
② **인간의 주체성 중시** : 인간을 천도(天道)를 내면화하고 스스로 실현하는 존재로 보아 맹목적이고 순
종적인 인간이 아님을 강조

(2) 도덕주의

① **윤리적 인간관** : 도덕적으로 완성되어 군자(君子)나 성인(聖人)이 되는 것이 목표
② **인간의 도덕적인 것을 강조** : 인간의 본성에는 도덕성이 있음
③ **수신과 수양** : 도덕적 인간상에 이르는 구체적 방법 → 학문의 목적이 원래 자기 수양에 있음을 주장
(수신제가 치국평천하)

(3) 공동체 중시와 공익 추구

① **공동체 중시** : 인간을 공동체 사회와 분리하지 못하는 유기체적 존재로 봄, 인간관계의 도리 중시 (오륜)

② **사익보다 공익을 우선시** : 사회적 책임 강조, 공동선 추구, 절제와 겸양을 강조
  ㉠ 선공후사(先公後私) : 공적인 일을 먼저하고 사적인 일을 나중에 함
  ㉡ 여민동락(如民同樂) : 임금이 백성과 함께 즐김

③ **유교의 공동체 윤리 덕목** : 효제와 충서를 중요시, 정명사상(正名思想)을 제시, 멸사봉공(공익을 받든다는 의미)의 정신

---

4 한국 유교 사상의 특징과 의의 `22` `기출`

(1) 삼국·고려 시대의 유교 사상

① **삼국 시대** : 유교 사상을 주체적으로 수용하여 정치 원리와 생활 원리로 응용함

② **고려 시대** : 원나라로부터 성리학을 수용, 고려 말 주자학 도입(고려 말 신진 사대부들에 의해 수용)

(2) 조선 전기의 유교 사상

① **유학 사상의 융성** : 윤리 생활을 위한 노력(오류)

② 숭유억불 정책

③ **성리학의 발전** : 건국이념의 바탕이 되었고, 한국 사상의 중요 영역

④ 도덕적 이상 사회 추구

(3) 이황의 사상 `21, 20` `기출`

① **주자의 이기론 수용** : '이(理)'란 우주 만물의 근원이 되는 이치로서 '기(氣)'의 활동 근거가 되는 것이고, '기(氣)'란 만물을 구성하는 재료로서 사물을 낳는 도구

② **이기호발설(理氣互發說)** : 이황의 이기론을 대표하는 학설로 사단(四端)과 칠정(七情)을 각각 이발(理發)과 기발(氣發)로 나누어 설명하는 이론 `22` `기출`

③ **주리론(主理論)적 이기론**

이(理)	원리적 개념 → 절대적으로 선한 것(純善) → 존귀한 것, 본연지성
기(氣)	현상적 개념 → 선과 악이 섞여 있는 것, 가선가악(可善可惡) → 비천한 것

④ **경(敬) 사상** : 엄숙하고 차분한 자세로 항상 옳은 일에 몰두하는 것 → 이황의 성리학에서 실천적인 가치 개념의 핵심

⑤ **성학십도** : 선조가 성군이 되기를 바라는 뜻에서 군왕의 도에 관한 학문의 요체를 도식으로 설명한 이황의 저서

(4) 이이의 사상 21 기출

① **이통기국(理通氣局)의 이기론** : 이는 본체로서 두루 통하고, 기는 형체가 있어 제한되어 특수한 것
② **기발이승일도설(氣發理乘一途說)** : 모든 만물 구조가 이(理)와 기(氣)로 되어 있는데, 발하는 기 위에 이가 올라타 있는 상하구조를 이룬다고 봄 → 운동 · 변화하는 것은 기이며, 이는 스스로 움직이지 못함
③ **사단과 칠정의 관계** : 사단과 칠정은 모두 기가 발한 것으로, 칠정 가운데 순선한 부분이 사단
④ **수양론** : 경(敬)의 실천으로 성(誠)에 이름을 강조
⑤ **사회 경장론** : 정치와 경제, 교육과 국방 등에 대해 전반적인 개혁을 도모함

(5) 조선 후기의 실학 사상 20 기출

① **실학 사상의 발생** 24 기출
　㉠ 등장 배경 : 양란으로 사회 질서 혼란, 성리학과 양명학의 사변적 성격 비판 → 실생활에 유용한 학문 추구
　㉡ 문제의식 : 주자학의 비생산성 비판, 북벌론에 대한 비판, 폐쇄적인 학문 경향에 대한 비판, 양반 계층의 비생산성 비판
　㉢ 주요 경향 : 실사구시, 경세치용, 이용후생
② **학파의 흐름**
　㉠ 경세치용학파
　　• 중농적 실학 : 농업의 혁신을 통해 민생안정과 사회발전 등 현실 사회 문제를 해결하고자 하는 경향
　　• 대표 학자 : 유형원(균전론), 이익(한전론), 정약용(여전론, 정전론)
　　※ 중상주의 학자 박지원은 토지 소유의 상한을 정하고 토지 소유의 불균등을 해소하자는 한전론을 주장하였다.
　㉡ 북학파(이용후생학파)
　　• 중상적 실학 : 청나라의 발달된 문물을 배워서 상공업의 진흥을 통한 경제 성장과 사회 복지 달성을 주장
　　• 대표 학자 : 홍대용, 박지원, 박제가
　㉢ 실사구시학파
　　• 실증적 자세로 우리 자신의 역사, 지리, 문헌 등을 연구하여 민족에 대한 관심과 민족적 정체성의 형성에 기여함 → 과학적인 연구 방법(고증학)을 가지고 우리 고대사의 새로운 발굴에 기여
　　• 대표 학자 : 김정희
③ **정약용의 성기호설(性嗜好說)** 24, 20 기출
　㉠ 인간의 성(性) : 선을 좋아하고 악을 싫어하는 경향, 즉 기호로 이해
　㉡ 인간의 마음에는 선악을 선택할 수 있는 자유 의지(自主之權)가 있음
　㉢ 인의예지(仁義禮智)의 덕 → 일상적인 행위 속에서 실천하면서 형성된다고 봄

✓ 연습 문제

실학자와 해당 학자가 주장한 토지 개혁론의 내용이 올바르게 연결되지 <u>않은</u> 것은?

① 유형원 : 전국의 토지를 재분배하려는 구상을 하였으며, 신분에 따른 차등 분배와 지주소작 관계를 인정하였다.

② 이익 : 농가마다 일정한 면적의 사고팔 수 없는 영업전을 정하고, 영업전 이외에는 무제한 자유 매매를 허락하였다.

③ 박지원 : 국가에서 일정한 토지를 나누어주어 자영농을 육성하자고 주장하였다.

④ 정약용 : 집단농장제를 주장하였으며 핵심은 경자 유전의 원칙에 기초하였다.

해설 정약용이 주장한 정전론으로, 『경세유표』에서 현실적인 제안으로 제시한 것이다. 박지원은 토지 소유의 상한을 정하고 토지 소유의 불균등을 해소하자는 한전론을 주장하였다.
①은 유형원의 균전론, ②는 이익의 한전론, ④는 정약용의 여전론이다.

정답 ③

제 4 절 | 불교 사상

1 불교 윤리 사상의 연원과 전개

(1) 불교의 성립과 전개

① **불교의 발생** : 브라만교의 지배력 약화, 육사외도 사상의 유행 → 현실적인 삶의 도덕적 지침을 제공하지 못함

② **주된 가르침** : 사성제, 연기, 팔정도, 열반

③ **불교의 전개**

　㉠ 부파불교(소승불교) : 지나치게 이론적 경향을 띠며 교단이 비구 중심이 되었음

　㉡ 대승불교 : 기원을 전후하여 기존 교단의 자기 구제 방식을 지양하고 타인 구제까지 고려할 것을 주장하는 보살을 강조 → 공(空) 사상, 중도 사상

(2) 불교의 세계 전파와 그 영향

① **보편적 인류애** : 중생 구제에 관심, 평등적 세계관

② **정신 수행의 길 제시** : 세계에 대한 철학적 이해를 바탕으로 자신의 내면을 성찰

③ **문화유산** : 불교 미술과 건축물이 예술적 가치가 높아 인류 문명에 기여함

2 불교 사상의 특징 21 기출

(1) 연기적 세계관

① **연기설**: 어떤 사물도 생겨날 원인에 의하여 존재하고, 그 원인이 소멸되었을 때 소멸한다는 것
22 기출

② **사성제**: 고집멸도(苦集滅道)의 네 가지 진리 20 기출
  - ⊙ 고제(苦諦): 현실은 고통임 → 생로병사
  - ⓒ 집제(集諦): 고통의 원인은 무명(無明), 애욕(愛慾)으로 말미암은 집착
  - ⓒ 멸제(滅諦): 고통이 멸한 이상적 경지는 열반에 관한 진리
  - ⓔ 도제(道諦): 열반에 도달하는 길 → 팔정도

③ **삼법인설(三法印說)**: 세상의 모든 현상과 존재의 참다운 모습에 대한 불타의 깨달음에 대하여 설명한 것 23 기출
  - ⊙ 제행무상(諸行無常): 모든 것은 고정된 것이 아니라 항상 변화하는 것
  - ⓒ 제법무아(諸法無我): 고정된 실체가 없음 → 모든 것이 항상 고정된 실체가 없듯이, '나'라는 존재 또한 무수한 인과 연들에 의한 작용, 그 이상 그 이하도 아니라는 말
  - ⓒ 열반적정(涅槃寂靜): 열반만이 모든 무상과 고통 등에서 고요할 수 있음

④ **일체개고(一切皆苦)**: 현실 세계의 고통을 낳는다는 의미 → 사람들은 내가 현실세계에 영원하다고 생각하는 집착으로 번뇌가 생김

⑤ **팔정도(八正道)**: 열반에 도달하기 위한 올바른 수행법 → 정어(바른말), 정업(바른 행동), 정명(바른 생활), 정정진(바른 노력), 정념(바른 관찰), 정정(바른 명상), 정견(바른 견해), 정사(바른 생각)
20 기출

⑥ **오온설(五蘊設)**: 인간을 이루는 다섯 가지 요소 → 물질적 요소로 육체를 가리키는 '색(色)'과 정신적 요소인 고통과 쾌락을 가리키는 '수(受)', 지각을 가리키는 '상(想)', 마음의 작용을 말하는 '행(行)', 인식 작용을 가리키는 '식(識)'을 말함

(2) 주체적 인간관

① **불교의 인간관**
  - ⊙ 부처는 석가모니를 가리키는 말이기도 하지만 깨달은 사람, 완전한 인격자, 절대적 진리를 깨달아 스스로의 이치를 아는 사람 등 불교에서 추구하는 궁극적인 인격을 의미
  - ⓒ "위로부터의 바른 깨달음을 구하고 아래로 중생을 교화한다."라는 의미에서 현실적인 이상적 인간상으로 '보살' 제시
  - ⓒ 이기심을 버리고 바라밀(깨달음의 세계에 도달하는 것)을 실천하며 지혜와 자비를 높이 평가
  - ⓔ 육바라밀(보시, 지계, 인욕, 정진, 선정, 반야) 중 '보시'가 가장 중요, 보시는 남에게 베푸는 것

② **주체적 인간관**: 중도의 태도를 가지고 고통의 장애물을 스스로 헤쳐나감 → 자각, 계율 실천

(3) 평등적 세계관

① 인간은 불성을 지니고 있어서 본성은 청정함

② 살아있는 모든 존재는 불성을 지니고 있으므로 평등함

③ 삼독(탐욕, 성냄, 어리석음)이 불성을 가림 → 삼독을 제거하여 열반에 이름

④ 평등사상은 자연 존중과 생명 존중 사상으로 이어짐

⑤ 다른 존재의 아픔을 내 것으로 받아들이는 자비심이 형성

⑥ 누구나 종교적 수행을 거쳐 궁극적 깨달음에 도달하게 되면 부처가 될 수 있음

3 한국 불교 사상의 특징 20 기출

(1) 통일 신라의 불교

① **교종의 특징** : 부처의 말씀인 경전을 근본으로 하는 교단, 사성제, 삼법인, 팔정도 등과 같은 교리의 체득 강조, 교리의 계율 실천으로 성불(成佛)할 수 있다고 봄

② **원효의 불교 사상** : 『대승기신론소』, 민중 생활 속에 실천 불교로 전환하여 불교의 대중화에 기여, 일심과 화쟁사상 24, 23, 22, 21 기출

(2) 고려 불교

① **특징** : 고려 왕조의 정치적 본질, 호족들의 연합 세력의 사상적 이념이 선불교였음

② **선종의 특징** : 자기 마음속에서 깨달음을 찾아야 한다고 보고, 스스로의 수행을 통한 해탈을 강조(교종은 경전의 깨달음을 추구)

③ **의천** : 교종과 선종의 조화를 추구, 내외겸전, 교관겸수

④ **지눌** : 선종을 중심으로 교종과의 통합 추구, 돈오점수, 정혜쌍수 22, 20 기출

(3) 조선 불교

① 숭유억불 정책(조선 왕조 유지 목적)

② 지배체제의 억압 속에서 민중적이고 토착적인 모습을 띠고 발전

☑ 연습 문제

다음 내용과 가장 관련 있는 승려는?

- 민중의 생활 속 실천불교로 전환하여 불교의 대중화에 기여하였다.
- 대표적인 저서 『대승기신론소』를 통해 중관학파와 유가학파의 사상적 통일을 이루었다.
- 대표적인 사상으로 일심 사상과 화쟁 사상이 있다.

① 원효   ② 의상
③ 의천   ④ 지눌

해설 제시문은 통일 신라 시대의 대표적인 승려인 원효에 대한 내용이다.

정답 ①

제 5 절 도가 · 도교 사상

1 도가 사상의 연원과 전개

(1) 노자의 윤리 사상 20 기출

① **도가 사상** : 무위자연을 추구, 삼보·자비·검약·양보 강조
② **도교** : 도가 사상에서 일부의 이론을 빌려왔을 뿐이며 도가 사상을 근간으로 주역, 음양오행, 의술, 점성까지 사용함
③ **도(道) 사상**
　㉠ 도의 의미 : 우주 만물을 존재하게 만드는 본질로서, 절대적 실체
　㉡ 도에 따르는 삶 : 가장 이상적인 삶
　㉢ 덕 : 도를 따르는 것은 자연을 따르는 것
　㉣ 무위자연 : 인간 본래의 자기 모습대로 살아가는 삶
　㉤ 소국과민 : 주나라와 같이 거대한 통일제국의 국가 형태에 대하여 반대하고, 작은 나라와 적은 국민 지향
　㉥ 무위지치 : 별다른 인위적인 행위가 없는데도 잘 다스려지는 정치

(2) 장자의 윤리 사상 `21, 20` `기출`

① **도(道) 사상** : 현상 세계의 유한성과 모순 대립을 초월한 절대적 진리, 만물의 근원
② **제물(祭物)** : 자아의 정신세계에서부터 나와 너의 대립을 해소하고, 모든 사건이나 사물을 차별화하지 않는 정신적 자유의 경지 `23, 22` `기출`
③ **소요** : 어떠한 외물에도 얽매이지 않는 절대 자유의 경지
④ **물아일체** : 자연과 내가 하나가 되는 경지, 나와 나 아닌 것들의 대립이 해소되는 절대 평등의 경지
⑤ **물아일체의 경지에 이른 인간(이상적인 인간상)** : 지인(至人), 진인(眞人), 천인(天人), 신인(神人), 성인(聖人)

2 도교 사상의 연원과 전개 `21` `기출`

(1) 도교 사상의 전개

① **한나라 초** : 황로학파(黃老學派) → 중국 고대의 전설적 임금인 황제(黃帝)와 노자(老子)를 숭상하며, 청정 무위(淸淨無爲)를 주장
② **한나라 말** : 태평도(사회 불안을 배경으로 일어난 종교), 오두미교(도덕경을 경전으로 삼음)
③ **위진 시대의 현학(玄學)** : 노장 사상을 철학적으로 계승・발전, 죽림칠현(竹林七賢)의 등장
④ **송대 이후** : 민중 도교 발달, 공과격(도교의 인과응보 사상)이 널리 퍼짐

(2) 한국 도교 사상의 특징

① 단군 신화를 뿌리로 하여 전개된 선가설(仙家說)
② 도교의 제례인 재초를 통하여 국가의 재앙을 막고 복을 비는 의례적인 도교로서의 특징
③ 우리나라 지식인들 사이에 수련도교로 자리 잡음

(3) 한국 전통 사상의 융합

① **도가・도교 사상의 특징** : 상대주의적 세계관, 평등적 세계관, 개인주의, 신비주의, 도가의 예술 정신
② **도가・도교의 전개** : 우리나라의 산신 사상과 신선 사상 등(약그릇을 든 신선, 단군 신화, 최치원의 '난랑비 서문'의 풍류도 등), 팔관회(고려, 종교적 면모를 갖춤), 도참・비기 등 도교적 예언 등장(조선 후기)
③ **한국의 도가・도교 사상** : 수련 도교 수용, 양생법으로 의학 발전, 풍수지리 사상 수용

📝 연습 문제

다음 중 한국 도가 사상에 대한 설명으로 <u>잘못된</u> 것은?

① 단군 신화, 최치원의 '난랑비 서문' 등에는 도교적인 성격이 드러나 있다.

② 고려 시대에는 도·불 혼합 정책을 시행하였으며, 불교 행사인 팔관회에 도교적인 성격을 가미하였다.

③ 삼국 시대에는 도교가 국교로 수용되었다.

④ 조선 시대에는 유교 통치로 인해 도교가 쇠퇴되었으나 후기에는 도참, 비기 등의 도교적 예언이 등장하였다.

해설 삼국 시대에는 국교로 불교를 수용하였으며, 도교는 주로 민간 신앙의 형태로 수용되었다.

정답 ③

제 **3** 장 서양 윤리 사상

1 서양 윤리 사상의 뿌리

(1) 서양 윤리 사상의 연원

① **고대 그리스** : 소피스트의 상대주의, 소크라테스의 보편주의, 플라톤의 이상주의, 아리스토텔레스의 현실주의

② **헬레니즘** : 에피쿠로스 학파의 쾌락주의, 스토아 학파의 금욕주의

③ **중세** : 아우구스티누스의 교부 철학, 아퀴나스의 스콜라 철학

④ **근대** : 경험주의(베이컨, 홉스, 사회계약론, 공리주의), 이성주의(데카르트, 스피노자, 칸트의 의무론)

⑤ **현대** : 실용주의(듀이), 실존주의(키에르케고르 · 사르트르), 덕 윤리, 배려 윤리

(2) 인간 본성에 대한 두 가지 접근

① **이성에 의한 사유 활동** : 소크라테스, 플라톤, 아리스토텔레스 → 스토아 학파 → 근세의 합리론, 칸트, 헤겔로 연결됨

② **감각적이고 육체적인 본능이나 욕구를 충족시키는 활동** : 소피스트 → 에피쿠로스 학파 → 근세의 경험론, 공리주의, 실용주의로 연결됨

2 서양 윤리 사상의 특징과 현대적 의의

(1) 서양 윤리 사상의 특징

이성 중시	감성 중시
소크라테스, 플라톤, 아리스토텔레스	소피스트
스토아 학파(이성적 금욕주의)	키레네 학파(육체적 쾌락주의), 에피쿠로스 학파(정신적 쾌락주의)
대륙의 합리론(데카르트)	영국의 경험론(베이컨)
독일의 관념론(칸트, 헤겔)	공리주의(벤담, 밀), 실증주의(콩트)
바르게 사는 것이 의무인 의무론적 윤리학설	잘 사는 것이 목적인 목적론적 윤리학설
절대론적 윤리학설	상대론적 윤리학설
동기주의	결과주의
도덕 법칙을 중시한다는 점에서 법칙론(法則論)이라고 함	도덕 법칙에 예외를 허용하려는 자세

(2) 서양 윤리 사상의 현대적 의의

① 자유의 보편적 가치 확립
② 다원주의적 질서 구축
③ 인간의 존엄성과 평등의 보장
④ 현대 사회와 개인의 삶을 폭넓게 이해하는 사고의 틀 제공
⑤ 현대 사회의 본질적 문제를 재발견하는 데 기여

제 2 절 　고대 및 중세 윤리 사상

1 상대주의 윤리와 보편주의 윤리

(1) 소피스트의 윤리 사상

① **기본적 태도** : 실제로 경험하고 관찰한 결과에 주목
② **가치 판단 기준** : 개인적인 유용성 = 선(善), 쓸모없는 것 = 악(惡)
③ **가치관** : 현실 삶에서의 성공 중시, 세속적 가치관
④ **진리관** : 개인주의, 상대주의, 주관주의, 회의주의
⑤ **영향** : 경험주의, 실용주의

⑥ **대표적 사상가**

    ㉠ 프로타고라스(Protagoras) : "인간은 만물의 척도이다." → 상대주의 `21` `기출`

    ㉡ 고르기아스(Gorgias) : "아무 것도 존재하지 않는다. 설혹 존재한다 할지라도 알 수 없다. 설혹 알 수 있다 할지라도 다른 사람에게 전달할 수 없다." → 회의주의적 진리관 입장

    ㉢ 트라시마코스(Thrasymachos) : "정의는 강자의 이익이다." → 세속적 가치관

⑦ **소피스트 윤리 사상의 한계**

    ㉠ 세속적 가치를 중시하고 감각적 경험을 가치 판단으로 봄

    ㉡ 사회 붕괴를 초래할 위험성에 대한 대안을 제시하지 못함

    ㉢ 명백한 잘못에 대해서도 도덕적 비난이 어렵고, 옳고 그름에 대한 객관적 판단이 어려움

    ㉣ 일체의 권위와 도덕을 무시하고 가치관의 혼란과 윤리의 타락 초래

(2) 소크라테스의 윤리 사상 `21` `기출`

① **절대주의적 · 보편주의적 진리관** : 보편적 이성으로 실재하는 진리를 추구

② **도덕적인 삶 주장** : 선(善)과 정신적인 가치 추구 → 덕을 갖춘 삶

③ **악(惡)을 행하는 이유** : 옳고 그름을 알지 못해서

④ **"너 자신을 알라."** : 무지의 자각

⑤ **주지주의** : 지덕복합일설 → 덕에 대한 앎을 가진 사람은 덕이 있는 사람이 되며 결과적으로 행복한 삶 보장 `24. 22` `기출`

⑥ **소크라테스의 교육 방법** : 문답법(반어법, 산파법), 변증술

⑦ **소크라테스 사상의 한계**

    ㉠ 정신적 '덕'이 쾌락이나 명성, 부보다 더 행복을 준다는 것은 사람들의 행복관과 다를 수 있음

    ㉡ 도덕적 지식이 있음에도 불구하고 의지가 없어 악(惡)한 행동을 보일 수 있음

☑ 연습 문제

다음에 제시된 사상의 한계로 옳은 것은?

> • 무지를 자각하고 참된 앎을 통해 덕을 쌓아갈 때 사람은 행복을 느낄 수 있다.
> • 보편적인 진리와 지식을 발견하고 반드시 실천해야 한다.

① 정신적인 '덕'이 쾌락이나 명성, 부보다 더 행복을 준다는 것은 사람들의 행복관과 다를 수 있다.

② 세속적 가치를 중시하고 감각적 경험을 가치 판단으로 본다.

③ 가치관의 혼란과 윤리의 타락을 초래할 수 있다.

④ 인간의 존엄성을 간과하고 있다.

> **해설** 제시문은 소크라테스의 윤리 사상에 관한 내용으로, 소크라테스는 주지주의의 관점에서 무지를 자각하고 참된 앎을 통해 덕을 쌓을 때 사람이 행복을 느낄 수 있다는 지덕복합일설과 보편적 진리와 지식을 발견하고 반드시 실천해야 한다는 지행합일설을 주장하였다. 그러나 그가 추구하는 선과 정신적인 가치는 일반적인 사람들의 행복관과 다를 수 있으며, 도덕적 지식이 있음에도 의지가 없어 악(惡)한 행동을 보일 수 있다는 점에서 한계를 가지고 있다.
>
> **정답** ①

2 이상주의 윤리와 현실주의 윤리

(1) 플라톤의 이상주의 20 기출

① **이데아(Idea)** : 완전한 사물의 본질인 이데아의 세계를 모방해야 함 24 기출

② **철인 통치** : 인격과 지혜를 구비한 철학자가 나라를 통치할 때 이상 국가가 달성될 수 있다는 것

③ **철인(철학자)** : 선의 이데아를 모방·실현하는 이상적인 인간, 4주덕(지혜, 용기, 절제, 정의)을 갖춘 사람

④ **4주덕(四主德)** : 인간의 영혼은 정욕, 기개, 이성의 세 부분으로 구분하여 이에 각각 대응되는 절제·용기·지혜의 덕이 조화를 이룰 때 정의의 덕을 이루고 행복한 삶 실현

구분		덕목	육체	영혼	계급	국가사회
4주덕	개인적 덕	지혜	머리	이성	통치자	통치계급(철인왕)
		용기	가슴	기개	수호자	무사계급(군인)
		절제	배	욕망	생산자	생산계급(서민)
	사회적 덕	정의				

⑤ **이상 국가론** : 개인의 4주덕(四主德)이 사회 속에서 실현될 때, 정의(正義)로운 사회 혹은 이상(理想) 국가가 이루어짐

(2) 아리스토텔레스의 윤리 사상(니코마코스 윤리학) 21, 20 기출

① **기본 사상** : 이성을 포함한 인간의 모든 기능을 탁월하게 수행함으로써 바람직한 삶이 가능

② **선의 실현** : 선의 이데아의 존재에 대한 의문 제기, 선은 현실 세계에만 존재하고 현실 세계에서 실현 → 선에 대한 앎을 추구

③ **덕(德)에 관한 관점** : 행복하려면 필수적으로 선(善)이 요구됨

지성적인 덕	진리를 인식하는 덕
품성적인 덕	정욕을 억제하는 덕 → 이성이 정욕을 억제하여 극단적인 행위를 피하고 중용을 취하여 습관화될 때 나타나는 덕
중용의 덕 24, 23, 22 기출	• 선의지, 도덕적 실천 의지의 함양을 위한 덕 • 이성에 의하여 충동이나 정욕, 감정을 억제함으로써 한쪽으로 치우치지 않으려는 의지를 습관화한 덕(실천적인 덕)

④ **목적론적 세계관**
ㄱ 모든 사물은 자신의 고유한 목적을 가지고 있음
ㄴ 행복 : 각자의 주관적인 느낌이 아니라 인간의 존재 방식, 즉 이성에 알맞은 덕스러운 활동 → 최고선(인생의 궁극적 목적)
ㄷ 인간만이 가지고 있는 고유한 이성을 잘 발휘하면 가장 좋은 상태에 오를 수 있음
⑤ **윤리관** : 주지주의적 입장에 주의주의(主意主義)적 입장을 가미함

(3) 플라톤과 아리스토텔레스 사상
① **플라톤과 아리스토텔레스 사상의 비교**

플라톤	아리스토텔레스
• 이데아 세계 : 영구불변하는 참다운 세계 → 이성에 의하여 파악되는 절대적 세계 → 최고의 이데아는 선(善)의 이데아 • 현실 세계 : 감각적 경험의 세계 → 이데아의 불완전한 모상에 불과 • 철인 정치론 : 이상 국가 실현(4주덕) → 인격과 지혜를 가진 철학자에 의한 정치	• 지식 → 덕 → 행복(인간의 궁극적 목적) • 중용(中庸) : 이성에 의해 충동이나 정욕, 감정을 억제함으로써 한쪽에 치우치지 않으려는 의지를 습관화한 덕 • 도덕적 실천의지(선의지) • 주지주의(이성) + 주의주의(실천의지) • 개인 윤리 + 사회 윤리(인간은 사회적 동물)

② **두 사상이 서양 윤리 사상에 미친 영향**
ㄱ 플라톤은 중세 그리스도교 사상에서 재정립됨(데카르트에게 영향을 줌), 이상주의는 중세의 아우구스티누스와 근대의 칸트(이성주의 사상)에 영향을 줌
ㄴ 아리스토텔레스는 근대 경험주의자에게 영향을 미침, 현대의 덕 윤리에 영향을 미침, 목적론적 세계관은 중세의 아퀴나스에게 영향을 줌

3 헬레니즘 시대의 윤리 사상

(1) 헬레니즘 시대의 배경 24 기출

① **그리스 국력의 쇠퇴**: 폴리스 중심의 공동체적 생활 양식이 점차 개인주의적 생활 양식으로 전환
② **윤리적 관심**: 개인의 현실 문제, 개인주의적 윤리적 성격과 안심입명(安心立命, 마음의 평정과 자유)
→ 에피쿠로스 학파, 스토아 학파 등장

(2) 스토아(Stoa) 학파

① **금욕주의**
  ㉠ 부동심(不動心)의 경지: 인생의 궁극적 목적인 최고선(最高善)과 행복은 모든 욕망을 끊어 버리고 어떤 것에 의해서도 마음이 움직이지 않는 부동심의 경지에 있다고 주장
  ㉡ 아파테이아: '정념이 없는 마음의 상태(Apatheia)'를 누리기 위해서는 자연의 법칙에 따라 이성의 힘으로 욕정을 억제하는 생활을 해야 함을 강조
② **신적인 이성(Logos)**: 만물은 로고스에 의해 지배되고 인간의 본성에도 로고스가 구비되어 있기 때문에 이성에 따르는 삶만이 유일한 선(善) → 유덕(有德)하고 현명한 사람
③ **영향**: 로마의 만민법, 중세 및 근세의 자연법, 범신론적(汎神論的) 윤리 사상의 형성(만민평등의 세계시민 사상)

(3) 에피쿠로스(Epikouros) 학파

① **쾌락주의**
  ㉠ 감각적·본능적 욕구의 충족 중시
  ㉡ 쾌락은 유일한 선(善)이며 고통은 유일한 악(惡)
  ㉢ 쾌락은 행복한 생활의 시작이며 인생의 목적
  ㉣ 고통이 없는 순수하고 참된 쾌락, 즉 정신적·지속적 쾌락 추구
② **아타락시아**
  ㉠ 쾌락은 '마음이 평온한 상태(Ataraxia)', 즉 평정심을 유지시켜 줄 때 바람직한 가치
  ㉡ 극기와 절제 있는 생활을 통하여 감각적인 충동에 지배받지 않도록 노력
③ **플라톤의 4주덕 수용**: 공포로부터의 해방(용기), 정당한 판별(지혜), 검소한 생활(절제)을 통한 정의의 실현
④ **영향**: 근대 영국의 경험론, 공리주의 윤리설의 형성에 영향

✏ 연습 문제

스토아 학파와 에피쿠로스 학파를 비교한 내용 중 <u>잘못된</u> 것은?

구분	스토아 학파	에피쿠로스 학파
① <u>성격</u>	금욕주의	쾌락주의
② <u>목적</u>	아타락시아	아파테이아
③ <u>인간관</u>	이성적 존재	경험적 존재
④ <u>영향</u>	스피노자 사상	경험론, 공리주의

해설

구분	스토아 학파	에피쿠로스 학파
성격	금욕주의	쾌락주의
목적	아파테이아	아타락시아
인간관	이성적 존재	경험적 존재
영향	스피노자 사상	경험론, 공리주의

정답 ②

---

4 중세 그리스도교의 윤리 사상

(1) 그리스도교 윤리

① 예수는 유대교의 선민사상과 율법주의를 비판

② **예수의 가르침** : 차별 없는 사랑의 윤리

③ **그리스도교 윤리의 근본 원리** : 황금률 → "내가 대접받고자 하는 대로 남을 대접하라."

(2) 교부 철학(敎父哲學)

① **원죄론(原罪論)** : 인간은 하나의 피조물로서 신의 은총 속에서만 행복을 누릴 수 있도록 만들어진 존재

② **구원론(救援論)** : 인간이 원죄로부터 벗어나려면 독실한 신앙을 가지고 사랑을 실천해야 하며, 이를 통해 신의 은총과 축복을 받으며 영원한 안식과 평안을 얻을 수 있음

③ **최고의 목표(7주덕)** : 플라톤의 4주덕 + 믿음, 소망, 사랑(3주덕) → 플라톤의 영향을 받음

④ **이원적 구성** : 이데아와 현실의 대비처럼 국가를 지상의 국가와 천상의 국가로 구분함

⑤ **대표자** : 아우구스티누스(A. Augustinus)

(3) 스콜라(Schola) 철학

① **신앙과 이성의 조화 추구** : 아리스토텔레스 사상 수용 + 종교적 차원의 발전
② **행복론** : 완전한 행복은 신을 따르며 인간의 본성 속에 들어 있는 자연법에 따라 행동하는 데 있음
③ **국가관** : 덕에 기초한 공동선(共同善)을 실현하는 것이 목적
④ **완성자** : 아퀴나스(T. Aquinas)

(4) 프로테스탄티즘의 윤리

① **종교개혁** : 중세의 봉건적 신분 질서를 지탱하던 가톨릭의 권위주의적 전통이 무너짐 → 개인의 신앙의 자유 획득
② **칼뱅이즘** : 종교적 입장에서 자본주의 정신을 합리화한 구제예정설과 직업소명설 `23` `기출`
③ **베버의 사상** : 베버는 자본주의 사회를 성립시키는 데 공헌한 것은 금욕주의적 직업윤리를 핵심으로 하는 프로테스탄티즘의 정신이라고 주장하였음

제 3 절 근대 윤리 사상

1 경험 중심의 윤리 사상

(1) 베이컨(F. Bacon)의 윤리 사상

① **행복한 삶의 실현** : 관찰과 실험에 의해 인간과 외부 사물을 인식하여 얻어낸 지식 강조
② **우상론** : 인간이 인식하지 못하게 하는 선입견이나 편견 → 제거의 대상

종족의 우상	모든 사물을 인간 본위에 근거하여 규정하는 데서 오는 편견
동굴의 우상	개인의 특성, 습관, 환경에서 오는 편견
시장의 우상	언어의 부적당한 사용이나 오해에서 오는 편견
극장의 우상	전통·권위·학설의 맹종에서 오는 편견

③ **"아는 것이 힘이다."** : 과학적 지식을 통한 자연의 개척

(2) 홉스(T. Hobbes)의 윤리 사상 `22, 21, 20` `기출`

① **인간 선악의 판단 기준** : 외부 사물에 대한 감각적 경험의 욕구도에 따라 다름
② **성악설** : 자연 상태에서의 인간은 이기적이며 자기 자신의 보존만을 추구하는 존재
③ **윤리적 이기주의** : 계약의 준수가 자기 보존에 도움이 됨
④ **사회계약설** : 절대적 권력(리바이어던)에게 권리 양도

(3) 흄(D. Hume)의 윤리 사상

① **행동의 도덕적 판단의 기준** : 이성이 아니라 감정임

② **사회적으로 타당한 도덕** : 사회적으로 인정을 받을 수 있는 것 → 상대주의적 윤리관

③ **공감 중시** : 공감(共感)을 통한 인간의 이기심(Egoism)의 통제

④ **이타심 중시** : 이기심은 공감을 통해서 억제할 수 있으며, 이타심(利他心)만이 오직 선하고 인류의 행복을 보장

☑ 연습 문제

베이컨의 우상론에서 말하는 4대 우상 중 제시문과 관련 있는 것은?

> 정말 아름다운 경치야. 새가 노래하고 나비가 춤추는구나!

① 동굴의 우상   ② 종족의 우상

③ 시장의 우상   ④ 극장의 우상

해설 제시문에서 말하는 것은 종족의 우상이다. 지저귀는 새와 날아다니는 나비를 인간이라는 종족 본위의 편견으로 규정하여 노래하고 춤춘다는 말로 의인화한 것이다.

정답 ②

---

2 이성주의 윤리 사상

(1) 데카르트(R. Descartes)의 윤리 사상

① **진리 인식** : 감각적 경험을 통한 지식은 불완전하며, 사유를 통해 완전하고 확실한 지식을 추구 → 경험론 비판(단편적 · 우연적 지식)

② **진리 탐구 방법** : 방법적 회의

③ **사유의 제1원리** : "나는 생각한다. 그러므로 나는 존재한다."

④ **철학적 사유(思惟)**, 이성적 활동을 통한 완전하고 확실한 지식 추구

⑤ **근대 합리주의적 사고의 전형** : 이성에 근거한 보편적 지식 추구(이성적 진리관)

(2) 스피노자(B. Spinoza)의 윤리 사상

① **해탈의 윤리 사상** : 유한한 인간이 신의 무한성과 자유에 참여하여 완전한 능동적 상태 → 범신론을 얻는 것

② **행복관** : 지성이나 이성을 가능하면 최대로 완성하는 일

③ 인간의 삶을 영원의 한 부분으로서 인식
④ **최고선**: 모든 것을 이성적으로 관조하는 데서 오는 평온한 행복

3 경험주의와 이성주의의 영향

(1) 경험주의의 영향

① **홉스의 사회계약론**: 국민 주권 사상의 발전에 공헌
② **흄의 사회적 유용성에 대한 공감 능력**: 공리주의에 영향
③ **경험을 통한 지식의 확장**: 실용주의 윤리의 사상적 근원이 됨

(2) 이성주의의 영향

① **데카르트의 이성적 자아 능력**: 보편적인 도덕 법칙의 칸트의 의무론적 윤리 사상
② **스피노자의 자연의 필연적 질서에 대한 이성적 인식**: 칸트의 의무론적 윤리 사상

(3) 경험주의와 이성주의의 공통점과 장단점

구분	경험주의	이성주의
장점	인간의 경험과 욕구를 긍정적으로 보고 현실적 문제를 해결, 정치적 절대 권력을 견제·비판	이성을 통한 도덕적 보편적 기준 확립
단점	상대주의로 빠질 수 있고, 회의론으로 갈 수도 있음	도덕적 행동에서 경험과 감정의 역할을 상대적으로 무시함
공통점	• 윤리의 뿌리를 인간에게서 찾음 • 이분법적으로 대립하는 사상이 아님 • 경험과 이성의 상호 보완성 인식	

4 결과론적 윤리와 의무론적 윤리

(1) 결과론적 윤리의 특징

의미	한 행위의 옳고 그름은 행위의 결과에 의존하고, 올바른 행위는 최선의 결과를 가져오는 행위라는 이론
특징	• 행위 가치가 결정되지 않았으므로 상황에 따라 달라짐 • 좋은 결과를 내는 것에 대한 목적에 도움이 되는 것은 도덕적으로 정당화가 가능

(2) 벤담과 밀의 고전적 공리주의 21 기출

① 벤담(J. Bentham)의 윤리 사상 24, 23 기출

- ㉠ 쾌락주의 행복론 : 도덕적 행위는 고통의 양을 최소화하고 쾌락의 양을 최대화하여 행복을 가져 오는 행위
- ㉡ 양적(量的) 공리주의 : 질적 차이는 없고 양적 차이만 존재
- ㉢ 쾌락의 기준 : 강도·지속성·확실성·근접성·생산성·순수성·범위를 기준으로 쾌락을 계산
- ㉣ 제재론 : 인간의 도덕적 행위를 위한 신체적·도덕적·정치적·종교적 제재(制裁)의 필요성 강조
- ㉤ 행위 원칙 : '최대 다수의 최대 행복'
- ㉥ 유용성의 원리 : 오직 이 원리만이 쾌락과 고통이 우리의 삶을 지배한다는 사실과 조화를 이룰 수 있음

② 밀(J. S. Mill)의 윤리 사상 23, 20 기출

- ㉠ 질적(質的) 공리주의 : 쾌락의 질적인 차이도 고려
- ㉡ 행복한 삶 : 인격의 존엄을 바탕으로 하는 쾌락의 추구가 행복의 근원
- ㉢ 내적인 양심의 제재 : 자신의 쾌락과 행복만을 추구하지 않고 타인의 행복까지도 실현되기를 원 하는 이타심, 즉 동정(同情)과 인애(仁愛)라는 사회적 감정
- ㉣ 도덕의 본질 : 동정과 인애를 토대로 공익과 정의를 실현하는 것

✏ 연습 문제

다음 중 공리주의 철학자인 벤담의 견해가 <u>아닌</u> 것은?

① 쾌락에는 양적 차이만 존재한다.
② 강도, 지속성, 확실성, 근접성, 생산성, 순수성, 범위를 기준으로 쾌락을 계산하였다.
③ 최대 다수의 최대 행복이 옳고 그름의 판단 원리라고 주장하였다.
④ 감각적인 쾌락보다 내적인 교양이 뒷받침된 정신적 쾌락을 중시하였다.

해설 밀의 질적 공리주의의 내용이다. 밀은 쾌락에는 질적 차이는 없고 양적 차이만 존재한다고 주장한 벤담과 달리, 쾌락은 질적으로 높고 고상한 정신적 쾌락과 질적으로 낮고 저급한 육체적 쾌락으로 구분된다고 주장 하였다.

정답 ④

---

(3) 현대 공리주의와 그 의의

① 현대 공리주의 사상

 ㉠ 행위 공리주의 : 공리의 원리를 개별적 상황 속에서 직접 적용하여 행위의 선악을 판단

 ㉡ 규칙 공리주의 : 사회적으로 최대의 공리를 산출하는 규칙을 정한 후, 규칙과의 일치 여부에 따라 행위의 선악을 판단

 ㉢ 선호 공리주의 : 영향을 받는 모든 이들의 선호를 가장 많이 만족시켜 주는 행위가 옳다고 주장 → 쾌락보다 더 크고 포괄적인 의미인 '선호'라는 개념을 통해 행복을 설명

  • 싱어 : 이익 평등 고려의 원칙 제시 → 감각을 가지고 있는 모든 개체의 이익은 똑같이 고려 대상이 되어야 함

 ㉣ 소극적 공리주의 : 고통의 최소화를 우선시하고, 불행을 최소화하기 위한 목적의 어떤 수단 등이 정당화될 수 있음

5 의무론적 윤리와 칸트의 윤리 사상

(1) 의무론적 윤리

① **의미** : 우리가 마땅히 지켜야 할 도덕 법칙에 대해서 행위의 옳고 그름이 결정된다는 이론

② **특징**

 ㉠ 인간이 언제 어디서나 지켜야 할 행위의 근본원칙에 주목하는 윤리

 ㉡ 행위의 의도와 동기를 기준으로 옳고 그름을 판단함

 ㉢ 합리적 이성에 대한 신뢰를 바탕으로 함

 ㉣ 의로운 삶을 중시하고, 공정한 절차와 정당한 원칙을 강조함

 ㉤ 이성의 보편타당성을 추구함 → 이성을 중시하는 관점

(2) 칸트(I. Kant)의 윤리 사상

① **윤리적 목표** : 인간의 내면적 자유의지와 인격으로부터 자율적인 도덕 법칙을 확립하는 것

② **인간관**

 ㉠ 이중적 존재 : 인간은 자연의 산물이기 때문에 다른 동물과 같이 욕구에 의해 지배를 받고 자유의지를 가지고 자신의 행동에 책임을 져야 하는 존재

 ㉡ 자신의 내면에 가지고 있는 도덕률(道德律)을 따를 때 비로소 인간다운 존재가 될 수 있음

③ **의무론적 윤리설(도덕적 행동의 조건을 다음과 같이 제시)** 24 기출

 ㉠ 의무 의식에서 나오는 것

 ㉡ 실천 이성의 명령에 따르는 것

 ㉢ 선의지의 지배를 받는 것

 ㉣ 도덕률에 대한 자발적인 존중으로부터 나온 자율적인 것

④ **선의지** : 아무런 조건이나 제약 없이 그 자체만으로 선한 것 `23, 21, 20` `기출`

⑤ **실천 이성** : 인간이 자신에게 스스로 부과하는 명령

⑥ **정언명령(定言命令)** : 무조건 따라야 하는 당위의 법칙인 도덕 명령 `22` `기출`

　　㉠ 제1법칙 : "네 의지의 격률(格律)이 언제나 동시에 보편적 입법의 원리가 될 수 있도록 행위하라."

　　㉡ 제2법칙 : "너 자신에게 있어서나 다른 사람에게 있어서나 인격을 언제나 동시에 목적으로 대하고 결코 수단으로 대하지 말라." → 인간은 목적 자체이므로 다른 수단이 될 수 없다는 인권 존중 표현임

　　㉢ 제3법칙 : "인격들이 이루고 있는 단체의 일원으로서 그 단체가 잘 되도록 행위하라."

⑦ **목적의 왕국** : 각 개인이 자유롭고 평등한 목적의 주체로서 조화롭게 공존하는 이상적인 사회 체계

⑧ **칸트에 대한 평가**

　　㉠ 장점 : 도덕의 정언적 성격과 인간 존엄성을 잘 표현하고 있음

　　㉡ 단점 : 현실의 인간에게 구체적인 삶의 지침을 제공해 주지 못함

(3) 현대 칸트주의와 그 의의

① **현대 칸트주의**

　　㉠ 롤스의 정의론 : 칸트 사상을 계승 → 보편주의와 인간 존엄성 정신 계승, 공평한 입장에서 자율적으로 정의의 원칙 선택

　　㉡ 로스의 조건부 의무 : 칸트 사상의 한계 극복 → 도덕적 의무 간의 상충 문제를 해결하기 위해 조건부 의무 제시

② **현대 칸트주의의 의의** : 도덕의 확고한 기초 형성, 자율과 인격에 대한 존중 강조, 인권 사상이나 민주주의 발전에 기여

6 **계약론의 윤리 사상** `23` `기출`

구분	홉스	로크	루소
인간의 본성	잔인, 이기적	사교, 평화적	순수, 착함
자연 상태	고독, 투쟁	자유, 평등	자유, 행복
계약 당사자	국민과 국왕	국민 상호간	국민 상호간
주권의 소재	군주	국민	국민
옹호체제	절대 군주제	입헌 군주제	직접 민주정치
저항권	불인정	인정	인정

제 4 절 현대 윤리 사상

1 실용주의 윤리

(1) 듀이(J. Dewey)의 사상

① **도구주의** : 지식이나 관념은 문제 해결의 도구임
② 도덕이나 윤리는 변화하고 성장
③ 고정적이고 절대적인 가치의 존재 부정

(2) 실용주의에 대한 평가

① **부정적 평가** : 비도덕적인 행위라고 생각되는 것도 현실적으로 유용하다면 허용할 수 있음
② **긍정적 평가** : 가치의 상대성과 다양성은 인정, 합리적이고 효율적인 문제 해결로 현실 문제에 대한 대안 찾음

2 실존주의 윤리와 생명 존중 사상

(1) 실존주의

① **키르케고르(S. A. Kierkegaard)의 사상** : 불안과 죽음의 문제를 극복하고 참된 실존을 회복하기 위해 '신 앞에 선 단독자(單獨者)'로서 인간의 주체적 결단을 강조
② **하이데거(M. Heidegger)의 사상** : 인간은 죽음을 자각하고 직시할 때 본래적인 실존을 회복할 수 있음

(2) 생명 존중의 사상

① **배경** : 환경 파괴와 인간 생명에 대한 위협이 증가하면서 대두
② **성격** : 생명에 대한 신비와 존엄성을 강조하는 사상
③ **슈바이처(A. Schweitzer)의 사상** : 생명 외경(畏敬) 사상 → 생명을 지키고 그것을 촉진하는 것이 선(善)이며, 생명을 죽이고 그것에 상처를 입히는 것은 악(惡) 24 기출

다음 중 실용주의 사상의 특징이 <u>아닌</u> 것은?

① 17세기의 경험론과 19세기의 공리주의를 계승하였다.
② 참된 지식이란 일상 생활에서 유용하다고 검증된 실용적 지식을 의미한다.
③ '나'를 중심으로 한 주체성을 회복하고자 하는 철학이다.
④ 대표적인 사상가로 듀이, 퍼스, 제임스 등이 있다.

해설 실존주의에 대한 설명이다. 실존주의는 현대 과학기술 문명과 대중 사회의 익명성 등으로 나타난 '비인간화 현상'과 '인간 소외 현상'을 극복하기 위한 사상으로 반이성주의, 비합리주의의 특징을 가지고 있다.

정답 ③

3 정의 윤리와 배려 윤리

(1) 정의 윤리
① **정의의 의미** : 동양 사상에서 정의는 '의로움', 서양에서는 '각자에게 그의 몫을 주는 것'
② **정의의 기능**
  ㉠ 옳고 그름에 대한 사회적 기준을 제공
  ㉡ 사회적 재화 분배 과정에서 일어나는 갈등과 분쟁의 조정
  ㉢ 구성원들의 화합을 도모하여 사회 통합의 기능을 제공

(2) 배려 윤리 20 기출
① **배려 윤리의 등장 배경**
  ㉠ 근대 윤리나 정의 윤리에 대한 한계를 비판하며 등장
  ㉡ 남성 중심의 가치관을 반영하고 있는 근대 윤리를 비판
② **배려 윤리의 특징**
  ㉠ 의무론적 정의 윤리 비판(칸트, 롤스, 콜버그 등)
  ㉡ 정의 윤리에 없는 연민, 관계 중시, 동정, 유대감 등을 강조
  ㉢ 여성주의 윤리의 영향을 받음
  ㉣ 도덕성의 원천을 감정에서 찾음
  ㉤ 구체적인 상황 중시(지식적인 부분과 더불어 정서적인 부분의 중요성 부각)
③ **길리건** 24, 23 기출
  ㉠ 정의 윤리가 여성의 '다른 목소리'를 간과했다고 주장 → 여성을 열등적인 존재로 규정
  ㉡ 다른 목소리의 특징 : 공감 및 동정심, 관계성, 배려와 보살핌, 구체적 상황 및 맥락

   © 남성이 가지고 있는 것은 '정의'이고 여성이 가지고 있는 것은 '배려'로 봄

   ② 여성은 인간관계를 중시하고, 공감이나 타인의 감정을 생각하는 것 등을 통해 도덕 문제를 해결한다고 주장함

   ◎ 여성과 남성의 도덕적 지향성이 동일하지 않음

  ④ **나딩스** `21` `기출`

   ⊙ 훈련된 이성은 도덕적 악을 방지해 주지 못한다고 봄, 오히려 느끼고 행동할 수 있는 '배려'가 더욱 중요한 역할을 한다고 주장

   © 어머니와 자녀 사이의 관계를 배려의 원형으로 제시함

   © 도덕적 판단과 행위를 정서적 반응으로 생각함

   ② 친밀한 사람들뿐만 아니라 타인, 나아가 동식물과 지구 환경까지 배려를 강조(윤리적 배려보다 자연적 배려가 우월)

  ⑤ **배려 윤리의 의의와 한계**

   ⊙ 의의 : 도덕적이라고 생각했던 것들이 보편적인 것이 아니라 남성적인 것임을 알려 줌. 정의 윤리에서 주장했던 도덕성 개념에 조화, 공감, 보살핌 등이 더해져 도덕성에 대한 이해를 넓힘

   © 한계 : 감정이나 정서에만 한정되는 감정적 요소만 강조, 보편성을 가지지 못하고 윤리적 상대주의에 빠질 수 있음

4 덕 윤리 · 책임 윤리 · 평화 윤리

(1) 덕 윤리

 ① **근대 윤리의 한계로 등장**

  ⊙ 보편적 원리(정언 명령)와 절대적 원리를 하나의 도덕 원리로 강조하여 현실적 도덕 문제를 해결하고자 함

  © 근대 윤리학은 자율적이고 이성적인 존재로서의 개인을 강조함 → 공동체의 도덕적 전통과 관습 경시

 ② **덕 윤리의 의미** : 덕이라는 개인의 내적 특성이나 성품이 가장 큰 도덕적 중요성을 갖는다는 주장

 ③ **덕 윤리의 모태** : 아리스토텔레스의 '덕' 윤리

 ④ **덕 윤리의 특징**

  ⊙ 행위자 중심의 윤리 : 행위를 하는 사람의 인품과 덕을 중시

  © 도덕적 공동체 지향 : 인간의 감정과 인간관계의 맥락이나 동기를 중요시함

  © 이상적인 인격 모델 제시 : 도덕적으로 존경받을 수 있음

 ⑤ **현대 덕 윤리의 한계**

  ⊙ 유연성을 강조하여 윤리적 상대주의로 옮겨 갈 수 있음

  © 현 시대에서 중요시하는 보편성을 대신할 수 없음

(2) 책임 윤리

① 책임 윤리의 등장 배경
㉠ 현대 사회에서 어떤 행위의 결과에 대한 책임의 주체가 불분명해짐
㉡ 책임 윤리는 개인의 익명성이 커지는 현대 사회에서 무엇보다 자신의 행위에 대한 책임을 강조함

② 책임 윤리의 의미
㉠ 책임 윤리는 막스 베버가 심정 윤리(행위에 선한 의도를 중시)와 대비하면서 처음 사용한 개념
㉡ 예견할 수 있는 행위의 결과에 대한 엄중한 책임을 중시함
㉢ 목적과 수단의 관계 및 직접 의도하지 않은 부수적인 결과 등을 충분히 인식하고 그러한 것을 예측하여 행동하라고 요구

③ 요나스의 책임 윤리 23 기출
㉠ 현대 과학기술 문명이 초래한 위기를 극복하는 방안으로 책임 윤리 제창
㉡ 윤리적 공백 : 과학기술의 발달과 그것을 따라가지 못하는 윤리 간의 차이 → 기존의 윤리가 인간 삶의 전 지구적 조건과 미래, 즉 인류의 존속이라는 문제를 진지하게 고려하지 않는다고 비판 20 기출
㉢ 인간은 책임을 질 수 있는 유일한 존재 → 인간이 책임질 수 있는 능력을 지녔다는 것 자체가 책임을 져야만 한다는 의무로 연결된다고 주장, 인류의 존속이라는 무조건적 명령을 이행하기 위해 자연과 미래 세대에 대한 책임을 중시

☑ 연습 문제

다음 주장과 관계가 깊은 사상가는?

- 인간은 책임을 질 수 있는 유일한 존재로, 인간이 책임질 수 있는 능력을 지녔다는 것 자체가 책임을 져야 한다는 의무로 연결된다.
- 현대 과학기술 문명이 초래한 위기를 극복하고 인류의 존속이라는 무조건적인 명령을 이행하기 위해 자연과 미래 세대에 대한 책임을 져야 한다.

① 요나스　　　　　　　② 나딩스
③ 슈바이처　　　　　　④ 베이컨

해설 요나스는 현대 과학기술 문명이 초래한 위기를 극복하는 방안으로 책임 윤리를 제창하였다. 그는 기존의 윤리가 인간 삶의 전 지구적 조건과 미래, 즉 인류의 존속이라는 문제를 진지하게 고려하지 않는다고 비판하면서, 예견할 수 있는 모든 결과에 책임을 져야 하며 책임의 범위로 현 세대뿐 아니라 미래 세대의 생존 및 생태계 전체에 대한 책임까지 강조하였다.

정답 ①

(3) 평화 윤리

① **세계 평화의 중요성** : 인간다운 삶의 영위, 개인의 발전과 국가의 성장 등

② **세계 평화를 방해하는 요인들** : 빈곤과 기아, 전쟁, 환경오염

③ **비폭력 평화 운동** : '비폭력'은 폭력을 쓰지 않거나 반대를 하는 것 → 시민불복종 운동 `24, 22` `기출`

④ **평화를 위한 노력**

  ㉠ 진정한 평화
  - 경제적 평화 : 불공정한 분배가 없는 평화
  - 군사적 평화 : 전쟁, 테러와 같은 직접적 폭력이 없는 평화
  - 문화적 평화 : 가치와 사상의 왜곡이 없는 평화

  ㉡ 대화와 타협을 통한 노력 : 당사자 국가 간 대화와 타협을 통해 해결

⑤ **세계화와 지역화의 윤리적 문제와 해결 방안**

  ㉠ 세계화에 따른 윤리적 문제
  - 세계의 통합만을 지나치게 강조할 경우, 지구촌 문화의 획일화 문제 발생
  - 약소국의 경제적 종속의 문제 발생

  ㉡ 지역화에 따른 윤리적 문제
  - 인류 전체의 협력과 공동 번영의 걸림돌
  - 자기 지역의 이해관계만을 고려할 때 지구촌 실현이라는 시대정신을 거스르는 것

  ㉢ 세계화와 지역화에 따른 윤리적 문제의 해결 방안
  - 지역의 고유문화와 전통을 소중히 여김
  - 세계 시민 의식을 바탕으로 인류의 공존과 화합 도모
  - 글로컬리즘의 실현을 위해 노력

제 4 장 사회 사상

제 1 절 사회 사상의 흐름

1 사회 사상의 특징과 현대적 의의

(1) 사회 사상의 의미 20 기출
① 인간이 사회적 존재로서 자신이 속한 공동체가 나아가야 할 방향과 이에 대한 생각을 체계화한 것
② 인간은 그 사회가 윤리적이고 올바른 사회일 때 인간다운 삶을 살아갈 수 있음

(2) 사회 사상의 특징
① **가변성** : 사회 구성원들의 의사는 항상 변하고 사회도 끊임없이 변함
② **개혁성** : 사회를 더 나은 방향으로 발전시키려 하므로 개혁시키는 기능을 가지게 됨
③ **실천성** : 단순한 이념적 성격만을 가지는 것이 아니라 더욱 바람직한 사회로의 변혁을 지향함
④ **다양성** : 사회적 삶에 대한 다양한 관점을 제시하며, 상호 유기적 관계를 유지함

(3) 사회 사상의 역할
① **개념적 가치** : 사회 사상은 주변의 사회적 현상과 구성원들의 삶의 가치를 올바르게 이해할 수 있는 틀을 제공
② **설명적 가치** : 사회 사상은 사회 구성원들의 삶이 특정한 방식으로 이루어지는지를 설명함
③ **규범적 가치** : 사회 사상은 그 사회를 정당화시키거나 비판하는 규범적 기준을 제시
④ **실천적 가치** : 사회 사상은 사회 구성원이 자신의 삶을 선택할 때 선택의 범위를 확정시켜 주는 기능을 함

(4) 사회 사상과 자연 과학 비교

구분	사회 사상	자연 과학
탐구 대상	사회, 사회구성원	자연 현상
연구 목적	사회현상을 극복하고 바람직한 방향으로 개선	관찰, 실험을 통해 탐구하고 원리를 이해하고 설명하려 함
연구 방법	사회구성원의 주관적 의사 개입, 다양한 가치 등을 하나로 통합	객관적, 과학적 관찰과 검증
합의 여부	같은 사회 문제에 대해 서로 다른 고유한 사상을 제시	자연 현상을 보는 관점에 대하여 비교적 합의가 쉬움

2 사회 정의를 위한 윤리 사상

(1) 사회 정의의 등장

① 개인의 욕구 충족과 사회적 협력의 필요성 때문에 사회 제도가 정의로워져야 함

② 사회 제도가 정의로운지에 대한 판단 기준은 사람에 따라 다를 수 있음

(2) 사회 정의에 대한 다양한 관점

① **분배적 정의**: 이익과 부담을 공정하게 분배하는 것 → 일한 만큼 주어라(형식·실질적 정의와 결과·절차적 정의)

ⓐ 형식적 정의와 실질적 정의

형식적 정의	누구에게나 공정하고 일관되게 적용되는 정의 → 1인 1표, 법 앞의 평등
실질적 정의	• 각각의 입장과 형편을 고려하여 그에 상응하는 합리적인 처분의 정의(평등, 업적, 능력 등을 고려하여 분배) → 누진세, 장애인 의무고용제도 • 형식적 정의로만 공정한 분배가 어려워 실질적 정의 필요

ⓑ 결과적 정의와 절차적 정의 24 기출

결과적 정의	• 최종의 결과에 초점을 맞추어 분배하는 원리로 능력과 성과, 노력, 사회적 효용, 필요 등을 기준으로 삼음 • 공리주의의 '최대 다수의 최대 행복': 공리는 어떤 것이든 이해관계가 걸린 당사자에게 혜택, 이점, 쾌락, 선, 행복을 가져다주거나 불운, 고통, 악, 불행이 일어나는 것을 막아 주는 속성을 의미함
절차적 정의	• '정의로운' 또는 '공정한' 과정을 통하여 발생한 결과는 공정하다는 원리 → 게임, 스포츠 경기의 법칙 • 대표적 사상가: 롤스(J. Rawls) → 사회 구성원들이 사회적 상황이나 개인적인 성향에 대해 영향을 받지 않음

② **교정적 정의**: 국가의 법을 집행하여서 실현 → 배상 또는 형벌적 정의

③ **교환적 정의**: 물건의 교환 상황에서 적용되는 정의

☑ 연습 문제

다음 중 절차적 정의의 특징으로 옳지 않은 것은?

① '정의로운' 또는 '공정한' 과정을 통하여 발생한 결과는 공정하다는 원리이다.

② 시민의 참여와 합의된 원칙을 중시한다.

③ 개인의 자유와 권리를 존중한다.

④ 공리주의의 '최대 다수의 최대 행복'과 관련 있다.

해설 결과적 정의에 대한 내용이다.

[결과적 정의와 절차적 정의]

결과적 정의	• 결과적 정의는 최종의 결과에 초점을 맞추어 분배하는 원리로 능력과 성과, 노력, 사회적 효용, 필요 등을 기준으로 삼음 • 공리주의의 '최대 다수의 최대 행복' : 공리는 어떤 것이든 이해관계가 걸린 당사자에게 혜택, 이점, 쾌락, 선, 행복을 가져다주거나 불운, 고통, 악, 불행이 일어나는 것을 막아 주는 속성을 의미함
절차적 정의	• '정의로운' 또는 '공정한' 과정을 통하여 발생한 결과는 공정하다는 원리 → 게임, 스포츠 경기의 법칙 • 시민의 참여와 합의된 원칙을 중시 • 개인의 자유와 권리를 존중

정답 ④

(3) 롤스의 정의론 24, 23, 22, 20 기출

① **이론적 기초** : 밀, 그린(적극적 자유), 라스키[최선아(最善我) 실현]

② **롤스의 사회 정의론의 원칙**

  ㉠ 평등한 자유의 원칙

  ㉡ 차등의 원칙 : 사회경제적 불평등은 (i) 최소 수혜자에게 최대의 이익을 보장하도록 조정, (ii) 불평등의 계기가 되는 직위와 지위는 공정한 기회균등의 원칙에 따라 모든 사람에게 개방

  ㉢ 두 원칙의 충돌 시 : 평등한 자유의 원칙 > 차등의 원칙, (ii) 원칙 > (i) 원칙

③ **롤스 정의론의 특징**

  ㉠ 최소 수혜자에게 최대의 이익을 보장하는 원칙

  ㉡ 실질적 기회균등을 보장할 수 있는 사회적 장치를 마련하고자 함

  ㉢ 누진세, 무거운 상속세, 광범위한 공공교육 등 복지정책과 복지제도의 필요성 인정 → 복지국가적 개입에 의해 사회정의와 평등을 실현할 것을 주장

(4) 사회 윤리학적 분배 정의 24, 23 기출

① **사회 윤리학의 등장** : 근대적 인간 중심의 인간관과 도덕관에 대한 반성이며, 이성주의 도덕 교육의 한계에 대한 인식을 바탕으로 함

② **분배 방식**

  ㉠ 자유주의적 분배 방식 : 자유로운 시장질서 강조 → 로버트 노직

  ㉡ 평등주의적 분배 방식 : 모든 사람이 평등하게 분배받는 방식 → 칼 마르크스

  ㉢ 수정주의적 분배 방식 : 자유로운 능력 발휘＋분배의 차이를 줄이려는 방식 → 존 롤스

(5) 니부어(R. Niebuhr)의 도덕적 인간과 비도덕적 사회

① 사회도덕 문제의 원인 분석
㉠ 사회 집단의 도덕성은 개인의 도덕성보다 현저하게 떨어짐
㉡ 개인적으로 도덕적인 사람도 자기가 소속된 집단의 이익을 위해서는 이기적으로 행동하기 쉬움

② 전통적인 입장에 대한 비판
㉠ 개인적인 양심과 덕목의 실천, 개인의 선한 의지만으로는 복잡한 사회 문제를 해결하기 어려움
㉡ 개인의 선한 의지만으로는 정의를 실현할 수 없음

③ 해결 방안 제시
㉠ 사회 정책과 제도의 개선을 통한 문제 해결을 강조
㉡ 개인의 도덕성 함양뿐만 아니라, 개인의 도덕성이 올바르게 표현될 수 있는 사회적 여건을 마련하는 데에도 노력을 기울여야 함
㉢ 환경 문제, 지역 이기주의, 부정부패, 이익 집단 간의 갈등은 개인의 도덕성과도 관계가 있지만 정책이나 제도의 개선이 선행되어야 함

3 자유주의와 공동체주의, 공화주의 윤리 사상

(1) 개인과 자율

① 개인의 선택권과 자율성
㉠ 선택권과 자율성 : 자유로운 삶을 위해 필요함 → 개인의 선택을 중시하는 개인주의와 자유주의를 토대로 근대 서양 민주주의가 발전
㉡ 자율성 : 스스로의 의지(자유의지)로 자신의 행동을 규제함 → 자기 입법의 원리

② 자유의 실현을 위한 국가
㉠ 자유주의 : 개인의 자유가 가장 소중한 가치라고 보는 사상
㉡ 자유주의 인간관 : 모든 인간은 억압이나 구속으로부터 자유로운 존재
㉢ 자유주의 국가관 : 국가는 개인의 자유(언론·출판·집회·결사·종교의 자유)를 보장하기 위해 존재, 국가는 다양한 신념 체계에 대해 중립을 유지

③ 자유의 역설 : 자유에 대한 어떠한 구속력도 없다면 강한 사람이 약한 사람을 마음대로 지배할 수 있기 때문에 무제한적 자유는 훨씬 더 큰 구속을 가져옴 → 진정한 의미의 자유는 '자율'

④ 칼 포퍼와 홉스
㉠ 칼 포퍼 : 서로의 자유를 최대한으로 보장받기 위해서는 어느 정도의 자유를 제한하는 것이 필요함 → 자유의 역설
㉡ 홉스 : 무제한의 자유를 가진 '자연 상태'에서는 '만인의 만인에 대한 투쟁'을 가져 옴

⑤ **자유를 적절히 제한하기 위해 기초해야 할 원리**
- ㉠ 해악의 원리 : 살인, 폭력, 절도, 명예훼손 등과 같이 타인에게 발생할 해악이나 피해를 미리 방지하기 위해 자유를 제한할 수 있다는 원리
- ㉡ 혐오의 원리 : 어떤 행위가 공개적으로 사람들에게 혐오감을 주는 경우에 그러한 자유를 제한할 수 있다는 원리
- ㉢ 도덕 강제의 원리 : 사회의 존속과 안정을 위협하는 부도덕한 행위를 법으로 규제할 수 있다는 원리
- ㉣ 가부장적 간섭의 원리 : 개인이 자신의 행동으로 자신의 중요한 이익을 심각하게 해치거나 확보하지 못할 경우 그의 자유를 제한할 수 있다는 원리

(2) 자유주의와 공동선 `20` `기출`

① **자유주의와 개인의 자율성**
- ㉠ 자유주의 : 좋은 삶에 대한 특정한 가치를 전제하지 않고 모든 개인의 자유와 권리를 동등하게 보장을 강조 → 공정성의 가치를 중시
- ㉡ 자유주의와 공동체 : 자유주의는 개인의 자율성과 권리가 온전하게 구현될 수 있도록 돕는 것이 목적 → 공동체 구성

② **자유주의와 공동체주의의 특징**
- ㉠ 자유주의 : 개인의 자유와 권리를 보장함으로써 좋은 질서를 가진 공동체를 추구
- ㉡ 공동체주의 : 개인과 공동체의 유기적인 관계 속에서 개인과 사회의 행복을 추구

③ **자유주의 사상가들의 입장**
- ㉠ 로크 : 모든 인간은 생명, 자유, 재산에 대한 천부적 권리를 가지고 태어나므로 누구도 이를 빼앗을 수 없음
- ㉡ 밀 : 개인의 자유는 '타인에게 해를 끼치지 않는 한' 절대적으로 보장됨

(3) 공동체주의와 연대

① **공동체주의의 의미**
- ㉠ 개인주의에 바탕을 둔 자유주의를 비판하고 공동체가 인간의 삶에서 느끼는 중요성을 강조하는 사상 → 개인보다 공동체를 우선시함
- ㉡ 구성원 간의 사회적 유대감과 책임감, 공동체 구성원에 대한 배려와 사랑과 같이 공동체의 유지와 발전을 위해 필수적인 가치를 강조

② **공동체의 범주**
- ㉠ 가정 : 자신의 의지와 상관없이 최초로 속하게 되는 사랑과 신뢰의 공동체
- ㉡ 지역 공동체 : 일정한 지역을 범위로 형성되는 공동체
- ㉢ 국가 공동체 : 개인이나 사회의 힘으로 해결할 수 없는 다양한 문제를 해결함
- ㉣ 세계 공동체 : 전 지구적 문제 해결과 평화 유지를 위해 세계 시민 의식이 필요함

③ **공동체주의의 특징** 24 기출
  ㉠ 개인주의와 자유주의의 문제점을 개선하고자 등장
  ㉡ 자유주의 인간관을 '무연고적 자아'라고 비판함
  ㉢ 인간은 공동체를 중심으로 자신의 정체성을 형성하고, 공동체에 뿌리를 둔 존재임
  ㉣ 공동체와 개인은 상호 보완적 관계에 있음

④ **공동체의 구분**
  ㉠ 도구적 공동체 : 근대 사회 이래 발달된 공동체관, 개인이 자신의 이익을 목표로 도구로 선택하는 공동체, 자유주의가 지향하는 공동체에 가까움 → 회사, 동호회, 정당 등
  ㉡ 구성적 공동체 : 개인의 자아 정체성을 구성, 삶의 방향 등을 형성하는 데 기반이 되는 공동체, 자아에 깊이 스며드는 공동체관

⑤ **공동선과 개인적 선의 조화**
  ㉠ 공동선 : 한 사회가 지향하는 공동의 목표와 공동의 가치를 말함 → 공공의 이익(공동체주의에서 강조)
  ㉡ 개인적 선 : 개인의 행복과 관련됨 → 개인의 이익, 자아실현(자유주의에서 강조)
  ㉢ 공동선과 개인적 선의 조화 추구 : 배려와 공감, 자신의 행동에 대한 책임
    • 공동선만을 추구할 때의 문제점 : 개인의 자유 억압
    • 개인적 선만을 추구할 때의 문제점 : 공동체의 가치 경시 → 공동체의 해체

✍ 연습 문제

다음과 관련된 공동체로 옳은 것은?

> • 개인의 자아 정체성을 구성하는 공동체이다.
> • 구성원들에 의해 도덕적으로 결속되어 있는 성원 의식에 의해 규정된다.
> • 공동체주의가 지향하는 공동체에 가깝다.

① 회사   ② 국가
③ 정당   ④ 동호회

해설 제시문은 구성적 공동체에 대한 설명으로, 국가와 가족이 대표적인 구성적 공동체이다. 회사, 정당, 동호회 등은 개인이 자신의 이익을 위한 도구로 선택하는 도구적 공동체이다.

정답 ②

(4) 자유주의와 공동체주의의 공통점
① 개인의 행복한 삶과 살기 좋은 사회적 조건을 추구함
② 공동체주의도 개인의 자유와 권리를 경시하지 않음

(5) 자유주의와 공동체주의의 조화가 담겨 있는 관점
① **사회계약론**
  ㉠ 자유주의적 입장 : 사회는 구성원의 자유와 권리를 보호할 의무를 진다는 점 강조
  ㉡ 공동체주의 입장 : 구성원들의 자유와 평등을 최대한 확보하면서 공동의 이익을 지키려고 약속하고 국가의 필요성을 역설
② **공리주의**
  ㉠ 각자 개성에 따라 자신의 삶을 자유롭게 살고, 타인의 행복에 관심을 둠, 자신의 이익과 타인의 이익이 조화될 수 있도록 노력함을 동시에 강조
  ㉡ 자신의 자유가 가져올 사회적 결과를 고려할 줄 아는 사람만이 진정한 자유를 누릴 자격이 있음을 강조

(6) 공화주의 21 기출
① 개인의 삶을 중시하고 공동체적 삶을 소홀히 할 수 있는 자유주의의 문제점을 보완하기 위해 등장 → 인간의 상호 의존성 중시
② 시민(개인)의 자유와 권리는 공동체의 법과 제도를 통해 실현 → 자신이 만든 법에 대해 자신의 의지에 따라 복종
③ **비지배로서의 자유** : 타인의 자의적인 지배에서 벗어나고 사적으로 종속되지 않음 → 법이 자의적 지배로부터 시민을 보호해 주는 방패의 역할 → 권력자의 자의적 지배가 없으므로 권력의 타락 방지
④ **공화주의와 공동체주의의 차이**

구분	공화주의	공동체주의
근원	마키아벨리의 영향을 받은 로마 전통 공화주의	아리스토텔레스의 영향을 받은 아테네의 시민적 공화주의
정치 참여	외세의 폭정으로부터 시민의 자유를 지키기 위한 수단	시민의 덕무이자 자유를 행사하는 것으로 덕성을 함양하기 위한 주요한 수단
공동선	모든 시민들이 자유롭게 사는 것	공동체 구성원들 모두가 동의하는 하나의 선

4 민족주의 윤리 사상

(1) 민족과 민족 정체성

① **민족의 의미**
  - ⊙ 객관적 측면 : 같은 지역을 배경으로 객관적 요소인 혈연, 지연, 언어, 역사, 문화, 종교, 생활 양식, 같은 조상 등을 가지고 있는 집단
  - ⓛ 주관적 측면 : 민족을 구성하는 주관적 요소로는 민족의식이나 소속감, 일체감과 같은 정신 및 의식적인 것 → 민족 정체성(National Identity)

② **민족 정체성의 의미** : 동일한 민족에 속한다는 소속감으로서 민족의 외적 변화와 상관없이 민족을 유지시켜 주는 역할

③ **민족의 역할**
  - ⊙ 영토의 통일 및 국가 형성에 중요한 역할
  - ⓛ 민족을 중심으로 영토와 주권을 확보하려는 경향

(2) 세계화의 의미

① 국제사회에서 상호 의존성이 증가함에 따라서 세계가 단일한 사회 체계로 나아가고 있음을 가리키는 말

② 전 세계가 하나로 연결되고, 그 속에서 상호 의존성이 심화됨을 뜻함

③ 정보화를 기반으로 인간 활동의 영역이 하나의 국가 단위를 넘어서 전 세계적으로 확대됨을 뜻함

(3) 열린 민족주의와 닫힌 민족주의

① **열린 민족주의** 23 기출
  - ⊙ 민족의 주체성을 유지하면서 동시에 다른 민족의 문화와 삶의 양식을 포용하는 민족주의
  - ⓛ 배타적이지 않으면서도 자민족의 정체성을 지켜 낸 간디의 사상

② **닫힌 민족주의**
  - ⊙ 자민족의 이익과 발전을 위해서는 다른 민족의 희생도 당연하다는 폐쇄적 민족주의
  - ⓛ 타국과의 긴장과 대립을 통해 국민을 하나로 묶어세우고자 했던 것

(4) 자민족 중심주의

① 자기 민족과 문화의 모든 것(가치관, 도덕성, 정치 체제, 경제 제도, 생활방식 등)만이 옳고, 합리적이며 윤리적이라고 생각하고 다른 민족의 문화를 배척 내지 경멸하는 태도

② 자민족 중심주의는 자민족의 우월성을 절대적으로 신봉하기 때문에 다른 민족을 멸시하고, 나치스의 홀로코스트와 같은 비극을 일으키게 됨

③ 자민족 중심주의가 자국 내에서 강조될 때에는 민족의 자부심, 긍지, 일체감 조성 등 민족감정을 고무시킬 수 있는 긍정적인 기능을 함

✏ 연습 문제

다음 내용과 관련 있는 것은?

> • 일제강점기 일본의 문화적 우월주의로 인한 조선인의 차별과 학대
> • 1990년대 다수 민족으로 구성되었던 옛 유고슬라비아 연방 해체 과정에서 다른 민족이라는
>   이유로 벌어진 무차별 학살

① 세계시민주의　　　　　　　② 자민족 중심주의
③ 열린 민족주의　　　　　　　④ 공동체주의

해설 제시문은 자민족 중심주의의 대표적인 사례이다. 자민족 중심주의는 자기 민족과 문화만이 옳고 합리적이라고 생각하며, 다른 민족의 문화를 배척 내지 경멸하는 태도를 말한다. 자민족 중심주의가 지나치게 강조되면 자기 민족의 모든 것이 우월하므로 다른 민족의 종교, 가치관, 생활 방식, 여러 가지 사회 제도, 나아가서는 생물학적인 특성까지도 배척하거나 말살하고 자기 민족의 모든 것을 따르도록 강요하는 문화 제국주의로 확대될 수도 있다.

정답 ②

---

(5) 세계시민주의

① 민족주의의 반대 개념으로 세계 연방이 실현되어 전 인류가 그 시민이 되고 이를 바탕으로 국가 간의 대립·갈등의 해결을 추구하는 태도
② 인간의 본질은 이성이며, 이성에 있어서 평등하다고 보아 인류를 하나의 이성적 국가로 포섭하려는 사상
③ **극단적 세계시민주의** : 각각의 민족 역사와 전통을 부정하고, 특정한 문화만 세계적인 문화로 받아들여야 한다는 주의

제 **2** 절 **민주주의 이념과 전개**

1 민본주의의 의미와 특성

(1) 민본주의의 의미

① 백성을 위주로 하는 정치 이념
② 위민과 애민 정신을 강조·발전하여 동양 정치에 많은 영향을 끼침
③ "백성이 나라의 근본이니, 근본이 튼튼해야 나라가 평안하다."

(2) 민본주의의 특성

① **인륜성** : 가족 공동체가 확장된 것으로 인식하여 나라를 다스리는 일도 가족을 보살피는 것과 같음
② **도덕성** : 정치의 핵심은 민생을 돌보는 것이고 이는 민의를 존중하는 덕치를 통해 실현되어야 함
③ **호혜성** : 인간존중의 원리를 전제로 하는 상호 호혜성의 원리를 담고 있음
④ **저항 가능성** : 군주와 백성 간의 상호 호혜성에 근거하여 제한적이지만 저항의 가능성을 포함하고 있음

(3) 공자와 맹자의 민본주의 24 기출

① **공자의 덕치** : 가장이 인애의 덕으로 가족을 이끌듯 군주도 법령이나 형벌이 아닌 인을 중심으로 하는 덕치를 베풀 것을 주장함
② **맹자의 왕도 정치** : 민본과 위민의 정치 구현을 위해서는 군주의 도덕성이 우선적으로 요구됨

(4) 우리나라의 민본주의

① **우리나라 민본주의 전통의 기원** : '홍익인간'의 정신
② **정도전** : 민본 사상을 실현하기 위해 정치·사회 전반에 걸친 개혁을 주도함 → 경연의 제도화(군주의 도덕적 자질 함양), 어사 및 감사 제도 도입(관료제의 자체 정화 기능)
③ **세종대왕** : 백성을 사랑하여 「훈민정음」을 반포함
④ **정약용의 민본주의** 23, 22, 21 기출
  ㉠ 백성을 단순히 통치의 대상이 아닌 통치자를 추대하는 존재로 봄
  ㉡ 백성의 경제 문제 해결과 백성의 뜻이 반영된 법 제정을 강조함
  ㉢ 전정, 군정, 환곡의 문란을 바로잡기 위한 개혁책을 제시함

(5) 민본주의와 민주주의의 공통점과 민본주의의 한계

① **민주주의와의 공통점** : '국민을 위한(for the people)' 정치를 지향함 → 정치의 근간을 백성에 두고, 백성의 복지를 위한 정치를 지향하며, 나아가 백성을 편안하고 이롭게 하는 점

② **민본주의의 한계**

  ㉠ 국민을 통치의 대상으로 삼는 점

  ㉡ 절대 권력의 군주를 전제하고 군주 세습을 인정한 점

  ㉢ 군주의 심각한 도덕적·인륜적 결함이 있거나 학정이 아닌 경우 권력의 교체나 제한을 가할 수 없다는 점

  ㉣ 과거제의 응시 자격이 일부 사람들에게만 한정된 점

2 민주주의의 개념

(1) 민주주의의 의미

① **좁은 의미** : 모든 국민이 통치 작용에 동의하고 또 그 통치 작용에 자유롭고 평등한 입장에서 참여하는 국민이 지배하는 정치체제를 의미하는 정치 원리

② **넓은 의미** : 국민의 국가 사회 생활의 실천 원리

(2) 인권 존중

① **의의** : 민주주의의 가장 근원적인 기본 이념

② 모든 사람의 천부적 권리를 존엄하게 생각하고 모든 개인을 무한한 가치를 지니고 있는 존재로 파악하고 존중하는 사상

③ 인간은 목적 자체(모든 사물가치보다 우월)이며, 수단으로 취급할 수 없음 → 모든 인간은 평등함

④ **칸트(Kant)** : "너의 인격 및 여러 다른 인격을 대할 때 항상 목적으로 대하고 결코 다른 수단으로 대하지 말라." → 저서 『실천이성판단』

(3) 자유 22 기출

① **자유의 의미** 23 기출

  ㉠ 소극적 의미 : 구속이 없는 상태 → 외부로부터 부당한 지배 및 강제를 받지 않는 상태

  ㉡ 적극적 의미 : 모든 개인이 스스로 자기 자신을 지배하는 자율, 이성에 따른 지배

② **자유의 역설**

  ㉠ 내용 : 인간은 사회적 존재이므로 인간이 누리는 자유도 '사회에서의 자유'일 수밖에 없음 → 자유의 실현을 위해서는 사회공동체의 유지를 해치지 않는 범위 내에서만 허용되어야 함 → 자유를 보장하기 위해서는 자유에 대한 제한이 뒤따라야 하며 평등의 원리와 책임의 원리 두 요인에 제한을 받음

ⓒ 원칙
- 평등의 원칙 : 타인의 자유를 자신의 자유와 마찬가지로 존중하는 평등의 원칙하에서만 자유를 향유할 수 있음
- 책임 : 진정한 자유는 책임이 뒤따름
- 개인성과 사회성이 공존

③ **자유와 필연**

㉠ 자유에 대한 극단적 견해
- 숙명론(결정론) : 자유는 외적인 조건에 의해 결정
- 자유의지론(Kant) : 인간을 전적으로 자유의 주체, 자율적 존재로 인정

㉡ 헤겔(G. W. F. Hegel)
- "자유란 필연성에 대한 인식이다."
- 자연적 필연성에 대한 인식하에 자기 자신과 외적 자연을 지배할 수 있는 능력으로부터 자유가 주어진다고 해석, 자유는 필연적으로 인류의 지식 발달과 결부되어 있으며 그런 의미에서 역사 발전의 산물임

(4) 평등

① **민주주의에서 요청되는 평등** : 인간존중의 평등, 법 앞에서의 평등, 정치적 · 경제적 · 사회적 평등

② **자유와 평등에 대한 견해**

㉠ 서로 배치
- 초기 자본주의 사회에서의 자유주의자들의 생각
- 자유의 이념을 우위에 놓는 견해

㉡ 조화
- 수정자유주의자들의 견해
- 평등한 결과가 아니라 평등한 대우 주장 : 획일적인 평등을 추구하는 것이 아님

✔ 연습 문제

다음 중 자유와 평등의 관계에 대한 설명으로 옳지 <u>않은</u> 것은?

① 자유와 평등은 민주주의의 핵심 요소이다.
② 자유를 강조하면 통제와 감시의 사회가 될 것이고 평등을 강조하면 방종한 사회가 될 것이다.
③ 자유와 평등은 이율배반적이기 때문에 상호보완적으로 조화를 이루어야 한다.
④ 자유를 절대화하여 무제한 허용하면 무정부화의 약육강식 상태가 되어 평등이 부정될 것이다.

해설 자유를 강조하면 방종한 사회가 될 것이고 평등을 강조하면 통제와 감시의 사회가 될 것이다.
정답 ②

3 민주주의의 기원과 발전

(1) 고대의 민주주의

① 그리스 아테네의 직접 민주주의
  ㉠ 특징 : 시민이 직접 참여하여 정책 결정뿐만 아니라 집행까지도 담당
  ㉡ 평가
    • 헤로도토스 : 법 앞의 평등사상, 국민의 토론정신, 정치지도자에 대한 견해들을 민주주의의 원칙으로 파악
    • 페리클레스 : 아테네 민주주의는 모든 시민의 평등한 정치적 권리와 공직에의 참여 보장
    • 플라톤과 아리스토텔레스 : 아테네 민주주의는 소수 부자들에 대한 다수 빈자들의 지배, 우매한 천민의 지배가 초래되며 전반적인 정치적 책임의 부재가 우려됨
  ㉢ 한계 : 노예, 여성, 외국인은 제외되는 전체 대중들의 인권을 무시한 형태

② 로마의 자연법사상
  ㉠ 로마 민주주의의 특징 : 광대한 로마제국의 통합을 위한 법의 필요성 역설
    • 키케로에 의해 자연권 및 자연법 규정
    • 통치자와 피치자에게 다 같이 적용되는 법의 정신을 중시함으로써 민주주의 발전에 공헌
  ㉡ 키케로의 사상
    • 인간에게 부여되는 자연권은 누구에 의해서도 부정될 수 없는 것
    • 법의 분류 : 자연법, 만민법, 시민법 → 자연법이 만민법과 시민법에 우선함
  ㉢ 자연법사상의 영향 : 중세 아퀴나스, 17세기 홉스, 로크, 루소 등에 영향을 주어 사회계약설로 전개됨

③ 직접 민주 정치와 간접 민주 정치

구분	직접 민주 정치	간접 민주 정치
의미	시민이 직접 주권을 행사하는 정치 형태	시민이 선출한 대표자가 간접적으로 주권을 행사하는 정치 형태
장점	국민 자치의 원리를 가장 충실하게 실현할 수 있음	영토가 넓고 인구가 많은 대규모 집단에서도 효율적으로 실시할 수 있음
단점	대규모 집단에서는 실현하기 곤란함	시민의 의사가 정확히 전달되기 어렵고, 국민의 정치적 무관심을 초래할 가능성이 있음
기타	운영 사례 : 고대 아테네의 민회, 스위스 켄톤의 주민 총회	보완책 : 국민 발안, 국민 소환, 국민 투표, 지방자치 제도 등

(2) 근대의 자유주의적 민주주의

① 로크의 사상 21 기출
  ㉠ 자연권 : 자연 상태에서 모든 사람은 생명·자유·재산에 대한 권리를 가지며 이를 통틀어 소유(Property)라고 칭함
  ㉡ 사회계약 : 자연 상태에서는 권리의 보장이 확실치 않으므로 계약에 의해 정부를 조직하여 이에 자연권 일부를 신탁

ⓒ 이권분립 : 입법권과 행정권을 분리

ⓔ 미국 독립선언서에 반영

② **루소의 사상**

ⓐ 『사회계약론』에서 개인은 태어나면서부터 자연적 자유를 부여받은 존재라고 규정(천부인권설)

ⓑ 일반의지에 기초한 입법을 강조

ⓒ 인민주권론 : 전 국민의 국정에의 평등한 참가, 지배와 복종의 자동성의 원리 포함

③ **몽테스키외의 사상**

ⓐ 『법의 정신』에서 절대주의의 폭정을 인간이 아닌 권력기관의 분립을 통한 상호견제와 균형으로 방지하자는 삼권분립 주장

ⓑ 권력분립으로 국가권력의 집중으로 인한 권력남용의 경향을 시정하고, 민주정치를 실현하고자 하는 의도가 있었음

④ **근대 자유주의적 민주주의의 특징 및 평가**

ⓐ 특징 : 개인의 자유보장, 형식적 원리 존중, 소극적 정치(야경국가관), 시민 민주주의

　• 자유주의적 민주주의 : 정부 권력이 강해지는 것을 방지하고, 정부로부터 개인의 자유를 보장하는 것이 주목적임(국민의 자발적 참여, 공정한 비판)

　• 야경국가 : 국가의 임무는 대외적인 국방과 대내적인 치안 유지 확보 및 최소 한도의 국가 존립에 관한 것에 국한하고 개인의 자유에 방임하려는 소극적 의미의 자유주의적 국가관

　• 시민 민주주의 : 근대의 자유주의적 민주주의는 정치 참여 계층도 일정한 재산과 교양을 갖춘 시민만이 참여하는 형태

ⓑ 평가 : 성립 시부터 개인주의, 자유주의 및 자본주의와 결합된 근대 민주주의는 자본가와 노동자의 대립, 빈부격차의 심화, 주기적 공황 등으로 '국민에 의한 정치'는 실현되지 못함

(3) 현대의 대중 민주주의

① **대중 민주주의의 대두**

ⓐ 일반 대중의 참정권 부여(보통 선거)로 대중 민주주의 시작

ⓑ 노동자, 농민, 여성 등의 지속적인 선거권 쟁취 운동으로 가능

ⓒ 1918년 영국에서 처음으로 남녀 보통 선거제가 실시 → 보통 선거제를 실시함으로써 시민 민주주의하에서는 체제 외적 존재였던 대중이 체제 내적 존재로 편입되었고, 시민 사회는 대중 사회로, 근대 국가는 현대 국가로 변모하게 되었음

② **대중 민주주의의 특징** : 보통 선거제 실시, 야경국가에서 대정부로 바뀜, 소극적 정치에서 적극적 정치로 바뀜

③ **대중 민주주의의 문제**

ⓐ 대중 사회 : 공동체 의식과 동질성 상실, 원자화, 획일화, 무관심화, 유동화, 아노미화

ⓑ 문제점 : 소비적·수동적 대중, 정보의 홍수 속 선택의 혼란·무감각·거부 반응, 정치를 하나의 오락적 소비물로 인식

4 민주주의 기본 원리 및 제도의 규범

(1) 국민 주권
① **의의** : 바람직한 국가의 정치 형태를 최종적으로 결정하는 권력이 국민에게 있다는 원리
② **이론적 기초** : 사회계약설

(2) 대의 정치
① **의의** : 국민이 투표를 통해 일정 기간 권력의 행사를 자신들이 선택한 자에게 위탁하는 방식 → 모든 국민이 정치에 직접 참여하는 것은 현실적으로 불가능하기 때문
② 대의제는 지도자 선출방식과 선출된 지도자의 정치 권력에 대한 견제라는 두 요소가 동시에 갖추어져야 함

(3) 권력 분립 `23` `기출`
① 국가 작용(입법·사법·행정)을 각기 다른 구성을 가진 독립기관이 담당하게 하여 기관 상호간 견제 균형을 유지하도록 하는 제도
② **목적** : 국가 권력의 집중과 남용을 방지함으로써 국민의 자유와 인권을 보장 → 절대 권력은 절대적으로 부패
③ **주장자**
  ㉠ 로크 : 이권 분립(행정과 입법의 분립) 주장
  ㉡ 몽테스키외 : 삼권 분립 완성

(4) 다수결
① **의미** : 다수의 결정을 국민 전체의 합의로 인정하여 모든 국민이 여기에 복종함을 의미
② **다수결 원리의 선행 조건**
  ㉠ 자유 토론을 거친 의사 결정
  ㉡ 이성적이고 합리적 판단 가능
  ㉢ 결정은 국민 전체가 존중
  ㉣ 내려진 결정에 승복
  ㉤ 다수와 소수의 위치는 상호 유동적이어야 함
  ㉥ 반대 의사에 선 소수들도 결정에 승복·반성의 태도를 가져야 함

(5) 법치주의

① **의의** : 정해진 법에 의해 정치 → 자의적 정치 배격 → 사회생활의 예측 가능성 → 개인의 자유 보장
② 법에 의한 재판, 죄형법정주의, 법에 의한 행정 등

✏ 연습 문제

다음 중 민주주의의 기본적인 운영 원리가 <u>아닌</u> 것은?

① 국민 주권   ② 대의 정치
③ 법치주의   ④ 다원주의

해설 다원주의는 민주주의의 실천 원리에 해당한다.
　　　민주주의의 기본 운영 원리에는 국민 주권, 대의 정치, 권력 분립, 다수결, 법치주의 등이 있다.
정답 ④

---

5 민주주의의 운영의 규범

(1) 민주주의의 생활 원리

① "민주주의란 단순한 정치 형태 이상의 것으로서 그것은 일차적으로 공동생활의 한 양식이며 또 서로 교섭하는 경험의 한 양식이다." – J. Dewey
② 민주주의의 이념을 구현하는 생활 양식 중 가장 중요한 것은 인간관계 원리이다.
③ 사람의 가치를 매우 귀중한 요소로 생각하고 행동하는 것, 인간 이성의 능력을 믿고 다른 사람들과 지혜를 공유하는 사회이다.

(2) 민주 사회의 성격

① 인권을 인정하고 존중하며 자유와 평등을 실현하고자 하는 사회
② 개성을 존중하는 사회
③ 이성 우위의 사회
④ 진보 사회, 개방 사회

(3) 민주주의의 실천 원리

① **다원주의** : 획일주의 배격

② **경쟁과 타협** : 민주주의 사회는 대립과 갈등을 조정하고 타협하는 것

③ **합의의 원리** : 의사결정에 대한 선택

④ **참여의 원리** : 민주주의는 국민이 정치에 참여하는 것

(4) 민주 사회의 행동규범

① 책임과 의무의 완수

② 규칙과 법률의 준수

③ 공익공동의 목표 추구

④ 문제와 갈등의 민주적 해결

제 **3** 절 자본주의와 사회주의

1 자본주의와 사회주의 사상의 기원과 발전

(1) 자본주의 사상의 배경 및 특징

① **자본주의 등장의 사상적 배경** : 개인주의를 토대로 한 자유주의, 칼뱅이즘은 부의 획득을 긍정함

② **자본주의의 기본 정신** : 개인이 스스로 경제적 이익을 가지도록 경제적 자율성을 최대한 보장하는 것

③ **자본주의의 특징**

㉠ 개인의 이익 추구를 인정

㉡ 시장에서 자율적인 경쟁 허용

㉢ 생산 수단을 사적으로 소유 가능

㉣ 인간은 합리적이므로 부의 축적을 위한 활동을 자유롭게 선택 가능함

④ **자본주의의 전개 과정**

㉠ 상업 자본주의 : 15~16세기 서구 열강의 중상주의 정책 실시 → 중상주의(식민지 개척과 해외 무역 확대에 주력, 국내 산업의 보호 중시)

㉡ 산업 자본주의 : 기계화 → 대량 생산 → 대규모의 자본 축적과 산업 자본의 증가

㉢ 애덤 스미스는 사익의 추구가 결과적으로 공익에 기여하게 된다고 여겨 '보이지 않는 손'에 의한 자유방임 자본주의를 주장함

ㄹ 수정 자본주의 = 혼합 경제 체제
- 1930년대 미국의 경제 대공황 : 대량 실업, 농산물 가격의 폭락 → 시장 실패
- 케인스의 수정 자본주의 등장 : 1970년대 제1차 석유 파동까지 서구 경제학에서 중심적인 위치를 차지함
- 정부 역할의 대폭적인 확대 요구 → 큰 정부로 전환(루즈벨트 대통령의 뉴딜 정책으로 경제 대공황 극복)

ㅁ 신자유주의
- 1970년대 불경기 속의 가격 폭등, 정부의 거대화, 무능과 부패 발생 → 정부 실패
- 1980년대 시장 경제의 효율성을 강조하는 신자유주의가 영국, 미국에서 등장 → 작은 정부로 전환
- 개인의 자유와 시장 경제의 확대, 정부 기금 축소, 세금 감면, 복지 제도 축소, 공기업 민영화 강조
- 대표자 : 하이에크

(2) 사회주의 사상의 배경 및 특징
① **등장 배경** : 초기 자본주의(고전적 자본주의, 산업 자본주의)에서의 경제적 불평등
    ㄱ 자본주의의 특징 : 자유주의 이념을 기반으로, 사유재산제, 자유 계약 및 자유 시장 제도를 근간으로 함, 유럽의 정신적·경제적 성장에 크게 기여
    ㄴ 초기 자본주의의 문제점 : 불평등 심화, 경제 공황
② **사회주의의 특징** : 사회 중심의 인간관, 생산 수단의 공동 소유와 통제, 경제적 불평등 해소 중시

(3) 사회주의의 형성 과정
① **사상적 기원**
    ㄱ 플라톤의 이상 국가론 : 통치 계급의 재산 공유와 국가에 의한 자녀의 공동 양육
    ㄴ 초기 그리스도교들의 생활 : 공동 작업을 토대로 한 소박한 생활
    ㄷ 모어(More. T)의 유토피아 : 공동 사회의 생산과 분배 제도의 기초로 '공유제'를 강조
② **초기 사회주의의 등장**
    ㄱ 19세기 초부터 영국과 프랑스를 중심으로 학파(생시몽, 오웬, 프리에) 형성
    ㄴ 산업 사회의 현실을 인정하고 이것을 유토피아의 출발점으로 삼아 새로운 사회의 원리를 구상
    ㄷ 구체적인 사회 개혁을 목표로 하는 운동과는 거리가 먼 공상적 수준에 머무름
③ **마르크스주의의 등장(과학적 사회주의)**
    ㄱ 현대 사회주의 운동의 기원 : 1848년 '공산당 선언'에 의해 대표되는 마르크스주의
    ㄴ 마르크스는 자신의 사상을 '과학적 사회주의'로 명명
    ㄷ 자본주의 붕괴와 프롤레타리아(노동자 계급) 독재 및 계급 없는 사회의 도래를 역사적 필연성의 차원에서 설명
    ㄹ 공산주의 이데올로기로 등장하여 사회주의 운동을 자극, 사회주의 운동의 가장 큰 지적 연원이 됨

ⓜ 마르크스의 역사 발전 5단계설 : 원시 공산 사회 → 고대 노예 사회 → 중세 봉건 사회 → 근대 자본주의 사회 → 공산주의 사회(계급 없는 평등 사회)

④ **마르크스의 주요 이론과 주장**

　ⓐ 유물론 : 사회 · 경제적인 물질적 토대 위에서 인간의 의식이나 마음이 규정된다는 이론

　ⓑ 변증법적 유물론 : 세계의 발전이 정신이나 이념 대신 물질이 모순에 의해 자체를 전개시켜 나가는 과정으로 봄

　ⓒ 소외론 : 소외의 개념을 사회분석의 중요 도구로 삼고, 자본주의 사회에서 노동자의 소외를 주로 지적함

　ⓓ 국가관 : 국가는 가진 자들의 이익에 봉사하기 위한, 계급의 지배를 영속화하기 위한 것에 지나지 않는다고 주장함

　ⓔ 평등주의적 분배 입장 : 사회 민주주의가 주장하는 자본주의 체제 속에서의 '공정한 분배' 논리를 비판하면서 "능력에 따라 일하고 필요에 따라 분배해야 한다."라는 사회주의 노동 분배 원칙을 주장함

⑤ **민주 사회주의**

　ⓐ 소련 중심의 사회주의는 1950년대 중반 이후 유고, 중국 등이 독자 노선을 걸음

　ⓑ 서구 사회주의자들이 1951년 '사회주의 인터내셔널'을 결성, '프랑크푸르트 선언'을 통해 민주 사회주의를 선언

　ⓒ 마르크스 사상을 벗어나 의회 민주주의, 언론 및 사상의 자유, 사회 보장 제도의 확대 주장

　ⓓ 급진적 폭력 혁명론을 비판(소련식 사회주의)하고 민주적 방법으로 사회주의 이상을 실현

　ⓔ 주요 부문 사적 소유 인정 → 서구 복지 자본주의 발전에 이바지함

2 자본주의 사회에서의 윤리

(1) 자본주의의 윤리적 장점

① **개인의 자유와 권리 신장에 기여** : 다른 사람의 권리를 침해하지 않고 개인적 소유권을 보장하고 개인의 선택을 존중 → 자유로운 직업을 선택하여 자유로운 소비를 함으로써 개인의 자유와 권리를 신장시킴

② **개인의 근면성과 창의성을 증진** : 개인의 능력과 노력으로 더 많은 이익과 풍요로움을 강조 → 개인 능력이나 노력에 따른 소득 차이 인정

③ **민주주의 발전에 기여** : 자유 경쟁과 다원적인 경쟁 사회를 통해 대의 민주주의를 발전시킴

(2) 자본주의 사회의 윤리적 문제점

① **경제적 불평등 심화**

　㉠ 원인 : 개인 간에는 육체적·정신적 능력에 차이가 있을 수밖에 없고, 또 교육을 어느 정도 받았느냐에 따라 생산성에 차이가 나타날 수밖에 없음

　㉡ 문제점 : 빈곤층이 발생하여 계층 간 갈등 발생, 경제적 불평등 심화

② **가치 전도 현상** : 가치의 순서나 위치를 바꾼다는 것은 목적적 가치를 지닌 것을 수단으로 삼고, 수단적 가치를 지니는 것을 목적으로 삼는 것

③ **인간 소외 현상** : 인간을 기계나 부속품처럼 대우함

☑ 연습 문제

다음 중 자본주의 사회의 윤리적 문제점으로 옳지 <u>않은</u> 것은?

① 빈곤층이 발생하여 계층 간 갈등이 발생하며 경제적 불평등이 심화된다.

② 인간이 스스로의 필요에 의해 만든 문화를 지배하지 못하고 오히려 그에 의해 지배되는 가치 전도 현상이 일어날 수 있다.

③ 생산 수단의 공유나 균등 분배를 강조하여 개인의 생산성이 저하된다.

④ 시장의 자율적 경쟁이 불공정하게 이루어질 수 있다.

해설 사회주의 사회의 윤리적 문제점에 대한 내용이다. 자본주의 사회의 윤리적 문제점으로는 경제적 불평등 심화, 가치 전도 현상, 인간 소외 현상, 불공정한 경쟁 등이 있다.

정답 ③

---

3 사회주의 사상의 윤리적 함의

(1) 사회주의 평가

① **긍정적 평가**

　㉠ 모든 사회 구성원의 최소한의 인간다운 삶을 보장할 수 있음

　㉡ 인간의 존엄성이라는 도덕적 이상을 추구

　㉢ 노동자들의 열악한 위치에 대한 인식 강조

② **부정적 평가**

　㉠ 경제적 평등이 개인의 자율성을 침해

　㉡ 경제적으로 비효율적일 수 있음

　㉢ 경제적 평등이 강조될 경우 개인의 자유와 권리가 침해됨

　㉣ 노력에 대한 보상을 알 수 없음

(2) 사회주의가 자본주의 사회에 주는 윤리적 시사점

① **의식적 측면**: 인간은 사회에서 독립적이지 않고 상호 의존하는 존재임을 알게 함 → 공동선 추구 필요성 인식

② **제도적 측면**: 경제적 평등이나 분배의 정의의 중요성을 깨닫게 함 → 최저 임금제, 사회 보장 제도, 공정한 세금 비율 적용 등

③ **사회주의 몰락에 관한 측면**: 자유의 가치에 대한 인식 → 자유는 훼손될 수 없는 가치임을 인식해야 함

④ **사회주의의 이상 수용 측면**: 평등의 가치를 중시해야 함 → 복지 자본주의

제 4 절 인간과 국가

1 국가의 필요성과 바람직한 국가

(1) 국가의 의미

① 우리 모두를 하나로 느끼게 하고 하나로 묶어 줌

② 우리가 물질적으로나 정신적으로 안정된 삶을 살아갈 수 있게 함

(2) 동서양의 국가 이론

① **동양의 국가 이론**: 도가(소국과민), 법가(부국강병), 유가(활국구민)

② **서양의 국가 이론**: 정복설(실력설), 도덕주의, 이상주의, 사회계약설

③ **국가관의 변천**

구분	야경 국가론	복지 국가론
시기	19세기까지	20세기 중반부터
성격	• 소극적 국가관 • 자유방임주의에 기초 • 자유주의적 국가관과 상통	• 적극적 국가관 • 유가의 활국구민 정신과 일맥상통
주장	국가 권력의 행사는 개인의 생명, 재산, 자유만을 보호하는 데 그쳐야 한다.	국가는 모든 국민이 인간다운 삶을 영위할 수 있도록 적극적으로 돌봐야 한다.

(3) 국가의 기원과 형성

① **아리스토텔레스** : 국가는 인간의 사회적·정치적 본성에 의해 생겨난 것으로, 인간이 시민적 유대감과 결속을 누리며 행복한 삶을 살기 위해 국가가 존재 → 인간 본성 기원론

② **사회 계약론자** : 인간의 자연법상의 권리를 보장하기 위해 사회 구성원의 동의를 거쳐서 국가가 탄생 **24, 23, 22 기출**

　㉠ 홉스 : 자연 상태의 인간이 '만인의 만인에 대한 투쟁' 상태에 있다고 보고, 생명과 안전을 보장받기 위해서 계약을 통해 자신의 권리를 국가에 양도하게 되었다고 설명

　㉡ 로크 : 인간은 이성을 가졌지만 오류의 가능성이 있어 자연 상태에서 인간은 분쟁을 겪게 되므로 분쟁을 해결하기 위해 국가가 필요함(백지설 → 인간의 본성이 선하지도 악하지도 않음)

　㉢ 루소 : 인간의 본성은 선했으나 사유재산이 생겨나면서 사회적 불평등과 갈등이 생겨나 자유와 평화를 보장하기 위해 국가가 탄생(일반 의지 → 모든 사람의 의지를 종합 통일)

③ **동양의 유가 사상** : 가족이 확대되어 국가가 이루어진 것이라고 하여 국가를 하나의 커다란 가족으로 여김

(4) 국가의 변천

① **씨족사회** : 사냥과 채집 중심, 경제 발달 수준이 낮았으므로 개인의 권리는 평등함

② **최초의 국가 유형** : 경제가 발달하고 재산이 생겨나면서 개인의 사회적 지위가 나누어졌으며, 이 질서를 유지하기 위해 국가가 등장함

③ **중세의 국가 유형** : 신분의 세습을 보장하는 봉건제 국가였음

④ **근대의 국가 유형** : 프랑스 대혁명의 이념이 상징하는 자본주의 국가였음

(5) 국가의 필요성

① 외적이나 자연재해로부터 국민의 생명과 재산을 보호함

② 국제사회에서 국민들이 정당한 대우를 받을 수 있도록 해 줌

③ 국민들에게 소속감과 같은 정신적 안정감을 줌으로써 더 행복하게 살 수 있게 해 줌

④ 법을 제정하고 집행하면서 사회질서를 확립함

(6) 바람직한 국가의 모습 **23, 20 기출**

① **소극적 국가관** : '야경 국가'와 관련이 깊은 국가관으로 국가는 필요악이며, 국가의 임무를 대외적인 국방과 대내적인 치안 유지의 확보 및 최소 한도의 공공사업에 국한하고, 기타는 개인의 자유에 방임하라는 소극적 의미의 자유주의적 국가관임

② **적극적 국가관** : 국가의 기능을 치안유지와 외교, 국방에 한정하는 소극적 국가관인 '야경국가'와 대비되는 개념으로 '복지 국가'에 해당하는 국가관임

③ **국가주의적 국가관** : 개인과 국가를 유기적인 관계로, 국민의 목적 실현을 위한 도덕체로 파악하는 국가관으로 유가 사상과 비슷함

④ **자유주의적 국가관** : 국가를 개인의 자유롭고 평화로운 삶을 위한 하나의 필요악이라고 보는 국가관

⑤ **마르크스주의적 국가관** : 국가를 지배 계급이 피지배 계급을 억압하고 착취를 위한 기구로 보는 국가관

⑥ **무정부주의적 국가관** : 국가의 강제력을 부인함으로써 국가 존재 자체를 의문시하는 국가관

✏ 연습 문제

다음에서 국가관과 그에 대한 설명이 잘못 연결된 것은?

① 소극적 국가관 : 국가는 필요악으로, 국가의 임무는 최소 한도로 국한하고 개인의 자유에 방임

② 국가주의적 국가관 : 국가를 지배 계급이 피지배 계급을 억압하고 착취하는 기구로 보는 국가관

③ 자유주의적 국가관 : 국가를 개인의 자유롭고 평화로운 삶을 위한 하나의 필요악으로 보는 국가관

④ 무정부주의 국가관 : 국가의 강제력을 부인함으로써 국가의 존재 자체를 의문시하는 국가관

해설 마르크스주의적 국가관에 대한 설명이다. 국가주의적 국가관은 개인과 국가를 유기적인 관계로, 국민의 목적 실현을 위한 도덕체로 파악하는 유가 사상과 같은 국가관을 말한다.

정답 ②

---

(7) 바람직한 국가가 추구하는 가치

① **자유** : 자유에는 그에 합당한 책임이 뒤따르므로 다른 사람의 자유를 함부로 침해해서는 안 됨

② **평등** : 권리, 의무, 자격 등이 모든 사람에게 고르게 적용되는 것으로 대표적인 사회적 불평등인 빈부격차의 문제를 해결하기 위해서는 평등의 가치를 실현해야 함

③ **민주**
　㉠ 국민이 국가의 주인이라는 의미로 주권이 국민으로부터 나온다는 말과 동일한 의미임
　㉡ 민주의 가치를 실현하기 위해서는 국민들의 다양성과 의견을 존중해야 함

④ **인권** 22 기출
　㉠ 사람으로서 당연히 누려야 할 인간답게 살 권리를 의미함 → 단순히 생명을 유지하는 것에서 더 나아가 인간의 존엄성을 누리는 삶을 말함
　㉡ 국가는 국민의 인권이 침해되지 않도록 법으로 보장하는 노력을 기울여야 함

⑤ **정의**
　㉠ 정의는 사회를 유지하고 구성하는 데에 있어서 옳고 그름을 중립적인 입장에서 객관적으로 평가하는 공정함을 의미함
　㉡ 국가는 이러한 정의를 바탕으로 사회 문제를 해결해야 국민들로부터 신뢰와 지지를 얻을 수 있음

⑥ 평화

　　㉠ 국민 개개인이나 집단 사이에서 갈등이나 대립이 일어나지 않는 상태 → 발생한 갈등이 잘 해결
　　　되면 사회 발전에 도움이 되기도 하지만, 해결되지 못하면 사회가 안정되지 못하고 평화를 크게
　　　위협을 받을 수 있음

　　㉡ 국가는 사회의 불안정한 요소를 제거하고 국가의 발전을 도모하기 위해서 평화를 추구해야 함

⑦ 복지

　　㉠ 삶의 질을 높이고, 국민 전체가 행복하게 살아갈 수 있도록 정책적으로 노력해야 함

　　㉡ 국가는 사회적 약자들이 기본적인 생활수준을 유지할 수 있도록 보호해야 하는 의무를 가지고
　　　있기 때문에 복지의 가치를 실현하기 위해 노력해야 함

2 국가의 권위와 개인의 자율성

(1) 국가 권력의 의미와 목적

① **국가 권력** : 국민의 공동 이익을 보장해 주기 위해 국가 조직을 통해 행사되는 물리적 강제력

② **국가 권력의 주체** : 국민 → 국가는 국민의 지지와 동의를 통해 정당성을 얻어야 함

③ **국가 권력의 목적** : 인간 존엄성 보장, 개인의 생명과 자유 및 재산 보호, 사회 복지 추구, 갈등을
해결하여 국민 대통합, 사회의 공동 이익 추구

(2) 국가의 역할

① 국가 안보 유지, 치안 유지

② 사회 정의의 실현과 복지 실현

③ 경제 관리와 환경 관리

(3) 개인의 자율성

① **자율적 개인의 권리** : 본질적 권리, 자유권, 평등권, 참정권, 청구권적 기본권

② **시민의 의무** : 민주 국가의 구성원으로서 준수해야 할 책임과 의무 → 공동체의 안정과 명예, 사회
질서, 공공복리, 환경 보전 등 공동선 증진을 위한 의무

(4) 의무의 종류

① **헌법에 규정되어 있는 의무** : 교육의 의무, 근로의 의무, 납세의 의무, 국방의 의무, 환경 보전의
의무

② **권리인 동시에 의무** : 교육의 의무, 근로의 의무, 환경 보전의 의무, 재산권 행사 공공복리 적합의
의무

③ 법에 없지만 사회 구성원으로서 성실히 수행해야 할 의무

(5) 국민의 의무

① **국방의 의무** : 외부의 공격에 대해 국가를 방어할 의무를 지는 것

② **납세의 의무** : 국가의 유지에 필요한 경비를 부담해야 하는 것은 국민의 기본적인 의무

③ **교육의 의무** : 국민 개개인이 보호하는 자녀에게 초등교육과 법률이 정하는 교육을 받게 할 의무

④ **근로의 의무** : 개인의 기본적인 생활을 유지하며 행복을 누리고, 국가의 경쟁력을 향상시키기 위해 근로를 해야 하는 의무

☑ 연습 문제

다음 중 헌법에 규정되어 있는 의무가 <u>아닌</u> 것은?

① 교육의 의무   ② 납세의 의무

③ 국방의 의무   ④ 재산권 행사의 의무

해설 헌법에 규정되어 있는 의무로는 교육의 의무, 근로의 의무, 납세의 의무, 국방의 의무, 환경 보전의 의무 등이 있다.

정답 ④

---

3 인간 존엄성과 인권 존중

(1) 인간 존중 정신

① 인간은 어떠한 상태로 태어나든 인간이기 때문에 가장 소중한 존재이며 존엄하게 대우받아야 함

② 인간은 성별, 종교, 피부색, 국적, 빈부 차이, 사회적 지위 등의 조건에 관계없이 누구나 평등하게 존엄성을 유지하며 살아가야 함

(2) 인간 존엄성

① 단 한 사람의 생명이라도 소중하게 여기는 가치를 인간의 존엄성이라고 함

② 존엄성을 유지하며 살아가는 삶이 인간다운 삶

③ 인간의 존엄성은 인간이 가지는 천부적 인권이자 기본적인 인권임

(3) 인간 존중에 대한 다양한 사상

① **석가모니** : 자비 정신 → 자연으로까지 확대되어 생명 존중 사상으로 발전

② **공자** : 인(仁) → "어진 사람은 남을 사랑하는 사람이며, 자기가 하기 싫은 일을 남에게 시키지 않는 사람이다."

③ **소크라테스** : "너 자신을 알라." → 편견이나 선입견에서 벗어나 무지하다는 것을 깨달을 때에 인간답게 산다는 것이 어떤 의미인지 알 수 있다.

④ **예수** : "네 이웃을 네 몸과 같이 사랑하라." → 모든 사람은 하느님 앞에서 평등하고, 하느님은 모든 인간을 똑같이 사랑한다.

⑤ **고조선 시대** : "널리 인간을 이롭게 한다."라는 홍익인간(弘益人間) 사상 → 인간 존중의 사상이 자연의 미물까지도 소중히 여기는 마음으로 확장

⑥ **동학** : "사람이 곧 하늘(人乃天)", "하늘의 마음이 곧 인간의 마음(天心卽人心)" → 하늘과 사람과 자연은 하나이며, 모든 사람은 평등하기 때문에 근본적으로 귀천이 있을 수 없다. **24 기출**

(4) 인간 존엄성의 실천

① **타인의 고통 공감하기** : 역지사지(易地思之)의 태도, 타인의 입장에서 그 고통을 공감하는 것

② **사회적 약자와 인간 존엄성**

ㄱ 사회적 약자 : 장애인, 이주 노동자, 북한 이탈 주민 등

ㄴ 사회적 약자의 인간 존엄성 : 사회적 지위나 신체적 또는 정신적 조건과 상관없는 가치이므로 이들 역시 존중받아야 할 권리가 있음

(5) 인권의 의미와 인권 존중

① **인권의 의미** : 인간이 마땅히 누려야 할 권리, 인간 존엄성을 유지하며 자유롭고 평등하게 살아갈 권리

ㄱ 칸트 : 인간은 자유롭고 평등하며, 수단이 아닌 목적으로 대우해야 할 존엄한 존재

ㄴ 로크 : 인간은 남에게 양도할 수 없는 자연권(생명권, 자유권, 재산권)을 지니고 있음

② **인권 존중의 중요성** : 인류가 추구해야 할 보편적 윤리이며 사회의 도덕성과 정의로움에 대한 평가 척도임

③ **인권 사상의 발전 과정**

ㄱ 제1세대 인권(자유권) : 간섭받지 않을 권리를 요구 → 경제활동의 자유를 강조함으로써 자본주의의 확립과 발전을 보장했을 뿐 아니라 그로 인한 인간소외 등을 은폐하는 기능을 하기도 했으며, 이후 그 한계를 넘어서기 위한 사회권 개념이 등장

ㄴ 제2세대 인권(사회권) : 분배정의와 인간다운 삶을 요구 → 이 권리 개념은 자유권에 비해 그 당위성에도 불구하고 실질적인 실현 수단을 갖지 못하여 소기의 목적을 이루지 못하고 있음

ㄷ 제3세대 인권(연대권, 집단권) : 성, 인종, 지역 등의 차별과 핵전쟁 등의 위협, 생태위기 등에 대한 각성으로 나온 집단적 권리 혹은 연대의 권리 → 앞의 두 가지 개념에 비해 아직 생성 중인 권리 개념

④ **인권의 특징** : 보편성, 천부성, 불가침성, 항구성 **24 기출**

✏ **연습 문제**

다음 중 인권의 특징에 속하지 <u>않는</u> 것은?

① 보편성   ② 천부성

③ 항구성   ④ 중립성

해설 [인권의 특징]
- 보편성 : 인종, 피부색, 성, 언어, 종교에 관계없이 모든 사람이 누려야 함
- 천부성 : 인권은 태어날 때부터 가지는 권리임
- 불가침성 : 어떠한 경우에도 절대로 침해할 수 없음
- 항구성 : 인권은 박탈당하지 않고 영구히 보장되어야 함

정답 ④

---

⑤ **인권의 종류**

    ㉠ 소극적 인권(자유권) : '~로부터 벗어날 권리'로, 남에게 양도할 수 없는 자연권. 생명, 자유, 재산에 대한 권리이며 양심, 종교, 언론, 집회, 신체의 자유도 포함됨

    ㉡ 적극적 인권(복지권) : '~에 대한, ~에 의한 권리'를 요청하는 것으로, 사회의 공정성과 삶의 질을 평가하는 척도임

⑥ **인권 존중의 실천을 위한 노력**

    ㉠ 인간 존엄성을 바르게 이해하고 인권 감수성을 기르도록 노력해야 함

    ㉡ 자유와 평등이 보장되는 사회 여건을 만들기 위해 노력해야 함

    ㉢ 모든 사람이 인간답게 생활할 수 있는 제도적 기반을 마련해야 함

(6) 국가와 복지

① **복지** : 건강, 생활, 환경 등의 삶의 질에 대한 기준을 높여 행복을 누릴 수 있도록 하는 것

② **현대 국가에서의 복지** : 사람은 누구나 행복하게 살 권리가 있으며, 이를 보장하는 것은 국가의 책무 → 사회보험, 공적 부조 등을 통해 기본적인 생활 수준을 보장해야 함

③ **사회 복지** : 사회 구성원이 기본적 욕구를 충족시킬 수 있게 하기 위한 사회적인 체계

④ **사회보장 제도** : 사회적 위험으로부터 국민을 보호하고 삶의 질을 향상시키는 데 필요한 소득·서비스를 국가가 보장하는 정책(사회부조, 공공부조, 사회복지 서비스 등)

⑤ **복지의 긍정적 기능과 부정적 기능**

    ㉠ 긍정적 기능 : 생활 안정을 통한 인간 존엄성의 실질적 보장, 소득 재분배를 통한 사회 불평등 극복, 사회 안정

    ㉡ 부정적 기능 : 복지에 의존하면서 생산성과 효율성 저하, 국가의 재정 악화, 비용 부담 증가에 따른 조세 저항

제 **2** 편

적중모의고사

교육이란 사람이 학교에서 배운 것을 잊어버린 후에 남은 것을 말한다.

– 알버트 아인슈타인 –

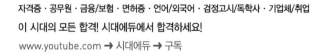

제한시간: 50분 | 시작 ___시 ___분 – 종료 ___시 ___분

⊟ 정답 및 해설 191p

01 인간의 본성에 대한 설명으로 **틀린** 것은?

① 다윈의 진화론으로 인해 인간의 동물적 본성에 대한 관심이 증대되었다.
② 순자는 인간의 본성이 악하지만 선하게 교화할 수 있으므로, 정치는 성품의 교화에 초점을 맞추어야 한다고 하였다.
③ 인간성은 선천적으로 정해져 있으므로 사회적 관계에 따른 변화는 없다.
④ 인간의 이성은 목적에 알맞은 계획과 예측을 가능하게 한다.

02 다음 내용에서 추론할 수 있는 인간의 특성은?

> • 짐승은 필요한 만큼 먹고 마시며 과식을 하지 않으나, 인간은 과음·과식을 하여 소화불량에 걸릴 수 있다. 짐승은 본능에 따라 욕구를 쉽게 자동 조절할 수 있으나, 인간은 그때그때마다 자기 반성을 통해 자기를 제어해야 한다.
> • "먼저 사람다운 사람이 되어야 한다." 라는 말이 있다. 여기서 '사람'은 '사람다운 사람'을 의미한다.

① 도구적 존재
② 윤리적 존재
③ 유희적 존재
④ 사회적 존재

03 다음 중 나머지 세 인물과 윤리설에 대한 입장이 **다른** 인물은?

① 밀
② 야스퍼스
③ 벤담
④ 에피쿠로스

04 상대론적 윤리설과 윤리학적 회의론의 배경으로 적절하지 **않은** 것은?

① 종교에 의지한 전통 윤리의 쇠퇴
② 자연과학의 눈부신 발달
③ 세계 질서와 사회 양상의 급격한 변동
④ 이성 중심의 인간관 확립

05 다음 중 인공유산에 대한 공리주의자들의 견해로 알맞은 것은?

① 인공유산 허용과 비허용의 절대적인 기준을 마련한다.
② 인공유산에 대한 법률적 지정을 반대한다.
③ 태아의 성장 상태가 아닌 인격체 여부를 기준으로 인공유산을 판단해야 한다.
④ 인공유산이 본인과 가족들에게 미치는 결과를 고려해 허용 여부를 결정한다.

06 다음 관점에서 지지할 수 있는 진술로 옳지 <u>않은</u> 것은?

> 태아는 수정된 순간부터 인간과 동일한 지위를 지닌 존재이므로, 인간과 마찬가지로 죽임을 당하지 않을 권리를 갖는다. 태아의 권리는 근본적인 것이며, 어떠한 경우라도 침해될 수 없다.

① 태아는 생명의 존엄성을 지닌 존재이다.
② 낙태는 잘못이 없는 인간을 해치는 행위이다.
③ 여성의 권리가 태아의 생명권보다 우선한다.
④ 태아는 인간으로 성장할 잠재성을 가지고 있다.

07 다음 중 밑줄 친 '이것'에 대한 설명으로 옳은 것은?

> • <u>이것</u>은 외부의 구속을 받지 않고 어떤 목적을 스스로 세우고 실행할 수 있는 의지를 말한다.
> • <u>이것</u>은 윤리의 전제 조건이다.

① 이것 때문에 인간은 자연법칙에 따라 결정론적인 삶을 산다.
② 이것은 도덕적 책임을 부과하는 전제 조건이 된다.
③ 이것은 동물과 인간의 공통점이다.
④ 이것이 없는 사람은 인격을 갖춘 사람이다.

08 다음 중 우리나라의 도교와 도가 사상에 대한 설명으로 <u>틀린</u> 것은?

① 오늘날 한국 사회에서도 불교나 기독교보다는 도교적인 요소가 뚜렷하게 드러난다.
② 양반들은 도가 사상을 이해하였고, 백성들과 천인, 부녀자들은 종교로서의 도교에 더욱 친숙하였다.
③ 도교는 도가 사상에서 이론을 빌려 오지만 노장 사상과는 다른 기반에서 출발하였고, 추구하는 목적도 다르다.
④ 농민과 민중을 주체로 하는 도교를 '민중도교'라 한다.

09 우리나라의 불교에 대한 설명으로 〈보기〉에서 옳은 것을 모두 고른 것은?

> **보 기**
>
> ㄱ. 원효는 중관학파와 유가학파의 사상적 통일이라는 대승불교 최고의 과제를 『대승기신론소』를 통해 매우 훌륭하게 해냈다.
> ㄴ. 고려 시대 의천의 돈오점수설은 주체를 강조하는 선 중심의 교선일치 사상이었다.
> ㄷ. 조선 시대의 숭유억불정책은 조선 왕조의 유지를 위한 정치적 목표 가운데 하나였다.

① ㄱ, ㄴ
② ㄱ, ㄷ
③ ㄴ, ㄷ
④ ㄱ, ㄴ, ㄷ

10 "이기적인 욕심은 착한 본성을 가려 서로 미워하게 만들고 두려움은 의(義)로운 일 앞에서 주저하게 만든다."라고 하여, 사회 혼란의 원인을 욕심과 두려움에서 찾았던 인물은?

① 순자
② 장자
③ 맹자
④ 이이

11 죽음에 대해 다음과 같이 설명한 서양의 사상가는?

> 살아 있는 동안에는 죽음을 경험할 수 없으므로 죽음을 두려워할 필요가 없다.

① 플라톤
② 에피쿠로스
③ 하이데거
④ 야스퍼스

12 다음 괄호 안에 들어갈 말로 알맞은 것은?

> (　　)은(는) 과학의 산물, 과학적 인식을 지나치게 높이 평가하여 그 외의 사고방식이나 의식 구조를 무시하는 입장이다.

① 쾌락주의
② 도구적 이성
③ 과학 지상주의
④ 개인주의

13 다음 윤리 사상에 대한 설명으로 옳은 것은?

> 꽃의 모습은 다양하지만 우리가 꽃이라고 말할 수 있기 위해서는 영원히 변하지 않는 꽃의 실재를 전제해야만 하는 것과 마찬가지로, 시시각각으로 변하는 감각 세계와는 근본적으로 다른 본질적 세계가 존재한다.

① 육체적 쾌락과 정신적 쾌락을 동일시하였다.
② 개인 윤리를 사회 윤리와 결부시키고자 하였다.
③ 현상의 세계는 이데아 세계의 모방에 불과한 것이다.
④ 인간의 본성을 이성에 의한 사유 활동이라고 보았다.

14 요나스의 책임 윤리에 대한 설명으로 옳은 것은?

① 인간 중심적 자연관을 옹호한다.
② 도덕적 의무를 강조하는 전통 윤리를 옹호한다.
③ 확정적인 미래에 대한 책임만 제기한다.
④ 미래 세대에 대한 환경도 보전해야 한다고 강조한다.

15 밑줄 친 '이것'과 가장 관련 있는 내용은?

> 이것은 어떠한 물질적 이익도 효용도 없는 행위로서 시간을 낭비하는 불건전한 활동으로 여기는 경향도 있었지만, 오늘날에는 문화 활동을 발전시키는 원동력이 되고 있다.

① 여러 가지 도구를 만들어 사용하는 존재이다.
② 생활상의 이해관계를 떠나 삶의 재미를 추구하는 존재이다.
③ 상징체계를 바탕으로 문화를 계승하고 창조하는 존재이다.
④ 도덕적 주체로서 스스로 가치 있다고 생각하는 것을 행할 수 있는 존재이다.

16 다음의 윤리 사상과 사회 사상의 관계에 대한 설명으로 옳은 것은?

> 잘못된 윤리 사상과 사회 사상은 사회와 인류에 커다란 재앙을 불러오기도 한다. 게르만족이 가장 우수하다는 잘못된 가치관을 지닌 히틀러는 제2차 세계대전 당시 수백만 명의 유대인을 독가스로 학살하고, 수많은 사람들을 고통으로 몰아넣었다.

① 개인의 윤리 사상이 공동체 전체에 영향을 끼치는 사회 사상으로 나타날 수 있다.
② 윤리 사상 대신 사회 사상을 통해 이상 사회를 추구해야 한다.
③ 인간과 사회의 정체성 측면에서 윤리 사상과 사회 사상은 상호 배타적이다.
④ 윤리 사상은 사회 사상을 실현하는 수단이다.

17 다음 중 플라톤의 이상국가론에 대한 설명으로 옳은 것은?

① 나라 안의 전체에게 최대의 행복을 주려고 노력하는 국가
② 투쟁 상태를 피하기 위한 소극적인 성격의 국가
③ 공공선을 실현하기 위한 시민들의 자유로운 계약 결과의 국가
④ 개인이 자연권을 계약에 의해 국가에 위임함으로써 형성된 국가

18 야경국가에 대한 설명으로 옳은 것은?

① 국민의 공공복리를 주요한 기능으로 하는 국가이다.
② 치안 유지와 개인의 자유에 대한 침해의 제거를 목적으로 하는 국가이다.
③ 고도의 발전 단계에 이른 일부 국가에 한정되어 있다.
④ 국민이 국가에 지나치게 의존하거나 소외감을 가져올 수 있다.

19 밑줄 친 '그'의 사상으로 옳지 않은 것은?

> 그는 공자가 살았던 당시보다 더욱 혼란해진 전국 시대의 상황에서 옳고 그름을 판단하여 정의를 밝힘으로써 현실 사회의 혼란을 극복하기 위해 인(仁)보다 의(義)를 강조하였다.

① 인간이란 선천적으로 순선한 존재라고 주장하였다.
② 인간은 누구나 사단(四端)을 가지고 태어난다.
③ 왕도 정치를 추구하였다.
④ 이상적인 사회를 대동 사회로 보았다.

20 다음 갑과 을의 대화를 읽고, 을의 관점과 일치하는 주장을 〈보기〉에서 모두 고르면?

> 갑 : 과학기술은 그 자체로 선하지도 악하지도 않습니다.
> 을 : 아닙니다. 과학기술 자체에 대한 반성적 자세가 필요합니다.

보기

> ㄱ. 과학기술은 가치 중립적이어야 한다.
> ㄴ. 과학기술에는 도덕적 판단이 포함되어야 한다.
> ㄷ. 과학기술에는 사회적 책임이 전제되어야 한다.
> ㄹ. 과학기술은 참과 거짓의 사실적 판단 대상일 뿐이다.

① ㄱ, ㄴ　　② ㄱ, ㄷ
③ ㄴ, ㄷ　　④ ㄷ, ㄹ

21 다음 중 뇌사 판정에 관련된 설명으로 옳은 것은?

① 뇌사 판정을 받은 환자는 의식 회복이 전혀 불가능하다.
② 뇌사 판정은 전적으로 의사의 판단에 따라 내려져야 한다.
③ 뇌사는 개인의 죽음과 관련되므로 사회적 합의와는 무관하다.
④ 뇌사 판정은 엄격한 기준에 의해 신중하게 내려야 한다.

22 다음에서 설명하는 사상가는?

> 동물도 삶의 주체로서 자신의 삶을 누릴 권리가 있어 인간을 위한 수단으로 간주해서는 안 된다고 주장한 동물 중심주의 윤리의 대표적 사상가이다.

① 싱어
② 벤담
③ 레건
④ 아퀴나스

23 다음에 해당하는 불교 사상은?

> 모든 사물에 변하지 않는 실체는 없으며 너와 내가 본질적으로 다른 존재가 아니며 서로 사랑하고 봉사해야 한다는 것이다.

① 사성제설
② 연기설
③ 삼법인설
④ 공(空) 사상

24 쾌락의 획득과 고통의 회피가 인간을 행복하게 한다고 주장한 에피쿠로스 학파가 '감정적·정신적 동요나 혼란이 없는 평정심의 상태'를 표현한 말은?

① 아타락시아(Ataraxia)
② 정신의 자유
③ 만민 평등 사상
④ 아파테이아(Apatheia)

25 현대의 '덕' 윤리의 모태가 된 사상가는 누구인가?

① 소크라테스
② 플라톤
③ 아리스토텔레스
④ 벤담

26 목적론적 윤리설의 내용으로 옳은 것은?

① 바르게 사는 것이 선(善)이다.
② 쾌락을 주는 것이 선(善)이다.
③ 결과보다 동기를 중요시한다.
④ 정(正)과 부정(不正)을 중요시한다.

27 과학 지상주의의 문제점으로 적절한 것은?

① 가치 판단의 기준으로 타산성이나 효율성을 경시한다.
② 인간의 도구적 이성을 과도하게 중시한 나머지 지적·창의적 특성마저 무시한다.
③ 도덕적·종교적 신념들을 과학적으로 증명될 수 없다는 이유로 무조건 받아들인다.
④ 인간 공동의 이상·역사·생활양식과 같은 심정적인 연대를 심각하게 위협한다.

28 소피스트 윤리 사상의 한계에 대한 설명 중 옳지 <u>않은</u> 것은?

① 세속적 가치를 중시하고 감각적 경험을 가치 판단으로 보았다.
② 사회 붕괴를 초래할 위험성에 대한 대안을 제시하지 못하였다.
③ 사회 질서를 유지하는 데 도움이 되었지만 다양한 가치와 차이를 수용하지 못하였다.
④ 일체의 권위와 도덕을 무시하고 가치관의 혼란과 윤리의 타락을 초래하였다.

29 사회 사상의 의미에 대한 설명으로 옳지 <u>않은</u> 것은?

① 사회 사상은 사회의 변화와 발전을 위한 이론적 토대를 제공한다.
② 사회적 삶에서 나타나는 현상을 설명하고 해석하는 체계적인 사유이다.
③ 인간이 바람직하다고 생각하는 사회에 관한 체계적인 생각이나 태도를 말한다.
④ 인간은 근본적으로 사회생활을 영위하는 존재이므로 공동체의 가치를 개인보다 우선한다.

30 통일 당위성의 현실적 측면이 <u>아닌</u> 것은?

① 전쟁의 공포에서 해방
② 이산가족의 재결합
③ 세계 평화 이바지
④ 과도한 분단 비용 절약

31 다음 중 윤리와 윤리학에 대한 설명으로 옳지 <u>않은</u> 것은?

① 윤리란 인간이 살아가면서 지켜야 할 도덕적 행동의 기준이다.
② 윤리학이란 도덕적 행동의 기준이나 규범을 탐구하는 학문이다.
③ 서양에서의 윤리는 이성적 사고 능력을 나타내는 로고스(logos)에서 유래한다.
④ 동양에서는 인간관계의 이치와 도리를 이해하고 실천하는 데 관심을 보인다.

32 다음 중 공리주의의 단점으로 옳지 <u>않은</u> 것은?

① 다수결의 원리를 무시하여 근대 민주주의 성립을 지연시켰다.
② 쾌락을 삶의 목적으로 설정해 내면적 동기를 소홀히 여긴다.
③ 최대 다수의 행복을 추구하다 보면 개인 또는 소수의 권익을 침해할 수 있다.
④ 유용성을 계산할 때 고려하는 설정 범위에 따라 그 범위 밖에 있는 존재에 대한 차별이 생길 수 있다.

33 다음 내용의 주제로 가장 적절한 것은?

> 기존의 근대 윤리는 남성 중심적이고 정의 중심적인 윤리였다고 볼 수 있다. 길리건은 이를 비판하면서 여성과 남성의 도덕적 지향성이 동일하지 않다고 주장한다. 남성은 주로 권리와 의무, 정의의 원리를 중시하지만 여성은 개별적인 관계, 특히 배려를 중시한다. 따라서 그는 도덕 판단을 할 때 남성과 여성이 중시하는 것이 서로 다르다는 사실을 고려해야 한다고 주장한다.

① 배려 윤리의 등장 배경은 무엇인가?
② 덕 윤리가 강조하는 것은 무엇인가?
③ 배려 윤리의 범위는 어디까지인가?
④ 자연법 윤리에 영향을 준 것은 무엇인가?

34 다음 내용에 해당하는 제목으로 가장 적절한 것은?

> • 수정과 동시에 인간으로 인정해야 한다.
> • 기관을 형성하는 시기인 수정 후 3주부터 인간으로 인정해야 한다.
> • 태아의 성장과 성숙이 일어나는 태아기(수정 후 9~10주)부터 인간으로 인정해야 한다.
> • 태아가 모체에서 분리되어 생존이 가능한 분만 이후의 시기부터 인간으로 인정해야 한다.

① 낙태를 인정해야 하는가?
② 태아와 배아의 구별은 가능한가?
③ 인간 배아를 인간으로 보아야 하는가?
④ 어느 시점부터 인간으로서의 지위를 인정할 것인가?

35 다음 〈보기〉 중 과학기술의 성과로 올바른 내용은 몇 개인가?

> **보기**
>
> ㄱ. 대중문화의 발달
> ㄴ. 인류의 건강 증진
> ㄷ. 물질적 풍요로움
> ㄹ. 환경 문제 해결

① 1개
② 2개
③ 3개
④ 4개

36 사이버 공간의 특징을 〈보기〉에서 모두 고른 것은?

> **보기**
>
> ㄱ. 익명성
> ㄴ. 대면성
> ㄷ. 시공간의 초월성
> ㄹ. 정보의 개방성

① ㄱ, ㄴ
② ㄷ, ㄹ
③ ㄱ, ㄷ, ㄹ
④ ㄴ, ㄷ, ㄹ

37 다음에서 설명하고 있는 사회 정의는 무엇인가?

> 어떤 잘못에 대해 처벌과 배상이 피해의 정도에 맞게 공정하게 정해졌는지를 보는 것으로 법적 정의와 관련이 깊다.

① 교정적 정의
② 분배적 정의
③ 특수적 정의
④ 절차적 정의

38 다음 중 인권과 관련된 설명으로 옳지 <u>않은</u> 것은?

① 불가침성은 인권을 향유하는 것은 누구도 침범할 수 없는 권리라는 것이다.
② 천부성에서 인권은 살아가면서 얻게 되는 권리라는 것이다.
③ 보편성은 인종, 성별, 종교, 사회적 신분에 관계없이 모든 인간이 보편적으로 누려야 한다는 것이다.
④ 항구성은 인권은 박탈당하지 않고 영구히 보장되는 권리라는 것이다.

39 다음에서 설명하고 있는 개념으로 옳은 것은?

> 한 문화에 속해 있는 사람들이 공유하는 동질감이나, 자신의 문화에 대해 갖는 자긍심을 의미한다.

① 문화적 정체성
② 문화적 상대성
③ 문화적 동질성
④ 문화적 통일성

40 다음 글과 관련 있는 국제 정의의 실현 노력으로 가장 적절한 것은?

> 시흐리트 카흐 국제 연합 개발 계획(UNDP) 총재보는 '한국형 원조 스타일'의 장점으로 선진 한국을 일구어 낸 '개발 노하우'를 꼽았다. 그는 "한국형 원조 스타일이 수혜국의 혁신 역량을 높이는 데 도움을 줄 것"이라며 큰 기대감을 내비쳤다. 그는 천연자원 없이 원조를 받는 나라에서 원조하는 나라로 성장한 대한민국은 수혜국에게 커다란 귀감이 될 것임을 강조하며, 우리나라와 국제 연합 개발 계획이 공동으로 콜롬비아, 아이티 등에서 진행하는 직업 훈련 및 창업 지원 프로그램을 그 사례로 꼽았다.
> – 동아일보 기사 중

① 형사적 정의와 분배적 정의를 실현하여 정의로운 국제 사회를 만들고자 한다.
② 국제 형사 재판소를 상설화하여 형사적 정의를 실현하고자 한다.
③ 공적 개발 원조를 통해 분배적 정의를 실현하고자 한다.
④ 반(反)인도주의적 범죄의 가해자를 처벌하고 국제 사회의 교정적 정의를 실현하고자 한다.

제2회 적중모의고사 | 현대사회와 윤리

제한시간: 50분 | 시작 ___시 ___분 – 종료 ___시 ___분

⏎ 정답 및 해설 196p

01 다음 중 윤리 사상이 필요한 이유로 적절하지 **않은** 것은?

① 윤리적 질서와 원칙을 합리적·논리적으로 설명하고 정당화하는 데 필요하기 때문이다.
② 새로운 윤리적 가치를 발견하고 더 나은 삶의 지침을 찾는 데 도움을 주기 때문이다.
③ 현대 사회의 복잡한 윤리적 문제들을 이해하고 해결하는 데 도움을 주기 때문이다.
④ 윤리 사상은 도덕적 규범보다는 보편적 도덕 원리를 탐구하기 때문이다.

02 인간의 여러 특성 중 가장 근원적인 특성과 가장 포괄적인 의미를 지닌 특성끼리 옳게 짝지어진 것은?

① 유희적 존재 – 사회적 존재
② 이성적 존재 – 문화적 존재
③ 유희적 존재 – 도덕적 존재
④ 이성적 존재 – 도구적 존재

03 소크라테스와 플라톤, 아리스토텔레스에게서 찾아볼 수 있는 공통점은?

① 진리의 상대성을 강조한 점
② 대화법에 의해 무지를 자각하게 한 점
③ 이성적인 인간을 인간다운 인간으로 본 점
④ 중용의 덕을 강조한 점

04 다음에서 설명하는 다문화 사회의 정책 모델은?

- 여러 고유 문화를 섞으면 새로운 문화가 탄생, 이민자가 출신국의 언어·문화·사회적 특성 등을 포기하고 주류 사회의 일원이 되게 하는 정책
- 여러 민족의 고유한 문화들이 그 사회의 지배적인 문화 안에서 변화를 일으키고 영향을 주어서 새로운 문화를 만들어 나감

① 샐러드볼 이론
② 차별·배제 모형
③ 모자이크 이론
④ 용광로 이론

05 환경 문제는 과학기술이나 사회체제의 측면에서만 접근해서는 해결할 수 없다. 따라서 그동안의 자연을 이용하고 정복하려는 사고에서 벗어나 자연과의 공존, 다양성을 통해 환경 문제를 해결하고자 하는 입장은?

① 환경윤리
② 기술결정론
③ 사회결정론
④ 생태주의

06 다음 ㉠, ㉡에 대한 설명으로 가장 적절한 것은?

> 20세기 초에 등장한 (㉠) 윤리학은 도덕적 언어의 분석과 도덕적 추론의 규칙 검토에 집중하였다. 하지만 이 윤리학은 현대 사회의 다양한 윤리적 문제에 대한 해결책을 마련해야 한다는 요구를 수용하지 못하는 한계를 노출하였다. 이에 따라 환경, 생명, 정보 등 삶의 실천적인 영역에서 제기되는 도덕적 문제들의 해결책을 모색하는 (㉡) 윤리학이 필요하게 되었다.

① ㉠은 삶에서 추구해야 할 규범의 제시를 목표로 삼는다.
② ㉡은 도덕적 관습에 대한 객관적 조사 및 서술에 주력한다.
③ ㉠은 ㉡의 이론을 적용하여 현실의 문제를 해결하려 한다.
④ ㉡은 이론적 타당성 검토를 위해 ㉠의 지식을 활용할 수 있다.

07 다음과 같이 주장한 사상가는?

> "기술은 그 자체로 선하지도 악하지도 않은 수단이다. 그것은 인간이 기술로부터 무엇을 만드느냐, 기술이 인간의 무엇을 위해 기여하느냐, 그리고 어떤 조건하에서 기술이 만들어 지느냐에 달려 있다."

① 야스퍼스
② 하이데거
③ 요나스
④ 하이젠베르크

08 다음 중 한국 사상에서 무속의 흐름에 대한 설명으로 옳지 않은 것은?

① 무속은 불교나 유교가 들어오면서 많이 위축되었으나, 외래 종교들과 습합을 통하여 토착 신앙으로 전승되었다.
② 고려 시대 불교 행사인 팔관회와 연등회는 형식과 내용 모두 무속적인 행사였다.
③ 조선 시대 유교적 행사인 나례 또한 처용무를 곁들인 무속적인 형태였다.
④ 현세를 중시하는 무속적 특성은 근현대 이후 신흥 종교와 외래 종교들 속에서도 끊임없이 습합화되어 갔다.

09 우리나라의 불교 수용에 대한 설명으로 옳지 않은 것은?

① 중국 불교가 우리나라에 수용되었던 시기는 부족 공동체적 연맹 왕국 단계를 극복하고 고대 국가를 형성해 가는 시기였다.

② 우리나라의 불교 수용은 고대 국가 형성에 필요한 보편적 지배 이데올로기로 작용하였다.

③ 우리나라 불교는 처음부터 국가 불교적 성격으로 수용되어 호국 불교라는 특징을 갖게 되었다.

④ 고대 국가 건설의 주체들은 불교를 받아들이고 무속 신앙을 배척하였다.

10 다음 중 한·당 유학에 대한 설명으로 옳지 않은 것은?

① 유교적인 국가 체제를 세우고 정비하는 전장 제도의 학문으로 쓰였다.

② 맹자의 성선설을 정통으로 인정한 바탕 위에서 인간의 윤리 도덕적 행위를 설명하였다.

③ '경'을 해석하는 훈고학이 주류를 이루었다.

④ 유교가 국교로 지정되고 황제권이 신성시되었다.

11 다음 중 당시의 지배 이념이었던 주자학이 형식화된 것을 비판하고, 조선 사회의 현실적 문제들의 쓸모 있는 해결책을 제시하려는 목적을 가진 학문은?

① 실학
② 성리학
③ 도가 사상
④ 경학

12 안락사가 정당화되기 위한 조건으로 가장 옳은 것은?

① 뇌사를 죽음의 기준으로 인정해야 한다.
② 환자 본인에게 의료 정보를 건네주어서는 안 된다.
③ 생명에 인위적으로 개입해서는 안 된다.
④ 죽음의 동기가 환자에게 최대한의 이익이 되게 해야 한다.

13 절대론적 윤리설의 입장에 속하는 것을 고르면?

① 관습이 체계화되어 윤리가 구성되었다고 본다.
② 언제 어디서나 통용되는 보편타당한 윤리를 가정한다.
③ 윤리는 그 시대 사람들의 이상이 반영되어 수정된다고 생각한다.
④ 사람들의 삶의 과정에서 인위적으로 형성된 것으로 본다.

14 다음 괄호 안에 들어갈 말로 알맞은 것은?

> ( )는 인(仁)의 체현을 위해 공자가 제시한 구체적 실천 방법으로서, 자기를 이겨 예로 돌아가는 것을 의미한다.

① 극기복례
② 돈오점수
③ 상선약수
④ 일체개고

15 다음과 같이 말한 사상가는?

> "이기적인 욕심은 착한 본성을 가려 서로 미워하게 만들고 두려움은 의(義)로운 일 앞에서 주저하게 만든다."

① 순자
② 장자
③ 맹자
④ 이이

16 다음 사상과 가장 관련 깊은 춘추 전국 시대 사상가는?

> • 사회 혼란의 근본 원인은 인간의 그릇된 인식과 가치관, 그리고 인위적인 사회 제도이다.
> • 이상적인 삶은 인위적인 가식과 위선에서 벗어나 본래의 자기 모습대로 살아가는 것이다.

① 공자
② 맹자
③ 노자
④ 묵자

17 다음에 해당되는 분야에 대한 설명으로 옳은 것은?

> • 적용 분야에는 시험관 아기, 장기 이식, 신약 개발, 동식물 품종 개발, 유전병과 난치병 극복 등이 있다.
> • 1950년 유전 물질의 본체가 DNA로 확인되고, 1953년에 그 구조를 밝힘으로써 연구가 매우 빠르게 발전하였다.

① 생명체가 나타내고 있는 생명 현상의 본질과 그 특성을 연구하는 학문이다.
② 인간에게 유용한 것을 만드는 데 관심을 두는 학문이다.
③ 자연에 대한 인간의 올바른 인식과 환경 문제 해결을 위한 다양한 대안을 설정한다.
④ 성(性)의 의미와 성을 둘러싸고 발생하는 윤리 문제를 논의한다.

18 자연법 사상에 대해 옳게 말한 것은?

① 자연법은 국가보다 개인의 평등이 우선한다.
② 자연법은 실정법의 하위 영역에 속한다.
③ 자연법의 규칙은 반드시 보편적으로 행하여진다.
④ 자연법 사상은 국가의 인권 탄압에 맞설 때는 그 효력을 상실한다.

19 프로타고라스가 "인간은 만물의 척도이다." 라고 주장한 뜻으로 알맞은 것은?

① 인간의 감각이 참된 지식을 보장한다.
② 인간의 판단은 사람에 따라 다를 수 있다.
③ 인간의 척도는 사람에 따라 다를 수 있다.
④ 인간의 참된 척도는 보편적 이성이다.

20 다음에서 설명하는 윤리설은?

> 도덕규범은 문화권에 따라 다르며, 한 문화권에서 도덕적으로 옳은 것이 다른 문화권에서는 옳지 않을 수 있다.

① 상대주의 윤리설
② 쾌락주의 윤리설
③ 보편주의 윤리설
④ 절대주의 윤리설

21 다음과 관련이 깊은 사상가의 주장으로 옳은 것은?

> 마음의 실체는 본성이요, 또 본성이 이치이다. 그러므로 효도하는 마음이 있기 때문에 효도의 이치가 있다. 만일 어버이에게 효도하는 마음이 없다면 그러한 이치도 존재하지 않는다. 그리고 임금에게 충성하는 마음이 있기 때문에 충성하는 이치가 있다. 만일 임금에게 충성하는 마음이 없다면 그러한 이치도 없다. 어떻게 이치가 우리의 마음 밖에 있을 수 있을까?

① 고려 시대 때의 대표적 사상가이다.
② 타고난 앎과 마음인 양지(良知)와 양심(良心)을 주장하였다.
③ 이와 기의 상호 보완성을 강조하였다.
④ 천리를 보존하고 인욕을 제거하는 것은 오직 경(敬)의 실천에 의해 가능하였다.

22 다음 내용에 해당하는 개념은?

> 아리스토텔레스는 이성에 의하여 충동이나 정욕, 감정을 억제함으로써 한쪽으로 치우치지 않으려는 의지를 습관화한 덕을 제시하였다.

① 중용
② 의지
③ 정의
④ 행복

23 다음 설명과 관련 깊은 사상가는?

> 과학기술의 발전을 통해 빈곤이 해결되고, 인간의 건강·행복·능력이 증진되는 과학적 유토피아 사회를 제시하였다.

① 루소
② 베이컨
③ 벤담
④ 밀

24 다음 괄호 안에 들어갈 말로 알맞은 것은?

> 데카르트는 더 이상 의심할 필요 없이 앎에 이르기 위해 (   )하는 방법을 사용하였다. 데카르트는 이러한 (   )의 과정을 거쳐서 "나는 생각한다. 그러므로 나는 존재한다."라는 철학의 제원리를 발견하였다.

① 회의
② 쾌락
③ 경험
④ 통찰

25 다음 중 길리건의 배려 윤리에 해당하는 것은?

① 훈련된 이성은 도덕적 악을 방지해 주지 못한다고 보았다.

② 어머니와 자녀 사이의 관계를 배려의 원형으로 제시하였다.

③ 의무로 남을 돕는 '윤리적 배려'보다 '자연적 배려'가 더 우월하다고 보았다.

④ 남성이 가지고 있는 것은 '정의'이고 여성이 가지고 있는 것은 '배려'로 보았다.

26 분배적 정의의 종류에 해당하지 <u>않는</u> 것은?

① 형식적 정의

② 형벌적 정의

③ 결과적 정의

④ 절차적 정의

27 다음 주장에 부합하는 내용으로 옳은 것은?

> 정보와 지식이 생산자만의 독창적인 산물이라고 볼 수는 없다. 정보와 지식은 '무(無)'에서 창조되는 것이 아니라, 이미 형성된 사회의 지적 재산에 근거하여 형성된 것이다. 그러므로 누구나 정보와 지식을 아무런 제약 없이 접근하여 이용할 수 있어야 한다.

① 지적 재산권 보장이 사회의 이익을 가져온다.

② 정보와 지식의 독점이 창작물의 수준을 높인다.

③ 지식과 정보는 사회 공동체가 공유해야 할 재산이다.

④ 창작자의 지적 재산권은 절대적으로 보호해야 한다.

28 통일을 이룩하기 위한 대내적 기반 구축과 관계되는 내용을 〈보기〉에서 모두 고르면?

보기

> ㄱ. 동북아시아의 안전 보장 체제 구축
> ㄴ. 주변 국가들의 한반도 통일 지원
> ㄷ. 지방 자치제와 같은 민주 제도의 발달
> ㄹ. 세계화의 이념에 바탕을 둔 경제적 도약

① ㄱ, ㄴ

② ㄱ, ㄷ

③ ㄴ, ㄷ

④ ㄷ, ㄹ

29 다음의 ㉠과 ㉡에 들어갈 말로 옳은 것은?

> (㉠)은 특정 원리가 윤리적 행위를 위한 근본 원리로 성립할 수 있는지를 연구한다. (㉡)은 시대가 변화함에 따라 정치·경제·사회·문화 등 다양한 영역에서 새로운 윤리 문제에 대한 해결책의 요청에 따라 대두되었다.

	㉠	㉡
①	응용 윤리학	실천 윤리학
②	이론 윤리학	응용 윤리학
③	의무론	이론 윤리학
④	실천 윤리학	응용 윤리학

30 다음 중 아리스토텔레스의 윤리 사상적 전통을 따르고 있는 것은?

① 의무론
② 자연법 윤리
③ 덕 윤리
④ 응용 윤리

31 인간의 특성에 대한 설명으로 옳지 <u>않은</u> 것은?

① 동물의 한 종류가 진화한 것이므로 생물학적으로는 동물의 일종이다.
② 동물적 욕구 외에 명예욕, 권력욕, 소유욕 등 다양한 욕구를 가지고 있다.
③ 근본적으로는 선한 성품을 가진 존재이다.
④ 행동을 계획하고 그 결과를 예측할 수 있다.

32 다음으로부터 추론할 수 있는 주장으로 옳지 <u>않은</u> 것은?

> 태아는 수정되는 순간부터 부모와 다른 유전자를 가진다. 즉, 태아가 탄생 후 갖게 될 눈 색깔이나 개인적인 병력 등이 이미 부모와는 별개로 유전자 속에 담겨 있다. 이처럼 부모와 별개의 유전자를 갖는다는 것은 태아가 독립적인 개체임을 나타내는 것이다. 또한 태아의 발달 단계를 살펴보면 어느 하루도, 어느 한 단계도 생략할 수 없다. 살아 있는 우리 모두는 다 이러한 단계를 거쳐 태어난 것이다. 이러한 연속적 발달 단계를 살펴볼 때, 단계에 따라 각기 다른 형태의 모습을 이루고 있지만 인간 존재의 본질은 변함없이 지속되고 있음이 분명하다.

① 태아는 개별적인 인간으로 존중받아야 한다.
② 태아는 임신 순간부터 성인으로 발달할 잠재성을 지닌다.
③ 태아는 여성 몸의 일부이므로 여성은 태아에 대한 권리를 가진다.
④ 무고한 인간을 죽이는 행위는 옳지 않은데, 태아는 무고한 인간에 해당한다.

33 다음과 같은 사회가 도래하면 발생하는 문제로 가장 옳은 것은?

> 판옵티콘은 벤담이 제안한 원형 감옥으로, 간수는 모든 죄수를 볼 수 있지만 죄수는 간수를 볼 수 없도록 설계되어 있다. 죄수들이 늘 감시받고 있다는 느낌을 받게 되고 결국은 죄수들이 규율과 감시를 내면화해서 스스로를 감시하게 된다는 것이다.

① 생명 존엄성 훼손
② 사이버 폭력
③ 인권 및 사생활 침해
④ 사회질서 파괴

34 밑줄 친 '칩코 운동'의 바탕이 되는 자연관에 대한 설명으로 옳은 것은?

> 1973년 갠지스 강 상류 히말라야 지역에 있는 만달이라는 마을에서 여성들이 나무를 껴안는 행위를 벌였다. 이런 행위를 인도어로는 '칩코(chipko)'라고 부른다. 이 여성들이 <u>칩코 운동</u>을 벌인 것은 한 목재 회사가 이 마을 숲의 나무를 베어 내려는 것을 막기 위해서였다. 힌두교에 따르면 나무를 심고 보호하는 것은 신을 섬기는 행위이므로 종교적 의무이다. 칩코 운동은 자연을 치유하는 능력이 있는 신성한 존재인 나무와 풀들이 개발의 광풍에 사라지지 않도록 인도의 가난한 여성들이 온몸을 던져 벌인 운동이다.

① 자연 현상은 단순하고 일반적인 법칙으로 재구성할 수 있다고 본다.
② 인간이 자연을 지배할 수 있다고 본다.
③ 인간과 자연은 서로 분리되어 있는 별개의 관계라고 본다.
④ 인간과 자연은 상호 조화를 이루는 관계에 있다고 본다.

35 롤스의 정의론에 관한 설명 중 옳지 <u>않은</u> 것은?

① 차등의 원칙은 최소 수혜자에게 최대의 이익을 보장해야 한다는 것이다.
② 평등한 자유의 원칙은 제1원칙에 속한다.
③ 모든 사람은 기본적 자유에서 평등한 권리를 가진다는 원칙이 평등한 자유의 원칙이다.
④ 기회균등의 원칙은 제1원칙에 속한다.

36 다음 중 우대 정책에 찬성하는 입장으로 옳지 <u>않은</u> 것은?

① 역차별의 논리
② 보상의 논리
③ 재분배의 논리
④ 공리주의 논리

37 다음 (가)와 (나)에 들어갈 용어가 올바르게 연결된 것은?

> (가) : 이민자들의 다양한 문화를 기존의 문화에 융합하고 흡수하는 정책이다.
> (나) : 이민자들의 다양한 문화를 인정하고 존중하는 정책이다.

	(가)	(나)
①	동화 모형	다문화 모형
②	차별·배제 모형	동화 모형
③	다문화 모형	차별·배제 모형
④	다문화 모형	동화 모형

38 다음과 같은 관점에 대한 설명으로 옳은 것은?

> 부유한 나라의 약소국에 대한 원조는 개인이나 국가가 자율적으로 선택해야 할 문제라고 보는 자선의 관점이 있다. 예를 들면 노직은 자유주의에 근거하여 개인이 정당하게 취득한 재산은 다른 개인이나 국가가 결코 침해할 수 없는 배타적 소유권이며, 그 재산을 가지고 무엇을 할 것인지는 개인의 자유로운 선택에 달려 있다고 주장한다.

① 공리주의에 입각하여 빈곤으로 고통받고 있는 약소국에 대한 원조의 필요성을 강조한다.
② 타인의 곤경에 관심을 기울이는 태도를 보편적 윤리로 받아들인다.
③ 약소국의 어려운 처지가 전적으로 혹은 부분적으로 부유한 나라에 의해 초래되었기 때문에 원조는 반드시 이행되어야 한다.
④ 세계 빈곤 문제를 적극적으로 해결하기 어렵다.

39 다음에서 설명하고 있는 이론은 무엇인가?

> 기린은 선(善)하도록 정해져 있으므로 그 선함은 공(功)이 되지 않는다. 승냥이와 늑대는 악(惡)하도록 정해져 있으므로 그 악함은 죄가 되지 않는다. 그러나 사람은 그 재주가 선할 수도 있고 악할 수도 있다. 여기서 재주란 능력과 권한을 말한다. 능력은 스스로 노력함에 있고, 권한은 스스로 주인됨에 있다. 그러므로 선하면 칭찬을 받고 악하면 비난을 받는다.

① 정약용의 성기호설
② 고자의 성무선악설
③ 맹자의 성선설
④ 이황의 순선론

40 다음의 ㉠과 ㉡에 들어갈 말로 적절한 것은?

> 현대 과학기술 문명이 초래한 위기를 극복하는 방안으로 책임 윤리를 제창한 사람은 (㉠)이다. 그는 기존의 윤리가 인간 삶의 전 지구적 조건과 미래, 즉 인류의 존속이라는 문제를 진지하게 고려하지 않는다고 비판하며 과학기술의 발달과 그것을 따라가지 못하는 윤리와의 간극을 (㉡)(이)라고 불렀다.

	㉠	㉡
①	요나스	윤리의 한계
②	하버마스	윤리적 공백
③	나딩스	윤리의 한계
④	요나스	윤리적 공백

제3회 적중모의고사 | 현대사회와 윤리

제한시간: 50분 | 시작 ___시 ___분 - 종료 ___시 ___분

⬦ 정답 및 해설 201p

01 다음 내용에서 알 수 있는 동양 윤리 사상의 특징은?

> • 천지와 나는 병존하고, 만물과 나는 하나가 된다.
> • 천지와 나는 같은 근원을 가지고 있고, 만물과 나는 일체가 된다.
> • 인간과 만물은 모두 인(仁) 혹은 양지(良知)가 깃들어 있으므로 일체가 된다.

① 평화 지향
② 인본주의
③ 인간의 존엄성 존중
④ 유기체적 세계관

02 덕으로써 나라를 다스리는 왕도 정치를 주장한 학자는?

① 순자
② 장자
③ 맹자
④ 이이

03 '인생의 목적은 쾌락이나 행복이고, 도덕은 이를 실현하기 위한 수단'이라고 보는 견해는?

① 실용주의
② 실증주의
③ 합리주의
④ 공리주의

04 다음 학자들과 관련된 내용으로 옳은 것은?

① 플라톤 - 사회나 국가에서 도덕 생활의 실천을 통해 개인의 이성적 자아실현이 가능하다고 여겼다.
② 아리스토텔레스 - 이원론적 세계관으로 4주덕을 덕목으로 내세웠다.
③ 벤담 - 인격의 존엄을 바탕으로 하는 쾌락의 추구가 행복의 근원이라고 주장하였다.
④ 칸트 - 자신의 내면에 가지고 있는 도덕률을 따를 때 비로소 인간다운 존재가 될 수 있다고 주장하였다.

05 다음 중 생명 의료 윤리의 4원칙이 <u>아닌</u> 것은?

① 환자에게 선행을 베풀어야 한다.
② 의료 서비스나 자원을 분배할 때 공정하게 한다.
③ 가치 중립적인 입장에서 생명 의료 기술을 활용한다.
④ 환자를 치료할 때 자율적 의사를 존중한다.

06 성의 가치 중 종족 보존 본능과 더불어 생명을 탄생시키는 원천인 가치는?

① 생식적 가치
② 쾌락적 가치
③ 차별적 가치
④ 인격적 가치

07 다음 중 전통을 대하는 태도에 대한 설명으로 <u>틀린</u> 것은?

① 계승해야 할 것과 버려야 할 것이 있다.
② 전통이 가진 장점을 강조하며 최대한 되살려 내려는 사람들은 민족의식이 강한 것일 뿐 보수주의자로 단정 짓기는 어렵다.
③ 전통에 대해 전면 거부하는 경우 나쁜 의미에서 민족의식이 약하다고 할 수 있다.
④ 전통과 외래문화의 절충 시에도 중심축을 어디에 놓을 것인가에 따라 전통을 대하는 방법이 크게 달라진다.

08 무속 신앙의 긍정적인 면이 <u>아닌</u> 것은?

① 현실적으로 두레 같은 공동체 문화의 기반이었다.
② 부정 탄 것을 씻어 내고 한 맺힌 것을 풀어주는 정화 기능이 있었다.
③ 정화 기능은 어떠한 어려움에도 굴하지 않고 다시 소생하는 끈질긴 힘이 되었다.
④ 무속은 현세를 중시해 이승적이며 현실적이다.

09 다음 괄호 안에 들어갈 내용으로 알맞은 것은?

> 통일 왕조가 서서히 무너지면서 불교 이론도 설득력을 상실하게 되었다. (　　) 은(는) 불교 내부에서 자기 개혁을 통해 문제점을 해결하려고 하였다.

① 대승 불교
② 교학 불교
③ 천태종과 화엄종
④ 선불교

10 다음에서 설명하는 문화적 태도는?

> • 자기 문화의 우월성에 빠져 다른 문화를 부정하는 태도
> • 다른 문화에 대한 배타적 태도

① 문화 상대주의
② 문화 사대주의
③ 자문화 중심주의
④ 윤리 상대주의

11 다음 중 실학 발생 당시의 문제의식으로 적절하지 <u>않은</u> 것은?

① 도덕적 명분론에 치중한 주자학의 비생산성을 비판하였다.
② 병자호란 이후에 사상 탄압의 도구로 주장되었던 북벌론에 대한 비판이다.
③ 격물치지의 인식론과 거경함양의 수양론을 통해 우주의 궁극적인 원리를 몸소 깨달아 도덕적인 완성에 이르고자 하였다.
④ 생산 노동과 신분 질서에 대한 새로운 견해들을 내놓았다.

12 다음 분배 방식과 관련 있는 것으로 〈보기〉에서 올바르게 짝지어진 것은?

> 사회 구성원 간의 차이를 고려하지 않고 모든 사람에게 동일하게 분배한다.

보기

ㄱ. 객관적 평가와 측정이 용이하며 생산성을 높이는 동기를 제공해 줄 수 있다.
ㄴ. 사회 구성원 모두에게 혜택을 골고루 나누어 줄 수 있다.
ㄷ. 차이를 고려하지 않아 불공정한 경우가 발생할 수 있다.
ㄹ. 서로 다른 종류의 업적과 양을 평가하기 힘들다.

① ㄱ, ㄴ   ② ㄱ, ㄷ
③ ㄴ, ㄷ   ④ ㄷ, ㄹ

13 다음의 밑줄 친 '그'는 현대 서양 사상가이다. 그의 윤리적 입장으로 가장 적절한 것은?

> 그는 생명에 대한 긍정과 생명에 대한 부정을 구분하고, 생명에 대한 부정이 도덕적이지는 못하지만, 생명에 대한 긍정, 더 나아가 세계에 대한 긍정을 위해서라면 생존을 위해 다른 생명을 해치는 생명 부정은 어찌할 수 없는 현실로 인정할 수밖에 없기에, 이것 역시 도덕적이지는 않지만 불가피하다는 사실을 받아들여야 한다고 주장한다.

① 생명의 가치에는 위계가 있다.
② 모든 생명은 본질적 가치를 지닌다.
③ 생명이란 물질의 변화와 다르지 않다.
④ 인간 생명보다 생태계의 균형이 중요하다.

14 사회계약설을 주장한 사상가들 중 다음 ㉠과 ㉡에 각각 해당하는 인물은?

> • (㉠): 인간은 평화로운 자연 상태에서 분쟁이나 갈등이 발생할 경우 자신의 재산권을 보호하기 위해 정부 수립에 동의한다.
> • (㉡): 인간은 자연 상태에서 만인의 만인에 대한 투쟁 상태에 있기 때문에 이를 헤쳐 나가기 위해서는 자신의 모든 권력을 한 사람에게 줌으로써 정부 수립에 동의한다.

	㉠	㉡
①	홉스	로크
②	로크	홉스
③	루소	로크
④	루소	홉스

15 인간이 사회적 존재로서 자신이 속한 공동체가 나아가야 할 방향과 이에 대한 생각을 체계화한 것을 말하는 용어는?

① 사회 구조
② 사회 운동
③ 사회 규범
④ 사회 사상

16 다음은 스턴버그의 사랑의 삼각형 이론이다. ㉠~㉢에 해당하는 용어로 옳은 것은?

> ㉠ 신체적이고 성적인 매력을 느끼고 황홀감에 빠진다. 호감을 느끼고 함께하고 싶은 마음이 강하다.
> ㉡ 상대방과 가깝고 정서적으로 연결된 느낌으로 깊이 있는 대화를 나눌 수 있다.
> ㉢ 상대방을 돌보고 그 관계를 책임지고 유지하고자 한다.

	㉠	㉡	㉢
①	욕망	친밀감	책임감
②	열정	이해	보호
③	욕망	존경	보호
④	열정	친밀감	책임감

17 다음 괄호 안에 들어갈 말로 알맞은 것은?

> (   )는 동기나 의지의 옳음이 결과의 좋음에 도덕적으로 우선한다고 말한다. 즉, 진정한 도덕적인 것은 유용하거나 결과가 좋은 것과 상관없이 그 자체로 옳은 것이다. 대표적인 사상가는 칸트가 있다.

① 배려 윤리
② 의무론적 윤리
③ 목적론적 윤리
④ 덕 윤리

18 다음의 (가), (나)에 대한 설명으로 옳지 <u>않은</u> 것은?

> (가) 성은 그 자체가 생식의 과정으로, 새로운 생명을 탄생시켜 종족 보존의 기능을 수행한다.
> (나) 성적 쾌락은 고통과 대립하는 것으로서, 그 자체로 가치를 지닌다. 또한 성적 쾌락은 애정적 유대감을 높이는 데 이바지한다.

① (가)는 성의 생식적 가치를 설명하고 있다.
② (나)는 성의 쾌락적 가치를 설명하고 있다.
③ (가)와 (나)의 가치 중 하나를 추구하면 상대방과 하나가 되는 성숙한 사랑을 할 수 있다.
④ (나)에 대한 무분별한 추구는 고통을 가져오므로 절제가 필요하다.

19 다음 중 롤스에 대한 설명으로 옳지 <u>않은</u> 것은?

① 정의의 원칙은 모든 개인의 평등한 자유를 최대한 보장해야 한다.
② 사회적·경제적 불평등은 최소 수혜자에게 최대의 이익을 보장하도록 조정되어야 한다.
③ 자유에 '최선아'를 실현할 수 있는 기회의 실질적 보장이라는 의미를 부여하였다.
④ 수정주의적 분배 방식을 주장하였다.

20 다음의 ㉠, ㉡에 들어갈 생명 의료 윤리 원칙을 바르게 제시한 것은?

- (㉠): 의학 및 생명 과학 연구자는 환자 또는 피험자에게 해를 주어서는 안 된다.
- (㉡): 의학 및 생명 과학의 성과는 공정하게 분배되어야 한다.

	㉠	㉡
①	선행의 원칙	악행의 원칙
②	정의의 원칙	자율성 존중의 원칙
③	배려의 원칙	선행의 원칙
④	악행 금지의 원칙	정의의 원칙

21 서양 윤리 사상은 인간의 본성을 이성을 중시하는 관점과 경험을 중시하는 관점으로 구분하였다. 다음 중 이성을 중시하는 관점에 해당하는 사상가로 바르게 묶인 것은?

① 소피스트, 소크라테스
② 베이컨, 홉스, 공리주의자
③ 소크라테스, 플라톤, 아리스토텔레스
④ 에피쿠로스 학파, 아우구스티누스

22 다음 내용을 근거로 하여 제기할 수 있는 주장으로 옳은 것은?

배아는 단순한 세포 덩어리이며, 실험이나 연구 대상이 될 수 있다.

① 배아는 존엄하며 존중되어야 한다.
② 배아는 생명권으로 인정될 수 없다.
③ 배아가 성장하면 인간과 동일한 유전자가 된다.
④ 배아는 인간이 될 수 있는 요소를 가지고 있다.

23 다음 중 관용에 대한 설명으로 옳지 <u>않은</u> 것은?

① 자신이 싫어하고 거부하는 것에 대해 자발적으로 부정적 행위를 하지 않는 것이다.
② 타인의 생각이나 문화가 나와 다를지라도 존중하는 태도이다.
③ 다문화 사회에서 편견과 차별의 문제를 극복하게 한다.
④ 도덕적 악을 참는 것도 관용이 된다.

24 다음 중 플라톤의 사상에 대한 설명이 <u>아닌</u> 것은?

① 참다운 세계는 이성에 의해서 파악될 수 있다.
② 초월적이며 이상적인 세계가 참다운 세계이다.
③ 지행합일설과 지·덕·복 합일설을 주장하였다.
④ 철인 정치를 주장하였다.

25 다음 설명에 해당하는 권리를 침해하는 대표적인 예는?

> 문학, 영화, 예술 작품 등 독점적이고 배타적인 이용을 보장하는 권리로 문학·예술의 모든 영역에 자신의 생각이나 감정을 나타낸 최종 결과물이다.

① 인간 배아 복제를 하여 인간 존엄성을 훼손하는 행위
② 개인 정보와 사이버 인권 침해 행위
③ 사회의 법과 제도의 공정성을 강조하는 행위
④ 인터넷에 다른 사람의 글을 함부로 올리는 행위

26 "도덕규범이나 가치 등은 하나의 사회 현상일 뿐 절대 불변의 보편타당한 규범과 가치관은 없다."라는 내용의 윤리설은?

① 쾌락주의 윤리설
② 보편주의 윤리설
③ 절대주의 윤리설
④ 상대주의 윤리설

27 플라톤의 사상에 대한 설명으로 옳지 <u>않은</u> 것은?

① 인격과 지혜를 구비한 철학자가 나라를 통치할 때 이상 국가가 달성될 수 있다고 하였다.
② 덕이 조화를 이룰 때 정의의 덕을 이루고 행복한 삶을 실현한다고 하였다.
③ 이성에 의해 파악되는 이데아의 세계만이 참된 세계라고 보았다.
④ 도덕적 삶에 있어 이성의 역할과 더불어 실천 의지의 중요성을 강조하였다.

28 다음 〈보기〉에서 의무론적 윤리설에 해당하는 것을 모두 고른 것은?

> **보기**
> ㄱ. 바르게 사는 것
> ㄴ. 공리주의
> ㄷ. 칸트의 사상
> ㄹ. 잘 사는 것

① ㄱ, ㄴ
② ㄴ, ㄹ
③ ㄱ, ㄷ
④ ㄷ, ㄹ

29 "정의로운 또는 공정한 과정을 통하여 발생한 결과는 공정하다."라는 원리를 주장한 대표적 사상가는?

① 홉스
② 칸트
③ 헤겔
④ 롤스

30 독일의 통일에 대한 설명으로 옳지 <u>않은</u> 것은?

① 동독 주민들이 투표를 통해서 스스로 서독으로의 흡수통일을 선택한 것이다.

② 서독의 자유 민주주의의 발전과 경제 성장의 결과로 흡수통일이 이루어졌다.

③ 서독이 북대서양 조약 기구(NATO)를 탈퇴하고, 중립을 표방함으로써 이루어졌다.

④ 자유 민주주의 체제와 시장 경제 체제하에서 통일이 이루어졌다.

31 다음 중 응용 윤리학의 대두 배경에 대한 설명으로 가장 옳지 <u>않은</u> 것은?

① 윤리적 행위의 근본 원리를 밝히는 데 응용 윤리학의 1차적 관심이 있다.

② 정치·경제·사회·문화 등 다양한 영역에서 새로운 윤리 문제에 대한 해결책이 요청되었다.

③ 윤리적 쟁점의 성격과 의미를 분명히 밝히고, 최선의 대안을 모색하기 위해 필요하다.

④ 과학기술 및 정보 통신 영역에서 발생하는 윤리 문제에 대하여 전통 윤리로는 해결하기가 어려워졌다.

32 다음 중 길리건(C. Gilligan)이 제시한 배려 윤리의 내용으로 옳지 <u>않은</u> 것은?

① 여성과 남성의 도덕적 지향성이 동일하지 않다고 주장하였다.

② 남성은 권리와 의무, 정의의 원리를 중시하지만 여성은 개별적인 관계, 특히 배려를 중시한다.

③ 도덕적 판단을 할 때 남성과 여성이 중요시하는 것이 다르다는 것을 고려해야 한다.

④ 훈련된 이성보다 느끼고 행동할 수 있는 배려가 더욱 중요한 역할을 한다고 주장하였다.

33 다음 중 출생의 의미가 <u>다른</u> 하나는?

① 인간의 자연적 성향을 실현하는 과정이다.

② 태아가 모체와 분리되어 독립된 생명체가 되는 것이다.

③ 도덕적 주체로서 한 인간의 삶의 출발점이다.

④ 가족 및 사회 구성원으로서의 삶의 시작이다.

34 다음 괄호 안의 ㉠~㉢에 들어갈 말을 바르게 짝지은 것은?

> 장기 이식이란 질병으로 손상된 조직이나 장기를 치료하기 위해 다른 건강한 조직이나 장기를 이식하는 행위를 말한다. 장기 이식의 종류는 다음의 세 가지로 구분된다.
> (㉠) : 자기 자신의 조직이나 장기의 위치를 옮기는 것
> (㉡) : 다른 사람의 장기를 옮기는 것
> (㉢) : 종(種)을 달리하는 동물로부터 장기를 옮기는 것

	㉠	㉡	㉢
①	이종 이식	자가 이식	동종 이식
②	이종 이식	동종 이식	자가 이식
③	동종 이식	자가 이식	이종 이식
④	자가 이식	동종 이식	이종 이식

35 다음 내용에 해당하는 용어로 옳은 것은?

> • 인간과 자연을 분리하여 바라보는 관점이다.
> • 인간이 자연의 일부라는 점을 간과하고 자연보다 우월한 것으로 인식한다.
> • 인간의 필요에 따라 자연을 사용할 수 있다고 보는 논리이다.

① 자연 중심주의
② 도구적 자연관
③ 생명 중심주의
④ 감정 중심주의

36 다음에 나타난 문제점을 해결하기 위해 필요한 동양 윤리적 관점을 〈보기〉에서 바르게 고른 것은?

> 1952년 12월 5일, 영국 런던 주민들은 전날부터 끼기 시작한 안개가 더욱 짙어지는 것을 불안하게 지켜보았다. 곳곳에서 보행인들은 늘 가던 길인데도 방향 감각을 잃을 정도였다. 문제는 이것이 연기와 안개가 결합된 스모그였다는 점이다. 12월 5일부터 9일까지 닷새 동안 스모그가 계속되자 병원 응급실은 환자들로 넘쳐 났다.

보기

> ㄱ. 인간과 자연이 유기적인 관계가 있음을 강조한다.
> ㄴ. 환경을 보호하기 위해서 외적인 규율을 강조한다.
> ㄷ. 이성을 통해 자연을 효율적으로 통제할 것을 강조한다.
> ㄹ. 자연의 순리를 따를 것을 강조한다.

① ㄱ, ㄴ
② ㄴ, ㄷ
③ ㄷ, ㄹ
④ ㄱ, ㄹ

37 다음 중 분배적 정의의 필요성으로 가장 옳은 것은?

① 개인의 권리를 존중하고 보장하기 위해
② 공동체 의식의 함양을 위해
③ 정의로운 사회를 유지하기 위해
④ 개인선과 공동선의 갈등을 해소하기 위해

38 다음 ㉠에 들어갈 말로 적당한 것은?

> (㉠)은(는) 정의롭지 못한 법이나 정부 정책을 변화시키려는 목적으로 행하는 의도적인 위법 행위를 말한다.

① 항소
② 시민 불복종
③ 일탈
④ 항의

39 다음 글과 관련 있는 내용으로 가장 적절한 것은?

> 어떤 사회가 노예를 취하려는 목적으로 이웃나라와 전쟁을 일으켰다고 가정해 보자. 또는 어떤 사회가 격렬한 반(反)유대주의 사회여서 그 사회의 지도자들이 유대인을 학살하려 했다고 가정해 보자. 문화 상대주의를 있는 그대로 받아들인다면 이러한 사회적 관습에 대해 비난의 여지가 없다고 받아들여야만 하는 문제가 발생한다.

① 문화의 다양성을 인정하되 윤리 상대주의로 흐르는 것을 경계해야 한다.
② 윤리는 사회적 풍습에 따라 늘 변화한다는 사실을 이해해야 한다.
③ 각각의 문화는 나름대로의 전통이 있으므로 있는 그대로 존중해야 한다.
④ 옳고 그름의 기준은 시대나 상황에 따라 다양하게 존재한다는 것을 인식해야 한다.

40 다음 ㉠~㉣에 대한 설명으로 옳지 <u>않은</u> 것은?

> ㉠ <u>적극적 평화</u>란 물리적 폭력은 물론 ㉡ <u>문화적 폭력</u>과 ㉢ <u>구조적 폭력</u>까지 모두 사라진 상태를 의미한다. 즉, 특정한 사회의 문화나 사회 구조적 차원에서 폭력을 묵인하거나 정당화하는 것까지 ㉣ <u>간접적 폭력</u>으로 인식한다.

① ㉠: 물리적 폭력뿐만 아니라 간접적 폭력도 제거된 상태이다.
② ㉡: 종교와 사상, 언어와 예술, 과학과 학문 등으로 폭력이 합법화되거나 일반적으로 용인되는 것이다.
③ ㉢: 테러, 범죄와 같은 폭력이 없는 상태이다.
④ ㉣: 가난, 차별, 기아, 환경 파괴 등과 같이 눈에 잘 보이지 않는 폭력을 말한다.

제한시간: 50분 | 시작 ___시 ___분 – 종료 ___시 ___분

🔑 정답 및 해설 206p

01 다음 중 자연법 사상에서 구체화된 이론끼리 옳게 짝지어진 것은?

① 공리주의 – 자유방임주의
② 자유방임주의 – 사회계약설
③ 천부인권설 – 사회계약설
④ 천부인권설 – 청교도 정신

02 다음 중 연결된 항목끼리 관련성이 <u>없는</u> 것은?

① 야경국가 – 자유방임
② 루소 – 천부인권설
③ 소피스트 – 인간보다 자연을 중시
④ 맹자 – 성선설

03 한국의 전통 불교에 대한 특징으로 옳은 것은?

① 항일의지, 위정척사
② 호국 불교, 정토 사상
③ 위민주의, 민본주의
④ 도학주의, 수기치인

04 다음 중 윤리학자와 그 사상으로 옳지 <u>않은</u> 것은?

① 아리스토텔레스 – 행복은 중용을 지키며 살아가는 이성의 법칙에 따르는 것
② 칸트 – 행위 결과에 상관없이 그 자체로 옳은 선천적 선의지에 따른 행동
③ 벤담 – 최대 다수의 최대 행복을 가져 오는지의 여부
④ 흄 – 모든 사람이 평등하게 분배받는 방식

05 다음 중 환경에 관한 입장이 <u>다른</u> 하나는?

① 인간의 장기적 이익이나 정신적 안식처로 서의 자연의 역할을 중요시한다.
② 환경 파괴의 문제점을 발생시킨다.
③ 인간의 경제 성장과 복지 향상을 중요하 게 여긴다.
④ 자연은 도구적 가치를 가지고 있으므로 사람에게 도움이 된다면 자연을 개발해 야 한다.

06 다음 중 환경오염과 관련된 이론에 대한 설명으로 틀린 것은?

① 기술결정론 – 환경오염은 과학기술을 더 발달시켜 해결해야 한다.
② 사회결정론 – 환경오염은 자본주의 사회의 이윤 추구 경향 때문에 생겨난다.
③ 생태주의 – 과학을 통해 자연을 아는 것이 바로 자연을 지배할 수 있는 힘이다.
④ 기술결정론 – 수질오염은 오염 물질을 먹어치우는 미생물을 만들어 해결할 수 있다.

07 다음의 전통의 변화에 대한 설명 중 괄호 안에 들어갈 말로 알맞은 것은?

> 밖에서 들어온 전통이 ( )에 흡수되어 흔적을 찾기 어렵게 되는 경우도 있고, 전래되기는 하지만 ( )에 밀려 주변부 전통 정도로 맥을 유지해 갈 수도 있다.

① 외래문화
② 현대적 사고
③ 전근대적 사고
④ 고유 전통

08 무속 신앙에 대한 용어 설명이 바르게 연결되지 않은 것은?

① 무당 – 무당은 신과 인간을 맺어 주어 액을 피하고 복을 받게 해 주는 사람이다.
② 굿 – 무속의 형식을 나타내는 행위로 집단굿이 원형이며 과거 풍성한 수확을 비는 공동체 행사이다.
③ 몰입 의식 – 오늘날의 탈춤이나 별신굿 등이 모두 여기에서 왔다.
④ 공동선 – 무속의 본래 의미는 집단의 공동선을 이루기 위한 어우러짐에 있다.

09 다음 중 대승 불교에 대한 설명으로 옳지 않은 것은?

① 기원 전후 시기에 구제에서 제외된 재가 신자들이 직접 종교 혁신 운동을 광범위하게 전개하였다.
② 기존 교단의 자구 구제 방식을 지양하고, 타인 구제까지도 염두에 둔 방식을 채택해야 한다.
③ 석가의 가르침에 대해 이해가 아닌 실천해야 함을 주장하였다.
④ 대승 운동에 걸맞은 이상적 모델로 '보살'의 이념을 제시하였다.

10 다음 중 우리나라 유학의 전래에 대한 설명으로 적절하지 않은 것은?

① 신라의 독서삼품과의 교과 과목으로 '논어'와 '효경'을 공통으로 삼았다.
② 고려 시대 과거제의 실시와 최승로의 시무 28조가 영향을 받았다.
③ 고려 시대 중소지주 출신의 사대부들은 불교를 비판하고 주자학을 대안으로 제시하였다.
④ 권근의 『사서집주』는 초학자를 위한 성리학 입문서이다.

11 다음 중 실학의 학파와 실학자가 옳게 짝지어진 것은?

① 경세치용파 – 홍대용
② 이용후생파 – 박지원
③ 북학파 – 김정희
④ 실사구시파 – 정약용

12 다음 괄호 안에 공통으로 들어갈 내용으로 옳은 것은?

> 슈바이처는 ( )을(를) 도덕의 근본 원리라고 주장하였다. ( )은(는) 생명의 신비를 두려워하고 존경하는 마음을 말한다.

① 생명 외경
② 생명 불간섭
③ 지식의 힘
④ 신의 섭리

13 다음 물음에서 ㉠에 들어갈 수 있는 입장이 아닌 것은?

> 기형의 정도가 심한 아이를 출산할 확률이 높을 때, 임산부의 낙태를 어떻게 해야 하나?
> A : 태아를 죽이는 것은 무고한 인간을 죽이는 살인 행위이므로 반대한다.
> B : 낙태에 대해 찬성한다.
> 　　왜냐하면 (　　㉠　　)

① 임산부는 태아를 생산하므로 낙태 여부를 스스로 결정할 수 있기 때문이다.
② 태아는 어느 누구에 의해서도 침해될 수 없는 생명에 대한 권리를 갖기 때문이다.
③ 태아의 생명권보다 태어난 후 장애인으로서 겪을 고통을 먼저 생각해야 하기 때문이다.
④ 임산부에게는 자신의 신체에 대한 절대적 권리가 있고 태아는 임산부 몸의 일부이기 때문이다.

14 다음 내용에 해당하는 것은?

> 상호 의존성에 근본을 둔 생명 공동체 그 자체에 대한 관심으로 무생물을 포함한 생태계 전체를 도덕적 고려의 대상으로 여기는 입장이다.

① 생태 중심주의 입장
② 생명 중심주의 입장
③ 감정 중심주의 입장
④ 이성 중심주의 입장

15 성의 자기 결정권과 성 상품화와 관련된 설명 중 옳지 않은 것은?

① 성의 자기 결정권은 법적 책임을 질 필요가 없다.
② 성 상품화를 찬성하는 입장은 성 상품화가 이윤 극대화를 추구하는 자본주의 논리에 부합하다고 본다.
③ 성의 자기 결정권으로 인해 타인이 갖는 성의 자기 결정권을 침해하고, 생명을 훼손하는 비도덕적 행동을 초래할 수 있다.
④ 인간의 성이 지닌 본래의 가치와 의미가 변질된다는 이유로 성 상품화를 반대한다.

16 다문화 사회를 살아가는 데 가장 필요한 자세는 무엇인가?

① 비판
② 관용
③ 수용
④ 동정심

17 밑줄 친 '동화주의'에 대한 설명으로 옳지 <u>않은</u> 것은?

> <u>동화주의</u>는 이민자들이 거주국의 기존 문화와 종교, 사회적 질서와 가치, 언어 등을 받아 들이도록 해야 한다는 것이다. 기존 문화와 가치에 다양한 문화권에서 온 이민자들을 융화 또는 흡수시켜야 하는 미국의 '용광로 이론'이 대표적이다.
> – 데이비드 웨일, 『경제 성장론』

① 이민자들이 기존 문화에 융합·흡수할 것을 강조한다.
② 문화가 획일화되어 문화적 역동성이 저하되는 한계가 있다.
③ 사회 통합 및 질서 유지에 유리하다는 장점이 있다.
④ 소수 민족의 문화와 인권을 최대한 존중한다.

18 선진국에서 개발도상국이나 국제기관에 도움을 주는 것으로 옳은 것은?

① 인도주의 원조
② 평화주의 원조
③ 세계주의 원조
④ 공적 개발 원조

19 롤스의 사회 정의론에서 최고의 지위를 차지하는 것은?

① 권력
② 개방
③ 평등
④ 자유

20 다음과 같이 주장한 사상가는?

> • 식물은 동물의 생존을 위해서 존재한다.
> • 동물은 인간의 생존을 위해서 존재한다.

① 아리스토텔레스
② 아퀴나스
③ 베이컨
④ 데카르트

21 소극적 평화에 대한 내용으로 올바른 것을 〈보기〉에서 모두 고르면?

보기

> ㄱ. 물리적 폭력의 추방과 같은 직접적 폭력을 제거하는 것이 중요한 관점을 말한다.
> ㄴ. 물리적 폭력은 물론 문화적 폭력과 구조적 폭력이 모두 사라진 상태를 말한다.
> ㄷ. 테러, 범죄, 전쟁과 같은 물리적 폭력이 없는 상태를 말한다.
> ㄹ. 인간 존엄성, 삶의 질 등에 바탕을 둔 넓은 의미의 평화를 말한다.

① ㄱ, ㄴ   ② ㄱ, ㄷ
③ ㄴ, ㄷ   ④ ㄷ, ㄹ

22 다음 중 한국 불교와 관련된 설명으로 옳지 <u>않은</u> 것은?

① 원효는 중관학파와 유가학파의 사상적 통일이라는 과제를 해결하였다.
② 국가 불교적 성격으로 수용되어 호국불교라는 특징을 갖게 되었다.
③ 선불교는 고려 시대의 사상적 지도 이념이었다.
④ 지배 체제의 억압 속에서도 왕족들의 사상적 기반이 되었다.

23 다음 중 경험 중시 윤리 사상의 특징으로 옳은 것은?

① 이성이 감각을 억제해야 된다고 보았다.
② 소크라테스와 플라톤 철학으로부터 시작되었다.
③ 인간의 합리성을 바탕으로 한 방식을 강조하였다.
④ 현실적 문제 해결에 중점을 두었다.

24 다음 괄호 안에 들어갈 말로 알맞은 것은?

> 현대 사회의 도덕적 타락 현상은 '인간이 오로지 과학적 지식을 탐구하는 정신 능력만을 숭상하고 자율적 이성을 상실한 데서 오는 것'이라고 한다. 이러한 자율적 이성과 관계가 깊은 것은 (   )이다.

① 순수 이성
② 판단력
③ 실천 이성
④ 감성

25 다음 내용에 해당하는 한국 윤리 사상의 특징은?

> • 원효의 화쟁 사상
> • 유·불·도 사상을 융합한 동학
> • 단군 신화의 천인합일 사상
> • 사회적 안정을 추구했던 한국 유교의 사회 원리

① 평화 애호 정신
② 내세 중심적 가치관
③ 화합과 조화 정신
④ 인격 완성의 추구

26 다음 중 분단 비용으로 볼 수 <u>없는</u> 것은?

① 국방비
② 군 입대로 인한 인력의 낭비
③ 남북한 이질화 극복 비용
④ 전쟁의 위험으로 인한 불안

27 인간을 다음과 같이 정의한 그리스 철학자는?

> 인간은 하나의 동물이면서도 그 밖의 다른 동물들과는 달리 이성을 지니고 있으며, 그런 의미에서 인간은 '이성적 동물'이다.

① 탈레스
② 홉스
③ 다윈
④ 아리스토텔레스

28 다음 중 쾌락주의와 거리가 <u>먼</u> 것은?

① 생의 철학
② 공리주의
③ 목적론적 윤리설
④ 상대주의 세계관

29 자기 민족과 문화의 모든 것(가치관, 도덕성, 정치·경제 제도, 생활 방식 등)만이 옳고, 합리적이라고 생각하여 다른 민족의 문화를 배척 또는 경멸하는 태도는?

① 다문화주의
② 자민족 중심주의
③ 열린 민족주의
④ 닫힌 민족주의

30 우리가 추구해야 할 바람직한 통일 조국의 미래상과 거리가 <u>먼</u> 것은?

① 자주적 민족 국가
② 자유로운 민주 국가
③ 효율적 관료 국가
④ 정의로운 복지 국가

31 다음 설명에 해당하는 관점은?

> 자연을 활용함으로써 인간의 삶이 더 윤택해지고 행복해질 수 있다는 주장으로, 인간의 이익이나 필요에 따라 자연을 평가하는 인간 중심의 자연관을 의미한다.

① 이성적 자연관
② 감정적 자연관
③ 도구적 자연관
④ 합리적 자연관

32 다음 〈보기〉에 제시된 주장 중 나딩스(N. Noddings)가 주장한 것은 몇 개인가?

> **보기**
>
> ㄱ. 맥락에 대한 고려 없이 특정 덕목을 주입하는 것에 반대하며 관계의 중요성을 강조하였다.
> ㄴ. 여성의 도덕적 특징인 다른 사람에 대한 배려나 보살핌, 유대감이나 의존, 다른 사람에 대한 책임 등을 중시한다.
> ㄷ. 배려하는 사람에게 배려를 받는 사람이 응답할 때 배려가 완성된다고 하여 배려가 상호적임을 강조하였다.
> ㄹ. 남성은 권리와 의무, 정의의 원리를 중시하지만 여성은 개별적인 관계, 특히 배려를 중시한다.

① 1개
② 2개
③ 3개
④ 4개

33 다음의 ㉠과 ㉡에 들어갈 말로 옳은 것은?

> 모든 인간은 죽는다는 점에서 (㉠)을 지니고, 죽음은 회피할 수 없다는 점에서 (㉡)이 있다.

	㉠	㉡
①	특수성	보편성
②	보편성	특수성
③	상대성	불가피성
④	보편성	불가피성

34 다음 중 장기 이식과 관련된 설명으로 옳지 **않은** 것은?

① 인간의 소중한 생명을 구할 수 있고, 건강을 회복시켜 삶의 질을 개선해 준다.
② 기증자의 희생으로 환자를 치료하는 행위이므로 이타성에 위배된다.
③ 가족이 장기 이식을 받아야 할 경우 다른 가족이 무언의 압력을 받을 수 있다.
④ 살아 있는 사람으로부터 장기를 기증받을 경우 충분히 설명한 후 동의를 받아야 한다.

35 인간 중심주의 윤리의 가장 큰 문제점으로 옳은 것은?

① 인간의 존엄성 훼손
② 환경 문제 발생
③ 개인주의 만연
④ 공동체 의식 약화

36 다음 중 사이버 공간의 부정적 측면으로 옳지 **않은** 것은?

① 도덕적 자기 규제가 어렵다.
② 집단 행동에 동조하여 무책임한 행동을 할 수 있다.
③ 자존감과 창의성을 떨어뜨린다.
④ 현실 도피나 인터넷 중독으로 이어진다.

37 다음은 공정한 분배의 여러 가지 기준을 설명한 것이다. ㉠과 ㉡에 해당하는 용어가 바르게 연결된 것은?

> ㉠ 사회적 약자나 소외된 사람을 보호할 수 있다.
> ㉡ 개인의 자유와 책임 의식, 창의성 등을 고취할 수 있다.

	㉠	㉡
①	업적	능력
②	필요	능력
③	노동	업적
④	필요	업적

38 (가)~(다) 선언문과 관련된 내용으로 옳은 것은?

> (가) 인간은 태어나면서부터 일정한 권리를 부여 받았으며 그 권리는 양도할 수 없다는 것, 정부는 시민의 동의에서 비롯되므로 정부가 정당하지 못하면 시민은 정부에 저항할 권리가 있다는 것 등으로 이루어져 있다.
>
> (나) 국왕에게 청원하는 것은 시민의 권리이며 이로 인해 투옥되어서는 안 된다는 것, 언론의 자유를 보장할 것, 과도한 벌금이나 잔인한 형벌을 금지할 것 등으로 이루어져 있다.
>
> (다) 근대 시민 혁명을 전후로 정착되어 온 여러 가지 권리인 시민적·정치적 권리, 경제적·문화적 권리 등이 포함되어 있다.

① 인간으로서 보장받아야 할 당연한 권리인 인권 보장의 내용을 담고 있다.
② 민주적 방법의 사회주의 실현을 주장하고 있다.
③ 폭력을 통한 시민 계급의 통치를 정당화하고 있다.
④ 프롤레타리아 계급 혁명의 내용을 담고 있다.

39 다음 주장에 대한 설명으로 가장 적절한 것은?

> 배부른 돼지이기보다 배고픈 인간인 편이 낫고, 만족스러운 바보보다는 불만족스러운 소크라테스가 되는 것이 낫다.

① 보편적 법칙을 따를 것을 강조하고 있다.
② 유덕한 품성을 기를 것을 강조하고 있다.
③ 쾌락은 질적으로 동일하다는 것을 강조하고 있다.
④ 단순한 감각적 쾌락뿐만 아니라 고차원적인 정신적 쾌락도 고려할 것을 강조하고 있다.

40 다음 (가), (나)에 대한 설명으로 옳지 <u>않은</u> 것은?

> (가) 테러, 범죄, 전쟁과 같은 물리적 폭력이 없는 상태
> (나) 물리적 폭력은 물론 문화적 폭력과 구조적 폭력까지 모두 사라진 상태

① (가)는 직접적 폭력을 제거하는 것을 중요시한다.
② (나)는 인간이 겪을 수 있는 다양한 차원의 고통을 소홀히 한다는 한계가 있다.
③ (가)는 소극적 평화에 대한 설명이다.
④ (나)는 적극적 평화에 대한 설명이다.

제한시간: 50분 | 시작 ___시 ___분 – 종료 ___시 ___분

🔒 정답 및 해설 210p

01 정보 통신 윤리가 차용하고 있는 기존의 윤리적 원리가 <u>아닌</u> 것은?

① 인간 존중
② 정의
③ 정체성
④ 책임

02 밑줄 친 '익명성'과 관련된 설명 중 옳지 <u>않은</u> 것은?

> 사이버 공간의 대표적 특성으로 <u>익명성</u>을 꼽지만, 사실 투명 인간이 된 것은 육체만이다. 오히려 하나의 몸에 9개의 머리를 가진 히드라처럼 복합적 정체성을 스스럼없이 만끽한다. 사이버 공간에서는 전사가 되고, 댄서가 되고, 친구가 되고, 애인이 되어 현실보다 많은 사람이 넘쳐난다.

① 자신의 행동에 대한 제약을 적게 느끼게 해 준다.
② 타인과 직접적으로 대면할 수 있게 해 준다.
③ 자유로운 의사 표현을 가능하게 해 준다.
④ 자신의 신분을 숨길 수 있게 해 준다.

03 다음 괄호 안에 공통으로 들어갈 인물은?

> (   )께서 양혜왕을 찾아뵈시니 왕이 말하길 "선생께서는 천리를 멀리 여기지 않고 오셨으니 또한 장차 내 나라를 이롭게 함이 있겠습니까?" (   )가 대답하길 "왕께서는 어찌 반드시 이익을 말씀하십니까? 인(仁)과 의(義)가 있을 뿐입니다."

① 공자
② 맹자
③ 노자
④ 주자

04 다음의 사상과 이를 주장한 사상가가 올바르게 연결되지 <u>않은</u> 것은?

> (가) 하나의 생명이야말로 가장 귀중하며, 생활의 일체는 이 하나의 생명을 기르고자 존재한다.
> (나) 인간은 이기적이고 사악한 존재이므로 믿을 수 없고, 상(賞)과 벌(罰)로써만 조종할 수 있다.
> (다) 인을 실천하는 가장 기본적인 덕목은 부모를 잘 섬기는 효(孝)와 형제 간의 우애를 뜻하는 제(悌)이다.
> (라) 자기를 사랑하듯 남을 사랑하고, 자기 집과 자기 나라를 사랑하듯 다른 집과 다른 나라를 사랑하면 천하가 태평하고 백성이 번영한다.

① (가) - 양주
② (나) - 한비자
③ (다) - 공자
④ (라) - 맹자

05 다음 중 기술지배 현상이 일반화될 때 발생할 수 있는 가장 큰 윤리적 문제는?

① 이기주의적 경향
② 자원 고갈 문제
③ 인간소외 문제
④ 생태계 파괴

06 다음 환경오염에 대한 이론 중 기술결정론과 관련 있는 것을 모두 고른 것은?

> ㄱ. 과학기술의 발달이 현재의 환경위기를 낳았다.
> ㄴ. 환경오염은 자본주의 사회의 이윤 추구 경향으로 생겨났다.
> ㄷ. 환경위기를 막기 위해서는 지금이라도 자연을 현 상태 그대로 유지시켜야 한다.
> ㄹ. 환경오염은 과학기술을 더욱 발달시킴으로써 해결할 수 있다.

① ㄱ, ㄴ
② ㄴ, ㄷ
③ ㄷ, ㄹ
④ ㄱ, ㄹ

07 다음 중 한국 사회와 전통에 대한 설명으로 옳지 않은 것은?

① 한국은 반만년에 걸쳐 고유의 전통만을 지키며 이어져 왔다.
② 한국 전통의 중심부를 이루는 고유 사상은 신화와 무속이다.
③ 앞으로는 근대 이후 들어온 서구적인 것들도 전통 가운데 제자리를 잡게 될 것이다.
④ 미래 사회의 전통은 사유 구조 자체가 실제 전통 속에 얼마나 뿌리 내렸는가에 달려 있다.

08 다음 중 단군 신화의 특징으로 옳지 않은 것은?

① 우주의 기원이 없다는 점을 통해 현실 긍정을 담고 있는 현세적 신화라 할 수 있다.
② 땅의 지배자인 환웅을 통해 곰을 사람으로 만들 수 있었다.
③ 단군 신화의 배경은 농본사회이다.
④ 홍익인간을 통해 평화애호의 틀을 볼 수 있으며, 마늘, 쑥, 비, 구름, 바람 등의 주술적 요소도 확인할 수 있다.

09 다음 중 불교의 발생에 대한 설명으로 틀린 것은?

① 불교는 인도의 베다적 전통을 부정하는 대표적 비정통 사상이다.
② 기원전 6세기경 석가모니의 가르침에 의해 시작된 이 사상은 종교적 교단으로 발전하였다.
③ 자기구제적 해탈관을 제의 중심적 해탈관으로 전환시켰다.
④ 신 중심적 세계관을 인간 중심적 세계관으로 전환시켰다.

10 다음 괄호 안에 들어갈 말로 알맞은 것은?

> '위로부터의 바른 깨달음을 구하고 아래로 중생을 교화한다.'라는 의미에서 현실적인 이상적 인간상은 (   )이다.

① 보살
② 부처
③ 석가
④ 화랑

11 다음 중 실학자들의 토지 제도 개혁론에 대한 설명으로 옳지 <u>않은</u> 것은?

① 이익은 가장 중심이 되는 문제는 토지 경정과 지주 소작 제도의 확대를 막아 직접 생산자인 농민에게 땅을 돌려주는 일이라고 보았다.
② 유형원은 매우 상세하고 구체적인 토지 제도 개혁안으로 균전론을 내세웠다.
③ 박지원은 백성의 재산을 고르게 하기 위한 집단농장제인 여전론을 제시하였다.
④ 정약용은 『경세유표』를 통해 좀 더 현실적인 제안인 정전론을 제시하였다.

12 다음 내용 속에 함축되어 있는 핵심 주제로 옳은 것은?

> "이 사람보다는 내가 더 지혜가 있다. 왜냐하면, 이 사람이나 나나 아무것도 모르는 것 같은데, 이 사람은 자기가 모른다는 것을 모르기 때문이다."

① 아는 것이 힘이다.
② 너 자신을 알라.
③ 인간은 만물의 척도이다.
④ 정의는 강자의 이익이다.

13 다음 글을 통해 알 수 있는 출생의 윤리적 문제로 옳지 <u>않은</u> 것은?

> 현대 사회에 들어와서는 자연 임신 못지않게 의료 기술의 도움을 받아 임신하게 되는 경우가 늘어나고 있다. 사람들은 아이를 갖기 위해 많은 노력을 하는데, 건강한 아이를 위해, 특정 성별을 낳기 위해, 출산율을 필요에 따라 늘리거나 줄이기 위해 임신과 출산의 과정에 인위적인 개입을 하게 된다.

① 가족 제도에 영향을 미치지 않는다.
② 인간의 존엄성을 심각하게 훼손할 수가 있다.
③ 생명 윤리 및 의료 윤리 등의 새로운 윤리 규범이 필요하다.
④ 비배우자 수정의 문제, 생식 세포의 매매 문제 등이 발생한다.

14 다음에서 설명하고 있는 학설은 무엇인가?

> • 앎과 실천은 구별되는 것이 아니라 근본적으로 하나이다.
> • 본래로부터 타고난 참된 앎[良知]을 근거로 하여 양심을 바르게 깨닫고 그에 따라 실천하는 것이 중요하다.

① 심즉리설(心卽理說)
② 치양지설(致良知說)
③ 실사구시(實事求是)
④ 지행합일설(知行合一說)

15 다음 글의 관점과 일치하는 입장으로 옳은 것은?

> 윤리는 개인 간의 관계에서 개인과 사회 간의 관계로 발전되어 왔고 앞으로는 인간과 대지 간의 관계, 그리고 거기서 발전되는 인간과 동식물 간의 관계로 전개되어야 한다. 인간만을 도덕 공동체의 범위에 포함시켰던 전통 윤리와 달리 동식물은 물론 대지까지 그 범위에 포함함으로써 동식물 및 대지에 대한 인간의 약탈은 정당하지 않으며 잘못된 일이라는 사실을 깨달아야 한다.

① 무생물은 도덕적 지위를 갖지 않는다.
② 생태계 전체가 도덕적 고려의 대상이다.
③ 살아 숨쉬는 모든 것에 대해 도덕적으로 고려해야 한다.
④ 인간만이 도덕적 고려의 대상이다.

16 밑줄 친 '하버'에 대한 적절한 평가를 〈보기〉에서 모두 고른 것은?

> 하버는 19세기 말 인공 비료인 암모니아의 합성 기술을 고안하여 인류가 굶주림에서 벗어나는 데 커다란 기여를 하였다. 그러나 이러한 훌륭한 성과를 이루어 낸 그를 우리는 존경받는 과학자로 기억하지 않는다. 그는 자신의 암모니아 합성 기술을 폭탄, 고성능 수류탄, 각종 탄약 등 전쟁에 사용할 무기를 만드는 일에 사용했기 때문이다.

보기

> ㄱ. 자신의 연구에 대한 반성적 성찰이 부족하였다.
> ㄴ. 자신의 연구 과정을 투명하게 공개하지 못하였다.
> ㄷ. 자신의 연구에 오류가 있음을 인식하지 못하였다.
> ㄹ. 자신의 연구가 사회적 문제가 될 수 있음을 인식하지 못하였다.

① ㄱ, ㄴ
② ㄱ, ㄷ
③ ㄴ, ㄹ
④ ㄱ, ㄹ

17 다음은 우리나라 〈장기 이식에 관한 법률〉 중 일부이다. 법률의 내용과 관련된 윤리적 쟁점으로 옳은 것은?

> **제11조 3항** 살아 있는 사람으로서 다음 각 호의 어느 하나에 해당하는 사람의 장기 등은 적출하여서는 아니 된다.
> 1. 16세 미만인 사람
> 2. 임신한 여성 또는 해산한 날부터 3개월이 지나지 아니한 사람
> 3. 정신 질환자, 지적 장애인
> … (중략) …
> **제11조 4항** 살아 있는 사람으로서 16세 이상인 미성년자의 장기 등(골수는 제외한다)은 배우자·직계존비속·형제자매 또는 4촌 이내의 친족에게 이식하는 경우가 아니면 적출할 수 없다.

① 장기 분배 문제
② 장기 기증자의 자율성 보장 문제
③ 죽음의 판정 기준과 관련된 문제
④ 장기 기증자에 대한 적절한 보상 문제

18 이산가족들의 인간적 고통과 불행을 해소하고, 동족상잔의 비극인 전쟁 재발의 공포와 불안을 해소하기 위한 조국 통일의 당위성은 어떤 측면에 해당하는가?

① 민족사적 측면
② 조국 번영의 측면
③ 인도주의적 측면
④ 동질성 회복의 측면

19 다음 중 교부 철학의 윤리 사상에 대한 설명으로 옳지 않은 것은?

① 신을 실존적으로 만나야 할 인격적 존재로 보았다.
② 신앙과 이성을 상호 보완적 관계로 보았다.
③ 참된 행복은 신앙을 통해서 절대자에게 귀의하는 것이다.
④ 사랑은 인간이 추구해야 할 최고의 목표이다.

20 아리스토텔레스의 사상에 대한 설명으로 옳지 않은 것은?

① 인간의 본질을 이성에서 찾고 있다.
② 악행의 원인은 오로지 무지에 있다고 본다.
③ 행복은 이성적인 활동으로 달성될 수 있다고 본다.
④ 행복은 이성에 맞게 덕스러운 활동이라고 본다.

21 현대 덕 윤리의 특징으로 옳지 않은 것은?

① 행위자의 도덕적 성향에 우선적 관심을 둔다.
② 훌륭한 도덕적 품성을 인간관계 측면에서 중시한다.
③ 덕망이 높은 인간을 통한 도덕적 삶의 모범을 제시한다.
④ 자율적·이성적 존재로서의 개인을 중시한다.

22 동양 사상에서 '의로움', 서양에서는 '각자에게 그의 몫을 주는 것'을 무엇이라고 하는가?

① 도덕
② 행복
③ 사랑
④ 정의

23 21세기 통일 한국의 역할과 거리가 <u>먼</u> 것은?

① 화해와 협력의 조정자
② 태평양 공동체의 문화 중심 국가
③ 국제적인 경제 중심 국가
④ 태평양 지역 최대의 군사 대국화

24 칸트의 윤리설에 대한 설명으로 옳지 <u>않은</u> 것은?

① 자연의 인과 법칙과 인간의 도덕 법칙을 동일시하였다.
② 인간 존엄성의 근거를 자율적 인격에서 찾았다.
③ 행위의 결과보다는 의무를 강조하였다.
④ 개인의 행위 준칙이 보편화 원칙에 의해 정당화되어야 한다고 주장하였다.

25 국가 권력 남용의 폐해 또는 문제점에 대한 설명으로 옳은 것은?

① 국민들이 도덕적인 삶을 유지하기 쉽다.
② 개인 자유의 제어를 통해 사회 구성원의 혜택을 보장한다.
③ 국가의 강한 개입으로 구성원들 간의 공정한 협력이 가능하다.
④ 개인의 인권 침해로 인간의 존엄성이 훼손되면서 성숙한 인격 형성이 어렵다.

26 다음과 같은 통일 과정을 거친 나라는 어디 인가?

> • 제2차 세계 대전 후 미·영·프·소의 강대국들에 의해 분할되었다.
> • 강대국들과의 협상을 통해 1955년 5월에 '독립적이고 민주적인 영세 중립국'으로서 통일 정부의 지위를 획득하였다.

① 예멘
② 독일
③ 베트남
④ 오스트리아

27 다음 중 응용 윤리의 주제와 관련된 설명으로 옳지 <u>않은</u> 것은?

① 생명 윤리에서는 동성애자와 성전환자 등의 성적 소수자의 생명 존엄성을 다룬다.
② 정보 윤리는 사이버 공간에서 어떻게 행동할 것인지에 주목한다.
③ 환경 윤리는 자연에 대한 인간의 올바른 인식과 환경 문제 해결에 관심을 갖는다.
④ 사회 윤리는 정의로운 사회를 만들기 위해 어떻게 할 것인지를 알아본다.

28 다음 중 요나스(H. Jonas)의 책임 윤리에 대한 설명으로 옳지 않은 것은?

① 현대 과학기술 문명이 초래한 위기를 극복하는 방안으로 책임 윤리를 제창하였다.

② 과학기술의 발달과 그것을 따라가지 못하는 윤리와의 간극을 법적 공백이라 하였다.

③ 인간이 책임질 수 있는 능력을 지녔다는 것 자체로 책임져야 하는 의무가 있다고 주장하였다.

④ 의도하지 않은 행위의 결과까지 책임의 범위를 확장할 것을 주장하였다.

29 다음 중 죽음의 윤리적 의미와 관련된 설명으로 옳지 않은 것은?

① 도가에서는 선행과 악행이 윤회 과정에서 죽음 이후의 삶을 결정한다고 본다.

② 유교에서는 죽음이 아쉽지 않도록 충실히 살아야 함을 강조한다.

③ 죽음은 개인적 차원을 넘어 사회적 차원에서도 중요한 의미를 갖는다.

④ 삶의 소중함과 인간 존엄성의 관점에서 죽음에 접근해야 한다.

30 다음 중 장기 이식과 관련된 윤리적 문제를 설명한 것으로 옳은 것은?

① 우리나라는 뇌사를 죽음의 판정 기준으로 삼고 있다.

② 뇌사자의 경우에는 본인의 사전 동의가 있으면 가족의 동의는 필요 없다.

③ 장기 기증은 헌신적인 행위이므로 그에 맞는 보상은 필요 없다.

④ 장기 이식과 장기 기증은 생명 존중과 정의의 관점에서 신중하게 이루어져야 한다.

31 다음은 싱어의 동물 해방론과 관련된 내용이다. 괄호 안의 ㉠과 ㉡에 들어갈 말로 옳은 것은?

(㉠)에 근거하여 동물의 고통을 감소시키는 것이 도덕적이라고 주장한다. 또한 (㉡)이 다르다는 이유로 동물을 차별하는 것은 옳지 않다고 본다.

	㉠	㉡
①	인간 중심주의	사람
②	공리주의	종
③	인간 중심주의	종
④	공리주의	사람

32 사이버 공간의 표현의 자유와 관련된 다음 내용 중 옳지 <u>않은</u> 것은?

① 사이버 공간의 표현은 타인의 인권을 훼손하지 않는 범위 내에서 이루어져야 한다.
② 사이버 공간은 잘못된 정보를 수정하기가 쉬워 자유롭게 의사 표현을 할 수 있다.
③ 사이버 공간의 표현은 자아실현에 도움을 준다.
④ 사이버 공간의 표현은 사회적으로 민주주의 발전에 기여한다.

33 다음 중 응보주의 관점에서 사형 제도를 정당화한 대표적인 사상가는?

① 롤스
② 베버
③ 칸트
④ 니부어

34 다음은 시민 불복종에 관한 설명이다. 시민 불복종의 정당화 조건으로 옳지 <u>않은</u> 것은?

> 시민 불복종이란 정의롭지 못한 법이나 정부 정책을 변혁시키려는 목적으로 행해지는 의도적인 위법 행위이다. 다시 말하면 시민들이 자신이 생각하는 정의에 대한 규범적·윤리적 근거를 널리 알리기 위해 법을 공개적으로 위반하는 행위이다.

① 공동선을 목적으로 해야 한다.
② 위법 행위에 대한 처벌을 감수해야 한다.
③ 법의 테두리 안에서 합법적으로 해야 한다.
④ 비폭력적인 방법으로 해야 한다.

35 다음 글을 통해 알 수 있는 내용으로 옳은 것은?

> 관용의 역설이란 관용을 무제한으로 허용한 결과 관용 자체를 부정하는 사상이나 태도까지 인정하게 되어 결국 인권을 침해하고 사회 질서가 무너지는 것을 말한다.

① 관용을 부정하는 태도에 대해서도 관용해야 한다.
② 관용을 실천하려면 사회 불안을 감수해야 한다.
③ 관용은 보편적 윤리를 훼손하지 않는 범위 내에서 인정해야 한다.
④ 인권의 가치를 지키려면 관용의 한계가 없어야 한다.

36 다음 글에서 ㉠에 들어갈 내용으로 가장 적절한 것은?

> 지구촌 시대의 도래와 함께 우리나라도 다문화 사회로 급격히 변화하고 있으며, 단일 민족의 정체성은 소멸되고 있다. 농촌에서도 국제결혼으로 새로운 가족 형태가 정착해 가고 있으며, 도시에서는 외국인 근로자, 외국인 유학생을 만나는 것이 낯설지 않다. 이렇듯 다인종·다문화 사회의 전환이 가속화되면서 우리는 이미 다문화 사회의 한가운데에 있다고 볼 수 있다. 그렇다면 (㉠).

① 민족 통합을 위하여 단일 민족 정체성은 필요한가?
② 지구촌 시대의 바람직한 민족 정체성의 방향은 무엇인가?
③ 민족 정체성의 의미는 무엇인가?
④ 민족 정체성이 상실되는 원인은 무엇인가?

37 다음 (가)와 (나)에서 강조하는 통일 방법을 〈보기〉에서 모두 고른 것은?

> (가) 전쟁을 통한 통일은 그동안 우리가 쌓아놓은 사회적·경제적 기반을 한순간에 무너뜨릴 수 있으며, 통일 이후의 사회 통합을 가로막을 수 있다.
> (나) 남북한의 다양한 문화적 교류를 통해 민족의 동질성을 재확인하고 민족 공동체 의식을 회복한 후 체제의 통합으로 나아가야 한다.

보기

> ㄱ. 점진적이고 단계적으로 이루어야 한다.
> ㄴ. 국민적 이해와 합의를 토대로 민주적으로 이루어야 한다.
> ㄷ. 평화적으로 이루어야 한다.
> ㄹ. 주변국과의 협력을 강화해야 한다.

① ㄱ, ㄴ ② ㄱ, ㄷ
③ ㄴ, ㄷ ④ ㄴ, ㄹ

38 다음 중 국제 정의와 관련된 내용으로 옳은 것은?

① 재화의 공정한 분배를 통해 실현되는 정의를 경제적 정의라고 한다.
② 반(反)인도주의적 범죄의 가해자를 처분할 수 있는 곳을 국제 형사 재판소라고 한다.
③ 개발도상국이 선진국의 기술을 복제할 수 있게 허가해 달라고 요청하는 것을 공적 개발 원조라고 한다.
④ 범죄의 가해자를 처벌함으로써 실현되는 정의를 국제 정의의 공정성이라고 한다.

39 인간의 삶에 있어서 사회 사상이 필요한 이유로 올바르지 않은 것은?

① 인간의 삶에서 일관되고 체계적인 이해의 틀을 제공한다.
② 우리 사회가 나아가야 할 방향을 모색하며 이상적인 사회상을 제시한다.
③ 현 사회에 대한 반성과 성찰의 기회를 제공한다.
④ 사회와 공동체 생활을 유지시키는 기능을 한다.

40 다음 중 한비자의 주장으로 옳은 것은?

① 인간은 본디 사악한 존재이므로 강력한 법(法)과 술(術)로 통제해야 한다.
② 백성을 나라의 근본으로 하여 덕(德)으로 다스리는 왕도 정치가 필요하다.
③ 예(禮)를 통해 인간의 외적인 행동을 규제하여 국가 사회의 안정을 도모해야 한다.
④ 진정한 사회 질서는 도덕과 예의로 교화함으로써 이루어진다.

제한시간: 50분 | 시작 ___시 ___분 – 종료 ___시 ___분

정답 및 해설 214p

01 다음 중 인간의 존재에 대한 설명으로 옳지 <u>않은</u> 것은?

① 혼자서 생활은 불가능하며 사회 속에서 생활해야 한다.
② 이성으로 논리적 사고를 할 수 있다.
③ 인간은 태어날 때부터 신체적 능력을 완벽하게 갖추었다.
④ 필요에 따라 도구를 만들어 사용한다.

02 다음 괄호 안에 들어갈 내용으로 가장 옳은 것은?

> 공자나 맹자, 그리고 순자 등의 사상가들이 유교를 본격적으로 전개하였다. 이 사상가들은 사회적 혼란의 원인이 인간의 도덕성과 무관하지 않음을 강조하며, 이를 바탕으로 (   )에 대해 성찰하였다.

① 여러 가지 교리의 통합
② 인간의 탄생과 경험
③ 인간과 사회의 본질
④ 자연과 하나되는 삶

03 다음 중 윤리에 대한 설명으로 적절하지 <u>않은</u> 것은?

① 윤리는 관습과 법을 평가하는 기준이라는 의미에서 관습과 법보다 더 근본적인 것이다.
② 윤리는 거듭된 사회적 평가를 바탕으로 형성된다는 의미에서 하나의 사회현상이다.
③ 모든 사람에게 보편타당한 윤리란 존재할 수 없다.
④ 윤리는 인간이 부딪친 문제 상황에 적합한 지침이라는 점에서 삶의 지혜이다.

04 공리주의 사상가인 벤담(J. Bantham)이 '최대 다수의 최대 행복'의 실현을 위해 강조한 것은?

① 법률적 제재
② 양심의 제재
③ 이타심
④ 동정과 인애

05 덕을 갖추면 정의로운 국가가 형성된다고 주장한 사상가는?

① 소크라테스
② 플라톤
③ 아리스토텔레스
④ 벤담

06 성의 인격적인 가치에 대한 설명으로 옳지 않은 것은?

① 성의 인격적 가치는 인간다움을 표현한다.
② 사랑이 있는 성은 인간의 품위를 지켜 주며 인간을 인간답게 만들어 주는 핵심이다.
③ 인격 존중이 없는 사랑도 참된 사랑이다.
④ 성이 인격적 가치를 갖는다는 것의 의미는 동물의 성과는 구별되는 존엄성을 바탕으로 한다는 것이다.

07 다음 중 한국 사상에 대한 설명으로 옳지 않은 것은?

① 한국 사상을 탐구하는 목적은 한국 사람다운 삶을 살기 위해서이다.
② 자신이 살고 있는 현실에 대한 역사 의식, 시대 의식, 사회 의식을 가져야 한다.
③ 한국 고유의 전통 사상을 지키기 위해서는 외래 사상을 배척해야 한다.
④ 한국 사상의 전통적 부분들을 의미 있게 계승해 내기 위해서는 철저히 비판하고 개조해 낼 수 있는 창의적 자세가 요구된다.

08 다음 중 단군 신화에 대한 설명으로 옳지 않은 것은?

① 단군 신화는 『삼국유사』, 『제왕운기』, 『택리지』 등의 많은 책에 기록되어 있다.
② 우리 민족의 시조를 설명한 시조 신화이다.
③ 단일민족의 근거로서 조선의 개국 이념이었으며, 오늘날 남북통일의 이념적 기반이다.
④ 고조선의 강역과 연관하여 국토 회복 의지의 푯대였으며, 외세에 저항하는 민족 의식의 근원이었다.

09 다음 중 도가 사상에 대한 설명으로 옳지 않은 것은?

① 도교의 모태가 되는 도가 사상은 노자와 장자의 사상을 중심으로 삼는 사상이다.
② 역사적으로 도가의 적극성은 항상 유가의 소극성에서 힘을 빌려갔다.
③ 도가의 도는 세상을 화평하게 하려는 도라고 할 수 있다.
④ 실제로 춘추 전국 시대라는 난세에 대응하여 나온 정치사상으로 볼 수 있다.

10 이(理)와 기(氣) 중 스스로 활동·작용하는 것은 '기'라고 주장한 사람은?

① 최제우
② 최치원
③ 이황
④ 이이

11 다음 중 실학자들이 주장한 상공업론으로 알맞지 <u>않은</u> 것은?

① 자본형성론
② 균전론
③ 기술혁신론
④ 해외통상론

14 다음 중 공자의 사상과 관련 <u>없는</u> 것은?

① 효제(孝悌)
② 충서(忠恕)
③ 패도(覇道)
④ 정명(正名)

12 다음 밑줄 친 '그'의 정치사상으로 옳은 것은?

> 그는 인간이란 선천적으로 순선한 존재라고 주장하였으며, 도의와 조화를 이룬 호연지기를 강조하였다.

① 인과 의로 다스리는 이상적인 정치
② 왕의 권력이 중요한 절대적인 정치
③ 힘에 의한 패도 정치
④ 소국과민의 이상적인 정치

15 "이기적인 욕심은 착한 본성을 가려 서로 미워하게 만들고 두려움은 의(義)로운 일 앞에서 주저하게 만든다."라고 하며, 사회 혼란의 원인을 욕심과 두려움에서 찾았던 철학자는?

① 순자
② 장자
③ 맹자
④ 이이

13 다음과 같이 주장한 사상가에 대한 설명으로 옳은 것은?

> 인의예지라는 사덕은 인간이 하늘로부터 부여받은 본성이 아니다. 사덕은 일을 행한 뒤에 이루어지는 것이다. 달리 말하면, 사덕은 '사단의 싹을 잘 키우고 튼실하게 확충함으로써 얻어지는 것'이다.

① 이와 기는 서로 섞일 수 있다.
② 인간의 본성은 태어날 때 결정된다.
③ 선을 행한 다음 덕이 형성된다.
④ 인간은 도덕적으로 불완전한 존재이다.

16 플라톤이 '국가(Politeia)'에서 제시한 사회 구성원들의 덕목이 순서대로 잘 짝지어진 것은?

> 철인 통치자의 덕은 (㉠)을(를), 군인 계급의 덕은 (㉡)를, 생산자 계급의 덕은 (㉢)를 상정하였다.

	㉠	㉡	㉢
①	지혜	용기	절제
②	용기	지혜	절제
③	절제	지혜	용기
④	이성	절제	용기

17 불교에서 고통과 번뇌에서 벗어나는 해탈로 말미암아 마음에 불안, 격정 등의 번뇌의 불을 없애서 깨달음의 경지를 완성한 상태를 의미하는 것은?

① 일체개고
② 열반
③ 중도
④ 제행무상

18 다음 내용과 관련 깊은 사상가는?

> 지인(至人)은 물아(物我)의 구별이 없고, 신인(神人)은 공(功)을 의식하지 않으며, 성인(聖人)은 명예를 무시한다.

① 공자
② 노자
③ 맹자
④ 장자

19 로마의 만민법과 근대 자연법 사상의 이론적 근거가 된 것은?

① 스토이시즘
② 쾌락주의
③ 교부 철학
④ 스콜라 철학

20 공리주의 윤리 사상에 대한 설명이 아닌 것은?

① 행위의 동기보다 결과를 중요시한다.
② 도덕의 정언적 성격과 인간의 존엄성을 잘 드러내고 있다.
③ 사회적 존재로서의 인간이 살아가야 할 길을 제시한다.
④ 학자로는 벤담, 밀이 있다.

21 키르케고르의 실존 사상에 대한 설명으로 옳은 것은?

① 시간의 흐름 속에서 인간 존재의 본질을 해명하였다.
② '신 앞에 선 단독자'로서 인간의 주체적 결단을 강조하였다.
③ 한계 상황 속에서의 실존을 해명하고자 노력하였다.
④ 죽음을 두려움 없이 받아들일 때 본래적인 실존을 되찾을 수 있다고 보았다.

22 다음의 밑줄 친 말을 바르게 표현한 것은?

> 공자는 인(仁)의 편협한 혈연, 지연의 이기주의를 극복하기 위해 공공의 정당한 사회 윤리의 규범인 예를 지킬 것을 강조하면서, "나를 이기고 예로 돌아갈 것"을 역설하였다. 이는 사랑[仁]의 이기심을 억제하고 인간의 마땅한 도리인 예(禮)를 실천할 것을 뜻하는 말이다.

① 살신성인(殺身成仁)
② 자타불이(自他不二)
③ 성실(誠實)
④ 극기복례(克己復禮)

23 다음 (가), (나), (다)의 사상과 관련된 내용을 잘못 연결한 것은?

> (가) 위로는 깨달음을 구하고, 아래로는 중생을 구하며, 자비를 행하는 삶
> (나) 인의예지신(仁義禮智信)으로 표현되는 인간의 도리를 지키는 삶
> (다) 대자연과 하나가 되는 삶

① (가) : 연기의 법칙을 깨달으면 자비의 마음이 스스로 생겨난다.
② (나) : 중도의 태도를 가지고 고통의 장애물을 스스로 헤쳐 나간다.
③ (다) : 겸허와 부쟁(不爭)의 덕을 갖춘 삶을 산다.
④ (가)는 사성제(四聖諦), (나)는 극기복례(克己復禮), (다)는 무위자연(無爲自然)과 관련이 있다.

24 다음 중 한국의 고유 사상에 대한 설명으로 옳지 않은 것은?

① 외래 사상이 전래하기 이전 우리 민족이 형성하고 발전시켜 온 사상이다.
② 민족의식의 원형이자 윤리 의식의 바탕이 되었다.
③ 외래 사상의 수용이 아닌, 우리 땅에서 자생한 고유 사상만 포함한다.
④ 단군 신화, 주몽 설화, 박혁거세 설화 등이 대표적이다.

25 생명 의료 원칙에 대한 설명으로 옳지 않은 것은?

① 선행의 원칙 – 환자에게 의술로 선행을 베풀 것
② 정의의 원칙 – 연구 및 활동 과정에서 가치 판단을 배제할 것
③ 자율성의 원칙 – 환자를 치료할 때 환자의 자율적 의사를 존중할 것
④ 악행 금지의 원칙 – 치료 과정에서 환자에게 신체적 해악이나 정신적 상처를 주지 않을 것

26 정약용의 사상에 대하여 잘못 설명한 것은?

① 인의예지의 덕은 일상적인 행위 속에서 실천하면서 형성된다고 보았다.
② 실천 의지나 행위 과정보다는 내면적 도덕성을 중시하였다.
③ 인간의 성(性)이란 어떤 구체적 대상에 대한 호오(好惡) 성향이라고 규정하였다.
④ 경제적 안정과 사회 개혁을 강조한 이이의 현실주의적 사상을 더욱 발전시켰다.

27 다음의 내용이 공통적으로 설명하고 있는 것은?

> • "사람이 아니면 참지 않고, 참지 않으면 사람이 아니다."
> • 유교나 아리스토텔레스가 말한 덕(德)
> • 지나치거나 모자람이 없음을 뜻한다.

① 중용(中庸)
② 인내(忍耐)
③ 이상(理想)
④ 중도(中道)

28 로크의 사상에 대한 설명으로 옳지 <u>않은</u> 것은?

① 로크는 자연 상태에서 인간은 자연권을 갖는다고 하였다.
② 자연 상태에서는 권리의 보장이 확실치 않으므로 계약에 의해 정부를 조직하여 자연권 일부를 신탁한다고 주장하였다.
③ 삼권분립을 주장하였다.
④ 미국 독립선언서에 영향을 주었다.

29 "분단을 극복하고 민족의 통일을 이루기 위해 노력해야 한다."라는 통일의 이념적·현실적 당위성과 가장 관련 깊은 것은?

① 분단으로 인해 빚어지고 있는 민족의 고통을 덜기 위해서는 반드시 통일을 이루어야 한다.
② 민족의 자유를 신장하고 냉전 체제를 고착화하기 위해서 통일을 이루어야 한다.
③ 남한의 번영을 실현하기 위해 통일을 이루어야 한다.
④ 정치적·경제적·군사적 강국이 되어, 과거 주변국들에게 당한 고통을 되갚아 주기 위해서 반드시 통일을 이루어야만 한다.

30 미래 사회의 한국인상으로 적절하지 <u>않은</u> 것은?

① 주체적인 인간
② 창조적인 인간
③ 중립적인 인간
④ 도덕적인 인간

31 다음 중 주어진 상황에서 무엇이 옳은지, 어떤 행동을 해야 하는지에 대해 결정하는 사고 과정으로 옳은 것은?

① 도덕 원리
② 도덕 판단
③ 도덕적 추론
④ 사실 판단

32 다음 글을 통해 알 수 있는 윤리학의 특징으로 옳은 것은?

> 나침반은 항상 단지 일정한 방향, 즉 북쪽을 가리킬 뿐이다. 또한, 나침반은 여행자를 목표지로 인도한다. 그러므로 나침반은 올바른 길을 직접 지시하는 것이 아니라 올바른 길을 확인할 수 있는 방법을 제시해 준다.

① 존재의 근본 원리를 탐구한다.
② 진리의 발견과 지식의 생산에 관심을 둔다.
③ 행위자의 내면적 도덕성을 강조한다.
④ 가치 있는 삶의 방향을 제시하는 것을 궁극적인 목표로 삼는다.

33 낙태의 윤리적 쟁점과 관련하여 올바르지 <u>않은</u> 설명을 〈보기〉에서 모두 고른 것은?

> **보기**
>
> ㄱ. 태아를 모체로부터 인공적으로 분리하여 임신을 종결시키는 행위를 '생식 보조술'이라고 한다.
> ㄴ. 형법에서는 예외적인 경우에 한하여 낙태를 허용하고 있다.
> ㄷ. 무분별한 낙태는 생명 경시 풍조를 조장할 수 있으므로 신중하게 접근해야 한다.
> ㄹ. 본인이나 배우자의 유전학적 정신 장애나 신체 질환이 있을 경우 낙태가 허용된다.

① ㄱ, ㄴ
② ㄴ, ㄷ
③ ㄷ, ㄹ
④ ㄱ, ㄹ

34 인체 실험과 관련된 다음의 설명 중 옳지 <u>않은</u> 것은?

① 인간을 대상으로 한 실험을 인체 실험 혹은 임상 시험이라고 한다.
② 신약이나 치료법을 개발하는 과정에서 인체 실험이 필요하다.
③ 동물 실험을 많이 해도 인체 실험으로 안전성을 확보해야 한다.
④ 인체 실험은 의학 및 약학 분야의 연구에 한정되며, 심리학·설문 조사와 같은 분야는 포함되지 않는다.

35 다음에서 설명하는 윤리로 옳은 것은?

> 도덕적 지위를 갖는 기준이 생명이라고 보고 도덕적 고려 범위를 모든 생명체로 확대해야 한다.

① 환경 중심주의 윤리
② 인간 중심주의 윤리
③ 생태 중심주의 윤리
④ 생명 중심주의 윤리

36 죄형 법정주의에 관한 설명으로 옳은 것은?

① 무거운 범죄는 무겁게, 가벼운 범죄는 가볍게 처벌해야 한다.
② 죄가 있는 것이 법률상 확실한 경우에 처벌해야 한다.
③ 위반이나 침해의 정도에 따라서 처벌한다.
④ 사회 전체의 이익 증대를 위해 범죄 억제력을 고려해서 처벌해야 한다.

37 밑줄 친 '이것'에 해당하는 용어로 옳은 것은?

> <u>이것</u>은 사이버 공간에서 특정인을 지속적으로 공격하거나 허위 사실을 유포해 상대방이 고통을 느끼도록 하는 일체의 행위를 말한다.

① 데이터 스모그
② 인터넷 중독
③ 사이버 범죄
④ 사이버 따돌림

38 ㉠, ㉡에 대한 설명으로 옳지 <u>않은</u> 것은?

> (㉠)은(는) 개인의 양심이나 도덕적 행위를 다루며 개인의 도덕적 완성을 중요시한다. 그러나 현대 사회에서는 (㉠)만으로는 해결하기 어려운 윤리 문제가 발생하고 있어 (㉡)이(가) 등장하게 되었다.

① ㉠은 도덕성 함양 등을 통해 윤리 문제를 해결할 수 있다고 본다.
② ㉡은 사회 구조나 제도의 개선을 통해 윤리 문제를 해결할 수 있다고 본다.
③ 윤리 문제를 해결할 때는 ㉠보다 ㉡을 통해 해결하는 것이 바람직하다.
④ ㉠은 개인의 도덕성 결핍을 윤리 문제의 원인으로 본다.

39 다음 글에서 설명하고 있는 인물로 올바른 것은?

> 그는 영구 평화로 나아가기 위해 국가 간 주권 보장은 물론 타국에 대해 내정 간섭을 하지 말아야 한다고 주장하였다. 또한 국내적으로는 시민의 정책 결정이 가능한 공화제가 도입되어야 하며, 국제적으로는 보편적 우호 관계에 기반을 둔 국제법이 적용되는 국제적인 연맹을 창설해야 한다고 보았다. 이러한 시각은 국제 연합이 만들어지는 데 큰 영향을 끼쳤다.

① 노직   ② 싱어
③ 롤스   ④ 칸트

40 밑줄 친 '다원주의적 접근'에 대한 설명으로 가장 적절한 것은?

> <u>다원주의적 접근</u>은 문화와 정체성의 다양성을 어느 정도 받아들인다. 이민으로 생겨난 소수 민족 집단이나 원주민 소수 집단들의 문화적 정체성과 특수성이 공적인 차원에서 인정되는 것이다. 개인과 집단은 자유롭게 결사하여 법을 존중하면서 자신들의 문화와 정체성을 보존할 수 있다.
> – 마르코 마르니티엘로, 『현대 사회와 다문화주의』

① 다양한 문화가 각자의 모습을 유지하며 전체적으로 조화된 모습을 만들고자 한다.
② 자문화 중심주의를 초래하여 국제적으로 고립될 수 있다.
③ 문화의 획일화로 문화적 역동성이 저하된다.
④ 외래 문화를 무조건 숭상하여 문화 사대주의를 초래할 수 있다.

제한시간: 50분 | 시작 ____시 ____분 - 종료 ____시 ____분

🔁 정답 및 해설 218p

01 (가)의 관점에서 (나)의 〈문제 상황〉에 대해 내릴 도덕 판단으로 가장 적절한 것은?

(가)	모든 사물에는 자신의 목적을 완전히 실현할 수 있는 힘이 잠재되어 있다. 따라서 잠재적인 것은 현실적인 것과 같다고 볼 수 있다. 만일 도토리의 목적이 나무가 되는 것이라면, 도토리는 한 그루의 나무와 다름없다.
(나)	〈문제 상황〉 최근 난치병 치료를 위해 줄기 세포를 추출하는 과정에서 배아가 파괴되거나, 실험이 완료된 후에 폐기되는 문제가 발생하고 있다.

① 배아는 인간이 될 존재이므로 배아 실험은 정당하지 않다.
② 과학 발전을 위한 순수한 연구이므로 배아 실험은 정당하다.
③ 배아는 결함이 있기 때문에 배아 실험은 정당하지 않다.
④ 배아는 신성한 생명권을 갖지 않으므로 배아 실험은 정당하다.

02 인간이 이성적 본성을 가지고 있음을 뒷받침해 주는 설명으로 적절하지 <u>않은</u> 것은?

① 환경에 적응하고, 능동적으로 변형한다.
② 공동체 생활을 한다.
③ 도구를 제작·사용한다.
④ 계획하고 그 결과를 예측해 행동한다.

03 법을 강제성을 띠는 최소한의 윤리라고 부르는 이유로 가장 적절한 것은?

① 법은 관습과 윤리 모두를 포괄할 수 있는 개념이기 때문이다.
② 법은 강제할 필요가 있다고 인정되는, 사회적 영향력이 큰 최소한의 규범이기 때문이다.
③ 법은 모든 사람들에게 정당한 기준이기 때문이다.
④ 법은 사회적 삶의 반복을 통해 형성된 관념이나 행태이기 때문이다.

04 다음 두 사람의 대화 내용으로 볼 때 (나)와 견해가 같은 철학자와 학설은?

> (가) : 영희를 도와주면 내게 무슨 이익이 있을까?
>
> (나) : 이익 때문에 누구를 돕는다는 것은 옳지 않아! 어려운 사람을 도울 때는 어떤 이유도 달아서는 안 돼!

① 듀이(J. Deway)의 실용주의 윤리설
② 밀(J. S. Mill)의 공리주의 윤리설
③ 칸트(I. Kant)의 법칙론적 윤리설
④ 홉스(T. Hobbes)의 자연주의 윤리설

05 다음 신문 기사의 갑, 을의 주장에 대한 내용으로 가장 적절한 것은?

> **동성 커플 혼인 신고 거절당해 ……**
>
> A 씨는 자신의 동성(同性) 커플인 B 씨와의 혼인 신고서를 ○○시 □□구청에 제출하였다. 그러나 구청은 관련 법규가 없다는 이유로 혼인 신고서를 받아들이지 않았다.
>
> 갑 : 동성 결혼은 관행에 어긋나. 반대야.
> 을 : 아니야, 성적 소수자의 인권도 존중받아야 해.

① 갑 : 국가는 모든 사람들의 행복 추구권을 보장해 주어야 한다.
② 갑 : 동성 결혼 합법화는 전통적 가족 개념을 붕괴시킬 수 있다.
③ 을 : 개인의 취향보다는 전통 규범에 따라야 한다.
④ 을 : 성적 지향에 따른 사회적 차별을 감수해야 한다.

06 "안락사는 나 자신의 죽음을 스스로 결정할 수 있는 권리에 기반하여 허용될 수 있다."라는 주장에 맞서 "개인이 아닌 전체의 복리를 위해 주변 사람들이나 공적 기관이 안락사를 결정할 수 있다."라는 주장과 통하는 원리는?

① 평등의 원리
② 자유주의 원리
③ 간섭주의 원리
④ 자율성의 원리

07 사단(四端)을 설명한 것으로 옳지 않은 것은?

① 남을 불쌍히 여기는 것이 인(仁)의 싹이다.
② 남의 고통을 보고 견딜 수 없는 마음이 예(禮)의 싹이다.
③ 자기 잘못을 부끄러워하고 미워하는 마음이 의(義)의 싹이다.
④ 옳고 그름을 가려 낼 줄 아는 마음이 지(智)의 싹이다.

08 다음 중 신화에 대한 설명으로 적절하지 않은 것은?

① 신화는 역사 시대의 어떤 한 사람이 만들어 내 오랜 시대를 거쳐 넓게 퍼진 역사적 산물이다.
② 고대 조상들이 살았던 자연적·사회적 환경 속에서 그들의 온갖 경험을 추상화한 바람이 숨어 있다.
③ 고대 조상들의 가치관, 종교관, 세계관, 사회관, 인간관, 자연관 등을 볼 수 있다.
④ 고대 조상들이 가지고 있던 자연에 대한 이해, 인간에 대한 이해를 바탕으로 만들어진 것이다.

09 우리나라 도교의 특징으로 적절한 것을 〈보기〉에서 모두 고른 것은?

> **보기**
>
> ㄱ. 도교는 고려 시대에 처음 들어와 조선 시대까지 이어져 내려왔다.
> ㄴ. 도교의 제례인 재초를 통하여 국가의 재앙을 막고 복을 빌었다.
> ㄷ. 우리나라 지식인들 사이에 수련 도교가 자리 잡았다.

① ㄱ, ㄴ
② ㄱ, ㄷ
③ ㄴ, ㄷ
④ ㄱ, ㄴ, ㄷ

10 다음 중 '사단칠정논변'의 결과 이황이 내린 이(理)와 기(氣)의 운동을 모두 인정한 최종적인 결론은?

① 입학도설
② 이기철학
③ 이기호발설
④ 기발일도설

11 다음 중 실학에 대한 설명으로 옳지 <u>않은</u> 것은?

① 정약용은 경세치용파의 학맥을 이어 실학 사상을 종합하였다.
② 북학론은 청의 앞선 문물을 배우고 나아가 세계 정세와 흐름을 알고자 한 것이었다.
③ 유형원은 전국의 토지를 재분배하는 매우 상세하고 구체적인 토지 제도 개혁안을 제시하였다.
④ 권근의 『입학도설』을 통해 생산력 발전을 위한 과학기술론에 관심을 갖게 되었다.

12 장자가 제시한 경지로서, 외물의 속박에서 벗어나 만물을 평등하게 바라보는 절대 자유의 상태를 가리키는 말은?

① 무위
② 상선
③ 일체
④ 제물

13 다음 중 단군 신화에 나타난 정신으로 옳지 <u>않은</u> 것은?

① 광명이세
② 재세이화
③ 제정 분리
④ 인간 존중

14 아리스토텔레스가 말한 인생의 궁극적인 목적으로 거리가 <u>먼</u> 것은?

① 영혼삼분설
② 최고선의 실현
③ 행복의 추구
④ 이성적 자아실현

15 다음 내용과 관련된 사상에 대한 설명으로 가장 옳은 것은?

> 앎은 행함의 시작이고, 행함은 앎의 완성이다. 인식으로서의 지(知)와 실천으로서의 행(行)은 본래 하나이다.

① 성선설과 성즉리설(性卽理說)을 집대성하였다.
② 도덕적 실천과 이론적 탐구로서 지식의 확충을 주장하였다.
③ 본래부터 타고난 참된 앎을 근거로 양심을 깨닫고 이를 실천하는 것이 중요하다.
④ 성인이 되기 위한 방법으로 격물치지(格物致知)를 내세웠다.

16 다음 괄호 안에 들어갈 내용으로 옳은 것은?

> 공동선을 지나치게 강조할 경우 ( ).

① 개인의 자유와 권리가 위축될 수 있다.
② 다른 사람의 권리를 침해할 수 있다.
③ 사회 통합을 저해할 수 있다.
④ 국가를 개인의 도구로 전락시킬 수 있다.

17 스콜라 철학에 대한 설명으로 옳은 것은?

① 신을 실존적으로 만나야 할 인격적 존재로 보았다.
② 신앙과 이성을 상호 보완적 관계로 보았다.
③ 참된 행복은 신앙을 통해서 절대자에게 귀의하는 것이다.
④ 사랑은 인간이 추구해야 할 최고의 목표이다.

18 ㉠과 ㉡에 들어갈 말로 바른 것은?

> (㉠)는 농업 혁신을 통해 민생 안정과 사회 발전 등 현실 문제를 해결하여야 한다고 하였으며, (㉡)는 상공업의 진흥을 통해 경제적 풍요로움과 사회 복지를 이루어야 한다고 주장하였다.

	㉠	㉡
①	경세치용학파	이용후생학파
②	경세치용학파	실사구시학파
③	이용후생학파	경세치용학파
④	실사구시학파	이용후생학파

19 다음의 ㉠에 들어갈 적절한 단어는?

> 인간은 본디 올바른 수행을 통해 무명에서 벗어나 본래 가진 청정한 불성을 되살릴 수 있다고 보았다. 이처럼 깨달음을 위해 정진하며, 중생에게 자비를 베푸는 이상적 인간상을 (㉠)(이)라 불렀다.

① 성인
② 보살
③ 부처
④ 군자

20 조국 분단의 배경을 국제적 요인과 국내적 요인으로 나눌 때 <u>다른</u> 하나는?

① 조국의 분단은 한반도를 중심으로 한 주변 강대국들의 이해관계, 국제적 역학(力學)과 관계가 있다.

② 8·15 광복 이후 남한에서 대한민국이 수립되고, 같은 해에 북한에서 '조선 민주주의 인민 공화국'이 수립되어 정치적 분단으로 고착되었다.

③ 1950년 6월 25일, 북한의 남침으로 남북한 간에 상호 대립, 불신과 갈등이 증대되어 민족 이질화가 심화되었다.

④ 우리 민족의 자주 독립 역량의 부족과 민족 내부의 좌우익으로의 분열은 조국 분단의 요인이었다.

21 다음과 같이 주장한 실존주의 사상가에 대한 설명으로 옳은 것은?

> "실존은 본질에 앞선다."

① 불안과 절망에서 벗어나는 주체적 실존에는 미적·윤리적·종교적 세 단계가 있다.

② 인간은 철저히 좌절해 보고 나서, 그 좌절로 진정한 존재 자체로의 초월에 이를 수 있다.

③ 죽음을 미리 마음속으로 체험함으로써 지금의 순간에 진정 중요한 것이 무엇인지 깨닫는다.

④ 인간이란 스스로 만들어 가는 것 이외에 아무것도 아니다.

22 다음과 관련 있는 내용으로 옳지 <u>않은</u> 것은?

> 동양에서는 일찍이 농경이 발달하였는데, 사람들은 변화하는 자연환경에 순응하면서 자연을 숭배의 대상으로 생각하였다. 삶의 터전이 되는 토지 주변에 거주하며 지혜와 노동력을 모았고, 화목과 질서를 유지하고자 가족 간의 위계와 예의를 중시하였다.

① 인간을 공동체 사회와 분리하지 못하는 유기체적 존재로 보았다.

② 현실에서 살아가는 현세적 삶을 강조하였다.

③ 인간관계의 도리를 중시하였다.

④ 공익보다는 사익을 추구하였다.

23 민족의 의미 중 주관적인 의미로 옳은 것은?

① 생활 양식

② 언어

③ 민족 의식

④ 국민

24 다음 중 흄의 사상에 대한 특징으로 옳지 <u>않은</u> 것은?

① 회의주의적 입장이다.

② 이성이 아닌 감정을 중시한다.

③ 공감 능력을 바탕으로 쾌감을 느낀다.

④ 만물은 물질로 구성되어 있다.

25 통일을 해야 하는 이유로 옳지 <u>않은</u> 것은?

① 분단이라는 암울하고 잘못된 역사를 바로 잡아야 한다.

② 한반도의 평화 유지를 위하여 통일을 해야 한다.

③ 민족의 활동 무대를 확대하기 위해서는 통일이 필요하다.

④ 남북 분단 이전의 상태로 돌아가기 위해 통일이 필요하다.

26 남북한의 경제 격차가 점차 심해질 경우 나타날 문제점은?

① 북한 주민의 열등 의식으로 공동체 의식 형성이 저하될 수 있다.

② 독재 정치 밑에서 생활하면서 몸에 배인 반민주적 생활 태도를 고칠 수 없다.

③ 서로 다른 문화 때문에 서로에 대한 이해가 부족해진다.

④ 민주 시민 형성을 위한 교육을 실시하기 어렵다.

27 토론의 과정 중 ㉠~㉣에 들어갈 말로 옳은 것은?

> • (㉠) : 자신의 주장에 대한 근거를 찾고 자신의 주장을 발표한다.
> • (㉡) : 상대방 주장의 오류나 부당성을 밝힌다.
> • (㉢) : 상대방 반론이 옳지 않음을 밝히거나 자신의 주장을 뒷받침할 더 많은 근거를 제시한다.
> • (㉣) : 상대방의 반론을 참고하여 각자의 주장을 반성하고 자신의 최종 입장을 발표한다.

① ㉠ - 반론하기, ㉡ - 재반론하기, ㉢ - 반성과 정리하기, ㉣ - 주장하기

② ㉠ - 주장하기, ㉡ - 반성과 정리하기, ㉢ - 반론하기, ㉣ - 재반론하기

③ ㉠ - 주장하기, ㉡ - 반론하기, ㉢ - 재반론하기, ㉣ - 반성과 정리하기

④ ㉠ - 반성과 정리하기, ㉡ - 주장하기, ㉢ - 반론하기, ㉣ - 재반론하기

28 (가)와 (나)에 대한 설명으로 옳은 것은?

> (가) 의무론, 공리주의, 덕 윤리
> (나) 생명 윤리, 정보 윤리, 환경 윤리

① (가)는 현대인의 삶의 영역에서 제기되는 다양한 윤리 문제를 해결하고자 한다.

② (가)는 생명 복제, 안락사, 기후 변화 문제 등 현대 생활에서 발생하는 윤리 문제를 해결하는 데 관심을 둔다.

③ (나)는 (가)를 토대로 삼아 현대 생활의 다양하고 복잡한 윤리 문제를 해결하고자 한다.

④ (가)는 (나)를 활용하여 현대 사회의 윤리 문제 해결을 위한 토대와 근거를 마련한다.

29 낙태에 관한 선택 옹호론의 주장으로 옳은 것을 〈보기〉에서 모두 고르면?

> ㄱ. 태아는 성장해서 인간이 되므로 태아를 죽이는 것은 살인이다.
> ㄴ. 태아는 여성 몸의 일부이므로 여성은 임신 지속 여부를 결정할 권리가 있다.
> ㄷ. 무고한 인간을 죽이는 행위는 잘못이다.
> ㄹ. 태아는 완전한 인간이 아니므로 낙태를 살인이라고 볼 수 없다.

① ㄱ, ㄴ
② ㄴ, ㄹ
③ ㄱ, ㄷ
④ ㄷ, ㄹ

30 다음 중 유전자 조작을 반대하는 입장에 대한 설명으로 옳은 것은?

① 식량 부족 문제를 더 어렵게 한다.
② 경제적 이윤을 얻기 어렵다.
③ 사회적 행복 증진에 장애가 된다.
④ 생태계의 질서를 파괴한다.

31 생태 중심주의 윤리에 관한 설명 중 옳지 않은 것은?

① 테일러의 대지 윤리는 도덕 공동체의 범위를 동물, 식물, 흙, 물을 비롯한 대지까지 확대한 것이다.
② 생태 중심주의는 도덕적 고려 범위를 무생물을 포함한 생태계 전체로 보아야 한다는 입장이다.
③ 인간의 가장 중요한 의무는 생태계의 안정을 유지하는 것이다.
④ 생명 개체에만 초점을 맞춘 개체 중심적인 환경 윤리를 비판한다.

32 다음과 같은 결정이 내려지게 된 이유로 옳은 것은?

> 헌법 재판소는 2012년 8월 23일 재판관 전원 일치로, 인터넷 게시판을 설치·운영하는 정보 통신 서비스 제공자에게 본인 확인 조치 의무를 부과하여 게시판 이용자로 하여금 본인 확인 절차를 거쳐야만 게시판을 이용할 수 있도록 하는 이른바 본인 확인제를 규정한 '정보 통신망 이용 촉진 및 정보 보호 등에 관한 법률'이 과잉 금지 원칙에 위배하여 인터넷 게시판 이용자의 표현의 자유, 개인 정보 자기 결정권 및 인터넷 게시판을 운영하는 정보 통신 서비스 제공자의 언론의 자유를 침해하므로 헌법에 위반된다는 결정을 선고하였다.

① 사이버 폭력에 대한 법적 책임을 강조하기 위해
② 사이버 폭력을 근절하기 위해
③ 익명성의 문제점을 해소하기 위해
④ 표현의 자유가 중요하다는 점을 강조하기 위해

33 다음의 내용을 주장한 사상가와 관련 <u>없는</u> 것은?

> 자기를 극복하여 예(禮)로 돌아가는 것이 인(仁)이다. 하루만이라도 자기를 극복하여 예로 돌아간다면 천하의 사람들이 모두 인(仁)으로 귀의할 것이다.

① 임금은 임금답고, 신하는 신하다우며, 아비는 아비답고, 자식은 자식다워야 한다.
② 인격의 이상적 기상으로 호연지기(浩然之氣)를 길러야 한다.
③ 모든 사람이 더불어 잘 살 수 있는 이상적인 사회상으로 대동사회(大同社會)를 제시하였다.
④ 사회 혼란의 근본적 원인은 인간의 도덕적 타락이다.

34 다음과 관련된 주장으로 옳지 <u>않은</u> 것은?

> 개인이 아무리 도덕적으로 살려고 해도 그가 살고 있는 사회의 도덕성이 바르지 않다면, 개인의 그러한 노력이 무슨 소용이 있겠는가? 사회의 전체 구조가 잘못되어 있는데 개인에게만 올바르게 살아가라고 요구할 수 있는가? 개인에게 선하게 살아가라고 요구하기 전에 우선 잘못된 사회적 관행이나 제도를 고쳐야 할 것이 아닌가?

① 개인의 도덕성이 바르게 표현될 수 있는 사회 여건이 중요하다.
② 현대 윤리 문제는 개인 윤리만으로 해결이 가능하다.
③ 사회 구조와 제도의 개선으로 윤리 문제를 해결해야 한다.
④ 양심 있는 사람도 집단 이기주의 현상에 동조할 수 있다.

35 다음을 통해 알 수 있는 내용을 〈보기〉에서 모두 고른 것은?

> • 더운 지방과 추운 지방의 주거, 음식, 의복 문화가 서로 다르다.
> • 우리나라 사람들은 돼지고기를 즐겨 먹지만 이슬람 문화권 나라에서는 돼지를 부정한 동물이라고 간주하여 먹지 않는다.

> **보기**
> ㄱ. 가치관이나 종교의 차이에 따라 다양한 문화가 존재한다.
> ㄴ. 노예 제도나 인종 차별 문화에 대해서도 인정하고 수용해야 한다.
> ㄷ. 지역에 따라 자연환경이나 처해진 상황이 다르기 때문에 다양한 문화가 존재한다.
> ㄹ. 모든 문화에 대한 윤리적 평가는 불가능하다.

① ㄱ, ㄴ
② ㄱ, ㄷ
③ ㄴ, ㄷ
④ ㄷ, ㄹ

36 다음의 ㉠과 가장 관련 있는 내용으로 옳은 것은?

> 민족 통합을 이루기 위한 바람직한 민족 정체성은 _____㉠_____ 을(를) 기반으로 해야 한다.

① 민족의 주체성을 유지하면서 동시에 다른 민족의 문화와 삶의 양식을 포용하는 민족주의이다.
② 국가나 민족의 필요성을 부정하는 민족주의이다.
③ 자기 민족의 이익만을 추구하며 다른 민족을 배척하는 민족주의이다.
④ 자민족의 이익과 발전을 위해 다른 민족의 희생을 당연하게 여기는 민족주의이다.

37 다음과 관련 있는 사상가의 주장으로 옳은 것은?

> 제후들이 자기 집안이나 나라만을 중요하게 생각하고, 남의 집안이나 남의 나라를 배려하지 않으므로 싸움이 일어난다고 생각하였다.

① 인간의 문화와 제도가 인위적이라고 비판하였다.
② 별애(別愛)를 비판하며 겸애(兼愛)를 주장하였다.
③ 사욕(私慾)이 본성을 가리지 못하게 자신을 억제하고 사람의 도리를 다해야 한다고 주장하였다.
④ 인간과 자연의 조화 합일을 주장하였다.

38 다음의 윤리 사상과 사회 사상의 관계에 대해 올바르게 설명한 것은?

> 어떤 사람의 성품이나 행위에 대해 가치판단을 할 때, 그가 속한 사회나 국가가 미친 영향을 고려하며, 반대로 어떤 사회나 국가에 문제가 있다고 판단할 경우 구성원들의 가치관이나 의식이 어떤가를 고려해야 한다.

① 윤리 사상과 사회 사상은 상호 의존성을 가지고 있다.
② 윤리 사상과 사회 사상은 별개로 보아야 한다.
③ 윤리 사상은 사회 사상에 속해 있다.
④ 윤리 사상과 사회 사상은 대립적인 관계이다.

39 다음 내용을 주장한 사상가의 사상과 관련이 없는 것은?

> 인간의 본성은 하늘이 우리에게 부여한 이치라고 주장하여, 본성이 곧 이치[性卽理]라고 하였다.

① 격물치지(格物致知)란 자기 자신을 포함한 세계의 참모습에 대해 밝게 아는 것을 말한다.
② 도덕을 실천하는 방법론으로 거경궁리론(居敬窮理論)을 제시하였다.
③ 치양지설(致良知設)이란 인간이 본래부터 타고난 앎을 구체적이고 적극적으로 발휘하는 것이다.
④ 인격적으로 완성된 성인(聖人)이 되는 것을 학문의 목표로 삼는다.

40 다음 중 이이가 주장한 내용으로 옳지 않은 것은?

① 사단과 칠정은 모두 기(氣)가 발한 것이다.
② 성(誠)을 통하여 경(敬)에 이르러야 한다.
③ 보편적인 것으로서 이(理)는 통하고, 특수한 것으로서 기(氣)는 국한된다.
④ 이(理)와 기(氣)는 서로 의존하며 보완 관계를 유지한다.

제한시간: 50분 | 시작 ___시 ___분 - 종료 ___시 ___분

⏎ 정답 및 해설 223p

01 이상 사회를 다음과 같이 설명한 사상가는?

> 과학 기술자들이 지배하는 신비의 섬으로, 과학기술의 발전에 의해 이루어진 유토피아

① 플라톤
② 모어
③ 베이컨
④ 마르크스

02 공자가 다음에서 강조한 내용으로 옳은 것은?

> "임금은 임금다워야 하고, 신하는 신하다워야 하며, 부모는 부모다워야 하고, 자식은 자식다워야 한다."

① 자신의 소질과 재능을 발휘해야 한다.
② 경제적인 풍요를 이루어야 한다.
③ 자신이 맡은 직분에 충실해야 한다.
④ 국민을 섬기는 봉사 정신을 가져야 한다.

03 영국의 경험론자 베이컨이 말한 "지식은 힘이다."에서 '지식'이 의미하는 것은?

① 철학적 지식
② 과학적 지식
③ 일반적 상식
④ 종교적 지식

04 메타 윤리학에 대한 설명으로 옳지 **않은** 것은?

① 사실 판단에서 도덕 판단을 이끌어 내는 것은 잘못됐다고 주장하였다.
② 무어의 주장을 자연론적 오류라고 불렀다.
③ 규범 윤리학과 뿌리가 같은 학문으로, 보다 발전된 형태이다.
④ 대표적인 메타 윤리학의 조류는 이모티비즘(Emotivism)이다.

05 다음 중 화랑도에 대한 설명으로 옳지 **않은** 것은?

① 한국 고유의 사상 위에 유교, 불교, 도교의 가르침을 수용하였다.
② 자연과 벗하며 도의를 길렀으며, 가악(歌樂)을 즐겼다.
③ 봉건 사회의 신분 제도를 비판하고 민중의 삶을 중시하였다.
④ 인격 도야와 국가 발전에 힘써 신라의 삼국 통일에 기여하였다.

06 다음과 같이 주장한 사상가는?

> 쾌락을 선으로 보되 참된 쾌락은 고통이 없는 쾌락이어야 하며, 그러한 쾌락을 얻기 위해서는 욕망을 절제하며 살아야 한다.

① 프롬
② 플라톤
③ 에피쿠로스
④ 스턴버그

07 다음 중 밖으로부터 들어와 우리 전통이 된 사상으로 옳지 <u>않은</u> 것은?

① 유교   ② 도교
③ 불교   ④ 신화

08 다음 중 노자와 장자의 사상을 중심으로 하는 도교의 모태가 되는 사상은?

① 단학
② 불교 사상
③ 도가 사상
④ 선가설

09 기존 교단의 자기 구제 방식을 지양하고 타인 구제까지도 고려한 방식을 채택할 것과 석가의 가르침을 이해할 것이 아니라 실천할 것을 주장한 불교의 분야는?

① 대승 불교
② 교학 불교
③ 부파 불교
④ 선불교

10 다음 중 우리나라의 유학 전래와 관련된 설명으로 옳지 <u>않은</u> 것은?

① 신라 시대 독서삼품과에서 『논어』와 『효경』을 공동 교과 과목으로 삼았다.
② 고려 시대에는 '경'의 글자 하나하나의 의미를 연구하는 훈고학이 주류를 이뤘다.
③ 고려 시대에는 과거제의 실시를 통해 중앙집권의 수요에 부응하였다.
④ 고려 시대 중소지주 출신 사대부들은 불교를 비판하고 주자학을 대안으로 제시하였다.

11 과학적 학문 연구 방법으로 우리 고대사의 새로운 발굴에 기여한 실학파는?

① 경세치용파
② 북학파
③ 이용후생파
④ 실사구시파

12 다음에서 설명하는 사상가의 입장으로 옳은 것은?

> • 신이 '아버지'라는 가르침으로 인류의 보편적 형제애를 강조
> • "네 이웃을 몸처럼 사랑하라. 너의 원수까지 사랑하라."

① 사랑과 인간의 존엄성의 가치를 중시하였다.
② 사주덕을 참된 행복의 조건으로 보았다.
③ 이데아의 세계를 영원 불변하고 완전한 실재라고 보았다.
④ 무지에 대한 자각을 참다운 앎의 출발점으로 보았다.

13 사이버 폭력에 대한 설명 중 옳지 <u>않은</u> 것은?

① 폭력 방식이 공적이고 개방적으로 진행된다.
② 다수의 가해자가 손쉽게 폭력 행위에 가담한다.
③ 24시간 장소의 구애 없이 사이버 폭력에 노출된다.
④ 빠른 전파성과 무한 복제성 때문에 허위 사실이 빠르게 확산되면서 피해도 확대된다.

14 다음을 바탕으로 덕의 특징을 추론한 것으로 가장 적절한 것은?

> 덕(德)은 과잉과 과소의 어느 쪽에도 치우치지 않는 '중간'에 존재한다. 예를 들면, 쾌락에 관한 과잉과 과소는 방탕과 무감각이지만 그 중간에는 절제(節制)의 덕이 있다. 여러 가지 덕목(德目) 중에서 그 중간이 어디에 있는가하는 것은 양 극단은 '적당한 정도(程度)'로서의 중간을 기준으로 하여 그곳으로부터의 일탈(逸脫)로서 잴 수 있는 것이다.

① 주어진 상황에 이성적으로 적절하게 대처하는 것이 덕이다.
② 올바른 것을 아는 것이 곧 덕이다.
③ 고통 없는 쾌락을 추구하는 것이 덕이다.
④ 어떤 것에 의해서도 마음이 요동하지 않는 것이 덕이다.

15 다음 중 중용에 대한 설명으로 옳지 <u>않은</u> 것은?

① 사람이 아니면 참지 않고, 참지 않으면 사람이 아니다.
② 유교나 아리스토텔레스가 말한 덕(德)이다.
③ 지나치거나 모자람이 없음을 뜻한다.
④ 인간은 만물의 척도이다.

16 헬레니즘 시대 윤리 사상의 특징으로 옳은 것은?

① 공동체적 인간관계를 강화하였다.
② 실제적 현실 문제보다 과거 문제를 중요시하였다.
③ 철저한 극기·금욕주의가 최선의 삶으로 강조되었다.
④ 마음의 평정과 자유에 대한 동경을 추구하였다.

17 다음 괄호 안에 들어갈 말로 알맞은 것은?

> 스토아 학파에서 인간의 본성으로 특히 중요하게 여긴 것은 (　　)이다.

① 의지
② 이성
③ 경험
④ 관찰

18 실용주의 사상가인 듀이의 사상 내용으로 옳지 <u>않은</u> 것은?

① 창조적 지성
② 과학적 탐구 과정의 중시
③ 도구적 실용주의
④ 허무적 염세주의

19 다음 글에 나타난 불교의 세계관으로 옳은 것은?

> 불교에서는 갈등과 대립이 없는 평화의 세계를 지향하고, 차별이 없는 무차별의 세계를 드러낸다. 따라서 소극적인 의미의 갈등이나 대립의 부재가 아니라, 만물과 인간이 모두 조화를 누리는 평화의 세계를 지향한다.

① 자유적 세계관
② 평등적 세계관
③ 이분법적 세계관
④ 인간 중심적 세계관

20 플라톤이 주장한 이상 사회에 대한 설명으로 가장 적절한 것은?

① 시민들의 자치에 기반한 공화주의 사회
② 지혜의 덕을 갖춘 철학자가 통치하는 사회
③ 모든 시민들이 정치에 참여하는 민주주의 사회
④ 재산 소유에 따라 정치 권력을 배분하는 사회

21 '국가'에 대한 다음 사상의 입장으로 옳은 것은?

> 인간은 평화로운 자연 상태에서 분쟁이나 갈등이 발생할 경우 자신의 생명, 자유, 재산 등을 보호하기 위해 계약을 맺는다.

① 피지배 계급을 착취하기 위한 수단이다.
② 개인의 기본권을 보호하는 권력 기구이다.
③ 가족과 시민 사회를 종합한 최고의 인륜이다.
④ 개인의 자유 실현을 위해 사라져야 할 대상이다.

22 다음 중 윤리 이론과 해당 이론의 윤리 문제 해결 방법에 대한 설명이 <u>잘못</u> 연결된 것은?

① 공리주의 : 시비선악의 판단 기준을 인간의 이익과 행복 증진에 두고 해결한다.
② 의무론 : 옳고 그름의 판단 기준을 행위의 결과에 두고 문제를 해결한다.
③ 책임 윤리 : 행위가 미칠 영향과 결과에 대한 책임에 기초해서 도덕 문제를 해결한다.
④ 덕 윤리 : 덕을 함양하여 인격자가 됨으로써 도덕 문제를 해결한다.

23 다음 내용에 해당하는 정의는?

> • 공리주의의 '최대 다수의 최대 행복'
> • 분배의 기준에는 능력과 성과, 노력, 사회적 효용 등이 있다.

① 절차적 정의
② 실질적 정의
③ 결과적 정의
④ 형식적 정의

24 다음 내용에 해당하는 학자는?

> 사회 집단의 도덕성은 개인의 도덕성보다 현저하게 떨어진다고 비판한 사람이다.

① 스피노자
② 니부어
③ 롤스
④ 헤겔

25 홉스의 윤리 사상으로 옳지 <u>않은</u> 것은?

① 인간의 자연 상태는 보편적 도덕 원리가 지배하는 상태라고 보았다.
② 외계의 자극에 의해서 생기는 감각을 지식의 근원이라고 보았다.
③ 선악 판단의 기준은 감각적 경험의 욕구도(欲求度)에 따라 상대적으로 결정된다고 보았다.
④ 사회계약설을 토대로 하여 근대 시민 윤리를 도출(導出)해 냈다.

26 ㉠과 ㉡에 대한 설명으로 옳지 <u>않은</u> 것은?

> ㉠: 인간의 가치 및 행복 추구와 자아실현을 중시함
> ㉡: 공동체의 가치와 전통에 따라 구성원의 자아실현과 인격 완성을 추구하고 사익보다 공익을 중시함

① ㉠이 지나치게 강조될 경우 개인의 자유와 권리를 침해할 수 있다.
② ㉠은 일반적으로 자유주의를 강조하는 경향이 있다.
③ ㉡이 지나치게 강조될 경우 사회 질서 유지를 위해 개인의 희생을 정당화할 수 있다.
④ ㉠의 실현은 사회 속에서 가능하고, ㉡의 실현은 공동체에 대한 개인의 참여와 협조로 가능하다.

27 독일의 통일 과정에서 배울 수 있는 교훈으로 적절하지 <u>않은</u> 것은?

① 통일에서의 주도력 발휘
② 점진적·단계적 통일 접근
③ 대내적으로 통일 기반 완비
④ 정치 지도자의 역할 미비

28 북한 이탈 주민을 대하는 자세로 바람직한 것은?

① 북한 이탈 주민을 우리 민족이면서 국민으로 여긴다.
② 북한 이탈 주민을 우리와 가치관이 다른 사람으로 생각한다.
③ 북한 이탈 주민들만 모여 살 수 있게 한다.
④ 북한 이탈 주민을 직접 관리하고 감시한다.

29 좋은 토론을 위해 유의해야 할 점으로 옳은 것을 〈보기〉에서 모두 고르면?

> **보기**
>
> ㄱ. 자신의 발언에 대하여 책임을 진다.
> ㄴ. 자기 생각의 한계와 오류 가능성을 배제한다.
> ㄷ. 타인의 의견과 인격을 존중한다.

① ㄱ
② ㄱ, ㄴ
③ ㄱ, ㄴ, ㄷ
④ ㄱ, ㄷ

30 다음 내용과 관련 있는 주제로 옳은 것을 〈보기〉에서 모두 고른 것은?

> 예원이는 신문에서 아바타 프로젝트 계획을 읽었다. 이 계획의 핵심은 로봇에 인간의 두뇌를 이식하여 영원한 삶을 누리는 것이다. 예원이는 이 계획을 추진해도 좋은지, 인간의 두뇌이식이 성공한다면 인간으로 봐야 할지 로봇으로 봐야 할지 고민하였다.

> **보기**
>
> ㄱ. 낙태, 안락사 등을 허용해야 하는가?
> ㄴ. 정보 기술은 인간에게 어떤 이로움을 주는가?
> ㄷ. 생명 복제는 어디까지 허용해야 하는가?
> ㄹ. 성적 소수자 문제를 어떻게 보아야 하는가?

① ㄱ, ㄴ
② ㄱ, ㄷ
③ ㄴ, ㄷ
④ ㄷ, ㄹ

31 생식 보조술에 대한 윤리적 쟁점과 관련하여 다음의 ㉠과 ㉡에 들어갈 말로 옳은 것은?

> • 찬성하는 입장 : (㉠) 관점으로, 난임 부부의 고통을 덜어 주고 행복을 증진시키며 출산율을 높여 사회를 존속시키는 데 기여한다.
> • 반대하는 입장 : (㉡) 관점으로, 생명체의 탄생 과정에 인위적으로 개입해서는 안 된다.

	㉠	㉡
①	의무론	공리주의
②	자연법 윤리	덕 윤리
③	공리주의	자연법 윤리
④	덕 윤리	의무론

32 ㉠~㉢에 들어갈 말로 옳은 것은?

> • (㉠) 가치 : 종족 보존의 기능을 수행한다.
> • (㉡) 가치 : 감각적인 욕구를 충족시켜 주는 기능을 갖는다.
> • (㉢) 가치 : 동물의 성과 달리 상대방에 대한 배려나 예의를 바탕으로 한다.

	㉠	㉡	㉢
①	쾌락적	생식적	인간적
②	인간적	생산적	사회적
③	생산적	인간적	사회적
④	생식적	쾌락적	인간적

33 다음은 동양의 자연관에 대한 내용이다. ㉠, ㉡, ㉢에 들어갈 말로 옳은 것은?

> • 불교의 (㉠) : 상호 의존성을 인식하고 모든 생명을 소중히 여기며 자비를 베풀어야 한다.
> • 도가의 (㉡) : 인간은 자연의 섭리에 순응하고 자연과 조화를 이루어야 한다.
> • 유학의 (㉢) : 다른 인간과 존재를 사랑하고 어질게 행동하듯 자연을 소중히 여겨야 한다.

	㉠	㉡	㉢
①	인(仁)	연기설	무위자연
②	연기설	무위자연	인(仁)
③	인(仁)	무위자연	연기설
④	연기설	인(仁)	무위자연

34 밑줄 친 '윤리적 원칙'의 구체적인 행동 규칙에 대한 설명 중 옳지 <u>않은</u> 것은?

> 정보 통신 기술의 급속한 발전으로 빠르게 상황이 변화하고 있기 때문에 정보 사회에서 발생하는 문제들에 대해 분명한 해결책을 제시하는 규범을 만들어 내는 것은 매우 어려운 일이다. 현재의 정보 사회에서는 <u>윤리적 원칙</u>에 입각하여 신중하게 행동할 필요가 있다.

① 존중 : 사이버 공간에서는 서로 예의를 갖춘 말과 글을 사용한다.
② 정직 : 개인의 정보를 모두 공개하여 오해를 방지한다.
③ 해악 금지 : 사이버 폭력을 가하지 않는다.
④ 정의 : 불건전한 정보는 접하지도 주고받지도 않는다.

35 다음 사형 제도에 대한 갑, 을의 입장으로 옳은 설명을 〈보기〉에서 모두 고른 것은?

> 갑 : 타인의 생명을 해친 범죄자를 사형하는 것은 응보의 원리를 충족하므로 사형 제도는 정당하다.
> 을 : 사형 제도가 범죄를 예방하여 사회 전체의 이익과 행복을 증대할 수 있다면 사형 제도는 정당하다.

보기

> ㄱ. 갑은 사형 제도가 범죄 예방이나 교화를 목적으로 할 때 정당하다고 본다.
> ㄴ. 갑은 인간의 존엄성을 훼손한 범죄는 사형을 통해 응보적으로 처벌하는 것이 정당하다고 본다.
> ㄷ. 을은 사형 제도가 범죄 예방 효과가 없다면 사형 제도는 정당하지 않을 수 있다고 본다.
> ㄹ. 갑, 을 모두 아무런 조건 없이 사형 제도가 정당하다고 본다.

① ㄱ, ㄴ
② ㄱ, ㄷ
③ ㄴ, ㄷ
④ ㄷ, ㄹ

36 다음 중 다양한 문화가 나타나는 이유로 가장 적절한 것은?

① 전통문화의 계승이 이루어졌기 때문이다.
② 새로운 문화에 대한 관심이 높아졌기 때문이다.
③ 정보 통신 기술의 발달로 교류가 활발해졌기 때문이다.
④ 사회마다 구성원이 추구하는 가치관이 다르기 때문이다.

37 다음과 같은 태도가 다문화 시대에 미칠 수 있는 영향으로 옳은 것은?

> 자문화 중심주의적 태도에서 벗어나 자신의 문화를 기준으로 다른 문화를 평가하고 우열을 가리지 않는다. 다양한 문화를 대할 때 각각의 문화가 지닌 고유성과 상대적 가치를 이해하고 존중하는 한편 윤리 상대주의를 경계한다.

① 문화적 획일화의 논리적 근거로 활용되어 문화의 역동성을 저해한다.
② 기존 주류 문화에 소수 문화를 융합하거나 흡수시켜 사회 통합을 촉진한다.
③ 문화적 차이에 따른 갈등을 예방하고 다양한 문화의 공존을 가능하게 해 준다.
④ 보편적 윤리의 존재를 부정하고 다른 문화에 대한 성찰을 방해한다.

38 다음과 같은 관점에 대한 설명으로 옳은 것은?

> 부유한 나라의 약소국에 대한 원조는 개인이나 국가가 자율적으로 선택해야 할 문제라고 보는 자선의 관점이 있다. 예를 들면 노직은 자유주의에 근거하여 개인이 정당하게 취득한 재산은 다른 개인이나 국가가 결코 침해할 수 없는 배타적 소유권이며, 그 재산을 가지고 무엇을 할 것인지는 개인의 자유로운 선택에 달려 있다고 주장한다.

① 공리주의에 입각하여 빈곤으로 고통받고 있는 약소국에 대한 원조의 필요성을 강조한다.
② 타인의 곤경에 관심을 기울이는 태도를 보편적 윤리로 받아들인다.
③ 약소국의 어려운 처지가 전적으로 혹은 부분적으로 부유한 나라에 의해 초래되었기 때문에 원조는 반드시 이행되어야 한다.
④ 세계 빈곤 문제를 적극적으로 해결하기 어렵다.

39 다음의 내용과 관련된 이이의 사상은 무엇인가?

> • 불교, 도교, 양명학 등을 심도 있게 연구하여 사회 문제를 폭넓고 명철하게 분석하였다.
> • 사회 제도나 질서를 확립하기 위해서는 백성의 경제적 안정이 선행되어야 한다고 보았다.
> • 시의(時宜)에 의한 정치, 경제, 교육, 국방 등에 대한 전반적인 개혁을 도모하였다.

① 이통기국설
② 사회 경장론
③ 이용후생론
④ 본체론

40 다음 내용이 가리키는 경지는 무엇인가?

> 인위적인 삶에서 벗어나 선악의 구분과 도덕 집착을 넘어선 정신적인 해방 상태로, 도(道)와 일체가 되어 더 이상 아무것도 의존할 필요가 없는 상태이다.

① 소요유(逍遙遊)
② 무위자연(無爲自然)
③ 좌망(坐忘)
④ 청담(淸談)

제한시간: 50분 | 시작 _____시 _____분 – 종료 _____시 _____분

정답 및 해설 228p

01 인간의 본성에 대한 설명으로 가장 적절한 것은?

① 맹자는 인간의 본성이 악하다는 성악설을 주장하였다.
② 인간의 이성적 본질이란 인간이 협동심을 발휘할 수 있다는 점이다.
③ 타고난 본성은 변하지 않는다.
④ 다윈의 진화론이 등장한 이래 인간의 동물적 본성에 대한 관심이 증대하였다.

02 소피스트와 소크라테스가 탐구하였던 공통적인 주제는 무엇인가?

① 자연
② 우주
③ 행복
④ 인간

03 관습, 법, 윤리 중에서 윤리가 가장 근본적인 이유에 대한 설명으로 옳은 것은?

① 합리적인 것과 비합리적인 것 모두 존재하기 때문이다.
② 사람들의 평가가 거듭되면서 생긴 관념이기 때문이다.
③ 윤리는 관습과 법을 평가하는 기준이기 때문이다.
④ 관습, 법 중 사회적 영향이 가장 큰 것을 강제할 필요가 있어 규정되었기 때문이다.

04 다음 학자들과 관련된 내용으로 옳은 것은?

① 칸트 – 인간의 도덕적 행위를 위한 신체적·도덕적·정치적·종교적 제재의 필요성을 강조하였다.
② 헤겔 – 개인과 국가 성원 전체의 역사적·사회적 현실 속에서 드러나 있는 윤리를 밝히려 하였다.
③ 홉스 – 인간의 본성은 본래 선한 것인데 문명과 사회 제도의 영향을 받아 악하게 되었다고 주장하였다.
④ 소크라테스 – 덕은 단순히 앎에서 비롯되는 것이 아니라 선의지로부터 생겨난다고 주장하였다.

05 배려 윤리의 대표적인 사상가인 길리건이 주장한 내용이 <u>아닌</u> 것은?

① 여성과 남성의 도덕적 지향성이 동일하지 않다고 주장하였다.
② 어머니와 자녀 사이의 관계를 배려의 원형으로 제시하였다.
③ 남성이 가지고 있는 것은 '정의'이고 여성이 가지고 있는 것은 '배려'로 보았다.
④ 정의 윤리가 여성의 '다른 목소리'를 간과했다고 주장하면서 여성을 열등적인 존재로 규정하였다.

06 베이컨의 "아는 것이 힘이다."라는 말이 과학을 통해 자연을 아는 것이 바로 자연을 지배할 수 있는 힘이라는 뜻을 가지고 있다고 주장하며, 이를 반대한 환경학적 사상은 무엇인가?

① 생태주의
② 간섭주의
③ 기술결정론
④ 보수주의

07 다음과 같이 이상 사회를 제시한 사상가의 입장으로 옳은 것은?

> 영토가 작고 인구가 적다. 사람들은 여러 가지 도구를 사용하지 않고 배와 수레가 있어도 타지 않는다. 또, 갑옷과 무기도 입지 않는다.

① 무위(無爲)와 무욕(無慾)의 정치를 해야 한다.
② 예(禮)를 지키며 회복하는 정치를 해야 한다.
③ 인(仁)과 의(義)의 덕으로 정치를 해야 한다.
④ 필요에 따라 분배 받는 평등한 정치를 해야 한다.

08 다음에서 설명하는 내용을 일컫는 불교 용어는?

> • 거세게 불던 바람이 조용해지는 것과 같이 번뇌가 사라진 상태
> • 인간의 속세적인 모든 속박으로부터 벗어나 자유롭게 되는 해탈
> • 영원한 평안과 완전한 평화의 이상향

① 열반(涅槃)
② 보살(菩薩)
③ 혈구지도(絜矩之道)
④ 인연(因緣)

09 정보 사회의 긍정적 측면으로 볼 수 <u>없는</u> 것은?

① 지식의 보편화
② 인간관계나 사회 구조의 민주화
③ 소외 현상의 가속화
④ 의사소통의 편리

10 다음에서 노자가 맹자에게 제기할 수 있는 반론으로 가장 적절한 것은?

> 노자 : 지혜롭다고 하는 자들을 높이지 않아야 백성이 다투지 않게 된다. 욕망을 일으킬 만한 것을 보여 주지 않아야 백성의 마음이 혼란 스러워지지 않는다.
> 맹자 : 군주가 힘으로 지배하면 백성이 진심이 아니라 힘이 약해 어쩔 수 없이 복종하는 것일 뿐이다. 인의 (仁義)의 덕으로 모범을 보이면 백성은 진심으로 따르게 된다.

① 법과 제도가 사회 안정의 기본 조건임을 부정하고 있다.
② 도덕을 바탕으로 한 통치가 중요함을 경시하고 있다.
③ 백성이 왕이나 국가보다 더 중요함을 부정하고 있다.
④ 인위적 다스림이 없는 정치가 이상적임을 경시하고 있다.

11 다음 중 실학의 연구 분야로 적절하지 <u>않은</u> 것은?

① 주자학의 비판
② 유럽의 과학기술
③ 이(理)와 기(氣)의 운동
④ 부국강병

12 다음의 서양 윤리 사상 중 에피쿠로스 학파에 대한 설명으로 옳지 <u>않은</u> 것은?

① 절제를 통하여 마음의 평온을 얻어야 한다.
② 순간적인 쾌락보다는 지속적인 쾌락을 추구해야 한다.
③ 쾌락이야말로 행복한 생활의 시작이며 인생의 목적이라고 주장하였다.
④ 아파테이아(Apatheia)의 경지를 이상으로 삼았다.

13 남성과 여성 양쪽을 성별에 따른 차별 없이 동등하게 대우하는 것을 의미하는 용어는?

① 양성차별
② 양성 보완
③ 양성평등
④ 성 역할 극복

14 기후 변화에 따른 윤리적 문제를 해결하기 위한 국제적 노력에 해당하는 것을 〈보기〉에서 모두 고르면?

보 기

ㄱ. 교토 의정서를 통한 온실가스 감축
ㄴ. 리우 환경 회의에서의 기후 변화 협약
ㄷ. 탄소 배출권 거래제 실시
ㄹ. 뉘른베르크 강령

① ㄱ, ㄴ, ㄷ
② ㄱ, ㄴ, ㄹ
③ ㄴ, ㄷ, ㄹ
④ ㄱ, ㄴ, ㄷ, ㄹ

15 다음 중 칸트 윤리에 대한 설명으로 옳지 않은 것은?

① 이성적이고 자율적인 인간은 보편적인 도덕 법칙을 의식할 수 있다고 보았다.
② 인간의 본성에 근거하는 절대적인 법을 중시하였다.
③ "네 의지의 준칙이 언제나 동시에 보편적 입법의 원리가 되도록 행위하라."라고 하였다.
④ 보편화 가능성과 인간 존엄성을 중시한다.

16 공리주의에 관한 다음의 설명 중 옳은 것은?

① 밀(J. S. Mill)은 쾌락의 질은 동일하며 양적 차이만 있다고 보았다.
② 벤담(J. Bentham)은 감각적 쾌락보다 정신적 쾌락이 우위에 있다고 주장하였다.
③ 밀(J. S. Mill)은 쾌락을 산출하고 고통을 피하는 결과를 낳는 것이 선이라고 보았다.
④ 벤담(J. Bentham)은 행위의 선악은 그 행위의 결과에 의해 판단할 수 있다고 보았다.

17 근대 계몽 사상가로, 시민적 정치 이론을 인민 주권론으로 발전시킨 사람은?

① 로크
② 루소
③ 홉스
④ 몽테스키외

18 사회적·경제적 불평등의 계기가 되는 직위와 지위는 공정한 기회 균등의 원칙에 따라 모든 사람에게 개방되어야 한다는 롤스의 원칙은?

① 평등의 원칙
② 차등의 원칙
③ 자유의 원칙
④ 계급의 원칙

19 다음에 해당하는 불교 사상은?

• 어떤 사물도 생겨날 원인에 의하여 존재하고, 그 원인이 소멸되었을 때 소멸한다는 것이다.
• 우주 만물이나 타인들과의 불가피한 인과관계로 맺어져 있다는 상호 의존성을 말한다.

① 오온설
② 팔정도
③ 연기설
④ 삼법인설

20 원효의 사상과 관련된 내용 중 잘못된 것은?

① 『대승기신론소』: 원효의 저서로, 일심사상을 바탕으로 중관학파와 유가학파의 사상적 통일을 이루었다.

② 일심사상: 인간은 누구나 불성을 가지고 있으며 이러한 마음의 근원, 즉 일심(一心)을 회복하면 부처가 될 수 있다는 사상이다.

③ 화쟁사상: 각 종파들의 다른 이론을 인정하면서도 이들을 좀 더 높은 차원에서 서로 통합할 수 있다는 이론이다.

④ 원융회통사상: 문득 깨달음에 이르는 경지에 이르기까지는 반드시 점진적인 수행이 필요하다는 내용이다.

21 다음은 롤스의 정의의 원칙에 대한 내용이다. ㉠~㉢에 대한 설명으로 옳지 않은 것은?

- 제1원칙: ㉠ 각 개인은 기본적 자유에 있어 평등한 권리를 가져야 한다.
- 제2원칙: ㉡ 사회적·경제적 불평등은 최소 수혜자에게 최대의 이익을 보장하도록 이루어져야 하고, ㉢ 어떤 직책이나 직위에 오를 수 있는 기회는 모든 사람에게 공정하게 개방되어야 한다.

① ㉠은 평등한 자유의 원칙이다.

② ㉠의 원칙은 ㉡과 ㉢의 원칙보다 항상 우선한다.

③ ㉡은 차등의 원칙이다.

④ ㉢은 불평등의 원칙이다.

22 다음 밑줄 친 '이것'에 해당하는 덕목은?

아리스토텔레스는 '니코마코스 윤리학'에서 이것은 덕의 한 부분이 아니라 덕의 총체라고 하였다.

① 행복

② 중용

③ 존중

④ 정의

23 다음 중 온정적 간섭주의에 해당하는 예시가 아닌 것은?

① 낙태를 금지하는 정책

② 공공장소에서 흡연을 금지하는 정책

③ 사형제도의 폐지

④ 안전벨트 착용의 의무화

24 다음 괄호 안에 공통으로 들어갈 단어는?

- (   )은(는) 폭이 넓을수록 그 개인과 집단의 삶의 질이 높아진다.
- (   )이(가) 무제한적으로 주장되면 상호 간의 다툼으로 모두의 욕구 실현은 불가능하다.

① 믿음   ② 평등

③ 박애   ④ 자유

25 다음 중 분단 극복의 장애 요인이 아닌 것은?

① 남북한 주민들의 심리적인 장벽

② 사상과 이념, 제도의 이질화

③ 6·25 전쟁으로 인한 분단의 고착화

④ 주변국의 적극적인 통일 정책

26 철학적 관심을 자연에서 인간으로 전환시킨 철학자는?

① 헤겔, 마르크스
② 아리스토텔레스, 플라톤
③ 데카르트, 베이컨
④ 소크라테스, 프로타고라스

27 서양 윤리 사상에서 인간의 본성에 대한 접근을 기준으로 할 때 성격이 다른 하나는?

① 플라톤
② 소피스트
③ 소크라테스
④ 아리스토텔레스

28 통일이 이루어지지 않은 상태에서 상호 간 대립과 불신으로 인해 남북한이 부담해야 하는 소모 비용은?

① 통일 비용
② 국방 비용
③ 분단 비용
④ 인도 비용

29 우리가 원하는 통일 국가의 모습이 아닌 것은?

① 민주 국가
② 복지 국가
③ 국가주의 국가
④ 열린 민족 국가

30 다음 설명과 관련 있는 접근 방법으로 옳은 것은?

> • 보편타당한 법칙에 따를 것을 요구한다.
> • 법칙을 따르면 옳은 행위다.

① 도덕 법칙 접근
② 공리주의적 접근
③ 결과론적 접근
④ 의무론적 접근

31 ㉠, ㉡의 발달로 나타나는 문제점을 바르게 연결한 것은?

> 현대 과학기술의 급속한 발달은 예전에는 존재하지 않았던 윤리적 쟁점과 딜레마 상황을 초래하였다. 예를 들면 ㉠ 정보 통신 및 ㉡ 생명 과학기술의 발달은 인류의 현재와 미래에 미치는 악영향, 경제 성장과 환경 보전 간 딜레마 등의 문제를 초래하였다.

	㉠	㉡
①	해킹	다중 자아
②	안락사	악성 댓글
③	인간 복제	불건전한 정보 유통
④	온라인 사기	배아 줄기세포 활용

32 다음 중 자살의 윤리적 문제에 대한 설명으로 옳지 <u>않은</u> 것은?

① 자살은 자신의 소중한 생명을 훼손하는 행위이다.
② 자살은 삶의 일회성을 인식하여 자신의 가능성을 포기하는 일이다.
③ 자살은 타인의 삶에 슬픔과 고통 등 커다란 영향을 끼친다.
④ 자살은 생명을 경시하는 풍조를 조장할 수 있다.

33 다음 중 현대 환경 문제의 특징으로 옳은 것은?

① 과학의 발달로 심각한 파괴도 회복할 수 있는 경우가 많다.
② 환경 문제는 국소적으로 나타나고 있다.
③ 우리나라가 배출한 중금속이 황사를 타고 날아가서 중국의 대기를 오염시킨다.
④ 지구의 자정 능력을 초과하게 되어 회복할 수 없는 경우가 발생한다.

34 사회 윤리와 관련된 다음 내용 중 옳지 <u>않은</u> 것은?

① 개인 윤리만으로 해결할 수 없는 윤리 문제들의 발생으로 사회 윤리가 등장하게 되었다.
② 인간은 사회의 영향을 받으며 살아가기 때문에 사회 윤리가 필요하다.
③ 개인의 도덕성을 바탕으로 도덕적인 사회를 구현하려고 한다.
④ 사회 문제는 개인이 속해 있는 사회 구조와 제도 자체를 개선함으로써 해결할 수 있다.

35 ㉠의 특징에 대한 설명으로 옳지 <u>않은</u> 것은?

인간의 존엄성이란 인간은 그 자체만으로 소중한 존재이므로 수단이 아닌 목적으로 대우받아야 한다는 의미이다. 인간의 존엄성은 인간으로서 당연히 누려야 하는 기본적인 권리인 (㉠)(으)로 구체화된다.

① 사람이면 누구나 처음부터 가지고 태어나는 권리
② 누구나 자신의 필요에 따라 분배받을 수 있는 권리
③ 인종, 성별, 종교, 사회적 신분 등에 관계없이 모든 인간이 보편적으로 누려야 하는 권리
④ 박탈당하지 않고 영구히 보장되는 권리

36 다음에서 설명하고 있는 개념은 무엇인가?

• 자국의 문화를 우월하게 여기며, 다른 문화를 일방적으로 판단하는 태도를 말한다.
• 다른 문화를 비하하고 부정적으로 평가하는 경향이 있다.

① 자문화 중심주의
② 극단적 세계주의
③ 문화 상대주의
④ 문화 사대주의

37 다음 중 민족 정체성에 대한 설명으로 옳지 <u>않은</u> 것은?

① 민족 정체성은 민족 구성원에게 삶의 방식과 형태, 소속감과 유대감을 갖게 한다.
② 민족 정체성은 자기 민족의 혈통적 우수성에 대한 자부심을 상실하게 한다.
③ 민족 정체성을 상실하면 다른 문화와 교류하면서 다른 민족의 문화를 맹목적으로 따르거나 무비판적으로 따르는 경향이 나타나기도 한다.
④ 민족 정체성은 다른 민족과 구별되는 자기 민족만의 고유한 특성에 대한 인식을 의미한다.

38 다음의 의견과 가장 가까운 내용으로 옳은 것은?

> 자기 가족의 기본적 욕구를 충족하고도 남는 소득이 있는 모든 사람들은 세계의 극빈자들을 돕기 위한 단체에 자신의 소득 중 최소한 1%를 기부해야 한다. 이런 기본을 충족하지 못하는 사람들은 전 지구적인 의무를 공정하게 나누지 않는 것이며, 따라서 심각하게 도덕적으로 잘못된 일을 행하는 것으로 간주해야 한다.

① 원조와 기부 문화의 확산을 통해 빈곤 문제를 해결해야 한다.
② 약소국에 대한 원조에 차등의 원칙이 적용되어선 안 된다.
③ 인간은 끊임없이 보다 나은 삶의 질을 추구해야 한다.
④ 약소국에 대한 원조는 부유한 개인이 자선의 관점으로 해결해야 한다.

39 다음 중 우리나라의 도교 사상에 대한 내용으로 <u>잘못된</u> 것은?

① 조선 전기에는 궁중의 도관인 소격서에서 도교 의식을 거행하였다.
② 고려 시대에는 복원궁을 건립하여 재초를 주관하도록 하였다.
③ 도교의 양생법은 의학서인 『의방유취』, 『동의보감』 등에 영향을 주었다.
④ 고려 시대에는 조직화와 체계화로 모든 계층을 아우르는 대표적인 사상 체계로 성장하였다.

40 양명학의 지행합일설(知行合一說)에 대한 내용으로 <u>잘못된</u> 것은?

① 인식과 실천은 본래 하나이다.
② 아는 것과 행하는 것은 동시에 일어난다.
③ 사물의 이치를 바로 알고 난 후에야 이를 바르게 실천할 수 있다.
④ 아는 것은 행하는 것의 시작이고, 행하는 것은 아는 것의 완성이다.

제한시간: 50분 | 시작 _____시 _____분 – 종료 _____시 _____분

⊒ 정답 및 해설 232p

01 다음 중 책임 윤리를 주장한 사상가로 옳은 것은?

① 요나스
② 길리건
③ 갈퉁
④ 나딩스

02 맹자가 인간의 본성으로 강조한 의(義)에 대한 설명으로 옳은 것은?

① 옳고 그름을 가리는 사회 정의의 관념
② 소박한 윤리 의식에 기반한 따뜻한 사랑의 관념
③ 어떤 유혹이나 위험에도 굴하지 않는 참된 용기의 관념
④ 내가 하기 싫은 일을 남에게 강요하지 않는 의지의 관념

03 인간다운 삶을 위해서는 언제 어디서나 반드시 지켜야 하는 원칙이 있다고 보는 윤리설과 관련 있는 학자들로 옳게 묶인 것은?

① 소피스트, 플라톤
② 에피쿠로스, 헤겔
③ 벤담, 칸
④ 소크라테스, 칸트

04 다음 내용이 나타내고 있는 것은?

• 이성에 의해 충동, 정욕 등을 억제함으로써 한쪽으로 치우치지 않으려는 의지를 습관화한 덕
• 용기, 절약, 긍지, 절제 등

① 베이컨의 우상
② 플라톤의 정의
③ 칸트의 정언명법
④ 아리스토텔레스의 중용

05 의학 및 생명 과학의 지식 증가와 의료 기술의 발달이 배경이 된 윤리학의 분야는?

① 규범 윤리학
② 생의 윤리학
③ 메타 윤리학
④ 사회 윤리학

06 다음에 나타난 문제를 해결하기 위한 방안으로 옳은 것은?

> 가사에 흥미가 없거나 못하는 여성을 나무라거나 비난하면서 여성은 가사 노동을 잘해야 한다고 생각한다.

① 고정적인 성 역할을 인정한다.
② 남녀의 활동 공간을 명확하게 한다.
③ 남녀의 특성과 다양성을 인정하고 상호 존중한다.
④ 남녀의 생물학적 차이를 인정하지 않는다.

07 다음 중 한국 사상을 형성하는 배경 중 하나로, 개념의 혼란이나 의미 전달의 어려움을 덜 수 있는 요소는?

① 단일민족
② 민족성
③ 언어
④ 신화

08 다음 중 도교와 도가 사상에 대한 설명으로 적절한 것은?

① 도가 사상은 양반들보다는 생산을 담당한 백성, 천인, 부녀자들에게 더욱 친숙하였다.
② 도가 사상은 우리나라의 삼국 시대라는 어려운 시기에 대응하여 나온 정치사상이다.
③ 민중 도교는 농민과 민중의 사회적 지위가 향상됨에 따라 삼교합일의 문화 운동을 일으켰다.
④ 한국 도교는 단군 신화를 뿌리로 하여 전개된 선가설로, 고려 시대부터 전해지기 시작하였다.

09 과학기술 발달로 인한 문제점으로 볼 수 없는 것은?

① 세대 간 격차의 심화
② 물질 만능주의의 초래
③ 과학 만능주의의 초래
④ 자연 중심주의의 심화

10 다음 사상에 대한 옳은 설명을 〈보기〉에서 모두 고른 것은?

> 모든 것은 무상(無常)하여 고정된 실체는 존재하지 않는데, 사람들은 집착하여 탐욕[貪], 분[瞋], 어리석음[癡]에 빠져서 늙지 않고 죽지 않기를 바란다. 그러나 인간 역시 일시적 존재에 불과하므로 이런 욕망은 채울 길이 없다.

보기

ㄱ. 모든 존재는 무수한 원인과 조건에 의해 생멸한다고 보았다.
ㄴ. 팔정도를 실천하여 삼독(三毒)에서 벗어나야 한다고 보았다.
ㄷ. 무위자연을 이상적인 삶의 모습으로 보았다.
ㄹ. 물과 같은 삶을 살며 스스로를 드러내지 않는 것이라 보았다.

① ㄱ, ㄴ
② ㄱ, ㄷ
③ ㄴ, ㄷ
④ ㄷ, ㄹ

11 주자학의 각질화와 경화 현상으로 인해 새로운 사상적 모색이 있게 되는데, 이때 명나라에서 새롭게 일어난 성리학의 명칭은?

① 단학
② 천주학
③ 양명학
④ 예학

12 노장사상에서 가장 이상적인 삶의 방법으로 내세운 것은?

① 극기복례
② 거경궁리
③ 무위자연
④ 존양성찰

13 다음과 관계 있는 인물은?

- 원융회통
- 일심 사상
- 대승기신론소

① 원효
② 지눌
③ 보우
④ 의천

14 다음과 같이 주장한 소피스트 윤리 사상의 대표적 사상가는?

아무것도 존재하지 않는다. 비록 어떤 것이 존재한다 해도 우리는 그것을 알 수 없다. 우리가 그것을 알 수 있다고 해도 그것을 다른 사람에게 전달할 수 없다.

① 프로타고라스
② 고르기아스
③ 트라시마코스
④ 칸트

15 다음 중 플라톤의 이데아론에 대한 설명으로 옳지 <u>않은</u> 것은?

① 플라톤은 동굴의 비유를 통해 이데아론을 제시하였다.
② 플라톤은 이성에 기반한 절대주의적 진리관을 주장하였다.
③ 중용적인 태도를 위한 실천적 지혜와 품성적 덕을 강조하였다.
④ 이데아의 세계를 볼 수 있는 소수의 엘리트인 철인을 제시하였다.

16 현대 덕 윤리의 특징으로 옳지 <u>않은</u> 것은?

① 행위자의 도덕적 성향에 우선적 관심을 둔다.
② 훌륭한 도덕적 품성을 인간관계 측면에서 중시한다.
③ 덕망이 높은 인간을 통한 도덕적 삶을 제시한다.
④ 자율적·이성적 존재로서의 개인을 중시한다.

17 다음과 같이 주장한 동양 사상가는?

> 성인(聖人)이 조용하니 백성들이 저절로 바르게 되고, 성인이 일을 도모하지 않으니 백성들이 저절로 부유해지며, 성인이 욕심내지 않으니 백성들이 저절로 소박해진다.

① 공자
② 장자
③ 노자
④ 맹자

18 ㉠, ㉡에 들어갈 공동체의 종류로 옳은 것은?

> 공동체는 성격에 따라 두 가지로 구분할 수 있다. (㉠)는 개인이 자신의 만족과 이익을 달성하기 위한 수단으로 선택하는 공동체이고, (㉡)는 개인의 자아 정체성과 소속감을 형성하는 데 중요 기반이 되는 공동체이다.

	㉠	㉡
①	도구적 공동체	유희적 공동체
②	구성적 공동체	도구적 공동체
③	도구적 공동체	구성적 공동체
④	유희적 공동체	구성적 공동체

19 헬레니즘 시대에 나타난 윤리 사상과 거리가 먼 것은?

① 갑작스러운 생활 환경의 변화에 적응하기 위해 실제적인 현실 문제에 관심을 갖게 되었다.
② 인간의 이성을 부정하는 철저한 극기·금욕주의가 최선의 삶으로 강조되었다.
③ 공동체적 생활 윤리보다 개인주의적 윤리를 강조하였다.
④ 윤리 사상의 주된 관심사는 어떻게 하면 개인이 정념의 상태에서 벗어나 마음의 평정과 자유를 얻을 수 있느냐에 있었다.

20 다음 내용을 강조한 윤리 사상의 특징이 아닌 것은?

> 쾌락은 유일한 최고의 선이며, 인간 생활의 목적이나 그 쾌락이란 이른바 '방탕자의 쾌락'이 아닌 고통과 혼란으로부터의 소극적인 해방, 즉 '번뇌가 없는 평정(아타락시아)'을 의미한다.

① 플라톤의 4주덕을 수용하였다.
② 자연 법칙에 따르는 삶을 강조하였다.
③ 개인의 안심입명에 초점을 맞추었다.
④ 영국의 경험론과 공리주의에 영향을 주었다.

21 다음에서 설명하는 사상은?

> 게르만 민족이 우월하다는 나치즘과 세
> 르비아인과 알바니아인의 대립이었던
> 코소보 사태의 공통적 배경 사상이다.

① 자유주의
② 전체주의
③ 세계주의
④ 민족주의

22 철학의 기준을 이성과 감성으로 보았을 때
성격이 <u>다른</u> 하나는?

① 스토아 학파
② 영국의 경험론
③ 상대론적 윤리학설
④ 목적론적 윤리학설

23 다음 내용과 관련된 한반도의 통일을 저해
하는 장애 요인은?

> 그 대표적인 예로, 북한의 핵문제는 우리
> 민족의 생존권과 직결되므로, 한국의 입
> 장에서는 북한과의 합의에 의해 발효된
> '한반도의 비핵화에 관한 공동 선언'의 맥
> 락에서 해결해야 한다. 그러나 사실은 미
> 국과 북한 간의 타협에 의해서 해결점을
> 찾게 된 것이다.

① 남북한 관계의 단절에서 생기는 이질화
문제
② 북한의 폐쇄적 속성 문제
③ 북한의 공세적인 대남 전략 문제
④ 주변국 간 얽혀 있는 갈등과 권익 문제

24 평화 통일을 이루기 위한 기반 조성으로 옳지
<u>않은</u> 것은?

① 남북한 민족 문화의 계승과 상호 교류
② 남북한 신뢰 회복과 평화 정착
③ 민족 역량을 민족 공동의 발전을 위해 활용
④ 강대국을 통한 통일로 세계 평화에 기여

25 통일을 이루기 위한 노력으로 바람직하지
<u>않은</u> 것은?

① 우리 사회 내부의 안정과 발전
② 부의 동등한 분배를 통한 경제적인 평등
③ 성숙한 시민 의식과 지속적인 경제 성장
④ 남북한 상호 불신감 해소와 이해의 자세

26 다음 제시문을 읽고 관련 있는 인물을 고르면?

> 인간에게는 "나는 무엇을 해야만 하는
> 가?"라는 질문에 대답하는 이성이 있다.
> 그것이 바로 실천 이성이다. 실천 이성
> 은 우리 마음속에 있는 의무 의식이다.
> 의무 의식에 따라 행동의 결과에 관계없
> 이 규칙을 따라야 한다.

① 칸트
② 토마스 아퀴나스
③ 벤담
④ 밀

27 다음 글에서 강조하는 도덕적 추론에 대한 설명으로 옳은 것은?

> 『동물 해방』의 저자 피터 싱어는 동물도 고통을 느낀다고 말하였다. 동물도 인간과 같이 고통을 느끼는 존재이므로 동물의 이익을 인간의 이익처럼 고려해야 한다는 것이다.

① 인간 중심적 사고로 판단한다.
② 장기적인 결과를 고려하여 판단한다.
③ 보편적 도덕 원리를 배제하여 판단한다.
④ 도덕적 책임 및 배려의 범위를 확대한다.

28 다음과 같은 도덕 원리를 제시하는 윤리 이론의 특징으로 옳은 것은?

> • 네 의지의 준칙이 언제나 동시에 보편적 입법의 원리가 되도록 행위하라.
> • 너 자신에게서나 다른 사람에게 있어서 인격을 언제나 목적으로 대우하고 수단으로 대하지 말라.

① 행위의 유용성을 중시한다.
② 자연 법칙에 따른 행위를 강조한다.
③ 무조건적인 가언 명령의 형식을 취한다.
④ 도덕 법칙은 모든 행위자에게 예외 없이 보편적으로 적용된다.

29 자살을 바라보는 여러 관점에 대하여 〈보기〉에서 올바른 것을 모두 고르면?

> **보기**
>
> ㄱ. 유교에서는 부모로부터 받은 신체를 훼손하지 않는 것이 효의 시작이라고 본다.
> ㄴ. 그리스도교에서는 신으로부터 선물 받은 목숨을 스스로 끊어서는 안 됨을 강조한다.
> ㄷ. 불교에서는 자살을 자연적 성향인 자기 보존의 의무를 다하지 않는 것이라고 본다.
> ㄹ. 칸트는 자살이 문제를 해결하는 것이 아니라 회피하는 것이라고 하였다.

① ㄱ, ㄴ
② ㄴ, ㄷ
③ ㄱ, ㄹ
④ ㄷ, ㄹ

30 성과 사랑의 관계에 대한 다양한 관점의 설명 중 옳지 않은 것은?

① 자유주의 입장은 성숙한 성인들의 자발적 동의에 의해 이루어지는 성적 관계를 옹호한다.
② 보수주의 입장은 성이 부부간의 신뢰와 사랑을 전제로 할 때만 도덕적이라고 본다.
③ 중도주의 입장은 성과 사랑을 결혼과 결부시켜 사랑을 동반한 성적 관계는 허용될 수 있다고 본다.
④ 다양한 관점의 공통점은 성과 사랑이 인격적 가치와 관련된다는 점이다.

31 ○과 ○에 들어갈 말로 옳은 것은?

> (○)은(는) 온실가스 배출 억제를 규정하는 국제적 협약이다. 하지만 강제적 구속력이 부족하였기 때문에 의무적 이행을 위해 (○)을(를) 채택하였다.

	○	○
①	기후 변화 협약	교토 의정서
②	국제 환경 협약	교토 의정서
③	교토 의정서	기후 변화 협약
④	기후 변화 협약	국제 환경 협약

32 다음과 같은 주장을 한 인물은 누구인가?

> 현대 윤리 문제를 해결하기 위해서는 개인의 도덕성뿐만 아니라 사회 구조와 제도의 도덕성 실현을 위해 노력해야 한다.

① 니부어
② 롤스
③ 베버
④ 프롬

33 다음은 롤스의 정의론이다. ○~○에 대한 설명으로 옳지 <u>않은</u> 것은?

> ○ <u>원초적 입장</u>에서 ○ <u>무지의 베일</u>을 쓴 합리적 개인들은 다음과 같은 정의의 원칙에 합의하게 된다. 첫째, 모든 사람이 ○ <u>기본적 자유</u>에서 동등한 권리를 가진다. 둘째, 사회적 · 경제적 불평등은 사회의 ○ <u>최소 수혜자에게 최대의 이익</u>을 보장하고, 불평등의 계기가 되는 지위는 공정한 기회균등의 원칙에 따라 모든 사람에게 개방된다.

① ○ : 정의로운 공동체를 구성하기 위한 가상적 상황이다.
② ○ : 자신의 재능이나 지위, 재산 등에 대해서 모른다는 가정이다.
③ ○ : 누구나 동등한 자유를 누려야 함을 의미한다.
④ ○ : 약자에 대한 배려를 위해 ○보다 항상 우선한다.

34 윤리 상대주의와 관련된 내용 중 옳지 <u>않은</u> 것은?

① 윤리 상대주의의 관점에서 문화를 이해하면 여러 가지 문제점이 생길 수 있다.
② 보편적인 윤리의 존재를 부정하여 자문화와 다른 문화를 비판적으로 성찰할 수 없다.
③ 도덕적 옳고 그름은 사회에 따라 다양하기 때문에 보편적인 도덕적 기준은 없다고 본다.
④ 보편적인 윤리를 위배하는 문화는 인정하지 않아도 된다고 본다.

35 (가)와 (나)에 들어갈 용어로 올바르게 연결된 것은?

> (가) : 민족의 주체성을 유지하면서 다른 민족의 문화를 포용하는 민족주의
> (나) : 자기 민족의 발전을 위해 다른 민족의 희생도 당연하게 여기는 폐쇄적 민족주의

	(가)	(나)
①	닫힌 민족주의	열린 민족주의
②	열린 민족주의	극단적 세계주의
③	극단적 세계주의	배타적 민족주의
④	열린 민족주의	닫힌 민족주의

36 세계화와 관련하여 다음에서 추론할 수 있는 내용으로 가장 적절한 것은?

> 무한정의 범지구적 경쟁은 우리를 '생산적 경쟁'이 아닌 '파괴적 경쟁'으로 몰아세운다. 자본은 세계화된 시장에서 경쟁력 있는 상품을 만들기 위해 값싼 원료와 생산 입지를 찾아 범지구적으로 움직인다. 이제 사람들은 그 자체로 소중하게 대접받는 것이 아니라 일개 생산 요소에 불과한 '노동력'으로 전락한다.
> – 마르틴·슈만, 『세계화의 덫』

① 유행을 좇는 가운데 전통문화는 무시될 수 있다.
② 경제적 종속의 문제가 발생할 수 있다.
③ 문화의 고유성과 상대성을 침해할 수 있다.
④ 지구촌 문화의 획일화를 초래할 수 있다.

37 다음 중 인(仁)에 대한 설명으로 올바르지 않은 것은?

① 인을 실천하는 가장 기본적인 덕목으로 효제(孝悌)가 있다.
② 충서(忠恕)는 '역지사지'의 행위를 말한다.
③ 정명(正名)은 자신의 참된 마음에 충실하여 진실한 상태를 말한다.
④ 군자(君子)는 인을 바탕으로 예를 실천하는 이상적인 인간형을 말한다.

38 불교 사상에 대한 설명 중 잘못된 것은?

① 사성제(四聖諦)는 인간이 달성해야 할 목표와 올바른 삶의 방향을 제시하는 고집멸도의 네 가지 진리를 말한다.
② 연기설(緣起說)은 우주 만물이나 타인들과 불가피한 인과 관계로 맺어져 있다는 상호 의존성을 말한다.
③ 팔정도(八正道)는 세상의 모든 현신과 존재의 참다운 모습에 대한 부처의 깨달음을 뜻한다.
④ 열반(涅槃)은 속세의 모든 속박으로부터 벗어나 완전히 자유로워지는 해탈을 말한다.

39 다음 중 유교의 인간관인 '군자(君子)'에 대한 설명으로 잘못된 것은?

① 철저한 자기 수양을 하여 하늘의 이치와 같은 삶을 사는 사람이다.
② 천도를 내면화하여 천지운행을 주도하고, 만물의 화육(化育)을 도모하는 사람이다.
③ 수기안인(修己安人)으로서 자신을 수양하는 사람이다.
④ 연기(緣起)성을 깨달아 자비로운 삶을 추구하는 사람이다.

40 다음을 주장한 학자의 견해와 가장 관계없는 것은?

> 인간의 성(性)은 선(善)을 좋아하고 악(惡)을 싫어하는 마음의 기호적인 경향성을 지닌다.

① 인간만이 가지는 본성을 영지(靈知)의 기호라 하였으며, 동물도 가지는 성품을 형구(形軀)의 기호라 하였다.
② 인간의 마음에는 선악을 선택할 수 있는 자유 의지가 있다고 하였다.
③ 먼저 인의예지의 덕을 쌓은 후에 이를 생활 속에서 실천해야 한다고 하였다.
④ 성리학의 성즉리설에 대해 비판적인 시각을 가지고 있다.

우리 인생의 가장 큰 영광은 결코 넘어지지 않는 데 있는 것이 아니라
넘어질 때마다 일어서는 데 있다.

– 넬슨 만델라 –

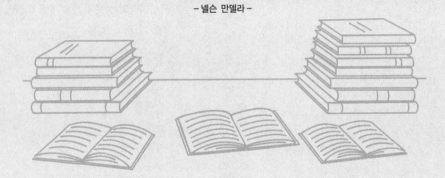

제 **3** 편

정답 및 해설

얼마나 많은 사람들이 책 한 권을 읽음으로써 인생에 새로운 전기를 맞이했던가.

– 헨리 데이비드 소로 –

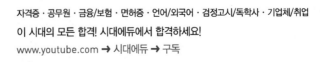

01	02	03	04	05	06	07	08	09	10	11	12	13	14	15	16	17	18	19	20
③	②	②	④	④	③	②	①	②	③	②	③	③	④	②	①	①	②	④	③

21	22	23	24	25	26	27	28	29	30	31	32	33	34	35	36	37	38	39	40
④	③	④	①	③	②	④	③	④	③	①	③	④	③	③	①	②	①	③

01 **정답** ③

자연 과학의 발전으로 인간성도 경험에 따라 변한다는 인간관을 내세우게 되었다.

02 **정답** ②

인간만이 자기반성을 할 수 있고 자기 제어를 할 수 있다는 것은 윤리적 존재로서의 특징을 나타내는 것이다. 인간은 자유의지와 반성의 능력을 가지고 있기에 윤리적 존재로서 살아간다.

03 **정답** ②

야스퍼스는 실존주의 윤리 사상을 주장하였다. 밀, 벤담, 에피쿠로스는 모두 공리주의 윤리 사상을 주장하였거나 영향을 받은 철학자이다.

04 **정답** ④

사회가 급격하게 발전하고 이성을 중시하던 인간관이 무너지며, 인간성도 경험에 따라 변한다는 인간관이 나타나게 되었다.

05 **정답** ④

공리주의는 자유주의, 보수주의 입장에 서지 않고, 해당 시점에서의 인공유산이 본인과 가족들에게 미치는 영향에 대해 고려한 후 결정해야 한다고 주장한다.

06 **정답** ③

제시문은 태아가 수정된 순간부터 인간과 동일한 지위를 갖는다는 관점으로, 어떠한 경우에도 생명은 침해될 수 없다고 본다. 이 관점에서는 태아의 생명을 인간과 마찬가지로 존엄하게 여기고, 태아를 해치는 것을 잘못이 없는 인간을 해치는 것과 동일하게 본다.

07 **정답** ②

제시문의 '이것'은 자유 의지이다. 자유 의지는 인간으로 하여금 자신의 선택과 행위를 통제할 수 있도록 해 주는 것으로 도덕적 책임의 전제 조건이며 인간이 자율적 존재라는 것에 대한 근거가 된다.

08 **정답** ①

오늘날의 한국 사회에서 도교는 불교나 기독교처럼 뚜렷하게 드러나지 않는다. 그러나 한국인의 의식 구조 속에는 도가 사상 또는 도교적인 요소가 깊이 깔려 있다.

09 **정답** ②

ㄴ. 고려 시대 지눌의 돈오점수설은 주체를 강조하는 선 중심의 교선일치사상이었다.

10 정답 ③

맹자

도덕 윤리의 내면을 추구해 '의'와 같은 덕목을
보다 강화시켜 나갔다. 인간만이 선한 본성을 가
지고 태어나며, 인간에게 주어진 과제는 타고난
선한 본성을 잘 간직하고 기르는 것이다.

11 정답 ②

① 플라톤 : 육체에 갇혀 있는 영혼이 죽음을 통
해 영원불변한 이데아의 세계로 들어감
③ 하이데거 : 죽음에 대한 자각을 통해 삶을 더
욱 의미 있고 가치 있게 살 수 있음
④ 야스퍼스 : 죽음은 인간이 피할 수 없는 한계
상황임

12 정답 ③

과학 지상주의

모든 과학의 산물, 과학적 인식과 사고방식을 지
나치게 높이 평가한 나머지, 그 외의 모든 사고
방식이나 의식 구조, 특히 도덕적・심미적・종
교적 가치를 무시하는 입장을 의미한다.

13 정답 ③

플라톤은 이 세상의 모든 사물마다 이데아가 있
으며, 그 가운데 최고의 이데아를 '선의 이데아'
라고 하였는데, 이 선의 이데아를 모방해서 도덕
적인 삶을 살아가야 한다고 보았다.

14 정답 ④

요나스는 인간 중심적 자연관을 비판한다. 요나
스는 도덕적 의무만을 강조하는 전통 윤리에서
벗어나 인간과 자연의 관계로 윤리의 영역을 넓
히고, 불확실한 미래까지 책임의 범위를 넓혀야
한다고 강조한다.

15 정답 ②

제시문의 '이것'은 여가이다. 여가는 일을 할 수
있는 충전의 계기가 되며, 삶에서의 흥미를 찾
게 해주는 역할을 한다. 선택지 중 여가와 가장
관련 있는 내용은 유희적 존재에 대해 설명한 ②
이다.

16 정답 ①

히틀러 한 사람의 잘못된 윤리 의식으로 수많은
유대인들이 학살당한 사례를 통해 개인의 윤리
사상이 사회에 큰 영향을 끼칠 수 있다는 것을
알 수 있다.
② 실천적인 관점에서 윤리 사상과 사회 사상은
서로 깊이 관련되어 있다.
③ 윤리 사상과 사회 사상은 상호 의존적이다.
④ 윤리 사상과 사회 사상은 상호 보완적으로,
윤리 사상이 사회 사상을 실현하는 수단이 되
는 것은 아니다.

17 정답 ①

플라톤의 이상국가에서는 사유 재산이 금지되
고, 공동으로 거주하고 공동으로 식사하며 가족
제도도 없다. 즉, 일부일처제도 없으며 수호자
계급으로 선발된 여자들은 수호자로 선발된 남
자들 모두의 공동 소유이고, 그 자식들도 공동
소유로서 폴리스(도시 국가) 전체 차원에서 양육
된다. 여성도 한 사람의 시민으로 정치적・군사
적 지위에 있어서 남자와 동등해야 한다며 남녀
평등이 주창되었다. 또한 국가는 교육을 담당해
야 하며 평생 의무교육을 하도록 보장해야 한다
고 역설하고 있다. 즉, 나라 안의 전체에게 최대
의 행복을 주려고 노력하는 국가를 말한다.
②는 홉스, ③은 루소, ④는 로크의 국가관이다.

18 정답 ②

야경국가는 정부의 권력을 최대한으로 줄이고 개인의 자유를 침해하지 않게 하면서 개인의 자유와 재산, 그리고 생명을 보장하려는 국가이다. ①·③·④는 복지국가에 대한 설명이다.

19 정답 ④

밑줄 친 '그'는 맹자로 맹자는 성선설을 주장하였으며, 이상적인 인간을 대인(大人) 또는 대장부로 보았다. 또한 왕도 정치를 추구하였으며, 인간은 누구나 사단을 가지고 태어난다고 보았다. ④는 공자에 대한 설명이다.

20 정답 ③

제시문에서 갑은 과학기술이 그 자체로 가치 판단의 대상이 될 수 없다는 가치 중립적 입장을 취하고 있는 데 반해, 을은 과학기술이 윤리의 인도를 받아야 한다고 주장하고 있다. 을의 관점에 따르면, 과학기술은 인간의 삶에 큰 영향을 끼칠 수 있으므로 사회적 책임과 도덕적 판단을 전제하고 있어야 한다.

21 정답 ④

뇌사 판정을 받은 환자가 의식을 되찾는 경우가 드물게 있으므로 뇌사 판정은 엄격한 기준에 의해 신중하게 내려야 한다. 죽음을 어떻게 규정하는가에 대한 문제는 윤리적·의료적 선택에 중요한 의의가 있으므로 사회적 합의를 도출하도록 노력해야 한다.

22 정답 ③

레건은 인간과 동물은 자기 삶의 주체일 수 있기 때문에 동물은 고유의 가치를 가지며, 그들을 존중해야 한다고 주장하였다.

23 정답 ④

① 인간이 달성해야 할 목표와 올바른 삶의 방법을 총체적으로 제시하는 고집멸도의 네 가지 진리인 공성제, 집성제, 멸성제, 도성제를 의미한다.
② 어떤 사물도 생겨날 원인에 의하여 존재하고, 그 원인이 소멸되었을 때 소멸한다는 것이다.
③ 세상의 모든 현상과 존재의 참다운 모습에 대한 불타의 깨달음을 의미한다.

24 정답 ①

아타락시아(Ataraxia)는 헬레니즘 시대의 인간의 자연스러운 본성에 근거하여 쾌락의 획득과 고통의 회피가 인간을 행복하게 한다고 주장한 에피쿠로스 학파가 '감정적·정신적 동요나 혼란이 없는 평정심의 상태'를 표현한 말이다. 스토아 학파의 아파테이아(Apatheia)와 자주 비교되는 용어이다.

25 정답 ③

현대의 '덕' 윤리의 모태가 된 사상가는 아리스토텔레스이다.

26 정답 ②

목적론적 윤리설
잘 사는 것과 선을 목적으로 추구하였으며, 대표적 사상으로는 쾌락주의(키레네 학파, 에피쿠로스 학파)와 공리주의를 들 수 있다.
①·③·④는 의무론적 윤리설에 속하는 내용이다.

27 정답 ④

인간 공동의 이상·역사·생활양식과 같은 심정적인 연대는 합리성을 최고의 가치로 추구하는 도구적 이성만으로는 이룩되기 어렵다.

28 정답 ③

③은 보편주의 윤리, 즉 소크라테스 사상의 한계점을 말한 것이다.

29 정답 ④

사회 사상은 사회를 종합적으로 이해하는 이성의 작용으로 사회의 바람직한 모습에 관한 체계적인 생각이나 태도이며 다양한 사회 현상을 설명해 주고 또 그것을 이해하기 위한 이론적 틀을 제공해 준다. 그러나 사회 사상은 다양성을 그 특징으로 하므로 개인보다 공동체의 가치를 우선한다고 볼 수 없다.

30 정답 ③

③은 이념적 측면에 대한 내용이다.

31 정답 ③

서양에서의 윤리(ethics)라는 표현은 고대 그리스어로 보편적인 도덕적·이성적 속성을 나타내는 에토스(ethos)에서 유래한다.

32 정답 ①

공리주의는 다수결의 원리와 연결되어 근대 민주주의의 성립에 기여하였다.

33 정답 ③

제시문은 배려 윤리적 접근에 대한 설명이다. 배려 윤리는 기존의 남성 중심의 윤리에 반대하며, 여성의 경험과 특성을 반영한 새로운 윤리학을 강조한다.

34 정답 ④

제시문은 낙태와 관련된 논쟁을 포함하지만 직접적으로는 어느 시점부터 인간으로서의 지위를 인정할 것인지의 문제에 해당한다.

35 정답 ③

과학기술의 성과로 올바른 내용은 ㉠·㉡·㉢이다. 자연 환경을 개발하고 활용하는 과정에서 오히려 환경 문제가 심화되었다.

36 정답 ③

사이버 공간은 직접적으로 대면하지 않는 비대면성이 특징이다.

37 정답 ①

교정적 정의는 잘못에 대한 대응이 공정한지에 대한 정의로, 국가의 법을 집행해서 실현하는 배상 또는 형벌적 정의이다.

38 정답 ②

천부성에서 인권은 사람이면 누구나 처음부터 가지고 태어난다는 것을 말한다.

39 정답 ①

문화적 정체성은 개인의 자아 형성과 사회 통합의 과정에서 중요한 역할을 한다.

40 정답 ③

제시문은 선진국에서 개발도상국이나 국제기관에 도움을 주는 공적 개발 원조에 대한 내용으로, 그중에서도 특히 재화의 공정한 분배를 통해 실현되는 분배적 정의와 관련된 내용이다. 국제 형사 재판소를 상설화하여 반(反)인도주의적 범죄의 가해자를 처분하는 것은 국제 사회의 형사적 정의를 실현하는 것이다.

01	02	03	04	05	06	07	08	09	10	11	12	13	14	15	16	17	18	19	20
④	②	③	④	④	④	①	②	④	②	①	④	②	①	③	③	①	①	②	①
21	22	23	24	25	26	27	28	29	30	31	32	33	34	35	36	37	38	39	40
③	①	②	①	④	②	③	④	②	③	③	③	③	④	④	①	①	④	①	④

01 정답 ④

윤리 사상은 보편적 도덕 원리를 탐구하면서 일상생활에서 실천할 수 있는 도덕적 지침을 제공하기 때문에 필요하다.

02 정답 ②

인간과 동물의 가장 큰 차이는 스스로 생각하고 행동하는 이성적 존재라는 것이다. 그리고 각종 사회생활 과정에서 만들어진 모든 생활 양식의 총체를 문화라고 하기 때문에 문화적 존재가 가장 폭넓은 의미이다.

03 정답 ③

소크라테스, 플라톤, 아리스토텔레스, 스토아 학파는 인간의 이성을 중시한다.

04 정답 ④

용광로 이론(동화 모형)

소수 문화를 주류 문화로 편입하여 통합시키는 것이다.

05 정답 ④

생태주의

인간은 지구라는 거대한 생태계의 일부이며, 인간 이외의 다른 동식물, 대기, 강, 대지 등 지구의 모든 것과 긴밀한 연관을 맺고 있기 때문에 자연에 대한 위해가 곧바로 인간 자신에게 영향을 미친다는 입장의 이론이다.

06 정답 ④

㉠은 메타 윤리학, ㉡은 실천 윤리학이다. 실천 윤리학은 적용하는 이론의 타당성 검토를 위해 메타 윤리학을 활용할 수 있다. 실천 윤리학은 규범 윤리학의 이론을 적용하여 현실의 문제를 해결하려 한다.

07 정답 ①

과학기술의 가치 중립성 논란

• 과학기술의 가치 중립성 주장 : 야스퍼스(K. Jaspers) → "기술은 그 자체로 선하지도 악하지도 않은 수단이다. 그것은 인간이 기술로부터 무엇을 만드느냐, 기술이 인간의 무엇을 위해 기여하느냐, 그리고 어떤 조건하에서 기술이 만들어지느냐에 달려 있다."

• 과학기술의 가치 중립성 부정 : 하이데거(M. Heidegger) → "과학기술을 가치 중립적인 것으로 고찰할 때, 우리는 무방비 상태로 과학기술에 내맡겨진다."

08 **정답** ②

팔관회와 연등회는 형식은 불교, 내용은 무속적인 행사였다.

09 **정답** ④

우리나라의 불교 수용에 나타나는 역사적 과제는 토착의 무속적 관념과 그 권위를 극복하며, 고대 국가에 걸맞은 새로운 보편 이념을 사회 전반에 걸쳐 관철해 내는 것이었다. 고대 국가 건설의 주체들은 이러한 과제를 무속 관념의 불교적 해석과 무속 형태의 불교적 변용을 통해 해결하였다.

10 **정답** ②

②는 송·명 유학의 특징이다.

11 **정답** ①

실학의 정치적 성격은 유교적 경세론을 바탕으로 부국강병과 국민의 화합을 추구한 점진적 개혁론으로, 당시의 지배 이념이었던 주자학이 형식화된 것을 비판하고 조선 사회의 현실적 문제들의 쓸모 있는 해결책을 제시하려 하였다.

12 **정답** ④

안락사가 정당화되기 위한 조건은 환자의 죽음이 환자 스스로에게 가장 큰 이익이 되어야 한다는 것이다. 환자가 생명 연장 시술이 더 큰 고통이라는 것을 알 때 안락사를 선택하는 것이다.

13 **정답** ②

절대론적 윤리설의 입장에서는 윤리를 선천적으로 주어지는 절대적·객관적·보편적 기준으로 본다. 따라서 인간의 욕구 충족과 무관하게 지켜야만 한다.

14 **정답** ①

극기복례는 공자가 인(仁)의 체현을 위해 실천하고 주장한 덕목이다. 돈오점수와 일체개고는 불교와 관련 있는 것이며, 상선약수는 노장사상과 연관이 있다.

15 **정답** ③

맹자는 인간의 성품이 본래 선하다는 성선설을 주장해, 인간은 도덕을 수양하고 실천할 수 있으며 정치가들도 탐욕을 뿌리 뽑고 민심과 천심을 합일한 왕도 정치를 펴야 한다고 하였다.

16 **정답** ③

노자는 무위자연의 도 실천과 무위의 정치 실현을 사회 혼란의 극복 방안으로 강조하였다. 또 소국과민의 정치사상을 주장하였다.

17 **정답** ①

제시문은 생명 과학에 대한 설명이다.
② 인간에게 유용한 것을 만드는 데 관심을 두는 학문은 아리스토텔레스의 학문 분류 중 제작학이다.
③ 자연에 대한 인간의 올바른 인식과 환경 문제 해결을 위한 다양한 대안을 설정하는 것은 환경 윤리이다.
④ 성(性)의 의미와 성을 둘러싸고 발생하는 윤리 문제를 논의하는 것은 성 윤리이다.

18 정답 ①

자연법 사상은 자연법은 누구에 의해서도 부정될 수 없으며, 모든 사람에게 적용되는 보편적 자연법은 모든 다른 법에 우선한다는 사상이다.
② 자연법과 실정법은 법규범으로서 상하 관계에 있으며, 상위 규범으로서의 자연법은 실정법을 정당화하거나 무효로 한다.
③ 자연법은 불변의 인간 본성에 기초를 둔 도덕적 법 원리로서 보편타당성과 윤리성을 그 특색으로 하지만, 실제 자연법의 규칙은 반드시 어떠한 시대·사회·민족에서나 보편적으로 행하여지고 있는 것은 아니다.
④ 자연법 사상은 현재의 법률, 즉 실정법을 거부하거나 기존 권력에 투쟁할 때 사용되었다. 이러한 현상이 일어날 경우, 반란 세력의 자연법과 기존 권력의 실정법은 서로 대립되는 관계가 된다.

19 정답 ②

'인간은 만물의 척도'란 말은 인간의 감각적 경험과 그 유용성이 모든 사물을 판단하는 기준이므로 절대적인 진리나 행위의 기준은 없다는 것이다.

20 정답 ①

윤리적 상대주의자들은 모든 도덕규범이 문화권에 따라 상대적이라고 본다. 이에 반해 윤리적 절대주의자들은 윤리를 모든 사람들에게 적용될 수 있는 보편적인 원리에 대한 절대적 행위로 본다.

21 정답 ③

제시문은 이이와 관련 있는 내용이다. 이이는 이와 기의 상호 보완성을 강조하였다. 이와 기는 서로 떨어질 수도 없고 서로 섞이지도 않으면서 동시에 하나이면서 둘이라고 하였다.

22 정답 ①

아리스토텔레스는 정념이 넘치거나 모자라지 않는 중간 상태를 '중용'이라 하였다.

23 정답 ②

베이컨의 뉴아틀란티스
계급제와 신분제는 존재하지만, 과학기술의 발전을 통해 빈곤이 해결되고, 인간의 건강·행복·능력이 증진되는 과학적 유토피아 사회

24 정답 ①

데카르트의 방법적 회의
• 확실하고 자명한 진리 영역의 출발점 : 의심할 수 없는 기본 명제
• 사유의 제1원리 : 더 이상 의심할 필요 없는 자명한 진리의 발견. "나는 생각한다. 그러므로 나는 존재한다."

25 정답 ④

④는 길리건의 주장이며, ①·②·③은 나딩스의 배려 윤리에 대한 내용이다.

26 정답 ②

분배적 정의에는 형식적 정의, 실질적 정의, 결과적 정의, 절차적 정의가 있다. 형벌적 정의는 교정적 정의에 해당한다.

27 정답 ③

제시문은 정보와 지식이 사회 공동체의 산물이므로 창작자의 지적 재산권을 보장하여 독점되는 것보다 누구나 소유할 수 있고 이용할 수 있어야 한다고 주장하고 있다. 따라서 창작자의 권리 보호보다 정보의 공공성을 우선하는 것이 중요하다고 본다.

28 정답 ④

통일의 기회는 뜻밖에 주어질 수도 있으므로 언제나 이에 대비하고 내부적 역량을 축적해야 한다. ㄱ, ㄴ은 대외적 기반 구축에 해당한다.

29 정답 ②

㉠은 이론 윤리학으로, 윤리 이론을 정립하여 행위를 인도하는 도덕 판단의 기준을 제공하고자 한다. ㉡은 응용 윤리학으로, 이론 윤리학을 활용하여 현대 사회의 다양한 윤리 문제를 해결하는 데 목표를 둔 학문이다.

30 정답 ③

덕 윤리는 아리스토텔레스의 윤리 사상적 전통을 따르고 있으며, 행위자의 품성과 덕성을 중요시한다.

31 정답 ③

인간의 본성은 어떻다고 확실하게 규정지어지지 않았다. 인간 본성에 대해서는 성선설, 성악설, 성무선악설 등 여러 학설이 존재한다.

32 정답 ③

제시문은 태아가 인간으로서의 지위를 갖기 때문에 낙태를 반대하는 입장이다. 태아를 여성 몸의 일부로 보는 것은 낙태를 허용하는 입장이다.

33 정답 ③

감시와 통제가 이루어지는 판옵티콘은 인권 및 사생활 침해가 발생할 수 있는 위험성을 내포하고 있다.

34 정답 ④

칩코 운동은 힌두교의 환경 친화적인 사상을 바탕으로 전개된 운동이다. 자연과 인간이 함께 공존하는 관계라는 자연관에 근거하여 벌어진 운동이다.

35 정답 ④

기회균등의 원칙은 제2원칙으로, 불평등의 계기가 되는 지위는 공정한 기회균등의 원칙에 따라 모든 사람에게 개방되어야 한다는 것이다. 제2원칙인 차등의 원칙과 기회균등의 원칙은 '평등 제한 원칙'이라고도 한다.

36 정답 ①

역차별은 차별받는 쪽을 보호하기 위하여 마련한 제도나 장치가 너무 강하여 오히려 반대편이 차별을 받는 것을 말한다. 따라서 역차별의 논리는 우대 정책에 반대하는 입장이다.
② 보상의 논리는 과거의 차별로 인해 받은 고통을 보상받을 권리가 있다는 입장이다.
③ 재분배의 논리는 사회적 약자에게 유리한 기회를 부여할 필요가 있다는 입장이다.
④ 공리주의 논리는 사회적 약자를 배려하여 사회 전체의 행복 증진에 기여할 수 있다는 입장이다.

37 정답 ①

(가) 동화 모형은 다른 문화를 기존의 문화에 융합하고 흡수하는 정책으로 사회를 통합하고 질서를 유지하는 데 유리하다.
(나) 다문화 모형은 다양한 문화를 인정하는 정책으로 소수 민족의 문화와 인권을 보호한다.

38 **정답** ④

제시문은 부유한 나라의 약소국에 대한 원조를 자선적 관점으로 본 것이다. 자선적 관점은 세계 빈곤 문제를 적극적으로 해결하기 어렵다는 단점이 있다.
①·②·③은 의무의 관점에 대한 설명이다.

39 **정답** ①

제시문은 정약용의 성기호설에 관한 내용이다. 정약용은 인간의 본성을 본래 선한 것이 아니라 선을 좋아하고 악을 싫어하는 경향, 즉 기호로 이해하였으며 인간의 마음에는 선악을 선택할 수 있는 자유의지가 있다고 보았다.

40 **정답** ④

요나스는 책임 윤리를 제창하였으며, 과학기술의 발달과 그것을 따라가지 못하는 윤리와의 간극을 윤리적 공백이라고 표현하였다.

01	02	03	04	05	06	07	08	09	10	11	12	13	14	15	16	17	18	19	20
④	③	④	④	③	①	②	④	④	③	③	③	②	②	④	④	②	③	③	④
21	22	23	24	25	26	27	28	29	30	31	32	33	34	35	36	37	38	39	40
③	②	④	④	④	④	④	③	④	③	①	④	②	④	②	④	①	②	①	③

01 정답 ④

유기체적 세계관은 우주를 상호 유기적 연결 속에서 통일된 전체로 파악하는 입장으로 세계를 분리된 부분들의 단순한 집합체가 아니라 통합된 전체로 보는 것이다. 문제의 사상은 도가·도교사상, 불교사상, 유교사상 순서의 세계관이다.

02 정답 ③

맹자는 인간의 성품이 본래 선하다는 성선설을 주장해, 인간은 도덕을 수양하고 실천할 수 있으며 정치가들도 탐욕을 뿌리 뽑고 민심과 천심을 합일한 왕도 정치를 펴야 한다고 하였다.

03 정답 ④

공리주의는 목적론적 윤리설과 자연주의적 윤리설에 해당되며, 현대 사회의 정치적 의사 결정과 정책 수립의 이념적 근거로 작용하며 벤담은 외적 제재를 강조하고 다수결 원리를 정당화하나, 밀은 내적 양심의 제재를 강조하며 사회적 공익을 추구한다.

04 정답 ④

① 아리스토텔레스에 대한 설명이다.
② 플라톤에 대한 설명이다.
③ 밀의 행복한 삶에 대한 주장이다.

05 정답 ③

생명 의료 기술은 인간의 존엄성과 생명의 문제를 다루기 때문에 가치 중립적일 수 없다.

생명 의료 윤리의 4원칙
• 선행의 원칙
• 정의의 원칙
• 자율성 존중의 원칙
• 악행 금지의 원칙

06 정답 ①

성의 가치
• 생식적 가치 : 종족 보존 본능과 더불어 생명을 탄생시키는 원천
• 쾌락적 가치 : 애정적 유대감 고조
• 인격적 가치 : 예의나 배려를 바탕으로 하는 사랑

07 정답 ②

전통이 가진 장점을 강조하면서 최대한 되살려내려는 사람들은 좋은 의미에서 주체의식이나 민족의식이 강한 사람들일 수 있으나, 전근대적 사고방식을 가졌거나 보수주의자일 수도 있다.

08 정답 ④

무속의 이승적·현실적인 측면은 이성적 윤리 의식의 약화와 허례허식으로 나타난다. 또한, 사후세계나 미래에 대한 관심이 적기 때문에 역사 의식의 부족으로도 나타난다.

09 정답 ④

당나라 중엽 이후 사회의 모순이 드러나면서 통일 왕조가 서서히 무너지게 되자, 시대 정신을 지도하고 있던 고급스러운 불교 이론도 설득력을 상실하게 되었다. 선불교는 이러한 문제점을 불교 내부에서 자기 개혁을 통해 해결하려고 하였다.

10 정답 ③

① 인류의 보편적 가치를 바탕으로 문화의 다양성을 인정하고 각 문화를 그 사회의 독특한 환경과 역사적·사회적 상황에 비추어 이해하는 태도
② 자기 문화를 비하하고 다른 사회의 문화를 맹목적으로 추종하는 태도 → 문화적 주체성의 상실
④ 도덕적 옳음과 그름의 기준이 사회에 따라 다양하여 보편적 도덕 기준은 존재하지 않는다는 태도 → 비판적 성찰을 어렵게 함

11 정답 ③

③은 송·명 시대의 유학에 대한 설명이다. 실학은 오직 주자의 이론만을 용납하던 폐쇄적인 학문 경향에 대한 비판이다.

12 정답 ③

제시문에서 말하는 것은 절대적 평등에 따른 분배로, 기회와 혜택을 골고루 나누어 줄 수 있지만 불공정한 경우가 발생할 수 있고, 분배하는 몫에 차이가 없기 때문에 생산 의욕을 저하시켜 효율성을 떨어뜨린다.
ㄱ, ㄹ은 업적에 따른 분배를 나타낸 것이다.

13 정답 ②

밑줄 친 '그'는 슈바이처이다. 그는 모든 생명이 내재적 가치를 지니며, 외경의 대상이 된다고 주장하였다. 그러한 입장에서 제시할 수 있는 견해를 찾는 문제이다.
슈바이처는 모든 생명이 생명에의 의지를 갖고 있으며, 이러한 생명에의 의지를 갖고 있다는 점에서 모든 생명은 본질적 가치를 지닌다고 보았다.

14 정답 ②

㉠ 로크는 평화로운 자연 상태에서 잠재적인 투쟁 상태가 되는 것을 극복하고, 개인의 소유권을 지키기 위해서 계약을 맺고 정치 사회를 만들었다고 주장하였다.
㉡ 홉스는 자연 상태의 인간들이 평화를 달성하기 위한 방법으로 계약을 맺었으며, 각자 자연권을 어느 정도 포기해야 하고, 주권자에게 강한 힘을 부여해야 하며 그들에게 복종하여야 한다는 주장인 절대 군주론을 옹호하였다.

15 정답 ④

사회 사상의 의미
• 인간이 사회적 존재로서 자신이 속한 공동체가 나아가야 할 방향과 이에 대한 생각을 체계화한 것이다.
• 인간은 그 사회가 윤리적이고 올바른 사회일 때 인간다운 삶을 살아갈 수 있다.

16 정답 ④

스턴버그는 열정, 친밀감, 책임감의 세 가지 요소가 적절히 균형을 이룰 때 진정한 사랑이 완성된다고 보았다.

17 정답 ②

의무론적 윤리는 행위의 옳고 그름의 근거를 옳은 동기나 의지에서 찾는 것이고, 목적론적 윤리는 좋은 결과에서 찾는 것이다. 의무론적 윤리의 대표적 사상가로는 칸트가 있다.

18 정답 ③

(가)는 성의 생식적 가치, (나)는 성의 쾌락적 가치에 대한 설명이다. 상대방에 대한 열정과 친밀감을 바탕으로 한 성적 활동을 통해 상대방과 하나가 되는 성숙한 사랑을 할 수 있는 것은 성의 인격적 가치이다.

19 정답 ③

③은 라스키에 대한 설명이다. 라스키(H.Laski)는 국가의 기능이 '최선아 실현'을 위한 물질적 조건을 보장하는 데 있다고 강조하면서 국가 기능의 확대를 주장하였다.
미국의 저명한 사회윤리 학자인 존 롤스는 전통에서 사회정의의 문제를 바람직한 사회의 기본 구조와 제도를 규제하는 원칙과 관련시켜 포괄적으로 제기하며, 정의의 원칙, 평등의 원칙, 차등의 원칙을 주장하였다.

20 정답 ④

생명 의료 윤리학자인 뷔첨과 칠드레스는 생명 의료 윤리 원칙 네 가지를 제시하였다.
• 자율성 존중의 원칙 : 인간은 기본적으로 자유로운 존재이다. 따라서 생명 과학 연구는 인간의 자율성을 최대한 존중해야 한다.

• 악행 금지의 원칙 : 의학 및 생명 과학 연구는 환자 또는 피험자에게 해를 주어서는 안 된다.
• 선행의 원칙 : 의학 및 생명 과학 연구자는 환자 또는 피험자의 유익을 도모해야 한다.
• 정의의 원칙 : 의학 및 생명 과학 연구의 성과는 공정하게 분배되어야 한다.

21 정답 ③

서양 윤리 사상은 인간의 본성을 이성을 중시하는 관점과 경험을 중시하는 관점으로 구분한다. 이성주의의 흐름은 소크라테스, 플라톤 등에게서 시작되었으며, 근대의 데카르트, 칸트 등으로 이어졌다.

22 정답 ②

①·③·④는 모두 배아의 인간으로서의 존엄성과 인간으로서의 잠재성을 인정하고 주장하는 내용이다.

23 정답 ④

도덕적 악을 참는 것은 관용이 아니다. 인류나 사회의 보편적 가치에 반하는 것들에 대해서는 불관용할 수 있다.

24 정답 ③

③은 소크라테스의 주장이다.

25 정답 ④

저작권에 대한 설명이다. 저작권은 저작자가 자신의 저작물을 독점적으로 이용하거나 이를 남에게 허락할 수 있는 인격적·재산적 권리이다.

26 정답 ④

상대주의 윤리설
모든 시대·장소·사람에게 보편타당한 윤리가
존재할 수 있다는 것을 부정하는 입장으로, 윤리
규범은 선천적으로 주어진 것이 아니며 지역과
시대에 따라 상대적으로 존재한다는 입장이다.

절대주의 윤리설
윤리 규범의 필요성을 구속적·당위적 입장에서
수용하는 입장으로 이상적 도덕 사회 건설을 위
해 언제든 누구에게나 보편타당한 절대적 가치를
주장한다.

27 정답 ④

④는 아리스토텔레스의 사상에 대한 설명이다.

28 정답 ③

ㄱ, ㄷ은 의무론적 윤리설로 이성을 중시하며 동
기주의이다. ㄴ, ㄹ은 목적론적 윤리설로 감성
을 중시하며 결과주의이다.

29 정답 ④

롤스의 정의론은 공리주의의 결과적 정의에 반
대하며, 절차적 정의에 따른 분배를 주장하였다.

30 정답 ③

서독은 북대서양 조약 기구에 남아 있으면서 통
일을 달성하였다.

31 정답 ①

윤리적 행위의 근본 원리를 밝히는 것은 이론 윤
리학이고, 응용 윤리학은 다양한 윤리 문제를 해
결하고자 한다.

32 정답 ④

훈련된 이성보다 느끼고 행동할 수 있는 배려가
더욱 중요한 역할을 한다고 주장한 것은 나딩스
의 배려 윤리이다.

33 정답 ②

출생에는 생물학적 의미와 윤리적 의미가 있다.
②는 출생의 생물학적 의미이고, ①·③·④는
출생의 윤리적 의미이다.

34 정답 ④

㉠ 자가 이식 : 자기 자신의 조직이나 장기의 위
치를 옮기는 것
㉡ 동종 이식 : 다른 사람의 장기를 옮기는 것
㉢ 이종 이식 : 종(種)을 달리하는 동물로부터
장기를 옮기는 것

35 정답 ②

인간 중심주의 윤리관 중 하나로, 인간과 자연을
분리해서 생각하고 인간이 우월하다고 보며 자
연의 도덕적 가치를 부정하고 인간의 욕구나 필
요에 따라 도구적으로 자연을 사용할 수 있다고
보는 논리이다.

36 정답 ④

제시문은 대기 오염으로 인한 스모그 발생으로
심각한 피해를 입은 사례를 보여 주고 있다. 이
러한 환경 문제를 해결하기 위해서는 인간과 자
연의 조화를 중시하는 동양 윤리적 관점(ㄱ, ㄹ)
에서 그 해법을 찾을 수 있다.

37 정답 ①

분배적 정의는 사회 구성원에게 여러 가지 자원을 분배하는 원칙과 관련된 정의이다. 다른 사람의 기본권을 부당하게 빼앗아 갈 수 있기 때문에 개인의 권리를 존중하고 보장하는 것이 중요하다. 또한 사회의 갈등을 예방하기 위해서도 분배적 정의가 필요하다.

38 정답 ②

정의롭지 않은 법은 시정하려는 노력이 필요한데 이러한 노력 중 하나가 시민 불복종이다.

39 정답 ①

윤리 상대주의는 도덕적 옳고 그름은 사회에 따라 다양하기 때문에 보편적인 도덕적 기준은 없다고 보는 입장이다. 윤리 상대주의 입장에서는 보편적 윤리를 위배하는 노예 제도나 유대인 학살 같은 문화도 인정해야 한다. 따라서 문화의 다양성을 존중하되 윤리 상대주의로 흐르는 것을 경계해야 한다.

40 정답 ③

구조적 폭력은 사회 구조로부터 비롯되는 폭력으로, 인간의 잠재적 능력을 충분히 실현할 수 없는 것을 의미한다.

제 4 회 정답 및 해설 | 현대사회와 윤리

01	02	03	04	05	06	07	08	09	10	11	12	13	14	15	16	17	18	19	20
③	③	②	④	①	③	④	③	①	④	②	①	②	①	①	②	④	④	④	①

21	22	23	24	25	26	27	28	29	30	31	32	33	34	35	36	37	38	39	40
②	④	④	③	③	③	④	①	③	②	③	③	③	④	②	③	②	①	④	②

01 정답 ③
- 천부인권설 : 인간은 태어날 때부터 똑같은 권리를 가지고 있다는 이론
- 사회계약설 : 국가 권력이 모든 국민의 합의에 의한 계약으로부터 기원했다는 이론

02 정답 ③
그리스 철학자들이 주로 자연과 세계를 연구한 데 비해 소피스트는 인간의 문제에 대한 연구에 주력하였다.

03 정답 ②
한국의 전통 불교는 대승 불교로 민중의 삶을 중시한 호국 불교이고 정토 사상을 특징으로 한다.

04 정답 ④
④는 흄이 아니라 마르크스에 대한 설명이다. 마르크스는 사회 윤리학의 평등주의적 분배방식에 대한 문제를 다뤘다.

05 정답 ①
①은 환경 보전론의 입장이고, ②·③·④는 환경 개발론의 입장이다.

06 정답 ③
생태주의는 인간이 지구라는 생태계의 일부라는 입장으로, 인간이 자연을 지배한다는 이론과 반대되는 입장이다.

07 정답 ④
외래문화의 유입으로 밖에서 들어온 전통이 고유 전통에 흡수되거나 밀려 주변부 전통 정도로 맥을 유지해 갈 수 있다는 내용이다.

08 정답 ③
몰입 의식
무속에는 몰입을 위한 의식과 풀기 위한 의식, 두 가지가 존재한다. 액을 피하고 복을 받기 위하여 신으로의 몰입이 필요하며, 이때 몰입을 방해하는 모든 것은 부정한 것이 된다. 몰입의 결과는 해체로 나타나며, 액이나 부정을 씻어 내고 풀어 새로운 현실을 가져온다고 보는 것이다.

09 정답 ①
기원 전후 시기, 구제에서 소외된 재가 신자들의 이러한 불만을 간파한 기존 교단 내부의 진보적 비구(남자 승려)들은 새로운 종교 혁신 운동을 광범위하게 전개하였다.

10 정답 ④

권근의 초학자를 위한 입문서는 『입학도설』이며, 주희의 『사서집주』는 과거 과목으로 채택되어 급속하게 확산되었다.

11 정답 ②

실학의 이론은 보통 유형원으로부터 시작되었고, 학파는 이익으로부터 형성되었다. 실학은 경세치용파, 이용후생파, 실사구시파의 세 경향의 학파로 분류할 수 있다.
- 경세치용파 : 이익에서 정약용에 이르는 성호학파이다.
- 이용후생파 : 홍대용, 박지원에서 박제가에 이르는 북학파이다.
- 실사구시파 : 김정희를 중심으로 개화사상으로 넘어가는 시기에 활동한 학파이다.

12 정답 ①

슈바이처가 주장한 생명 외경은 생명의 신비를 두려워하고 존경하는 마음으로 생명을 매우 소중하게 여기는 태도를 일컫는다.

13 정답 ②

낙태를 반대하는 입장에서 제기할 수 있는 견해이다.
① 낙태를 정당화하는 생산 논거에 해당한다.
③ 태어난 후 장애인으로서 겪을 고통을 생명권보다 우선시하는 입장에서는 기형아의 낙태에 찬성할 수 있다.
④ 태아는 임산부 몸의 일부이므로 신체에 대한 권리 행사 차원에서 낙태를 찬성할 수 있다.

14 정답 ①

생태 중심주의 윤리는 무생물을 포함한 생태계 전체를 도덕적 고려의 대상으로 삼는다.

15 정답 ①

성의 자기 결정권은 남용하면 법적으로도 책임을 져야 한다. 따라서 각자의 인격과 권리를 상호 존중할 때 그 권리가 보장될 수 있다는 점을 인식하고, 올바르게 이해하고 행사해야 한다.

16 정답 ②

한 사회 속에 다른 인종, 민족 등 여러 집단이 지닌 문화가 함께 존재하는 다문화 사회를 살아가는 데 가장 필요한 자세는 다른 생각이나 태도를 너그럽게 받아들이는 '관용'이다.

17 정답 ④

동화주의는 소수 민족의 문화가 소실되고 인권 침해 문제를 일으킬 수 있다.

18 정답 ④

공적 개발 원조는 정부 개발 원조라고도 한다. 부유한 국가가 빈곤한 국가에 경제적 지원이나 기술 이전을 함으로써 분배적 정의를 실현해 나갈 수 있다.

19 정답 ④

롤스의 사회 정의론에서 최고의 지위를 차지하는 사회의 기본 가치는 자유이고, 이 자유는 보다 큰 자유를 위한 제한을 제외하고는 어떠한 다른 사회적 가치의 증대를 위해서도 제한될 수 없다. 그리고 자유는 모든 사람에게 똑같이 최대한 보장되어야 한다. 그런데 여기서 말하는 자유란 사유 재산을 가질 수 있는 자유와 그 밖에 오늘날 자유 민주주의 국가의 헌법에서 보장하고 있는 기본적인 정치적 자유이다.

20 정답 ①
② 아퀴나스 : 신의 섭리에 의해 동물은 자연의 과정에서 인간이 사용하도록 운명 지어져 있다.
③ 베이컨 : "지식은 힘", 자연은 인간에게 순종해야 하고 정복되어야 하는 대상이다.
④ 데카르트 : 인간과 자연을 분리하고, 모든 존재를 정신과 물질로 구분한다.

21 정답 ②
ㄴ, ㄹ은 적극적 평화에 대한 내용이다.

22 정답 ④
한국 불교는 지배 체제의 억압 속에서 민중적이고 토착적인 모습을 띠고 발전하였다.

23 정답 ④
경험 중시 윤리는 현실적인 문제 해결에 중점을 두고, 이성 중시 윤리는 합리적인 사고방식을 중시하였다.

24 정답 ③
실천 이성은 스스로 도덕 법칙을 세우고 이에 따라 자율적으로 행위하도록 명령하는 도덕적 실천 의지를 규정하는 이성을 가리킨다.

25 정답 ③
한국 윤리 사상 전개 과정에서 나타난 조화 정신의 계승 · 발전
• 원효의 화쟁 사상
• 풍류나 동학 사상에 나타난 유 · 불 · 도 3교의 조화성
• 한국 윤리 사상의 전개 과정에서 다양한 사상들을 조화롭게 수렴하는 역할 담당

• 조화의 전통을 계승 · 발전시켜 현대의 다원 사회를 살아가는 지혜로 삼아야 함

26 정답 ③
분단 비용은 남북한의 분단으로 인하여 분단 상태를 유지하기 위한 비용이다. 통일 비용이 미래를 위한 투자 비용인 것에 비해 분단 비용은 단순히 분단을 유지하기 위한 소모적 비용으로 남북한 모두에게 경제적 손실로 작용한다. 남북한의 이질성을 극복하는 비용은 분단 비용이 아니라 분단으로 인해 이질화된 남북 관계를 회복하기 위한 것이다.

27 정답 ④
아리스토텔레스는 인간을 '이성적 동물'이라고 정의하였다.
① 법칙론적 윤리설을 주장하였다.
② 자연 상태에서의 인간은 이기적이며 자기 자신의 보존만을 추구하는 존재라고 주장하였다.
③ 진화론을 통해 인간 역시 동물 존재의 한 종류로서 진화한 것이므로 그에 따른 본성을 갖고 있다고 주장하였다.

28 정답 ①
생의 철학은 비이성주의이며 염세주의적인 세계관을 가지고 있다.

29 정답 ②
자민족 중심주의는 자기 민족의 모든 것이 우월하므로 다른 민족의 종교, 가치관, 생활 방식, 여러 가지 사회 제도, 나아가서는 생물학적인 특성까지도 배척하거나 말살하고 자기 민족의 모든 것을 따르도록 강요하는 태도이다.

30 정답 ③

바람직한 통일 조국의 미래상으로 ①·②·④ 외에 평화 국가, 풍요로운 문화 국가 등이 있다.

31 정답 ③

도구적 자연관은 자연을 도구로 활용하여 인간의 필요를 도모하는 것으로, 특히 환경 윤리에서 중요하게 다룬다.

32 정답 ③

ㄱ, ㄴ, ㄷ은 나딩스의 주장이고, ㄹ은 길리건의 주장이다.

33 정답 ④

모든 인간은 죽는다는 점에서 보편성을 지니고, 죽음은 회피할 수 없다는 점에서 불가피성이 있다.

34 정답 ②

장기 이식은 질병으로 고통을 받는 환자에게는 치료의 기쁨을, 기증자에게는 생명을 살리는 이타적 행위로 숭고한 기쁨을 준다.

35 정답 ②

인간 중심주의 윤리의 가장 큰 문제점은 인간의 필요에 의해 자연을 남용하고 훼손하여 생태계를 위협하는 환경 문제가 발생한다는 점이다.

36 정답 ③

사이버 공간은 자존감을 높이거나 창의성을 향상시키는 데 도움을 준다.

37 정답 ②

• 필요에 의한 분배는 사람들의 필요에 따라 다르게 분배하는 것으로, 사회적 약자나 소외된 사람들에게 우선 분배하므로 약자를 보호하는 도덕적 윤리에 부합한다.

• 능력에 의한 분배는 능력이 뛰어난 사람에게 더 많이 분배하는 것으로, 책임 의식과 창의성이 함양될 수 있다. 하지만 능력을 판단하는 정확한 기준을 세우기 어렵다.

• 업적에 따른 분배는 업적을 이룬 사람에게 더 많이 분배하는 것으로, 객관적으로 평가하고 측정할 수 있고 생산성을 높이는 동기를 부여해 준다.

38 정답 ①

(가)는 미국의 독립 선언, (나)는 영국의 권리 장전, (다)는 세계 인권 선언이다. 모두 인간으로서 보장받아야 할 당연한 권리인 인권 보장에 대한 내용을 담고 있다.

39 정답 ④

밀에 따르면 쾌락은 질적으로 동일하지 않으므로 낮은 수준의 쾌락과 높은 수준의 쾌락이 있다. 제시문은 이와 같은 질적 공리주의와 관련된다.

40 정답 ②

(가)는 소극적 평화, (나)는 적극적 평화를 의미한다. 인간이 겪는 다양한 차원의 고통을 소홀히 할 수 있다는 한계가 있는 것은 소극적 평화이다.

01	02	03	04	05	06	07	08	09	10	11	12	13	14	15	16	17	18	19	20
③	②	②	④	③	④	①	②	③	①	③	②	①	④	②	④	②	③	②	②
21	22	23	24	25	26	27	28	29	30	31	32	33	34	35	36	37	38	39	40
④	④	④	①	④	④	①	②	③	④	②	②	③	③	②	②	②	②	④	①

01 정답 ③

정보 통신 윤리의 기본 원칙은 인간 존중, 정의, 책임, 해악 금지 등이다.

02 정답 ②

익명성은 어떤 행위를 한 사람이 드러나지 않는 특성으로, 사이버 공간의 대표적인 특징이다. 사이버 공간의 익명성은 자신의 신분을 숨기고, 직접 대면하지 않고 교류하며, 자유롭게 의사 표현을 할 수 있게 해 준다.

03 정답 ②

공자는 인(仁)과 예(禮)를 강조했지만 맹자는 인(仁)과 의(義)를 강조하였다. 제시문 속 인물은 이로움에만 관심 있는 왕에게 인과 의가 있음을 강조하는 맹자이다.

04 정답 ④

(라)는 묵자가 주장한 겸애(兼愛)에 대한 내용이다.

05 정답 ③

인간소외는 현대 사회의 물질적 풍요, 도시화, 대중화, 조직화, 정보화 등의 부산물로, 인간이 인간을 위해서 만들어 낸 산물이 거꾸로 인간을 지배하는 현상이다.

06 정답 ④

ㄴ은 사회결정론, ㄷ은 생태주의의 입장이다.

07 정답 ①

한국의 전통은 반만년에 걸쳐 고유의 전통과 외래 전통이 혼합되어 다양한 유형으로 구체화되어 나타났다.

08 정답 ②

단군 신화에서는 하늘과 땅을 상보적 관계로 본다.

09 정답 ③

불교의 발생은 제의 중심적 해탈관을 자기 구제적 해탈관으로 전환시켰다.

10 정답 ①

보살은 위로는 진리를 구하고 아래로는 중생을 가르치고 구제하는 현실적인 대승 불교의 이상적 인간상이다.

11 정답 ③

박지원은 한전론을 주장하였는데, 이는 토지 소유의 상한선을 법으로 정하는 방법이었다.

12 정답 ②

소크라테스는 "너 자신을 알라."라며 무지를 자각할 것을 역설하였다.

13 정답 ①

의료 기술의 발달로 불임 문제를 해결할 수 있게 되었지만 더불어 그에 따른 많은 윤리적 문제도 야기되었다. 예를 들어 비배우자 수정의 문제, 생식 세포의 매매, 성 감별 및 선별의 문제, 대리모, 인공 유산의 만연 등 새로운 문제가 등장하게 된 것이다. 이에 따라 새로운 생명 윤리 및 의료 윤리의 정립이 필요하다.

14 정답 ④

명(明)대 왕수인은 주희의 성즉리설과 격물치지설을 비판하면서 심즉리설을 주장하였고 양명학을 수립하였다. 또한 이를 바탕으로 지행합일설(知行合一說)을 주장하였는데, 충효 등의 도덕 법칙은 모두 내 마음의 양지(良知)로부터 독립하여 스스로 존재하는 것이 아니라 양지에 본래적으로 함유된 도덕 원리라고 보았다.

15 정답 ②

제시문은 레오폴드의 생태 중심주의 윤리에 관한 내용이다. 레오폴드는 도덕 공동체의 범위를 동물, 식물, 흙, 물을 비롯한 대지까지 확대한 대지 윤리를 주장하였다.

16 정답 ④

과학자는 자연과 미래에 끼칠 영향력을 고려하여 인류에 해악을 끼치지 않는 범위에서 과학 기술의 발전을 추구해야 한다. 하지만 하버는 반성적 성찰의 부족으로 자신의 연구가 사회에 끼칠 영향력을 인식하지 못한 점에서 비판을 받는 것이다.

17 정답 ②

제시된 법률은 우리나라 〈장기 이식에 관한 법률〉 제11조의 일부로, 장기의 적출 및 이식 금지에 관한 내용이다. 이것은 장기 기증자의 자율성을 보장하기 위한 것이다.

18 정답 ③

조국 통일의 당위성

민족사적 요청, 민족의 동질성 회복, 인도주의적 요청, 민족 역량의 낭비 방지, 세계 평화에의 기여 등이 있다.

19 정답 ②

②는 스콜라 철학의 윤리 사상에 대한 설명이다. 교부 철학은 그리스도교의 교리를 정립하고 이론이 형성되는 데 기여한 교부들의 철학으로, 그리스 철학 중 특히 플라톤 철학을 적극 수용하였다. 아리스토텔레스의 철학은 스콜라 철학이 수용하였다.

20 정답 ②

아리스토텔레스는 사람들이 무엇이 도덕적으로 옳은지를 알면서도 의지가 약하여 충동에 이끌림으로써 악행을 할 수 있다고 보았다. 그래서 도덕적인 삶을 위해서는 도덕적 실천 의지를 함양하는 것이 요구된다고 하였다.

21 정답 ④

현대 덕 윤리는 근대 윤리의 한계를 비판하였다. 따라서 현대 덕 윤리는 근대 윤리의 도덕적 의무와 법칙을 강조하고, 자율적·이성적 존재로서의 개인보다 사회적 맥락과 공동체적 삶을 중시한다.

22 **정답** ④

정의는 사회 제도를 구성하고 운영함으로써 질서 유지의 역할을 하고 구성원과 사회의 관계를 원활하게 유지시켜 준다.

23 **정답** ④

21세기의 통일 한국은 정치와 경제, 사회와 문화, 기술의 선진화를 실현하고, 이를 기반으로 동북아와 태평양의 중심 국가로 부상(浮上)해야 할 것이다.

24 **정답** ①

칸트는 인간의 내면적 자유 의지와 인격으로부터 자율적인 도덕 법칙을 확립하는 것을 목표로 삼았다.

25 **정답** ④

국가 권력이 국민 생활에 깊이 관여하므로 권력자의 이익을 인한 권력 행사 과정에서 권력이 남용되면서 그에 따른 폐해와 문제점이 발생한다. 국민들이 도덕적인 삶을 유지하기 어렵고, 국가 권력의 남용으로 구성원들 간의 공정한 협력이 어려우며 개인의 자유가 침해되고 사회 구성원의 혜택이 보장되지 않는다.

26 **정답** ④

오스트리아는 중립화 통일을 통해 자유 민주주의에 바탕을 둔 복수 정당 제도와 시장 경제 원리를 추구하였다. 독일은 흡수 통합 통일, 예멘은 외형적 합의에 의한 불안정한 통일, 베트남은 공산화 무력 통일을 이루었다.

27 **정답** ①

생명 윤리는 성적 소수자뿐 아니라 모든 생명에 대한 존엄성 실현을 목적으로 한다. 생명 윤리는 출생과 죽음에 관련된 윤리 문제, 생명의 가치에 대한 논의에 초점을 두며, 세부적으로는 낙태, 자살, 안락사, 뇌사 등이 포함된다.

28 **정답** ②

과학기술의 발달과 그것을 따라가지 못하는 윤리와의 간극을 윤리적 공백이라 하였다.

29 **정답** ①

도가에서 죽음은 자연 현상이므로 슬퍼할 필요가 없다고 본다. 선행과 악행이 윤회 과정에서 죽음 이후의 삶을 결정한다고 보는 것은 불교의 관점이다.

30 **정답** ④

우리나라는 아직 뇌사를 죽음의 판정 기준으로 삼고 있지 않으므로 뇌사자의 경우에는 본인의 사전 동의와 함께 가족 동의가 있어야 장기 이식이 가능하다. 또한 장기 기증은 자신의 귀한 장기를 기증하는 것이므로 그에 맞는 보상을 제공해야 한다.

31 **정답** ②

싱어는 쾌락과 행복을 중시한 공리주의의 원칙에 따라 동물의 종에 상관없이 인간처럼 행복하기 위해 고통을 줄여 주는 것이 도덕적이라고 주장하였다.

32 **정답** ②

사이버 공간은 표현된 정보가 복제되어 널리 퍼지기 때문에 잘못된 정보를 수정하기가 어렵다. 따라서 타인을 비방하는 글이나 거짓된 정보를 퍼뜨리는 행위는 지양해야 한다.

33 정답 ③

칸트는 처벌이 정당화되는 경우는 오직 범죄자가 죄에 상응하는 처벌을 받은 경우라는 응보주의 관점에서 사형 제도를 보았다.

34 정답 ③

시민 불복종의 정당화 조건에는 행위 목적의 정당성, 처벌의 감수, 비폭력성, 최후의 수단 등이 있다.

35 정답 ③

무제한의 관용은 인권을 침해하고 사회 질서를 무너지게 한다. 따라서 인간의 존엄성, 자유, 인권, 사회 질서를 훼손하지 않는 범위 내에서 관용을 인정해야 한다.

36 정답 ②

국가 간 교류가 활발해지면서 생활 영역이 통합되는 지구촌 시대에서는 전통적 민족 정체성의 상실 문제가 나타나고 있다. 따라서 지구촌 시대에 바람직한 민족 정체성이 무엇인지 방향을 모색하는 것이 중요하다.

37 정답 ②

(가)는 평화적 통일에 대한 설명이고, (나)는 점진적·단계적 통일에 관한 내용이다.

38 정답 ②

① 분배적 정의에 대한 내용이다.
③ 공적 개발 원조란 선진국에서 개발도상국이나 국제기관에 도움을 주는 것을 말한다.
④ 범죄 가해자가 정당한 대가를 치르게 하는 관점은 응보주의적 관점이며, 이는 법적 정의의 실현을 위한 형벌적 정의에 속한다.

39 정답 ④

사회 사상

인간의 삶에서 나타나는 현상에 대한 해석과 이상 사회 구현에 대한 체계적인 사유를 말하는 것으로, 사회 사상 자체가 사회를 유지시키는 기능을 하는 것은 아니다.

사회 사상의 필요성

• 인간의 삶에서 일관되고 체계적인 이해의 틀 제공
• 우리 사회가 나아가야 할 방향을 모색하면서 이상적인 사회라는 대안을 제시
• 바람직한 공동체를 만들기 위해 구성원이 해야 할 의무와 역할에 대한 이해 제공
• 사회 현상을 좀 더 깊이 이해하면서 현 사회에 대한 반성과 성찰의 기회 제공

40 정답 ①

한비자는 강력한 제도와 법으로 이상향을 실현해야 한다고 주장하였으며 법치주의와 실용주의를 강조하였다.
②는 맹자의 왕도 정치, ③은 순자가 주장한 예치(禮治), ④는 공자의 덕치(德治)에 관한 내용이다.

01	02	03	04	05	06	07	08	09	10	11	12	13	14	15	16	17	18	19	20
③	③	③	①	③	③	③	③	②	④	②	①	③	③	③	①	②	④	①	②

21	22	23	24	25	26	27	28	29	30	31	32	33	34	35	36	37	38	39	40
②	④	②	③	②	②	①	③	①	③	③	④	①	①	④	④	②	④	③	④	①

01 정답 ③

인간은 혼자서는 자신의 생명마저 지킬 수 없을 정도로 미약하게 태어난 존재이다.

02 정답 ③

유교는 사회적 혼란의 원인이 인간의 도덕성에 있다고 보았다. 따라서 자기 자신의 내면의 성찰과 깨달음을 강조하는 등 인간과 사회의 본질에 대해 깊이 성찰하였다.

03 정답 ③

윤리는 여러 가지 관습 가운데 오랜 세월을 거치면서 합리적이라고 인정받은 것이므로 보편적 윤리 규범이 존재하지 않는다고는 할 수 없다.

04 정답 ①

벤담은 법률적인 외적 제재를 중요시하고, 밀은 양심에 근거한 내면적 제재를 강조하였다.

공리주의

일반적으로 인간의 삶은 자기만의 최대 쾌락을 도모해서는 안 되고 사회 전체의 최대 쾌락을 추구해야 한다는 이론이다.

05 정답 ③

현대 덕 윤리의 모태인 아리스토텔레스는 덕을 갖추면 정의로운 국가가 형성된다고 주장하였다.

06 정답 ③

인격 존중의 필요성

인격 존중은 사랑의 기본적인 조건이기 때문에 인격 존중이 없는 사랑은 참된 사랑이라고 할 수 없다. 참된 사랑은 사랑하는 사람의 입장에서 배려하고 존중하며 때로는 헌신할 줄 아는 마음을 갖게 되는 사랑이며, 헌신과 희생을 통해 사랑을 한 차원 더 높일 수 있는 것이다.

07 정답 ③

전통 사상은 외래 사상을 담는 토양이 되어야 한다. 외래 사상은 창조적으로 우리 토양에 맞게 주체적으로 변화시켜 수용해야 한다.

08 정답 ③

조선 건국의 이념은 사대교린주의(事大交隣主義), 숭유배불주의(崇儒排佛主義), 농본민생주의(農本民生主義)의 세 가지였다.

09 **정답** ②

역사적으로 유가의 적극성은 항상 도가의 소극성에서 힘을 빌려갔다. 즉, 유가 사상이 현실적 위기를 만났을 때 도가 사상으로부터 힘을 빌려 이론을 보완할 수 있었다. 그런 뜻에서 우리가 동양적 사유라고 하는 말은 도가 사상의 측면을 가리키는 경우가 많다.

10 **정답** ④

이이는 기대승의 견해를 이어받아 '이'로부터 운동성을 완전히 없애 버린 채 '기'에만 운동성을 부여한 '기발일도설'을 주장하였다.

11 **정답** ②

균전론은 중농주의 학자인 유형원의 매우 상세하고 구체적인 토지 제도 개혁안이다.

상공업론
• 상공업을 천한 직업으로 보는 사농공상의 신분 제적 직업관의 타파
• 상공업의 발전을 위한 자본형성론
• 상설시장 개설론
• 기술혁신론
• 해외통상론

12 **정답** ①

맹자는 인의(仁義)의 덕으로 다스리는 정치가 이상적인 정치라고 보았으며, 힘에 의한 정치인 패도 정치를 비판하였다.

13 **정답** ③

제시문은 정약용이 한 말이다. 정약용은 덕을 선천적 본성으로 본 성리학의 입장을 비판하며, 덕은 실천해야만 얻을 수 있다고 보았다. 즉, 선을 행한 다음에 덕이 형성된다고 주장하였다.

14 **정답** ③

인(仁), 의(義), 예(禮), 지(知), 덕(德), 효제(孝悌), 충서(忠恕), 천명(天命), 정명(正名) 등 논어(論語)에서 천명된 다양한 덕목과 가치들 가운데 가장 중요한 위치를 차지하는 것은 인(仁)이다. 고대의 성왕(聖王)의 덕화(德化)에 의한 정치를 왕도(王道)라 부르는 데 대하여, 천자(天子)의 힘이 쇠해진 춘추시대 이후부터, 패자와 힘이 있는 제후가 실력주의로 제후와 백성을 다스리는 정치를 패도라 불렀다. 왕도 정치를 이상적으로 생각한 맹자 이후에도 유교의 정치에서는 패도를 부정하는 논의가 더욱 성해졌다.

15 **정답** ③

맹자는 인간의 성품이 본래 선하다는 성선설을 주장해 인간은 도덕을 수양하고 실천할 수 있으며, 정치가들은 탐욕을 뿌리 뽑고 민심과 천심을 합일한 왕도 정치를 펴야 한다고 하였다.

16 **정답** ①

4주덕

구분		덕목	육체	영혼	계급	국가 사회
4 주 덕	개인적 덕	지혜	머리	이성	통치	통치 계급 (철인왕)
		용기	가슴	기개	수호자	무사 계급 (군인)
		절제	배	욕망	생산자	생산 계급 (서민)
	사회적 덕	정의				

17 정답 ②

모든 고통이 멸한 열반의 경지에 대한 내용이다. 중도는 쾌락주의와 극단주의 중 어느 한쪽에 치우치지 않는 불교의 수행이다.

18 정답 ④

장자는 우리의 삶을 유혹하는 명예와 권력, 재물과 부귀 같은 것은 외물(外物)이라고 하며 우리의 인간 삶을 해친다고 보았다.

19 정답 ①

로마의 만민법과 근대 자연법 사상의 이론적 근거가 된 것은 스토이시즘(Stoicism)이다.

20 정답 ②

구분	칸트	공리주의
특징	도덕 법칙을 따르려는 동기 중시	행위의 결과 중시
장점	도덕의 정언적 성격과 인간의 존엄성을 잘 드러내고 있음	인간이 사회적 존재로서 살아가야 할 길을 제시해 줌
단점	사회 속에서 살아가는 인간들에게 구체적인 삶의 지침을 제공해 주지 못함	인간의 내면적 동기 문제를 소홀히 취급하고, 양적으로 계산할 수 없는 여러 가치를 제대로 다루지 못함

21 정답 ②

①·④ 하이데거에 대한 설명이다.
③ 야스퍼스에 대한 설명이다.

22 정답 ④

극기복례(克己復禮)
• 나를 이기고 예로 돌아감

• 인(仁)의 편협한 혈연·지연의 이기주의를 극복하기 위해 공공의 정당한 사회 윤리의 규범인 예를 지키는 것

23 정답 ②

제시문의 (가)는 불교, (나)는 유교, (다)는 도가에서 말하는 윤리적인 삶이다. ②는 불교에서 말하는 주체적 인간관으로, 유교와는 관련이 없다.

24 정답 ③

우리 민족 고유의 사상뿐 아니라, 우리 현실에 맞게 주체적으로 수용한 외래 사상도 포함된다.

25 정답 ②

생명 의료 원칙 중에서 정의의 원칙은 의료 정책에 필요한 원칙으로 의료 서비스나 자원을 공정하게 분배하여 불평등과 불균형을 없애고 정의와 공평을 갖춰야 한다는 것이다.

26 정답 ②

정약용은 인간의 내면적 도덕성보다는 자율적 실천 의지와 행위 과정을 중시하였다.

27 정답 ①

중용의 덕
• 선의지, 도덕적 실천 의지의 함양을 위한 덕
• 이성에 의하여 충동이나 정욕, 감정을 억제함으로써 한쪽으로 치우치지 않으려는 의지를 습관화한 덕(실천적인 덕)

28 정답 ③

삼권분립은 몽테스키외가 주장하였다. 로크는 행정권과 입법권이 분리된 이권분립을 주장하였다.

29 정답 ①

통일을 이루어 우리 민족의 분단으로 인한 고통을 덜어야 한다.

30 정답 ③

미래 사회의 한국인상으로는 ①·②·④와 진취적인 인간 등이 있다.

31 정답 ③

도덕적 추론이란 주어진 상황에서 무엇이 옳은지, 어떤 행동을 해야 하는지에 대해 결정하는 사고 과정이다. 도덕적 추론 과정은 도덕 원리로 시작하여 사실 판단 이후에 도덕 판단을 내린다.

32 정답 ④

윤리학의 역할은 가치 있는 삶의 방향을 제시하는 데 있다. 올바른 길을 확인할 수 있는 방법을 제시한다는 의미에서 윤리학을 나침반에 비유한다.

33 정답 ①

ㄱ. 낙태는 스스로 생존할 능력을 갖추지 못한 태아를 모체로부터 인공적으로 분리하여 임신을 종결시키는 행위로, '인공 임신 중절'이라고도 한다.
ㄴ. 형법에서는 기본적으로 낙태를 금지하고 있다. 단, 모자 보건법에서 일부 예외적인 경우에 한하여 낙태를 허용하고 있다.

34 정답 ④

최근에는 의학 및 약학 분야의 연구뿐만 아니라 심리학 연구, 설문 조사 등과 같이 인간을 대상으로 하는 모든 실험을 포함한다.

35 정답 ④

생명 중심주의는 동물뿐만 아니라 식물도 도덕적 고려의 대상으로 보았다.

36 정답 ②

죄형 법정주의는 죄가 법률상 명백하게 규정되어 있어야 처벌한다는 것이다.
①·③·④는 공정한 처벌을 하기 위한 비례성의 원칙에 관한 설명이다.

37 정답 ④

사이버 불링(cyber bullying)이라고도 한다.

38 정답 ③

㉠은 개인 윤리, ㉡은 사회 윤리이다. 개인 윤리와 사회 윤리는 상호 보완적 관계이므로 윤리 문제를 해결하기 위해서는 두 측면을 함께 고려하여 해결 방안을 찾아야 한다.

39 정답 ④

제시문은 칸트의 영구 평화론에 대한 내용이다.

40 정답 ①

다원주의적 접근은 다양한 문화의 공존을 목표로 삼는 다문화주의 정책으로, 소수 문화를 존중하는 데는 유리하지만 사회 통합에 불리하다는 단점이 있다.

01	02	03	04	05	06	07	08	09	10	11	12	13	14	15	16	17	18	19	20
①	②	②	③	②	③	②	①	③	③	④	④	③	①	③	①	②	①	②	①
21	22	23	24	25	26	27	28	29	30	31	32	33	34	35	36	37	38	39	40
④	④	③	④	④	①	③	③	②	④	①	④	③	②	②	①	①	①	③	②

01 정답 ①

(가)는 배아가 인간과 동등한 도덕적 지위를 지닌다는 입장을 뒷받침하는 잠재성 논증이다. 이러한 입장에서는 배아에 대한 실험이나 연구는 정당하지 않다고 주장할 것이다.
②·④는 배아 실험에 찬성하는 입장이다.

02 정답 ②

복잡한 사회관계를 유지하는 특성은 있지만, 공동체 생활이 직접적인 이성적 본성에 대한 특징은 아니다.

03 정답 ②

법은 윤리 가운데 사회적 영향이 큰 것으로 강제할 필요가 있다고 규정된 것이다.
① 법과 관습을 모두 포괄할 수 있는 개념은 윤리이다.
③ 개인에 따라 법 중에도 정당한 것과 부당한 것이 있을 수 있다.
④ 사회적 삶의 반복을 통해 형성된 관념이나 행태는 관습이다.

04 정답 ③

칸트는 인간에게는 누구나 지켜야 하는 행위의 법칙이 있음을 주장하였다.

05 정답 ②

갑은 동성 결혼 합법화에 대한 반대 입장, 을은 찬성 입장이다. 반대 입장은 전통적 가족관을 바탕으로 개인의 취향보다는 사회적 관행에 따를 것을 주장한다. 이에 비해 찬성 입장은 국가는 개인의 성적 지향 및 행복 추구권을 보장해야 하며, 성적 소수자를 차별해서는 안 된다고 주장한다.

06 정답 ③

안락사는 크게 자신이 직접 판단할 수 있는 자율성의 원리와 다른 사람들에 의해 허용될 수 있는 간섭주의의 원리, 두 가지로 구분한다.

07 정답 ②

예(禮)의 싹은 사양하는 마음인 사양지심이다.

08 정답 ①

신화는 오랜 시대를 거쳐 만들어진 역사적 산물이며, 많은 사람들에 의해 만들어진 집단적 산물이다.

09 정답 ③

한국 도교는 단군 신화를 뿌리로 하여 전개된 선가설이다. 선가설의 정착 시기는 명확하지 않지만 삼국 시대 이전부터 존재하였다.

10 **정답** ③

① 『입학도설』: 권근의 초학자를 위한 성리학 입문서이다.

② 이기철학 : 이언적은 북송 주돈이와 남송 육구연의 태극설과 노장, 불선의 태극설을 비판하며 주자학을 정립하고 이선기후적 이기철학을 확립하였다.

④ 기발일도설 : 이이의 '이'로부터 운동성을 완전히 없애 버린 채 '기'에만 운동성을 부여한 이론이다.

11 **정답** ④

권근의 『입학도설』은 초학자를 위한 성리학 입문서이다. 실학에서 생산력 발전을 위한 과학기술론에 관심을 불러일으킨 것은 경세론을 강조하는 경향이다.

12 **정답** ④

장자는 세속적 차별 의식에서 벗어나 도의 경지에서 모든 것을 한결같이 보는 '제물(齊物)'의 경지에 이르러야 한다고 하였다.

13 **정답** ③

단군 신화의 건국 이념인 홍익인간, 재세이화, 광명이세 등의 이념에는 인간 세상을 밝은 빛으로 교화하고 다스려 널리 이롭게 한다는 인간 존중의 정신이 반영되었다.

14 **정답** ①

영혼삼분설(靈魂三分設)

플라톤은 육체와 결합된 영혼은 머리 부분(이성 : 지혜), 가슴 부분(기개 : 용기), 배·팔·다리 부분(욕망 : 절제)의 세 부분으로 나누어진다고 생각하였다.

15 **정답** ③

제시문은 명대에 왕수인이 주자의 성리학을 비판하며 성립한 양명학의 지행합일설에 대한 내용이다. 양명학은 심즉리설(心卽理設)과 지행합일설(知行合一設), 치양지설(致良知設) 등을 주장하였다. 양명학의 핵심 사상 중 하나인 지행합일설에서는 본래부터 타고난 참된 앎[良知]을 근거로 하여 양심을 바르게 깨닫고 그에 따라 실천하는 것이 중요하다고 하였다.

①·②·④는 주자학에 대한 내용이다.

16 **정답** ①

공동선을 지나치게 강조할 경우, 개인의 자유와 권리가 위축될 수 있고, 사회 질서 유지를 위해 개인의 희생을 정당화할 수 있다. 반대로 개인선을 지나치게 강조할 경우에는 다른 사람의 권리를 침해하고, 사회 구성원들의 통합을 저해할 수 있다.

17 **정답** ②

스콜라 철학은 아리스토텔레스의 철학에 입각하여 신학과 철학을 설명하였다. 신앙과 이성은 상호 보완적 관계에 있으며 신의 존재를 이론적으로도 증명할 수 있다고 주장하였다.

①·③·④는 교부 철학의 윤리 사상이다. 교부 철학의 대표적 철학자는 아우구스티누스이다.

18 정답 ①

제시문은 실학의 경세치용학파와 이용후생학파에 대한 설명이다.

㉠ 경세치용학파
- 대표 학자 : 이익, 정약용
- 중농적 실학 : 농업의 혁신을 통해 민생 안정과 사회 발전 등 현실 사회 문제를 해결하고자 하는 경향
- 토지 개혁 제도 주장 : 균전제, 한전제, 정전제 등

㉡ 이용후생학파(북학파)
- 대표 학자 : 홍대용, 박지원, 박제가
- 중상적 실학 : 청나라의 발달된 문물을 배워서 상공업의 진흥을 통한 경제 성장과 사회 복지 달성을 주장

19 정답 ②

제시문은 불교에서 말하는 현실적인 이상적 인간상인 '보살'에 대한 설명이다.
① 성인(聖人)은 유교에서 학문의 목표로 삼는, 인격적으로 완성된 인간을 말한다.
③ 부처는 불교에서 추구하는 궁극적인 인격을 의미한다.
④ 군자(君子)는 인을 바탕으로 예를 실현하는 유교의 이상적 인간형이다.

20 정답 ①

조국 분단을 국제적 요인과 국내적 요인으로 나눌 때 ①은 국제적 요인에 해당한다.

21 정답 ④

사르트르는 인간의 실존을 자유로서 설명하면서 인간이 자유로운 이유는 인과법칙 밖에 있는 의식을 가진 존재이며 우연에 의해 지배되지 않는 주체성을 갖기 때문이라고 하였다.
① 키르케고르

② 야스퍼스
③ 하이데거

22 정답 ④

일찍부터 농경이 발달하여 많은 노동력이 필요하였던 동양에서는 이로 인해 공동체적인 삶을 중요시하였다. 유교에서도 이러한 삶의 태도를 반영하여 현세적 삶을 중요시하는 인본주의를 강조하였으며, 공동체를 중시하며 공익을 추구하였다.

23 정답 ③

민족의 의미
- 객관적 측면 : 같은 지역을 배경으로 객관적 요소인 혈연, 지연, 언어, 역사, 문화, 생활 양식, 같은 조상 등을 가지고 있는 집단
- 주관적 측면 : 민족을 구성하는 주관적 요소로는 민족 의식이나 일체감과 같은 정신 및 의식적인 것 → 민족 정체성

24 정답 ④

흄은 회의주의의 입장이며, 인간의 도덕적 판단과 행위에 있어 중요한 요인은 이성이 아니라 감성이라고 보았다. 또, 공감 능력을 바탕으로 쾌감을 느낄 때, 그것을 선이라고 보았으며, 이후 공리주의 윤리 사상의 모태가 되었다.

25 정답 ④

통일은 단순히 남북 분단 이전의 상태로 돌아가기 위해서가 아니라 남북한의 이질화된 이념과 제도 등을 극복하고 더 발전된 한반도의 미래를 위해서 필요하다.

통일의 필요성
- 이산가족 문제와 같은 인간적인 삶의 문제 해결
- 민족의 참다운 역사 회복

- 민족의 이해와 평화, 사랑
- 민족의 활동 무대의 확대와 발전
- 세계 유일의 분단국가라는 불명예로부터 벗어남

26 정답 ①

남북한 간의 경제 격차가 심해지면 통일 후 북한 주민들의 열등 의식으로 인한 문제가 드러날 수 있다.

27 정답 ③

토론은 자기 주장을 관철하거나 상대방의 주장을 비판하기 위한 것이 아니라, 상대방을 설득하거나 이해하여 당면한 문제에 대한 최선의 해결책을 모색하기 위해 필요하다. 토론은 다음의 과정을 거친다.
ㄱ 주장하기 : 자신의 주장에 대한 근거를 찾고 자신의 주장을 발표한다.
ㄴ 반론하기 : 상대방 주장의 오류나 부당성을 밝힌다.
ㄷ 재반론하기 : 상대방 반론이 옳지 않음을 밝히거나 자신의 주장을 뒷받침할 더 많은 근거를 제시한다.
ㄹ 반성과 정리하기 : 상대방의 반론을 참고하여 각자의 주장을 반성하고 자신의 최종 입장을 발표한다.

28 정답 ③

(가)는 이론 윤리학, (나)는 응용 윤리학이다. 응용 윤리학은 이론 윤리학에서 제시한 다양한 윤리 이론을 토대로 현대 사회의 윤리 문제를 해결하고자 한다.

29 정답 ②

ㄱ, ㄷ은 생명 옹호론(낙태 반대)의 주장이고, ㄴ, ㄹ은 여성의 선택 옹호론(낙태 찬성)의 주장이다.

30 정답 ④

유전자 조작을 반대하는 입장은 유전자 변형 농산물의 안전성을 담보하기 어렵고, 생태계의 질서를 파괴할 수 있다는 점을 내세운다.

31 정답 ①

대지 윤리는 레오폴드가 주장한 개념이다. 테일러는 모든 생명체는 목적론적 삶의 중심이라고 본 생명 중심주의 윤리 사상가이다.

32 정답 ④

제시문은 헌법 재판소의 인터넷 실명제 위헌 결정 요약문이다. 인터넷 실명제가 표현의 자유를 침해하므로 헌법에 위반된다고 결정하였다.

33 정답 ②

제시문의 내용은 공자의 극기복례(克己復禮)로, 인의 체현을 위해 공자가 제시한 구체적인 실천방법이다.
②는 맹자가 주장한 내용이다.
① 공자가 주장한 인(仁)의 실천 덕목인 정명(正名) 사상에 대한 내용이다.
③ 공자가 주장한 이상 사회는 대동사회이다.
④ 공자는 사회 혼란의 근본적 원인으로 인간의 도덕적 타락을 들었으며 이를 막기 위해 인간의 내면적 도덕성인 인(仁)의 회복이 중요하다고 하였다.

34 정답 ②

제시문은 니부어(R. Niebuhr)의 저서 『도덕적 인간과 비도덕적 사회』의 일부이다. 니부어는 현대 사회의 복잡한 윤리 문제를 개인 윤리만으로 해결하기 어려우므로 사회 구조와 제도의 개선을 통해 윤리 문제를 해결해야 한다고 주장하였다.

35 정답 ②

제시문은 문화의 다양성에 대한 내용이다. 문화의 다양성은 지역이나 시대에 따라 서로 다른 다양한 문화가 존재하는 것을 말한다. 다양한 문화가 나타나는 이유는 각 사회 구성원이 서로 다른 환경과 상황에 적응하며 생활하고, 추구하는 가치관이 다르기 때문이다.

36 정답 ①

㉠에 들어갈 말은 열린 민족주의이다.
②는 극단적 세계주의, ③은 배타적 민족주의, ④는 닫힌 민족주의에 대한 내용이다.

37 정답 ②

묵자는 겸애(兼愛), 즉 자신과 남을 구별하지 않고 모든 사람들을 차별 없이 똑같이 사랑한다면 세상의 모든 다툼이 사라지고 평화가 찾아올 것이라고 주장하였다.
①·④는 도가의 사상이며, ③은 유교의 인간관이다.

38 정답 ①

윤리 사상과 사회 사상은 여러 가지 면에서 서로 깊이 관련되어 있으며, 상호 의존성을 가지고 있다.

39 정답 ③

제시문은 주자학에 대한 설명이다.
③의 치양지설은 양명학의 핵심 사상 중 하나이다.

40 정답 ②

이이의 수양론은 경(敬)의 실천으로 성(誠)에 이름을 강조하였다.

01	02	03	04	05	06	07	08	09	10	11	12	13	14	15	16	17	18	19	20
③	③	②	③	③	③	④	③	①	②	④	①	①	①	④	④	②	④	②	②
21	22	23	24	25	26	27	28	29	30	31	32	33	34	35	36	37	38	39	40
②	②	③	②	①	①	④	①	④	②	③	④	②	②	②	④	③	④	②	①

01 정답 ③

제시문은 베이컨의 뉴 아틀란티스에 대한 설명이다.
① 국가를 이루는 통치자 계층, 방위자 계층, 생산자 계층이 각각 지혜, 용기, 절제의 덕을 발휘하며 조화를 이루는 정의로운 국가
② 모든 사람이 경제적으로 풍요로우며 도덕적으로 타락하지 않은 사회
④ 사유 재산과 계급이 소멸하고 생산력이 고도로 발전한 결과, 각자 능력에 따라 일하고 필요에 따라 분배받는 평등한 사회

02 정답 ③

공자
• 자신이 맡은 직분에 충실해야 한다는 정명(正名) 정신을 강조하였다.
• 임금은 임금다워야 하고, 신하는 신하다워야 하며, 부모는 부모다워야 하고, 자식은 자식다워야 한다.

03 정답 ②

베이컨은 근대 자연 과학적 인식의 기반이 인간의 경험임을 강조하면서, 지식의 원천은 경험으로, 지식은 경험과 관찰을 통한 귀납법에 의하여 얻어져야 한다고 주장하였다.

04 정답 ③

메타 윤리학은 규범 윤리학이 학문으로 성립할 수 없다고 주장하였다.

05 정답 ③

화랑도는 한국 고유의 사상 위에 불교, 유교, 도교의 가르침을 종합적으로 수용하여 사상의 조화를 이루었고, 자연과 벗하며 도의를 기르고 가악을 즐겼다. 또, 인격 도야와 국가 발전에 힘써 신라가 삼국을 통일하는 데 중요한 역할을 하였다.

06 정답 ③

에피쿠로스는 헬레니즘 시대의 쾌락주의 철학자이다. 그는 쾌락을 선으로 보되 참된 쾌락은 고통이 없는 쾌락이어야 한다고 하면서, 그러한 쾌락을 얻기 위해서는 욕망을 절제하며 살아야 한다고 하였다.

07 정답 ④

신화와 무속은 한국 전통의 중심부를 이루는 고유 사상이다.

08 정답 ③

노자는 도가의 시조이며, 장자는 도가의 사상가이다.

09 정답 ①

대승 불교

대승은 '큰 수레'라는 뜻으로, 대승 불교의 가르침은 모든 중생을 피안(彼岸)의 세계로 날라 주는 큰 수레와 같다는 의미이다.

10 정답 ②

고려 시대에는 훈고학에서 성리학으로 유교가 이행되었다.

11 정답 ④

실사구시파

김정희에 이르러 일가를 이루게 된 실사구시파(實事求是派)는 경서 및 금석(金石)·전고(典故)의 고증을 위주로 하는 학파이다.

12 정답 ①

예수는 사랑을 최고의 덕목으로 여겼고, 인간의 신성성과 무한한 본래적 가치를 강조, 인간의 존엄성을 중요시하였다.

13 정답 ①

사이버 폭력은 현실의 대면 공간에서 발생하는 물리적 폭력 행위에 비해 비대면 사이버 공간에서 발생하므로 사적이고 은밀하게 진행된다.

14 정답 ①

제시문은 아리스토텔레스의 중용을 설명한 것이다. 중용은 적절한 중간을 의미하는 것으로, 주어진 상황에 이성적으로 적절하게 대처할 때 이루어지는 것이다.

15 정답 ④

중용의 덕

• 선의지, 도덕적 실천 의지의 함양을 위한 덕
• 이성에 의하여 충동이나 정욕, 감정을 억제함으로써 한쪽으로 치우치지 않으려는 의지를 습관화한 덕(실천적인 덕)

16 정답 ④

① 헬레니즘 시대에는 폴리스를 중심으로 하여 발달한 그리스인들의 공동체적 생활 양식이 개인주의적 생활 양식으로 전환되었다.
② 갑작스러운 생활 환경의 변화에 적응하기 위해 실제적인 현실 문제에 관심을 갖게 되었다.
③ 헬레니즘 시대의 윤리 사상에는 정신적 쾌락을 추구한 쾌락주의 윤리설인 에피쿠로스 학파와 금욕주의 스토아 학파가 있었다.

17 정답 ②

스토아 학파는 이성의 힘으로 욕정을 억제하는 생활을 해야 함을 강조하였다.

18 정답 ④

허무적 염세주의는 쇼펜하우어의 주장이다.

19 정답 ②

불교 사상은 모든 생명체가 인간과 동등하며, 누구나 불성을 지니므로 수행을 통해서 부처가 될 수 있다는 평등적 세계관을 심어 준다.

20 정답 ②

플라톤은 철인 정치론을 주장하였는데 이는 인격과 지혜를 구비한 철학자가 나라를 통치할 때 이상 국가가 달성될 수 있다는 것이다.

21 정답 ②

제시문은 로크의 사상이다. 로크는 평화로운 자연 상태에서 분쟁이나 갈등이 발생할 경우 자신의 생명, 자유, 재산 등을 보호하기 위해 계약을 맺어 국가를 설립한다고 하였다. 이러한 로크의 입장에서 볼 때 국가는 개인의 기본권을 보호하는 권력 기구이다.

22 정답 ②

목적론적 윤리관에 관한 내용이다. 의무론은 도덕의 근본 원리를 도덕 법칙에 따르는 의무에 두고 문제를 해결한다.

23 정답 ③

결과적 정의는 최종의 결과에 초점을 맞추어 분배하는 원리로 능력과 성과, 노력, 사회적 효용, 필요 등을 기준으로 삼는다.

24 정답 ②

니부어는 사회 집단의 도덕성은 개인의 도덕성보다 현저하게 떨어진다고 하였다. 도덕적인 개인도 자기가 소속된 집단의 이익을 위해 이기적으로 행동하기 쉽다고 하였다.

25 정답 ①

홉스는 인간의 자연 상태가 '만인의 만인에 대한 투쟁의 상태'라고 보았다. 즉, 본래의 자연 상태에서는 이기적이며 자신의 본능만을 추구하고 불신과 투쟁만이 존재한다고 보았다.

26 정답 ①

개인의 권리와 자율을 중시하는 자유주의는 개인선을 강조한다. ㉠ '개인선'을 지나치게 강조할 경우 타인의 자유와 권리를 침해할 수 있고 공동선을 훼손하여 사회적 갈등을 유발한다. 반면에 ㉡ '공동선'을 지나치게 강조할 경우 개인의 자유와 권리가 위축될 수 있고, 사회 질서 유지를 위해 개인의 희생을 정당화하는 문제점이 발생한다. 따라서 개인선의 실현은 사회 속에서 가능하고, 공동선의 실현은 개인의 참여와 협조로 이루어진다.

27 정답 ④

독일은 서독이 주도권을 가지고 동독을 통합함으로써 흡수 통일을 이루었다. 점진적·단계적으로 통일에 접근하였고, 대내적으로 통일 기반을 완비하고, 대외적으로 통일 여건을 조성하였으며, 정치 지도자들이 주도적으로 자신의 역할을 제대로 해내면서 통일을 달성할 수 있었다.

28 정답 ①

북한 이탈 주민 역시 우리와 같은 민족이고 함께 더불어 살아가야 할 이웃이다.

북한 이탈 주민을 대하는 올바른 태도
• 존중과 배려
• 실질적인 경제적 도움
• 차이점에 대해 인정하고 편견 버리기

29 정답 ④

좋은 토론을 위해서는 자신의 발언에 대하여 책임을 지고, 타인의 의견과 인격을 존중하며, 자기 생각의 한계와 오류 가능성을 인정해야 한다.

30 정답 ②

제시문의 아바타 프로젝트 계획은 인간의 두뇌를 이식하는 것으로, 생명 윤리 영역에서 다루어진다. 생명 윤리 영역은 낙태, 자살, 인체 실험, 생명 복제 등을 포함한다.

31 정답 ③

생식 보조술을 찬성하는 입장은 공리주의 관점이다. 난임 부부의 고통을 덜어 주고 행복을 증진시키며 출산율을 높여 사회를 존속시키는 데 기여한다고 본다.
반대하는 입장은 자연법 윤리의 관점으로, 생명체의 탄생 과정에 인위적으로 개입해서는 안 된다는 입장이다.

32 정답 ④

제시문은 성의 가치에 대한 설명으로, 종족 보존의 기능은 생식적 가치, 감각적인 욕구의 충족은 쾌락적 가치, 상대방에 대한 배려나 예의를 바탕으로 하는 것은 인간적 가치이다.

33 정답 ②

동양의 자연관은 자연을 소중히 여기며 자연과의 조화를 중요시한다. 환경 문제를 해결하기 위해 동양의 친환경적 자연관을 되새겨야 한다.
• 불교의 연기설 : "이것이 있으면 저것이 있고 (상호 의존성), 이것이 일어나면 저것이 일어난다(인과관계)."를 강조한다.
• 도가의 무위자연 : 무엇을 억지로 하지 않으며 스스로 그러한 대로 사는 모습, 가식과 위선에

서 벗어나 본래의 자기 모습대로 살아가는 모습, 어린애와 같이 자연의 섭리대로 살아가는 소박한 삶의 모습을 강조한다.
• 유학의 인(仁) : 선의 근원이자 행의 기본이라고 여긴다.

34 정답 ②

정보화 사회에 필요한 윤리적 원칙은 다음과 같다.
• 존중 : 사이버 공간에서 만나는 사람을 자신과 같이 소중하게 여긴다.
• 책임 : 사이버 공간의 익명성을 악용하여 무책임하게 행동하지 않는다.
• 해악 금지 : 다른 사람들에게 피해를 주지 않는다.
• 정의 : 자신이 제공하는 정보에 대해 공정하고 진실해야 하며, 타인의 기본적인 자유와 권리를 침해하지 않고 모든 사람을 평등하게 대한다.

35 정답 ③

사형 제도에 대해 갑은 응보주의 관점이고, 을은 공리주의 관점이다. 공리주의는 사형 제도가 범죄 예방 효과가 없으면 정당하지 않을 수 있다고 본다.

36 정답 ④

사회 구성원은 서로 다른 환경과 상황에 적응하며 생활 방식을 구축해 왔고, 사회마다 구성원이 추구하는 가치관이 다르기 때문에 다양한 문화가 나타날 수 있었다.

37 정답 ③

제시문은 문화 상대주의에 대한 설명으로, 다문화 시대를 맞아 우리는 문화 상대주의 관점에서 다양한 문화를 존중하고 서로 다른 문화의 평화로운 공존을 위해 힘써야 한다.
①·②는 동화주의, ④는 윤리 상대주의에 관한 내용이다.

38 정답 ④

제시문은 부유한 나라의 약소국에 대한 원조를 자선적 관점으로 본 것이다. 자선적 관점은 세계 빈곤 문제를 적극적으로 해결하기 어렵다는 단점이 있다.
①·②·③은 의무의 관점에 대한 설명이다.

39 정답 ②

제시문은 이이의 사회 경장론에 대한 내용이다. 정치, 경제, 교육, 국방 등에 대한 전반적인 개혁을 도모하자고 주장하였던 사회 경장론은 후에 실학 사상의 형성에 영향을 주었다.

40 정답 ①

장자는 만물을 평등하게 바라보는 진정한 자유의 경지를 제물(齊物)로 설명하였으며, 특히 외물의 속박에서 벗어난 정신적 해방 상태를 소요유의 경지라고 하였다.
② 노자의 사상으로, 인간 본래의 자기 모습대로 살아가는 삶을 말한다.
③ 제물의 경지에 도달하는 방법으로, 조용히 앉아 우리를 구속하는 일체의 것들을 잊어버리는 것이다.
④ 위·진 시대에 나타난 도교 사상으로 세속적 가치를 넘어서 철학적·예술적인 사유와 가치를 강조하였다.

01	02	03	04	05	06	07	08	09	10	11	12	13	14	15	16	17	18	19	20
④	④	③	②	②	①	①	①	③	④	③	④	③	①	②	④	②	②	③	④
21	22	23	24	25	26	27	28	29	30	31	32	33	34	35	36	37	38	39	40
④	④	③	④	④	④	②	③	③	④	④	②	④	④	③	①	②	①	④	③

01 정답 ④
① 맹자는 인간의 성품이 본래 선하다는 성선설을 주장하였다.
② 인간은 생각하는 힘인 이성을 가지고 있어 자신의 행동을 계획하고 결과를 예측할 수 있다. 따라서 이를 바탕으로 자연 환경을 변형하고, 도구를 사용하며, 문명을 만들고, 폭넓은 사회 관계를 맺을 수 있다.
③ 인간의 본성에 대한 설은 다양하지만, 이성에 따라 본성이 변화할 수 있다고 본다.

02 정답 ④
소피스트와 소크라테스는 서양 사상의 역사에서 인간의 문제를 처음으로 제기하고 연구하였다.

03 정답 ③
윤리는 여러 가지 관습 가운데 오랜 세월을 거치면서 합리적이라고 인정받은 것이다. 따라서 정당한 법과 부당한 법을 구분하는 기준으로 사용된다. 즉, 관습과 법 모두를 평가하는 기준이라는 점에서 가장 근본적이라 할 수 있다.

04 정답 ②
① 벤담의 제재론에 대한 설명이다.
③ 성선설과 관련된 학자인 루소의 주장으로, 홉스는 성악설과 관련된 학자이다.

④ 아리스토텔레스의 주의주의적 입장에 대한 설명이다. 소크라테스와 플라톤은 주지주의적 입장과 관련이 있다.

05 정답 ②
길리건은 여성은 인간관계를 중시하고 공감이나 타인의 감정을 생각하는 것 등을 통해 도덕 문제를 해결한다고 주장하였다.
②는 배려 윤리의 대표적인 사상가인 나딩스의 주장에 해당한다.

06 정답 ①
생태주의
인간은 지구라는 거대한 생태계의 일부이며, 인간 이외의 다른 동식물, 대기, 강, 대지 등 지구의 모든 것과 긴밀한 연관을 맺고 있기 때문에 자연에 대한 위해가 곧바로 인간 자신에게 영향을 미친다는 입장의 이론이다.

07 정답 ①
노자는 작은 나라와 적은 백성의 사회, 즉 소국과민의 사회를 이상 사회로 제시하였다. 노자는 인위적인 다스림이 아닌 욕심 없는 무위와 무욕의 정치를 강조하였다.

08 **정답** ①
열반은 불교에서 수행에 의해 진리를 체득하여 일체의 속박에서 해탈(解脫)한 최고의 경지로, 완성된 깨달음의 세계인 최고의 이상향을 말한다.

09 **정답** ③
비인간화, 인간 소외 현상의 심화는 정보 사회의 문제점이다.

10 **정답** ④
노자는 인위적 다스림이 없는 무위(無爲)의 정치를, 맹자는 왕도 정치를 이상적인 것으로 보았다.

11 **정답** ③
성리학에서 중점적으로 다룬 분야이다. 실학에서는 주자학의 형식화를 비판하고 조선 사회의 현실적 문제들에 대한 해결책을 제시하려 하였다.

12 **정답** ④
스토아 학파의 윤리 사상에 해당한다. 에피쿠로스 학파는 정신적·지속적 쾌락을 강조하였으며 도덕적 이상으로 번뇌가 없는 평온한 상태(아타락시아)를 추구하였다.

13 **정답** ③
양성평등이란 남녀의 성별과 관계없이 권리, 자격을 차별 없이 동등하게 대우하는 것을 의미한다.

14 **정답** ①
뉘른베르크 강령은 인체 실험에 관련된 윤리적 원칙의 모범으로 인정되며, 기후 변화에 따른 국제적 노력과는 관계없다.

15 **정답** ②
인간의 본성에 근거하는 절대적인 법은 자연법으로 칸트 윤리와는 구분된다. 자연법 윤리의 기초는 스토아 학파가 제시하였다.

16 **정답** ④
① 벤담은 쾌락은 질적으로 동일하며 양적 차이만 있어서 쾌락을 계산할 수 있다고 보았다.
② 밀은 쾌락의 양뿐만 아니라 질적인 차이도 고려해야 한다고 보았으며, 감각적 쾌락보다 정신적 쾌락이 우위에 있다고 주장하였다.
③ 벤담은 쾌락을 산출하거나 고통을 피하는 결과를 선이라고 보았다.

17 **정답** ②
루소는 로크의 정치 이론인 '개인의 자유를 바탕으로 하는 고전적인 시민적 정치 이론'을 인민주권론으로 발전시켰다.

18 **정답** ②
차등의 원칙이란, 사회적·경제적 불평등은 최소 수혜자에게 최대의 이익을 보장하도록 조정되어야 하며, 그 불평등의 계기가 되는 직위와 지위는 공정한 기회 균등의 원칙에 따라 모든 사람에게 개방되어야 한다는 것이다.

19 **정답** ③
① 오온설 : 인간은 색(色), 수(受), 상(想), 행(行), 식(識)의 다섯 가지 요소로 이루어져 있다는 것을 말한다.
② 팔정도 : 열반에 도달하기 위한 여덟 가지의 올바른 수행법을 말한다.
④ 삼법인설 : 세상의 모든 현상과 존재의 참다운 모습에 대한 불타의 깨달음을 의미한다.

20 정답 ④

지눌이 주장한 돈오점수에 대한 내용이다.

원융회통사상

인간 사회의 모든 분열과 갈등은 한 마음의 진리를 깨닫지 못하고 자기 입장만을 주장한 데서 온다고 보고 모든 쟁론과 투쟁은 인간의 마음가짐을 바로하면 화평할 수 있다고 하였다.

21 정답 ④

ⓒ은 기회균등의 원칙으로 모든 구성원이 사회적 지위나 직위에 접근할 수 있어야 한다는 것이다.

22 정답 ④

제시문은 '정의'에 대한 내용이다. 롤스는 "법과 제도가 효율적이더라도 정의롭지 못하면 폐지되어야 한다."라고 했으며, 아리스토텔레스는 "정의는 덕의 한 부분이 아니라 덕의 총체"라고 하였다.

23 정답 ③

온정적 간섭주의는 행위 당사자가 합리적 의사결정을 할 능력이 없거나, 혹은 있더라도 개인의 선택이 사회의 공익이나 개인의 이익에 부합하지 않는 경우 전체 복리를 위해 주변 사람들이나 공적 기관이 그 문제에 관한 의사결정에 참여할 수 있다는 것으로, 자유주의의 기본 신념과는 배치되는 원리이다.

24 정답 ④

사회 발전의 이상을 실현하기 위한 요건의 하나인 자유에 관한 설명이다.

25 정답 ④

한반도의 주변국은 적극적인 통일 정책을 추진하는 것이 아니라, 현 상태의 유지, 즉 현상 유지 정책을 추진하고 있다.

①·②·③은 한반도 분단 극복의 장애 요인이 되고 있다.

26 정답 ④

• 소크라테스 : "너 자신을 알라."
• 프로타고라스 : "인간은 만물의 척도이다."

27 정답 ②

인간의 본성에 대한 접근 방식은 이성에 의한 사유 활동으로 보는 관점과 감각적이고 육체적인 본능이나 욕구를 충족시키는 활동으로 보는 관점, 두 가지로 나뉜다. 소피스트는 인간의 본성을 감각적이고 육체적인 본능이나 욕구를 충족시키는 활동으로 보는 입장이다.

28 정답 ③

분단 비용

남북한이 통일된 한 국가를 이루지 못했기 때문에 발생하는 소모 비용으로, 남북한의 대립으로 인해 발생하는 군사비와 체제 유지비, 그리고 안보 비용 등을 모두 포함하는 비용이다.

29 정답 ③

한국의 미래 국가상으로는 자주적 민족 국가, 자유로운 민주 국가, 정의로운 복지 국가, 수준 높은 문화 국가 등이 있다.

30 정답 ④
의무론적 접근은 행위의 결과를 고려하기보다는 보편타당한 법칙에 따를 것을 요구한다. 언제 어디서나 인간이 따라야 할 행위의 보편 법칙이 있으며, 인간의 행위가 법칙을 따르면 옳고, 따르지 않으면 그르다고 본다.

31 정답 ④
㉠의 발달에 따른 문제점으로는 해킹, 악성 댓글, 다중 자아, 불건전한 정보 유통, 온라인 사기, 개인의 사생활 침해 등이 있다.
㉡의 발달에 따른 문제점으로는 낙태, 배아 줄기세포의 활용, 안락사, 인간 복제 등이 있다.

32 정답 ②
자살은 삶의 일회성을 인식하지 못하고 자신의 가능성을 포기하는 일이다.

33 정답 ④
① 심하지 않은 파괴는 회복할 수 있는 경우가 많지만 심한 파괴는 회복하기 어렵다.
② 산업화 위주의 경제 발전으로 인해 전 세계적으로 환경 문제가 발생하고 있다.
③ 중국이 배출한 중금속이 황사를 타고 날아와서 우리나라의 대기를 오염시킨다.

34 정답 ③
개인의 도덕성을 바탕으로 하는 것은 개인 윤리이다.

35 정답 ②
㉠은 '인권'을 말한다. 인권의 특징으로 ① 천부성, ③ 보편성, ④ 항구성 등이 있다. 이 외에도 '인권을 향유하는 것은 누구도 침범할 수 없는 권리'라는 불가침성이 있다.

36 정답 ①
② 극단적 세계주의 : 각각의 민족 역사와 전통을 부정하고 특정한 문화만 세계적인 문화로 받아들여야 한다는 태도이다.
③ 문화 상대주의 : 각각의 문화가 지닌 고유성과 상대적 가치를 이해하고 존중하는 태도이다.
④ 문화 사대주의 : 자기 문화에 열등감을 느끼며 다른 문화를 숭배하는 태도이다.

37 정답 ②
자기 민족의 혈통적 우수성과 이익을 중시하여 다른 민족을 무시하고 차별하는 경향이 발생하기도 한다.

38 정답 ①
싱어는 모든 사람의 고통을 감소시키고 쾌락을 증진시키는 것이 인류의 의무라는 공리주의에 입각하여 빈곤으로 인해 고통받고 있는 약소국에 대한 원조를 강조하였다.

39 정답 ④
고려 시대의 도교는 조직화와 체계화로 영향력은 커졌으나 모든 계층을 아우르는 교단이나 사상 체계로 성장하지는 못하였다.

40 정답 ③
지행합일설은 아는 것과 행하는 것이 결국은 동시에 일어나며 같은 것이라는 내용이다. 인간에게는 본래부터 타고난 참된 앎[良知]이 있기 때문이다. ③은 성리학의 내용이다.

제10회 정답 및 해설 | 현대사회와 윤리

01	02	03	04	05	06	07	08	09	10	11	12	13	14	15	16	17	18	19	20
①	①	④	④	②	③	③	③	④	①	③	③	①	②	③	④	③	③	②	②

21	22	23	24	25	26	27	28	29	30	31	32	33	34	35	36	37	38	39	40
④	①	④	④	②	①	④	④	④	①	③	①	①	④	④	②	③	④	④	③

01 정답 ①

책임 윤리

행위가 미칠 영향과 결과에 대한 책임이 있다고 본다. 요나스는 인류가 존재해야 한다는 당위적 요청을 근거로 인류 존속에 대한 현세대의 책임을 강조하였다. → "우리의 책임은 일차적으로 미래세대의 존재를 보장하는 것이며, 이차적으로는 그들의 삶의 질을 배려하는 것"

02 정답 ①

맹자의 의(義)는 옳고 그름을 분명하게 구분하는 사회적 정의로, 공자의 생존 당시보다 더욱 혼란해진 전국 시대의 사회 혼란을 극복하려는 맹자의 의지가 담겨 있던 사상이다.

03 정답 ④

절대론적 윤리설과 관련된 학자는 소크라테스, 칸트이다.

04 정답 ④

아리스토텔레스는 인생의 궁극적인 목적이 행복이라고 했지만, 행복을 인생의 마지막 도달 목표로 보지 않고 때에 알맞은 중용을 지키며 살아가는 이성적 활동의 과정이라고 여겼다.

05 정답 ②

생의 윤리학은 의학 및 생명 과학의 지식 증가와 의료 기술의 발달에 따라 부각되었으며 뇌사, 인공 유산, 안락사, 장기 이식 등 주로 의학 및 생물 과학과 관련된 윤리 문제를 다루는 학문 분야이다.

06 정답 ③

성 차별을 해결하려면 남녀 간의 고유한 특성과 다양성을 인정하고, 상호 존중하는 양성평등 의식이 중요하다.

07 정답 ③

같은 언어를 사용하는 것은 사유의 동질성을 의미하며, 고유 언어가 있다는 것은 고유 사상의 존재를 의미한다.

08 정답 ③

① 생산을 담당했던 백성과 천인, 부녀자들은 종교로서의 도교에 더욱 친숙하였고, 정치에 참여할 수 있었던 양반들은 도가 사상을 다뤘다.

② 도교의 모태가 되는 도가 사상은 노자와 장자의 사상을 중심으로 춘추 전국 시대의 난세에 대응하여 나온 사상으로, 하나의 정치 사상이다.

④ 한국 도교는 삼국 시대 이전부터 존재했으며, 조선 시대까지 이어져 내려왔다.

09 정답 ④

과학기술의 발달로 자연 중심에서 인간 중심으로 변화하면서 자연환경이 급속히 파괴되었고 오존층 파괴, 온난화 현상과 같은 문제가 초래되었다.

10 정답 ①

제시문은 불교 사상에 대한 글이다. 불교에서는 모든 존재가 무수한 원인과 조건에 의해 생멸한다고 보며, 현실 세계는 고통으로 가득 차 있기 때문에 팔정도의 실천을 통해 삼독(三毒)에서 벗어나 해탈할 것을 강조한다.

11 정답 ③

양명학

중국 명나라의 철학자 왕수인(王守仁)의 호인 양명(陽明)을 붙인 유가철학(儒家哲學)의 한 학파로 주관적 실천 철학이다. 양명학은 메이지 유신 이후에 퍼진 단어이고, 그 이전에는 왕학이라 불렸다.

12 정답 ③

① 공자가 주장한 인(仁)을 실현하는 방법이다.
②・④ 성리학자들이 내세운 수양 방법이다.

13 정답 ①

원효의 사상

• 일심(一心) 사상 : 하나의 마음으로 돌아가서 모든 생명에게 이로움을 주는 삶의 중요성 강조

• 대립하는 종파들을 하나로 통합 → 화쟁 사상, 원융회통 사상
• 불교의 대중화에 공헌

14 정답 ②

고르기아스는 회의주의적 입장을 취한 소피스트이다. 인간의 감각이나 인식은 주관적이어서 절대적이고 보편적인 진리에 도달할 수 없다고 보고, 진리가 있더라도 알 수 없다는 입장이다.

15 정답 ③

중용적인 태도를 위한 실천적 지혜와 품성적 덕은 아리스토텔레스의 현실주의 사상과 관련이 있다.

16 정답 ④

현대 덕 윤리는 근대 윤리학의 한계를 비판하였다. 따라서 현대 덕 윤리는 근대 윤리학에서 중시하는 자율적・이성적 존재로서의 개인보다 사회적 맥락과 공동체의 도덕적 전통을 중시한다.

17 정답 ③

노자는 무위자연의 도를 따를 것을 주장하였으며, 정치사상으로 무위의 다스림이 실현되는 무위지치(無爲之治), 즉 '다스림이 없는 다스림'의 중요성을 강조하였다.

18 정답 ③

도구적 공동체는 개인의 자율적 선택권을 강조하는 자유주의가 지향하는 공동체이며, 구성적 공동체는 공동체가 인간의 삶에서 갖는 중요성을 더욱 강조한다.

19 정답 ②

헬레니즘 시대의 윤리 사상에는 정신적 쾌락을 추구한 쾌락주의 윤리설인 에피쿠로스 학파와 금욕주의를 추구한 스토아 학파가 있었다.

20 정답 ②

스토아 학파의 금욕주의 윤리설에서 강조하는 삶이다. 에피쿠로스 학파는 바람직한 삶의 가치와 행복의 실현을 마음의 평온 상태인 아타락시아에 두었다.

21 정답 ④

게르만 민족이 우월하다는 나치즘과 세르비아인과 알바니아인의 대립이었던 코소보 사태는 민족주의와 연관된 갈등이다.

22 정답 ①

②·③·④는 모두 감성을 중시하는 학설이고 ①은 이성을 중시하는 학파이다. 후자에는 그 외에도 대륙의 합리론, 독일의 관념론, 의무론적 윤리학설, 절대론적 윤리학설 등이 포함된다.

23 정답 ④

한반도 주변국들은 자국의 이익을 증대시키는 데에 주안점을 두고 있으므로 북한은 이 점을 이용하여 미국과 핵 문제를 논의한 것이다.

24 정답 ④

강대국을 이용한 통일이 아닌 남북한 상호 교류와 협력으로 인한 평화 통일이 이루어져야 한다.

25 정답 ②

부를 공정하게 분배해야 하나, 모든 이들에게 동등하게 분배할 순 없다.

통일 한국은 자유와 평등을 중시하고 구성원의 삶의 질을 인간답고 풍요롭게 만드는 복지 국가가 되어야 한다. 또한 불공정한 부의 분배와 집단과 계층 간의 사회적 갈등을 해소할 수 있는 정책을 추구해야 한다.

통일 한국의 미래상
- 열린 민족주의 국가 → 민족사 정통성 계승
- 자유 민주주의 국가 → 자유와 인권, 정의와 평등 실현
- 복지 국가의 실현 → 세계 속의 국가 지향

26 정답 ①

제시문은 칸트의 의무 의식을 나타낸다. 칸트는 의무론적 접근의 대표적인 윤리 사상가이다. 도덕성을 판단함에 있어 행위의 결과보다는 동기를 중시하면서 오로지 의무 의식에서 나온 행위만이 도덕적 가치를 지닌다고 보았다.

27 정답 ④

제시문은 동물들의 고통도 고려해야 한다는 싱어의 주장을 담고 있다. 인간 중심적 사고에서 벗어나 고통을 느낄 수 있는 동물, 더 나아가 모든 생명에 대한 관심과 배려가 도덕적 추론의 수준을 높이는 데 도움이 된다는 것이다.

28 정답 ④

제시문은 칸트의 정언 명령으로, 행위의 결과와 상관없이 행위 자체가 선(善)이기 때문에 무조건 수행해야 하는 도덕적 명령이다. 도덕 법칙은 정언 명령으로 표현되고, 모든 행위자에게 예외 없이 보편적으로 적용된다.

29 정답 ①

ㄷ. 자연법 윤리에서는 자살을 자연적 성향인 자기 보존의 의무를 다하지 않는 것이라고 본다.

ㄹ. 쇼펜하우어는 자살이 문제를 해결하는 것이 아니라 회피하는 것이며, 고통스러운 상황에서 벗어나려고 자신의 목숨을 끊는 것은 인간을 수단으로 이용하는 것이라고 하였다.

30 정답 ③

중도주의 입장은 성과 사랑을 결혼과 결부시키지 않는다. 다만 사랑이 결부된 성적 관계는 긍정적으로 생각한다.

31 정답 ①

기후 변화 협약은 지구 온난화 규제 및 방지를 위해 온실가스의 배출 억제를 규정하는 국제적 협약이며, 교토 의정서는 이를 구체적으로 이행하기 위한 방안이다. 국제 환경 협약은 환경을 보호하기 위해 체결된 국제 협약이다.

32 정답 ①

니부어는 현대 사회의 복잡한 윤리 문제를 개인의 양심과 덕목의 실천만으로 해결하기 어렵다고 보고, 사회 구조와 제도의 개선을 통해 윤리 문제를 해결해야 한다고 주장하였다.

33 정답 ④

롤스는 평등한 자유의 원칙이 어떠한 경우에도 침해될 수 없으며 차등의 원칙과 기회균등의 원칙보다 우선한다고 보았다.

34 정답 ④

윤리 상대주의에 따르면 보편적인 윤리를 위배하는 노예 제도나 인종 차별 정책 같은 문화도 인정해야 한다.

35 정답 ④

(가) 열린 민족주의
(나) 닫힌 민족주의
극단적 세계주의는 세계의 통합을 지나치게 강조하여 다른 국가나 민족의 필요성을 부정하는 사상이다. 배타적 민족주의는 자기 민족의 이익만을 추구하여 다른 민족을 배척하는 민족주의를 말한다.

36 정답 ②

세계화는 특정 국가의 시장과 자본 독점으로 경제적 약소국이 특정 국가에 경제적으로 종속될 수 있다는 단점이 있다.

37 정답 ③

정명(正名)은 사회 성원들이 각자의 신분과 지위에 따라 맡은 바 역할을 다할 때 평화롭고 안정된 사회가 이룩된다는 것을 말한다.
공자는 인을 인간의 본질을 이루고 있는 사랑의 정신으로 보았으며, 인을 실천하기 위한 가장 기본적인 덕목으로 부모에 대한 효도와 형제 간의 우애를 말하는 효제를 두었다.

38 정답 ③

삼법인설(三法印說)에 대한 설명이다.

팔정도(八正道)
열반에 도달하기 위한 올바른 수행법으로, 정어(바른말), 정업(바른 행동), 정명(바른 생활), 정진(바른 노력), 정념(바른 관찰), 정정(바른 명상), 정견(바른 견해), 정사(바른 생각)의 여덟가지를 말한다.

39 정답 ④

불교에서 제시하는 이상적인 인간상이다.
유교에서 주장하는 이상적인 인간관인 군자는
철저한 수양을 통해 인격을 완성한 사람을 이
른다.

40 정답 ③

제시문은 정약용의 성기호설(性嗜好說)로, 인
간의 성(性)을 선을 좋아하고 악을 싫어하는 경
향, 즉 기호로 이해하였다.
인의예지의 덕은 일상적인 행위 속에서 실천하
면서 형성된다고 보았다.

독학학위제 1단계 교양과정인정시험 답안지(객관식)

★ 수험생은 수험번호와 응시과목 코드번호를 표기(마킹)한 후 일치여부를 반드시 확인할 것.

전공분야

성 명

(1) 1
(2) ① ② ● ④

수험번호

1	-	1	-	1	1	1	1
②		②		②	②	②	②
③		③		③	③	③	③
④		④		④	④	④	④
⑤		⑤		⑤	⑤	⑤	⑤
⑥		⑥		⑥	⑥	⑥	⑥
⑦		⑦		⑦	⑦	⑦	⑦
⑧		⑧		⑧	⑧	⑧	⑧
⑨		⑨		⑨	⑨	⑨	⑨
⑩		⑩		⑩	⑩	⑩	⑩

교시코드
① ② ③ ④

과목코드

①	
②	
③	
④	
⑤	
⑥	
⑦	
⑧	
⑨	
⑩	

응시과목

1	① ② ③ ④	21	① ② ③ ④
2	① ② ③ ④	22	① ② ③ ④
3	① ② ③ ④	23	① ② ③ ④
4	① ② ③ ④	24	① ② ③ ④
5	① ② ③ ④	25	① ② ③ ④
6	① ② ③ ④	26	① ② ③ ④
7	① ② ③ ④	27	① ② ③ ④
8	① ② ③ ④	28	① ② ③ ④
9	① ② ③ ④	29	① ② ③ ④
10	① ② ③ ④	30	① ② ③ ④
11	① ② ③ ④	31	① ② ③ ④
12	① ② ③ ④	32	① ② ③ ④
13	① ② ③ ④	33	① ② ③ ④
14	① ② ③ ④	34	① ② ③ ④
15	① ② ③ ④	35	① ② ③ ④
16	① ② ③ ④	36	① ② ③ ④
17	① ② ③ ④	37	① ② ③ ④
18	① ② ③ ④	38	① ② ③ ④
19	① ② ③ ④	39	① ② ③ ④
20	① ② ③ ④	40	① ② ③ ④

교시코드
① ② ③ ④

과목코드

①	
②	
③	
④	
⑤	
⑥	
⑦	
⑧	
⑨	
⑩	

응시과목

1	① ② ③ ④	21	① ② ③ ④
2	① ② ③ ④	22	① ② ③ ④
3	① ② ③ ④	23	① ② ③ ④
4	① ② ③ ④	24	① ② ③ ④
5	① ② ③ ④	25	① ② ③ ④
6	① ② ③ ④	26	① ② ③ ④
7	① ② ③ ④	27	① ② ③ ④
8	① ② ③ ④	28	① ② ③ ④
9	① ② ③ ④	29	① ② ③ ④
10	① ② ③ ④	30	① ② ③ ④
11	① ② ③ ④	31	① ② ③ ④
12	① ② ③ ④	32	① ② ③ ④
13	① ② ③ ④	33	① ② ③ ④
14	① ② ③ ④	34	① ② ③ ④
15	① ② ③ ④	35	① ② ③ ④
16	① ② ③ ④	36	① ② ③ ④
17	① ② ③ ④	37	① ② ③ ④
18	① ② ③ ④	38	① ② ③ ④
19	① ② ③ ④	39	① ② ③ ④
20	① ② ③ ④	40	① ② ③ ④

답안지 작성시 유의사항

1. 답안지는 반드시 컴퓨터용 사인펜을 사용하여 다음 보기와 같이 표기할 것.
   보기 잘된표기: ●
   잘못된 표기: ⊙ ⊗ ● ◐ ◑ ○◑

2. 수험번호 (1)에는 아라비아 숫자로 쓰고, (2)에는 ● 표기할 것.

3. 과목코드는 뒷면 "과목코드번호"를 보고 해당과목의 코드번호를 찾아 표기하고,
   응시과목란에는 응시과목명을 한글로 기재할 것.

4. 교시코드는 문제지 전면 의 교시를 해당란에 " ● "와 같이 표기할 것.

5. 한번 표기한 답은 긁거나 수정액 및 스티커 등 어떠한 방법으로도 고쳐서는
   아니되고, 고친 문항은 "0"점 처리함.

관리자
(연번)

관 리 번 호
(응시자수)

※ 감독관 확인란
인

[이 답안지는 마킹연습용 모의답안지입니다.]

독학학위제 1단계 교양과정인정시험 답안지(객관식)

컴퓨터용 사인펜만 사용

★ 수험생은 수험번호와 응시과목 코드번호를 표기(마킹)한 후 일치여부를 반드시 확인할 것.

전공분야

성명

	수 험 번 호					
(1)	1					
(2)	● ② ③ ④	① ② ③ ④ ⑤ ⑥ ⑦ ⑧ ⑨ ⑩	① ② ③ ④ ⑤ ⑥ ⑦ ⑧ ⑨ ⑩	① ② ③ ④ ⑤ ⑥ ⑦ ⑧ ⑨ ⑩	① ② ③ ④ ⑤ ⑥ ⑦ ⑧ ⑨ ⑩	① ② ③ ④ ⑤ ⑥ ⑦ ⑧ ⑨ ⑩

응시과목

과목코드	응시과목			
① ② ③ ④ ⑤ ⑥ ⑦ ⑧ ⑨ ⑩	1	① ② ③ ④	21	① ② ③ ④
① ② ③ ④ ⑤ ⑥ ⑦ ⑧ ⑨ ⑩	2	① ② ③ ④	22	① ② ③ ④
① ② ③ ④ ⑤ ⑥ ⑦ ⑧ ⑨ ⑩	3	① ② ③ ④	23	① ② ③ ④
① ② ③ ④ ⑤ ⑥ ⑦ ⑧ ⑨ ⑩	4	① ② ③ ④	24	① ② ③ ④
① ② ③ ④ ⑤ ⑥ ⑦ ⑧ ⑨ ⑩	5	① ② ③ ④	25	① ② ③ ④
	6	① ② ③ ④	26	① ② ③ ④
	7	① ② ③ ④	27	① ② ③ ④
	8	① ② ③ ④	28	① ② ③ ④
	9	① ② ③ ④	29	① ② ③ ④
교시코드	10	① ② ③ ④	30	① ② ③ ④
① ② ③ ④	11	① ② ③ ④	31	① ② ③ ④
	12	① ② ③ ④	32	① ② ③ ④
	13	① ② ③ ④	33	① ② ③ ④
	14	① ② ③ ④	34	① ② ③ ④
	15	① ② ③ ④	35	① ② ③ ④
	16	① ② ③ ④	36	① ② ③ ④
	17	① ② ③ ④	37	① ② ③ ④
	18	① ② ③ ④	38	① ② ③ ④
	19	① ② ③ ④	39	① ② ③ ④
	20	① ② ③ ④	40	① ② ③ ④

응시과목

과목코드	응시과목			
① ② ③ ④ ⑤ ⑥ ⑦ ⑧ ⑨ ⑩	1	① ② ③ ④	21	① ② ③ ④
① ② ③ ④ ⑤ ⑥ ⑦ ⑧ ⑨ ⑩	2	① ② ③ ④	22	① ② ③ ④
① ② ③ ④ ⑤ ⑥ ⑦ ⑧ ⑨ ⑩	3	① ② ③ ④	23	① ② ③ ④
① ② ③ ④ ⑤ ⑥ ⑦ ⑧ ⑨ ⑩	4	① ② ③ ④	24	① ② ③ ④
① ② ③ ④ ⑤ ⑥ ⑦ ⑧ ⑨ ⑩	5	① ② ③ ④	25	① ② ③ ④
	6	① ② ③ ④	26	① ② ③ ④
	7	① ② ③ ④	27	① ② ③ ④
	8	① ② ③ ④	28	① ② ③ ④
	9	① ② ③ ④	29	① ② ③ ④
교시코드	10	① ② ③ ④	30	① ② ③ ④
① ② ③ ④	11	① ② ③ ④	31	① ② ③ ④
	12	① ② ③ ④	32	① ② ③ ④
	13	① ② ③ ④	33	① ② ③ ④
	14	① ② ③ ④	34	① ② ③ ④
	15	① ② ③ ④	35	① ② ③ ④
	16	① ② ③ ④	36	① ② ③ ④
	17	① ② ③ ④	37	① ② ③ ④
	18	① ② ③ ④	38	① ② ③ ④
	19	① ② ③ ④	39	① ② ③ ④
	20	① ② ③ ④	40	① ② ③ ④

답안지 작성시 유의사항

1. 답안지는 반드시 컴퓨터용 사인펜을 사용하여 다음 보기와 같이 표기할 것.
   보기 잘된 표기: ●
   잘못된 표기: ⊗ ⊗ ⊙ ○ ○ ●
2. 수험번호 (1)에는 아라비아 숫자로 쓰고, (2)에는 "●"와 같이 표기할 것.
3. 과목코드는 뒷면 "과목코드번호"를 보고 해당과목의 코드번호를 찾아 표기하고, 응시과목란에는 응시과목명을 한글로 기재할 것.
4. 교시코드는 문제지 전면 의 교시를 해당란에 "●"와 같이 표기할 것.
5. 한번 표기한 답은 긁거나 수정액 및 스티커 등 어떠한 방법으로도 고쳐서는 아니되고, 고친 문항은 "0"점 처리함.

※ 감독관 확인란

(인)

관 리 번 호

(연번)

(응시자수)

[이 답안지는 마킹연습용 모의답안지입니다.]

절취선

독학학위제 1단계 교양과정인정시험 답안지(객관식)

★ 수험생은 수험번호와 응시과목 코드번호를 표기(마킹)한 후 일치여부를 반드시 확인할 것.

전공분야

성명

(1)
| 수 험 번 호 |

(2)

전공분야

① ● ③ ④

과목코드	응시과목

| 교시코드 | ① ② ③ ④ |

1 ① ② ③ ④
2 ① ② ③ ④
3 ① ② ③ ④
4 ① ② ③ ④
5 ① ② ③ ④
6 ① ② ③ ④
7 ① ② ③ ④
8 ① ② ③ ④
9 ① ② ③ ④
10 ① ② ③ ④
11 ① ② ③ ④
12 ① ② ③ ④
13 ① ② ③ ④
14 ① ② ③ ④
15 ① ② ③ ④
16 ① ② ③ ④
17 ① ② ③ ④
18 ① ② ③ ④
19 ① ② ③ ④
20 ① ② ③ ④

21 ① ② ③ ④
22 ① ② ③ ④
23 ① ② ③ ④
24 ① ② ③ ④
25 ① ② ③ ④
26 ① ② ③ ④
27 ① ② ③ ④
28 ① ② ③ ④
29 ① ② ③ ④
30 ① ② ③ ④
31 ① ② ③ ④
32 ① ② ③ ④
33 ① ② ③ ④
34 ① ② ③ ④
35 ① ② ③ ④
36 ① ② ③ ④
37 ① ② ③ ④
38 ① ② ③ ④
39 ① ② ③ ④
40 ① ② ③ ④

답안지 작성시 유의사항

1. 답안지는 반드시 컴퓨터용 사인펜을 사용하여 다음 [보기]와 같이 표기할 것.
   [보기] 잘된 표기: ●
   잘못된 표기: ⊗ ◐ ◑ ◎ ○
2. 수험번호 (1)에는 아라비아 숫자로 쓰고, (2)에는 "●"와 같이 표기할 것.
3. 과목코드는 해당과목의 코드번호를 찾아 표기하고,
   응시과목란에는 응시과목명을 한글로 기재할 것.
4. 교시코드는 문제지 전면의 교시를 해당란에 "●"와 같이 표기할 것.
5. 한번 표기한 답은 긁거나 수정액 및 스티커 등 어떠한 방법으로도 고쳐서는
   아니되고, 고친 문항은 "0"점 처리함.

※ 감독관 확인란
㊞

감독관 확인란
(연번)

관 리 번 호

(응시자수)

독학학위제 1단계 교양과정인정시험 답안지(객관식)

컴퓨터용 사인펜만 사용

★ 수험생은 수험번호와 응시과목 코드번호를 표기(마킹)한 후 일치여부를 반드시 확인할 것.

전공분야

성명

수 험 번 호								

응시과목

1	① ② ③ ④	21	① ② ③ ④
2	① ② ③ ④	22	① ② ③ ④
3	① ② ③ ④	23	① ② ③ ④
4	① ② ③ ④	24	① ② ③ ④
5	① ② ③ ④	25	① ② ③ ④
6	① ② ③ ④	26	① ② ③ ④
7	① ② ③ ④	27	① ② ③ ④
8	① ② ③ ④	28	① ② ③ ④
9	① ② ③ ④	29	① ② ③ ④
10	① ② ③ ④	30	① ② ③ ④
11	① ② ③ ④	31	① ② ③ ④
12	① ② ③ ④	32	① ② ③ ④
13	① ② ③ ④	33	① ② ③ ④
14	① ② ③ ④	34	① ② ③ ④
15	① ② ③ ④	35	① ② ③ ④
16	① ② ③ ④	36	① ② ③ ④
17	① ② ③ ④	37	① ② ③ ④
18	① ② ③ ④	38	① ② ③ ④
19	① ② ③ ④	39	① ② ③ ④
20	① ② ③ ④	40	① ② ③ ④

과목코드

교시코드 ① ② ③ ④

응시과목 (두 번째 과목)

1	① ② ③ ④	21	① ② ③ ④
2	① ② ③ ④	22	① ② ③ ④
3	① ② ③ ④	23	① ② ③ ④
4	① ② ③ ④	24	① ② ③ ④
5	① ② ③ ④	25	① ② ③ ④
6	① ② ③ ④	26	① ② ③ ④
7	① ② ③ ④	27	① ② ③ ④
8	① ② ③ ④	28	① ② ③ ④
9	① ② ③ ④	29	① ② ③ ④
10	① ② ③ ④	30	① ② ③ ④
11	① ② ③ ④	31	① ② ③ ④
12	① ② ③ ④	32	① ② ③ ④
13	① ② ③ ④	33	① ② ③ ④
14	① ② ③ ④	34	① ② ③ ④
15	① ② ③ ④	35	① ② ③ ④
16	① ② ③ ④	36	① ② ③ ④
17	① ② ③ ④	37	① ② ③ ④
18	① ② ③ ④	38	① ② ③ ④
19	① ② ③ ④	39	① ② ③ ④
20	① ② ③ ④	40	① ② ③ ④

과목코드

교시코드 ① ② ③ ④

답안지 작성시 유의사항

답안지는 반드시 컴퓨터용 사인펜을 사용하여 다음 보기와 같이 표기할 것.
  보기 잘된표기: ●   잘못된 표기: ⊘ ⊗ ◐ ⊙ ◑ ○ ●
1. 수험번호 (1)에는 아라비아 숫자로 쓰고, (2)에는 "●"와 같이 표기할 것.
2. 과목코드는 뒷면 "과목코드번호"를 보고 해당과목의 코드번호를 찾아 표기하고,
3. 응시과목란에는 응시과목명을 한글로 기재할 것.
4. 교시코드는 문제지 전면 의 교시를 해당란에 "●"와 같이 표기할 것.
5. 한번 표기한 답은 긁거나 수정액 및 스티커 등 어떠한 방법으로도 고쳐서는 아니되고, 고친 문항은 "0"점 처리함.

※ 감독관 확인란

(인)

관 리 번 호 (연번)

(응시자수)

[이 답안지는 마킹연습용 모의답안지입니다.]

독학학위제 1단계 교양과정인정시험 답안지(객관식)

컴퓨터용 사인펜만 사용

★ 수험생은 수험번호와 응시과목 코드번호를 표기(마킹)한 후 일치여부를 반드시 확인할 것.

전공분야

성 명

수험번호

과목코드

응시과목

교시코드
① ② ③ ④

		응시과목		
1 ① ② ③ ④	11 ① ② ③ ④	21 ① ② ③ ④	31 ① ② ③ ④	
2 ① ② ③ ④	12 ① ② ③ ④	22 ① ② ③ ④	32 ① ② ③ ④	
3 ① ② ③ ④	13 ① ② ③ ④	23 ① ② ③ ④	33 ① ② ③ ④	
4 ① ② ③ ④	14 ① ② ③ ④	24 ① ② ③ ④	34 ① ② ③ ④	
5 ① ② ③ ④	15 ① ② ③ ④	25 ① ② ③ ④	35 ① ② ③ ④	
6 ① ② ③ ④	16 ① ② ③ ④	26 ① ② ③ ④	36 ① ② ③ ④	
7 ① ② ③ ④	17 ① ② ③ ④	27 ① ② ③ ④	37 ① ② ③ ④	
8 ① ② ③ ④	18 ① ② ③ ④	28 ① ② ③ ④	38 ① ② ③ ④	
9 ① ② ③ ④	19 ① ② ③ ④	29 ① ② ③ ④	39 ① ② ③ ④	
10 ① ② ③ ④	20 ① ② ③ ④	30 ① ② ③ ④	40 ① ② ③ ④	

답안지 작성시 유의사항

1. 답안지는 반드시 컴퓨터용 사인펜을 사용하여 다음 <보기>와 같이 표기할 것.
<보기> 잘된 표기: ● 잘못된 표기: ⊗ ⊙ ○ ◑ ▣
2. 수험번호 (1)에는 아라비아 숫자로 쓰고, (2)에는 "●"와 같이 표기할 것.
3. 과목코드는 뒷면 "과목코드번호"를 보고 해당과목의 코드번호를 찾아 표기하고, 응시과목란에는 응시과목명을 한글로 기재할 것.
4. 교시코드는 문제지 전면의 교시를 해당란에 "●"와 같이 표기할 것.
5. 한번 표기한 답은 긁거나 수정액 및 스티커 등 어떠한 방법으로도 고쳐서는 안되며, 고친 문항은 "0"점 처리함.

관 리 란 (연번)

※ 감독관 확인란 (인)

[이 답안지는 마킹연습용 모의답안지입니다.]

독학학위제 1단계 교양과정인정시험 답안지(객관식)

컴퓨터용 사인펜만 사용

★ 수험생은 수험번호와 응시과목 코드번호를 표기(마킹)한 후 일치여부를 반드시 확인할 것.

전공분야

성명

	수험번호						
1	—				—		

(1) ① ② ③ ④

(2) ①②③④⑤⑥⑦⑧⑨⓪ (반복)

과목코드	응시과목

응시과목 (좌측 블록)
1 ①②③④ 2 ①②③④ 3 ①②③④ 4 ①②③④ 5 ①②③④
6 ①②③④ 7 ①②③④ 8 ①②③④ 9 ①②③④ 10 ①②③④
11 ①②③④ 12 ①②③④ 13 ①②③④ 14 ①②③④ 15 ①②③④
16 ①②③④ 17 ①②③④ 18 ①②③④ 19 ①②③④ 20 ①②③④
21 ①②③④ 22 ①②③④ 23 ①②③④ 24 ①②③④ 25 ①②③④
26 ①②③④ 27 ①②③④ 28 ①②③④ 29 ①②③④ 30 ①②③④
31 ①②③④ 32 ①②③④ 33 ①②③④ 34 ①②③④ 35 ①②③④
36 ①②③④ 37 ①②③④ 38 ①②③④ 39 ①②③④ 40 ①②③④

과목코드 ①②③④⑤⑥⑦⑧⑨⓪ (각 자리)

교시코드 ① ② ③

응시과목 (우측 블록)
1 ①②③④ 2 ①②③④ 3 ①②③④ 4 ①②③④ 5 ①②③④
6 ①②③④ 7 ①②③④ 8 ①②③④ 9 ①②③④ 10 ①②③④
11 ①②③④ 12 ①②③④ 13 ①②③④ 14 ①②③④ 15 ①②③④
16 ①②③④ 17 ①②③④ 18 ①②③④ 19 ①②③④ 20 ①②③④
21 ①②③④ 22 ①②③④ 23 ①②③④ 24 ①②③④ 25 ①②③④
26 ①②③④ 27 ①②③④ 28 ①②③④ 29 ①②③④ 30 ①②③④
31 ①②③④ 32 ①②③④ 33 ①②③④ 34 ①②③④ 35 ①②③④
36 ①②③④ 37 ①②③④ 38 ①②③④ 39 ①②③④ 40 ①②③④

과목코드 ①②③④⑤⑥⑦⑧⑨⓪ (각 자리)

교시코드 ① ② ③

답안지 작성시 유의사항

1. 답안지는 반드시 컴퓨터용 사인펜을 사용하여 다음 보기와 같이 표기할 것.
   보기 잘된 표기: ● 잘못된 표기: ⊘ ⊗ ⊙ ◉ ○ ◐ ●
2. 수험번호 (1)에는 아라비아 숫자로 쓰고, (2)에는 "●"와 같이 표기할 것.
3. 과목코드는 뒷면 "과목코드번호"를 보고 해당과목의 코드번호를 찾아 표기하고,
   응시과목란에는 응시과목명을 한글로 기재할 것.
4. 교시코드는 문제지 전면 의 교시를 해당란에 "●"와 같이 표기할 것.
5. 한번 표기한 답은 긁거나 수정액 및 스티커 등 어떠한 방법으로도 고쳐서는
   아니되고, 고친 문항은 "0"점 처리함.

※ 감독관 확인란
(인)

관리번호
(연번)
(응시자수)

[이 답안지는 마킹연습용 모의답안지입니다.]

2025 시대에듀 A + 독학사 1단계 교양과정 스피드 단기완성 현대사회와 윤리

개정15판1쇄 발행	2025년 01월 08일 (인쇄 2024년 10월 08일)
초 판 발 행	2010년 01월 15일 (인쇄 2009년 12월 15일)
발 행 인	박영일
책 임 편 집	이해욱
편 저	독학학위연구소
편 집 진 행	송영진
표지디자인	박종우
편집디자인	차성미 · 고현준
발 행 처	(주)시대고시기획
출 판 등 록	제10-1521호
주 소	서울시 마포구 큰우물로 75 [도화동 538 성지 B/D] 9F
전 화	1600-3600
팩 스	02-701-8823
홈 페 이 지	www.sdedu.co.kr
I S B N	979-11-383-7736-2 (13190)
정 가	19,000원